Eine romantische Reise durch Deutschland

A Romantic Journey through Germany

Un voyage romantique à travers l'Allemagne

Hermann Gutmann

Eine romantische Reise durch Deutschland

A Romantic Journey through Germany

Un voyage romantique à travers l'Allemagne

MIRA

◁◁ **Burg Hohenzollern**
Majestätisch ruht sie auf einem hohen Bergkegel, abgehoben von den Niederungen der Alltagsgeschäfte. Steingewordener romantischer Traum auf den Grundmauern des mittelalterlichen Gebäudes.

◁◁ **Hohenzollern Castle**
It rests majestically on a high conical hill, elevated above the lowlands of everyday life. A romantic dream in masonry grafted onto the foundations of a medieval building.

◁◁ **Château de Hohenzollern**
Il trône majestueusement sur le cône d'une montagne, à l'écart des contingences de la vie quotidienne. Un rêve romantique incarné dans la pierre sur les fondations d'un édifice médiéval.

Der Schwarzwald

Machen wir's doch dem Frühling nach und beginnen mit ihm unsere romantische Reise durch Deutschland. Denn der Lenz betritt unser Land alljährlich, von Süden kommend, durch die Burgundische Pforte.
Er wandert, rheinabwärts, durchs Markgräfler Land, wo herrliche Weine wachsen. Und wo immer er vorübergeht, fangen die Kirschen an zu blühen. Das ganze Land verwandelt sich in ein weißes Blütenmeer, während die Berge des Schwarzwalds noch weiße Schneekappen tragen.
Nun ist es gefallen, das Stichwort: Schwarzwald. Wo immer in der Welt von den deutschen Landschaften gesprochen wird – da wird auch vom Schwarzwald die Rede sein, von den tannendunklen Bergen, von den wildromantischen Schluchten, von den Wassermühlen, die auch heute noch an rauschenden Bächen klappern, von lieblichen Tälern, in denen gastfreundliche Menschen wohnen.
Und vielleicht, wenn wir großes Glück haben, treffen wir ein junges Mädchen, das am Spinnrad sitzt, wie einst die Urgroßmutter. Und auf der Ofenbank hockt ein alter Herr, der wunderbar Geschichten erzählen kann. Geschichten aus vergangenen Zeiten.
Wie die Schwarzwälder lebten und

The Black Forest

Let us start our romantic journey through Germany in a truly romantic way: by tracing the path followed by spring every year when it enters our country from the south through the Belfort Gap.
From there, it makes its way down the Rhine through the Markgräfler Land, the ancestral lands of the Margraves of Baden, which produce splendid wines. And, wherever it passes by, the cherry trees begin to bloom, transforming the countryside into a sea of white blossom, while the Black Forest peaks are still capped with snow.
Ah, that is our cue – the Black Forest: a region famous for the dark pine trees that give it its name, for its wildly romantic gorges and idyllic valleys, its rattling watermills – often still functioning even today – and the hospitality of its people. If we are lucky, we might even come across a girl working at her spinning wheel just as her great-grandmother used to, or an old gentleman resting by the stove, with a fund of fascinating stories. Stories of times gone by.
To find out how the Black Forest people lived in times gone by, and still live today, however, we only have to visit the Vogtsbauernhof Black Forest Open Air Museum in Gutach, where traditional forms of living are cultivated and preserved.

La Forêt-Noire

Imitons donc le printemps et suivons son itinéraire dans notre voyage romantique à travers l'Allemagne où, venant du Sud, il entre chaque année par la trouée de Belfort.
Il traverse alors, en descendant le Rhin, le Markgräfler Land, l'ancien pays des margraves de Bade, qui produit de merveilleux vins. Et sur son passage, les cerisiers se mettent à fleurir. Tout le pays se transforme en une mer de fleurs blanches pendant que les montagnes de la Forêt-Noire arborent encore des calottes blanches.
Et voilà le mot-clé jeté: la Forêt-Noire, avec ses montagnes couvertes de sombres sapins, ses gorges au charme sauvage et romantique, ses moulins à eau qui, aujourd'hui encore, mêlent leur tic-tac au murmure des ruisseaux , ses charmantes vallées et ses habitants hospitaliers. Et peut-être, avec un peu de chance, rencontrerons-nous une jeune fille assise à son rouet filant la laine comme autrefois son arrière-grand-mère. Et, installé sur la banquette du poêle, un vieux monsieur qui sait raconter de merveilleuses histoires. Des histoires du temps passé.
Comment vivaient autrefois et vivent de nos jours les habitants de la Forêt-Noire, c'est ce que nous pouvons voir dans le musée en plein air

▷▷ **Kirschblüte im Eggenertal**
»Frühling läßt sein blaues Band wieder flattern durch die Lüfte« – wer ließe sich da nicht wie der Dichter Eduard Mörike anstecken von der Begeisterung über die zu neuem Leben erwachte Natur, über die Blütenpracht zahlloser Obstbäume? Beneidenswert alle, die im sonnenverwöhnten Südwesten wohnen und das Frühjahr als erste begrüßen dürfen.

▷▷ **Cherry blossom in the Eggen Valley**
"Spring sends its blue ribbons dancing through the air" – Eduard Mörike expressed the feelings we all experience as Nature comes to life again and the fruit trees burst into flower. Lucky are those who live in the sunny south-west, and are privileged to be the first to welcome spring every year.

▷▷ **Cerisiers en fleurs dans la vallée de l'Eggen**
«A nouveau le printemps fait flotter son ruban bleu dans l'air» – à l'instar du poète allemand Edouard Mörike, personne ne peut échapper à l'enchantement du réveil de la nature, de la magnificence d'innombrables arbres fruitiers en fleurs.

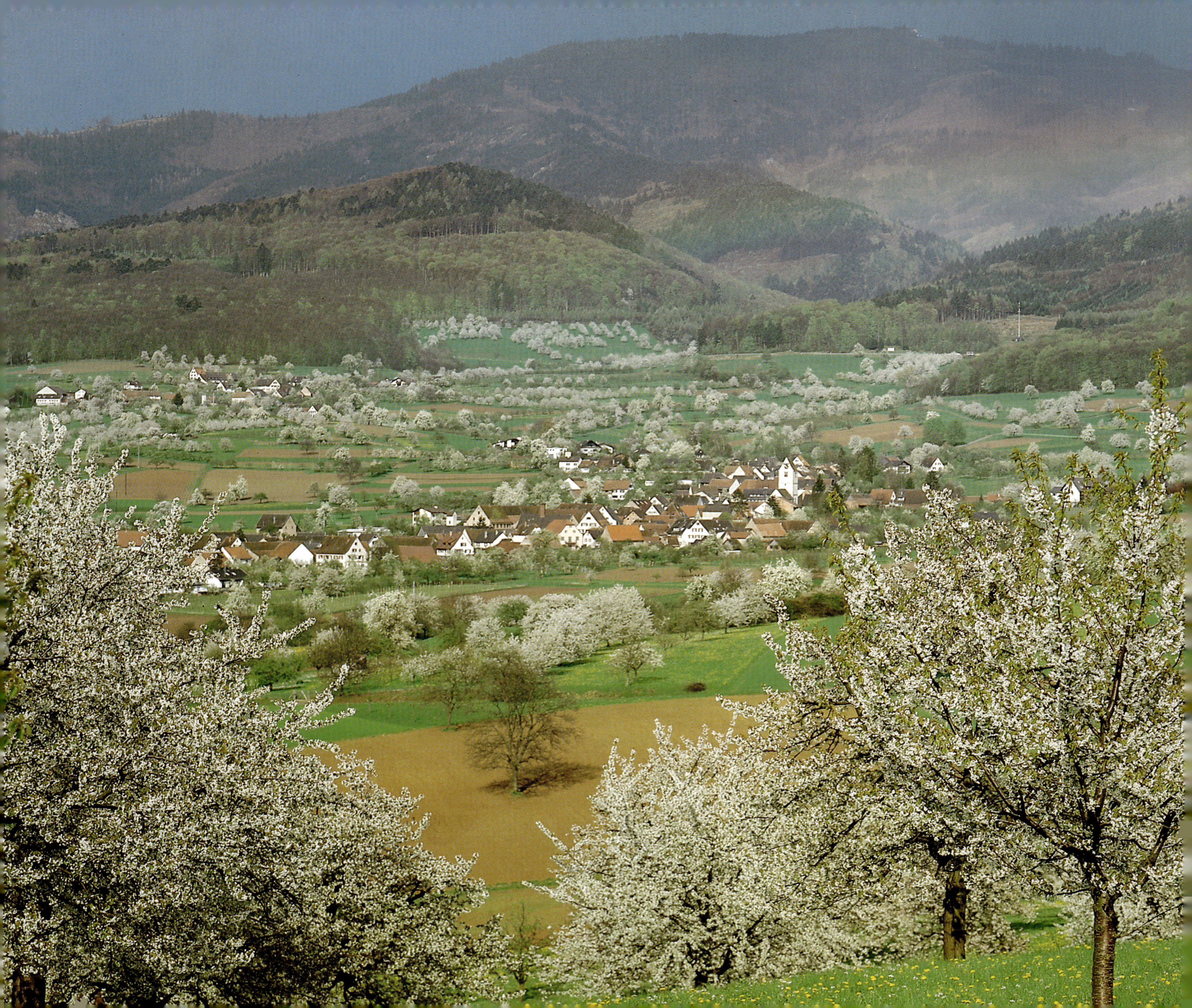

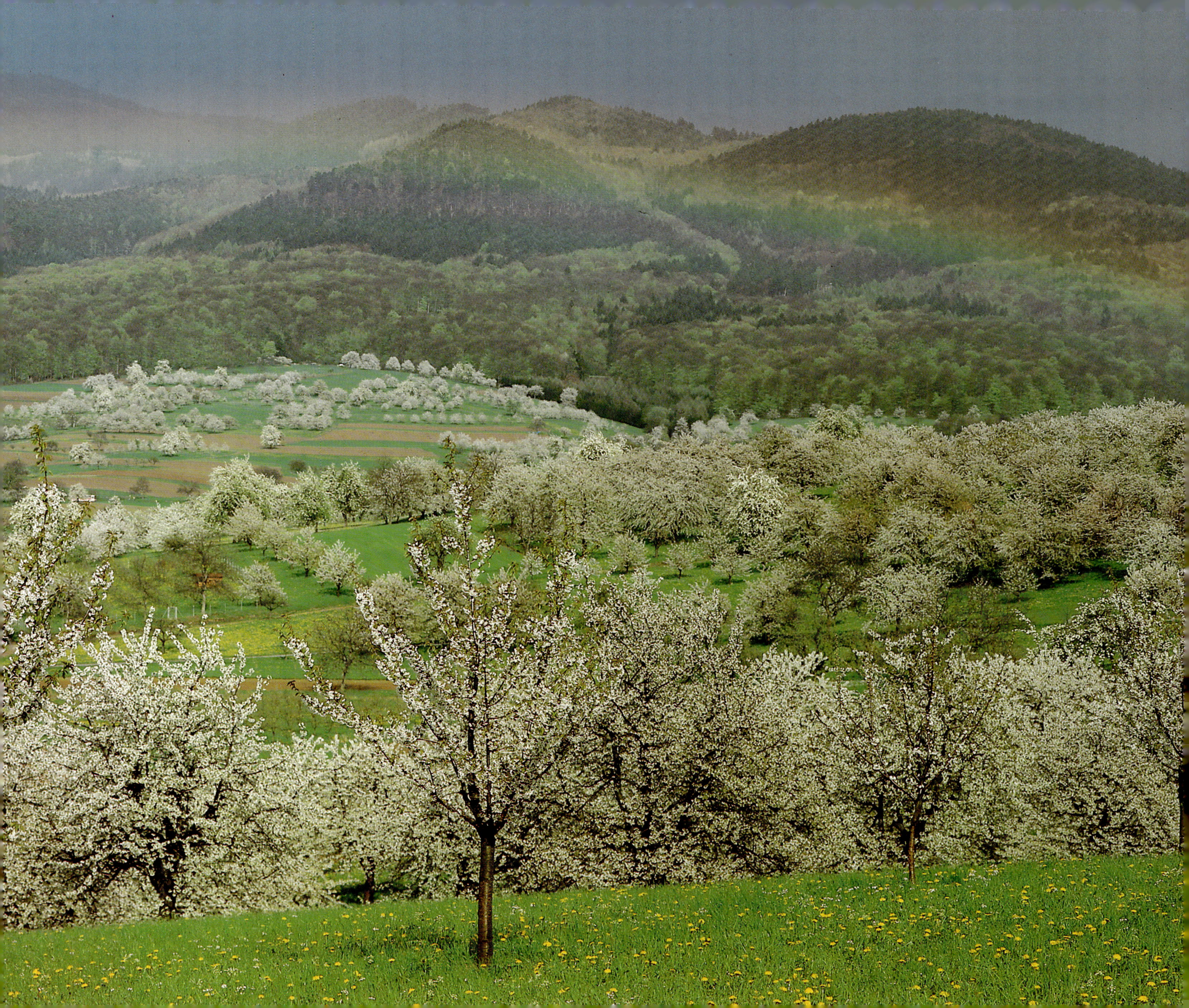

auch heute noch leben, das wird im Schwarzwälder Freilichtmuseum Vogtsbauernhof in Gutach gezeigt, wo die Wohnkultur des Landes gepflegt und bewahrt wird.

Im Gutachtal ist auch das Schwarzwaldmädel mit dem markanten Bollenhut zu Hause. Nur dort. Aber der Bollenhut, der von unverheirateten Mädchen rot und von verheirateten Frauen schwarz getragen wird, wurde vor hundert Jahren durch den Maler Wilhelm Hasemann und später in der Operette *Schwarzwaldmädel* von Léon Jessel zum Symbol für den Schwarzwald in der ganzen Welt. Die Hüte, aus Stroh geflochten und mit Wollbällchen verziert, wurden vor über 200 Jahren aus einer modischen Laune heraus geschaffen.

Nicht weit von Gutach, in Triberg, ist ein anderes Wahrzeichen des *silva nigra*, des schwarzen Waldes, entwickelt worden, das heute weltweit bekannt und beliebt ist: die Schwarzwälder Kuckucksuhr. Sie wurde um 1730 von Franz Anton Ketterer zum erstenmal gebastelt. Die Uhrenträger zogen damals mit ihrer tickenden Last auf dem Rücken durch ganz Europa.

Inzwischen ist der Schwarzwälder Kuckuck auch vielen Amerikanern und Asiaten zum vertrauten Wohngenossen geworden.

Etwas oberhalb der Stadt befindet

The Gutach Valley is also the home of the original Black Forest girl with the striking pompon hat. Worn in red by unmarried girls, and black by married women, it has become a universally-known symbol for the Black Forest. Its fame was founded a hundred years ago by the painter Wilhelm Hasemann, who painted many scenes with girls wearing such hats, and was later further enhanced by Léon Jessel's operetta *The Black Forest Girl*. The hats, of woven straw, decorated with woollen pompons, were created over 200 years ago as a fashionable whim.

Not far from Gutach, in Triberg, another symbol of the *silva nigra* – the black forest – evolved: the Black Forest cuckoo clock. The first one was put together in about 1730 by Franz Anton Ketterer. Soon afterwards, clocksellers travelled all over Europe, carrying their wares on their backs. Now Black Forest cuckoo clocks are popular throughout the world, and their cuckoos mark the hours in many an American and Asian home.

A little above the town are the Triberg Waterfalls, down which the Gutach tumbles, in a number of stages, for over 500 feet. Legend has it that the beautiful but coldhearted Forest Queen Guta once lived there. She was the death of many a knight-

aménagé dans une ferme à Gutach où l'on entretient les traditions de l'habitat régional.

La vallée de la Gutach est également la région où l'on rencontre des jeunes filles coiffées d'un chapeau original, le *Bollenhut*. Rouge pour les jeunes filles, noir pour les femmes mariées, ce chapeau a été immortalisé il y a cent ans, par le peintre Wilhelm Hasemann et est devenu par la suite, grâce à l'opérette de Léon Jessel *Schwarzwaldmädel*, un symbole de la Forêt-Noire dans le monde entier. Ces chapeaux en paille tressée et garnis de pompons sont nés voici 200 ans d'un caprice de la mode.

Non loin de Gutach, à Triberg, s'est développé un autre symbole de la *silva nigra*, de la Forêt-Noire. Un symbole qui a acquis entre-temps une célébrité mondiale: le coucou de la Forêt-Noire. Il a été confectionné pour la première fois vers 1730 par Franz Anton Ketterer. A l'époque, les porteurs d'horloge parcouraient toute l'Europe avec leur fardeau tic-taquant sur le dos. Aujourd'hui, les coucous de la Forêt-Noire agrémentent également les maisons de nombreux Américains et Asiatiques.

Un peu au-dessus de la ville se trouve la cascade de Triberg qui précipite d'une hauteur de 160 mètres environ les eaux de la Gutach dans une gorge par une série de sept chutes. La

▷ **Altensteig**
Der Frühling hat den Nordschwarzwald erreicht. An einem strahlenden Sonnentag präsentiert sich das wegen seines makellosen mittelalterlichen Stadtbildes vielgerühmte Altensteig von seiner schönsten Seite. Über die malerisch an den Hang geschmiegten Bürgerhäuser wachen seit Jahrhunderten Burg und Stadtkirche.

▷ **Altensteig**
Spring has now advanced as far as the northern Black Forest. Altensteig, renowned for its unblemished medieval townscape, looks its very best in the bright sunlight. For centuries now, the castle and the town church have held watch over the burghers' houses clinging to the slope.

▷ **Altensteig**
Le printemps a maintenant atteint le nord de la Forêt-Noire. Altensteig, célèbre par son aspect médiéval intact, se présente sous son plus beau jour sur un fond de ciel serein. Le château et l'église veillent depuis des siècles sur les pittoresques maisons bourgeoises blotties à flanc de coteau.

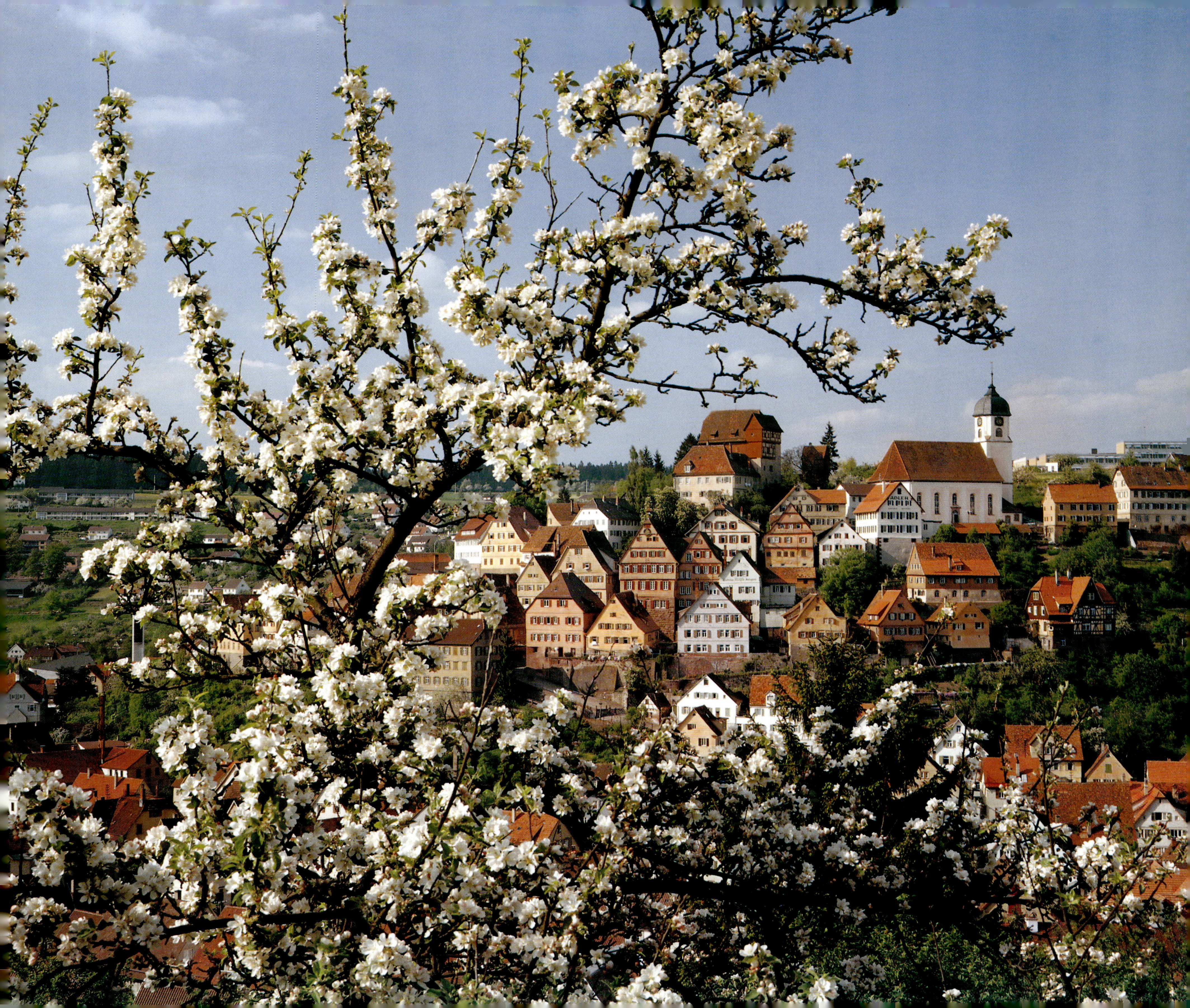

sich der Triberger Wasserfall, der die Gutach in sieben Hauptfällen etwa 160 Meter in die Tiefe stürzen läßt. Die Sage erzählt, dort habe einst die Waldkönigin Guta gelebt, eine wunderschöne, jedoch kaltherzige Frau, derentwegen schon mancher ritterliche Freier sein Leben gewagt und verloren hatte. Einmal wurde sie von einem Jüngling aus großer Gefahr gerettet. Dieser verliebte sich in sie und bat um ihre Hand. Die böse Frau aber stellte ihm eine Aufgabe, die er nicht erfüllen konnte. Er stürzte sich zu Tode. Die Mutter des jungen Mannes aber verfluchte die Waldkönigin Guta und rief: »Zum Steine sollst du werden und ewig weinen über deine Freveltaten.« Und so ist es offenbar geschehen.
Triberg ist Station an der Schwarzwaldbahn, die Offenburg mit Konstanz am Bodensee verbindet. Es ist die wohl romantischste Eisenbahnstrecke in Deutschland. Der Zug hält auch in Donaueschingen, wo – im Hofe des Schlosses – die Donau entspringt. Die Quelle wurde im vorigen Jahrhundert eingefaßt.
Wer aber mit dem Auto im Schwarzwald unterwegs ist, der sollte nicht versäumen, auf der Schwarzwaldhochstraße zu reisen, einer Ferienstraße von ungewöhnlicher Schönheit.
Die Straße beginnt in Baden-Baden,

ly suitor. Once she was saved from great danger by a young man who fell in love with her, and asked for her hand. But she set him an impossible task, and he fell to his death. Then the young man's mother cursed the Forest Queen, crying out: "May you be turned to stone and for ever weep over your own misdeeds!" And that, apparently, is how the Triberg Falls came into being.
Triberg is a station on the Black Forest railway line connecting Offenburg with Constance on Lake Constance. It is surely the most romantic stretch of railway in Germany. The train also stops in Donaueschingen, where the source of the Danube is to be found – in the palace courtyard. The source was enclosed in an ornamental basin during the last century.
For anyone travelling by car, however, the Black Forest Crest Route is a must. It provides a scenic drive of unparalleled beauty. The route begins in Baden-Baden, the internationally famous German spa. Baden-Baden is not just a resort for the sick, however; it is also a meeting place for high society attending the annual horse races at Iffezheim.
The Crest Route takes you on to Freudenstadt, past Unterstmatt, the 3,820 ft Hornisgrinde, lakes Mummel and Wild, and the Schliffkopf, and Kniebis summits.

légende veut que Guta, la reine de la forêt, y ait autrefois vécu. Guta était d'une grande beauté, mais elle avait le cœur dur. Et plus d'un chevalier avait risqué sa vie et avait péri en voulant gagner ses faveurs. Un jour, elle fut sauvée d'un grand danger par un adolescent. Celui-ci tomba amoureux d'elle et demanda sa main. Mais la méchante femme lui imposa un gage qu'il ne put accomplir. Il fit une chute mortelle. La mère du jeune homme maudit alors Guta, la reine de la forêt, en s'écriant: «Pierre tu dois devenir et pleurer éternellement sur tes crimes.» Et ainsi en a-t-il apparemment été.
Triberg est une station de la ligne de chemin de fer de la Forêt-Noire, la *Schwarzwaldbahn*, qui relie Offenbourg à Constance sur le lac de Constance et qui est certainement la plus romantique d'Allemagne. Le train s'arrête également à Donaueschingen où jaillit la source du Danube – dans la cour du château. C'est au siècle dernier que la source a été entourée d'une margelle.
Mais celui qui traverse la Forêt-Noire en voiture ne doit pas manquer d'emprunter la route des crêtes de la Forêt-Noire, un parcours d'une extraordinaire beauté.
La route commence à Baden-Baden, une ville d'eaux de renommée mondiale où l'on ne rencontre pas uni-

▷ **Schönau mit Belchen**
Der volkstümliche alemannische Schriftsteller Johann Peter Hebel liebte seinen Schwarzwald über alles, besonders die Landschaft um seinen Hausberg, den Belchen. Einmal bekannte er: »Es ist wahr, daß die erste Station von der Erde zum Himmel der Belchen ist…« Das glauben ihm gerne die vielen Wanderer, die an sonnigen Spätsommertagen eine Rast auf diesem Berg einlegen, um die schönste Aussicht des Südschwarzwalds zu genießen.

▷ **Schönau with Mt. Belchen**
The popular Alamannic writer, Johann Peter Hebel, loved the Black Forest above everything, especially the countryside round Mt. Belchen, near where he lived. Once he wrote: "It is true that the first station on the way to Heaven is Mt. Belchen…"

▷ **Schönau avec le Belchen**
L'écrivain populaire alémannique, Johann Peter Hebel, aimait la Forêt-Noire par-dessus tout et en particulier la région du Belchen. «C'est vrai» devait-il dire un jour «que le Belchen est la première station de la terre au ciel…»

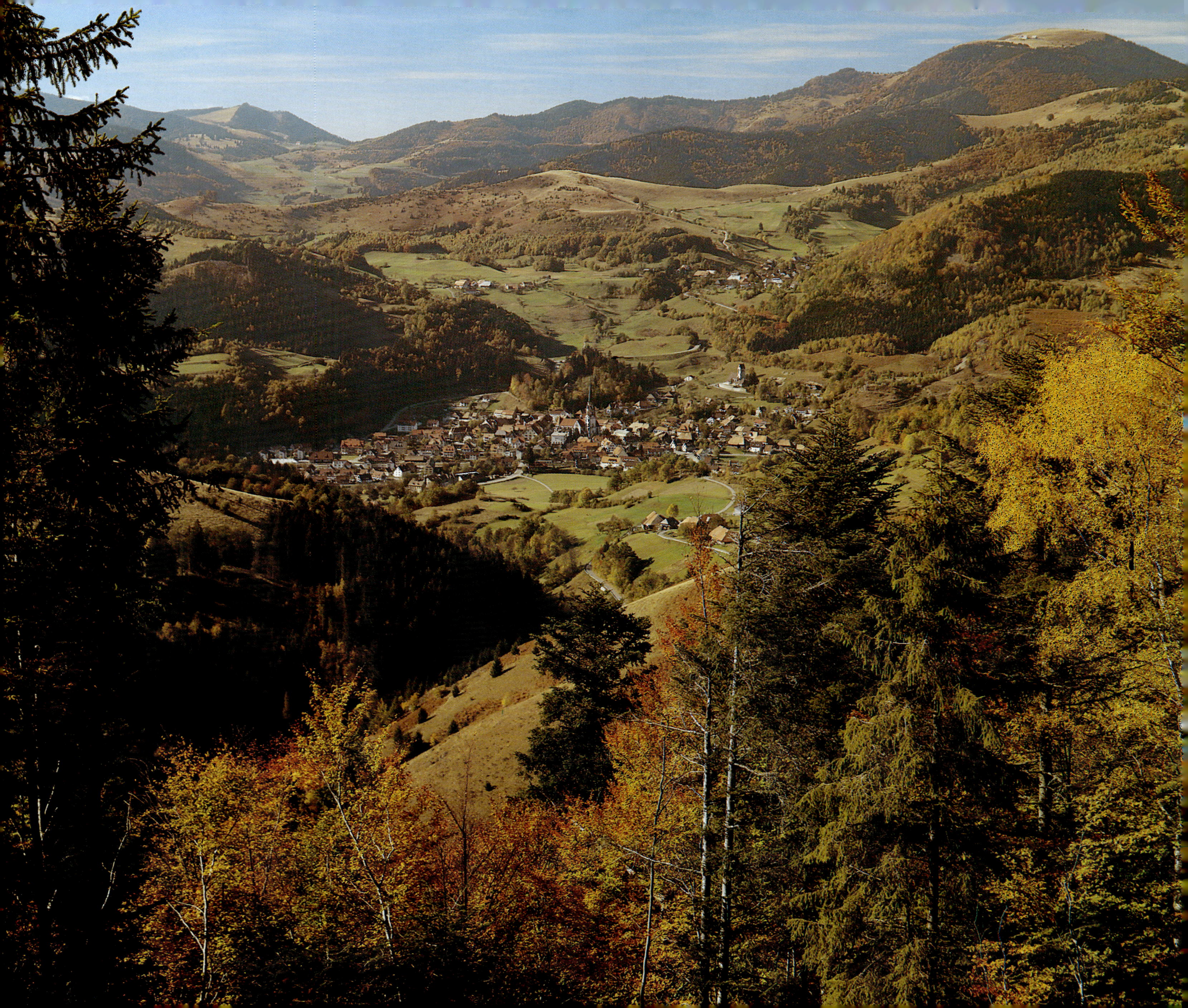

dem weltbekannten deutschen Kur- und Badeort. Hier suchen nicht nur Kranke Genesung, hier trifft sich auch alljährlich die elegante, mondäne Welt zum Pferderennen in Iffezheim.

Die Schwarzwaldhochstraße führt weiter nach Freudenstadt, vorüber an Unterstmatt, an der 1164 Meter hohen Hornisgrinde, am Mummel- und am Wildsee, am Schliffkopf und am Kniebis.

Aber vergessen wir Freiburg im Breisgau nicht, die heimliche Hauptstadt des Schwarzwalds, die im Jahre 1120 gegründet wurde. Herz der Stadt ist das 800jährige Münster »Unserer Lieben Frau« mit dem »schönsten Turm der Christenheit«, wie der Schweizer Kulturhistoriker Jacob Burckhardt einmal gesagt hat. Das mächtige Gotteshaus ist der Mittelpunkt eines bunten Lebens. Da bieten Händler auf dem Markt vor dem Münster ihre Waren feil, Studenten sitzen in der Sonne, Touristen fotografieren das rot leuchtende Kaufhaus von 1532 und bummeln zum nahen Rathausplatz mit der alten Gerichtslaube von 1280.

Beliebtes Ausflugsziel der Freiburger ist der 1284 Meter hohe Schauinsland, zu dem eine 3,6 Kilometer lange Seilbahn hinaufführt, aber auch eine kurvenreiche Straße.

Der bekannteste und gleichzeitig

But we must not forget Freiburg, the secret capital of the Black Forest, founded in 1120. The heart of the town is the area round the 800-year-old Minster, with "the finest spire in Christendom", as it was once called by the Swiss historian Jacob Burckhardt.

The mighty church is the focal point of Freiburg's life. Tradesmen offer their wares on stalls in front of the Minster, students sun themselves, tourists take snapshots of the bright red Kaufhaus, built in 1532, or stroll to the nearby Rathausplatz, with its ancient law court, the *Gerichtslaube*, of 1280.

A popular excursion from Freiburg is to Schauinsland, 4,200 ft, which can be reached by a 2.25-mile cable railway or by a very winding road. But the best-known, and highest, mountain in the Black Forest is Feldberg, 4,900 ft, which provides good skiing in the winter.

The Black Forest is full of romantic spots – in the narrow Münster Valley, for example, or in the wine-producing village of Durbach in the Ortenau; in Sasbachwalden, with its magnificent houses, or in cosy Staufen, where the devil claimed Dr. Faust just as he was about to discover the secret of making gold.

But to get to know this countryside and its people really well, it is es-

quement des curistes. Chaque année en effet, les courses de chevaux à Iffezheim attirent un public élégant et mondain.

La route des crêtes mène ensuite à Freudenstadt en passant par l'Unterstmatt, la Hornisgrinde (une montagne de 1164 mètres d'altitude), par deux lacs, le Mummelsee et le Wildsee, le Schliffkopf et le Kniebis.

Mais n'oublions pas Fribourg-en-Brisgau, la capitale secrète de la Forêt-Noire qui fut fondée en 1120. Le cœur de la ville est constitué par la cathédrale Notre-Dame, vieille de 800 ans, et qui a «la plus jolie tour de la chrétienté» comme l'a dit une fois l'historien suisse, Jacob Burckhardt. L'imposante église est au centre d'une vie animée. Sur la place du Marché, devant la cathédrale, des marchands proposent leurs articles, des étudiants se dorent au soleil, des touristes photographient le *Kaufhaus*, un entrepôt en grès rouge datant de 1532, avant de se diriger vers la place toute proche de l'hôtel de ville avec l'ancienne salle de justice qui date de 1280.

Un des buts d'excursion préférés des Fribourgeois est le Schauinsland (1284 mètres d'altitude) auquel mène un téléphérique de 3,6 kilomètres, mais aussi une route sinueuse.

La montagne la plus connue et également la plus haute de la Forêt-Noire

▷ **Blick über den Schwarzwald zu den Schweizer Alpen**
Der Schwarzwald gilt als wahres Paradies für Wanderer. Zu Recht, denn mehr als 22 000 Kilometer Wege stehen denjenigen zur Verfügung, die das Mittelgebirge auf Schusters Rappen durchstreifen wollen. An schönen Tagen werden die Wanderer auf den Gipfeln mit einem traumhaften Blick über die Alpenkette belohnt.

▷ **View across the Black Forest to the Swiss Alps**
The Black Forest is justly regarded as a paradise for ramblers: there are more than 13,000 miles of footpaths for those who are good on their feet. On fine days there is a breathtaking view of the Alps from the summits of the Black Forest hills.

▷ **Vue de la Forêt-Noire en direction des Alpes suisses**
La Forêt-Noire passe pour être le paradis des randonneurs. A juste titre, car plus de 22 000 kilomètres de sentiers s'offrent à ceux qui veulent parcourir à pied la montagne. Par beau temps, les randonneurs qui ont escaladé les sommets sont récompensés par un merveilleux panorama sur la chaîne des Alpes.

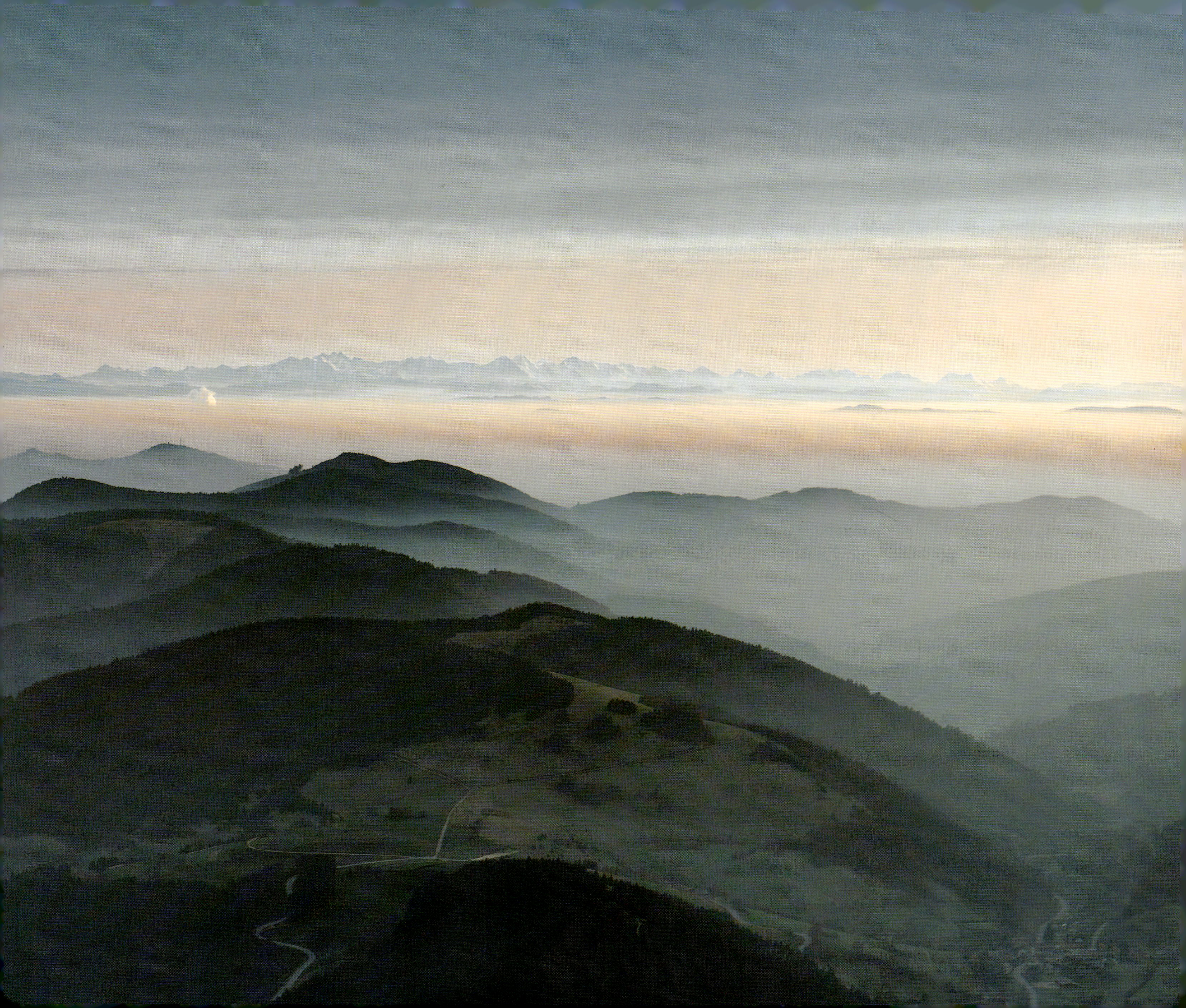

höchste Berg des Schwarzwaldes ist der 1 493 Meter hohe Feldberg, im Winter ein bekanntes Revier der Skiläufer.
Romantische Winkel im Schwarzwald gibt es überall, ob im engen Münstertal oder im Weindorf Durbach in der Ortenau, ob im mit wunderschönen Häusern geschmückten Sasbachwalden oder im heimeligen Staufen, wo der Teufel den Doktor Faust geholt, grad' als der sich anschickte, das Geheimnis des Goldmachens zu lüften.
Wer aber dieses Land und seine Menschen so richtig kennenlernen will, der muß während der Fasnachtszeit hierher kommen. Die Fasnacht wurzelt tief in der Vergangenheit – beim germanischen Stamm der Alemannen.
Wenn damals, vor rund 2 000 Jahren, der Frühling den Winter besiegte und die Geister der Dunkelheit denen des Lichts weichen mußten, dann wurden die Menschen keck, verwandelten sich mit Hilfe von Masken selbst in allerlei Geistervolk und verspotteten so die düsteren Mächte.
Daraus hat sich ein fröhliches Treiben entwickelt. Jeder Ort feiert seine Fasnacht, hat seine ganz besonderen Masken und Kostüme, die man hier *Kleidle* oder *Häs* nennt.

sential to come here during carnival time. *Fasnacht*, as it is called locally, has its origins in the ancient days of the Germanic tribe called the Alemanni, about 2,000 years ago. Then, when spring began to prevail over winter, and the spirit of darkness succumbed to that of light, the people took courage, transformed themselves into spirit-like creatures with the aid of masks, and made fun of the retreating sombre powers. This custom developed into a festival of fun. Every place celebrates *Fasnacht*, has its own particular kinds of masks and costumes. It is during Fasnacht that the Lake Spirit rises out of the 130 ft deep Titisee, and watches pirates fish lovely nymphs out of the water while he pensively combs the weeds from his beard with his fingers.

est le Feldberg (1 493 mètres d'altitude), une région de sports d'hiver réputée.
La Forêt-Noire abonde en coins romantiques, que ce soit dans l'étroit Münstertal, dans le village viticole de Durbach dans l'Ortenau, à Sasbachwalden aux ravissantes maisons décorées de fleurs ou dans l'aimable localité de Staufen où le diable vint chercher le Dr Faust juste au moment où il s'apprêtait à révéler le secret de l'alchimie.
Mais quiconque veut vraiment connaître cette contrée et ses habitants doit y venir à l'époque du carnaval. Les origines du carnaval sont très anciennes, elles remontent à la tribu germanique des Alamans.
Lorsqu'à l'époque, il y a de cela environ 2 000 ans, le printemps avait triomphé de l'hiver et que l'esprit des ténèbres cédait la place à celui de la lumière, les gens s'enhardissaient et, au moyen de masques, se changeaient eux-mêmes en toutes sortes d'esprits et se moquaient de la fuite des sombres puissances. Tout cela s'est transformé au fil des temps en de joyeuses réjouissances.

▷ **Bei Vöhrenbach**
Der Winter regiert wieder mit eisigem Szepter. Mensch und Tier finden Geborgenheit unter dem schützenden Dach des Schwarzwaldhauses. Die Vorräte lagern in der Scheune auf der Rückseite des harmonisch an den Hang gebauten Hofes.

▷ **Near Vöhrenbach**
Winter rules again with icy sceptre. Man and his animals find a cosy retreat under the protective roof of the Black Forest house. The stores are kept in the barn at the back of this building whose architecture is so harmoniously adapted to the slope.

▷ **Près de Vöhrenbach**
L'hiver gouverne à nouveau d'une main de glace. Hommes et animaux ont trouvé refuge sous le toit protecteur de cette pittoresque maison de la Forêt-Noire. Les provisions sont entreposées dans la grange derrière la ferme qui s'intègre harmonieusement dans le paysage.

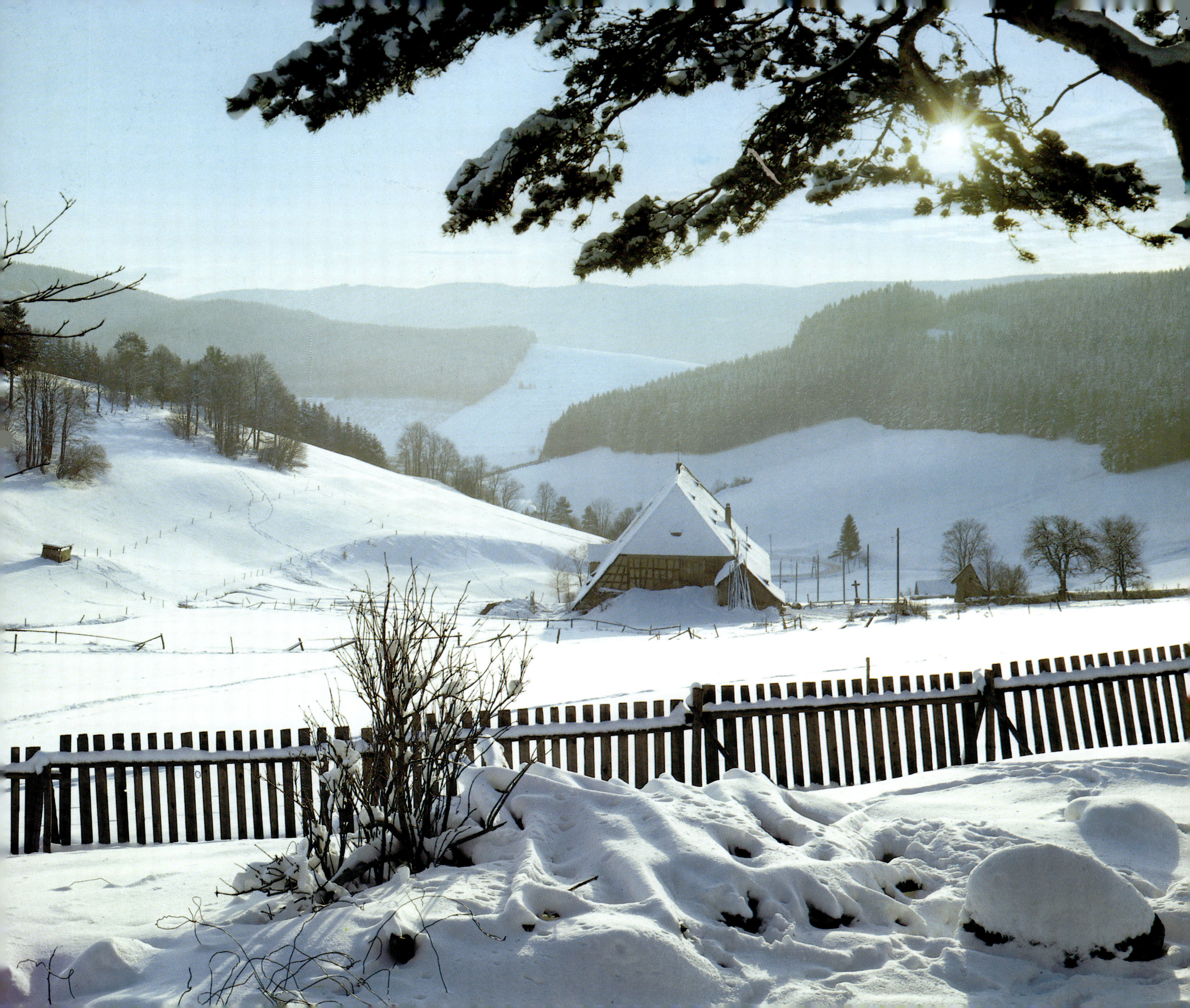

Hirsau/Klosterruine St. Peter und Paul

Im dunklen Tal der Nagold liegt Hirsau, heute von der Welt vergessen, doch im 11. Jahrhundert Ausgangspunkt einer Bewegung, die als Hirsauer Reform in die Geschichte eingegangen ist. Keiner weltlichen Macht sollte das Kloster unterstehen, sondern allein dem Papst. 1692 legte der französische General Mélac das Kloster in Schutt und Asche.

Hirsau/The ruins of the monastery of St. Peter and Paul

Hirsau lies in the dark valley of the Nagold, forgotten by the world today; but in the 11th century, it was the centre of a movement which has gone down in history as the Hirsau Reform. One of the main features of this was the idea that monasteries should be subject to the Pope only, and not to any secular power. In 1692, the French general, Mélac, burnt the monastery to the ground.

Ruines de l'abbaye bénédictine de Hirsau

Situé dans la sombre vallée de la Nagold, oublié aujourd'hui du monde, Hirsau fut au XIe siècle le point de départ d'un mouvement entré dans l'histoire sous le nom de «Réforme de Hirsau». L'abbaye ne devait dépendre d'aucun pouvoir temporel, mais relever uniquement du pape. En 1692, le général français Mélac incendia l'abbaye.

▷ Gutach/Freilichtmuseum Vogtsbauernhof

Wohn- und Arbeitsbereich sind im Schwarzwaldhaus, das traditionell nur mit Materialien der Gegend errichtet wurde, unter einem Dach vereinigt. Neben Küche und Schlafkammer findet sich so die Ölmühle, die übrigens noch in Betrieb gesetzt werden kann, im selben Gebäude. – In zahlreichen Schwarzwaldgemeinden gibt es noch heute Schneiderinnen, die die traditionellen Trachten liebevoll nähen und besticken.

▷ Gutach/The Vogtsbauernhof Open Air Museum

The living and working quarters were united under one roof in the Black Forest house, which is traditionally built out of local materials. Thus the same house will, for example, contain an oil mill in addition to bedrooms and kitchen. – Sempstresses specializing in the making of the traditional regional costumes are still to be found in many Black-Forest communities.

▷ Gutach/Vogtsbauernhof, musée folklorique de plein air

La maison traditionnelle de la Forêt-Noire, construite uniquement avec des matériaux de la région, réunissait sous le même toit les locaux d'habitation et de travail. C'est ainsi qu'à côté de la cuisine et de la chambre à coucher, on trouve dans le même bâtiment le moulin à huile qui est d'ailleurs encore en état de marche. – Dans de nombreuses communes de la Forêt-Noire, il y a encore aujourd'hui des couturières qui brodent et cousent avec amour les costumes traditionnels.

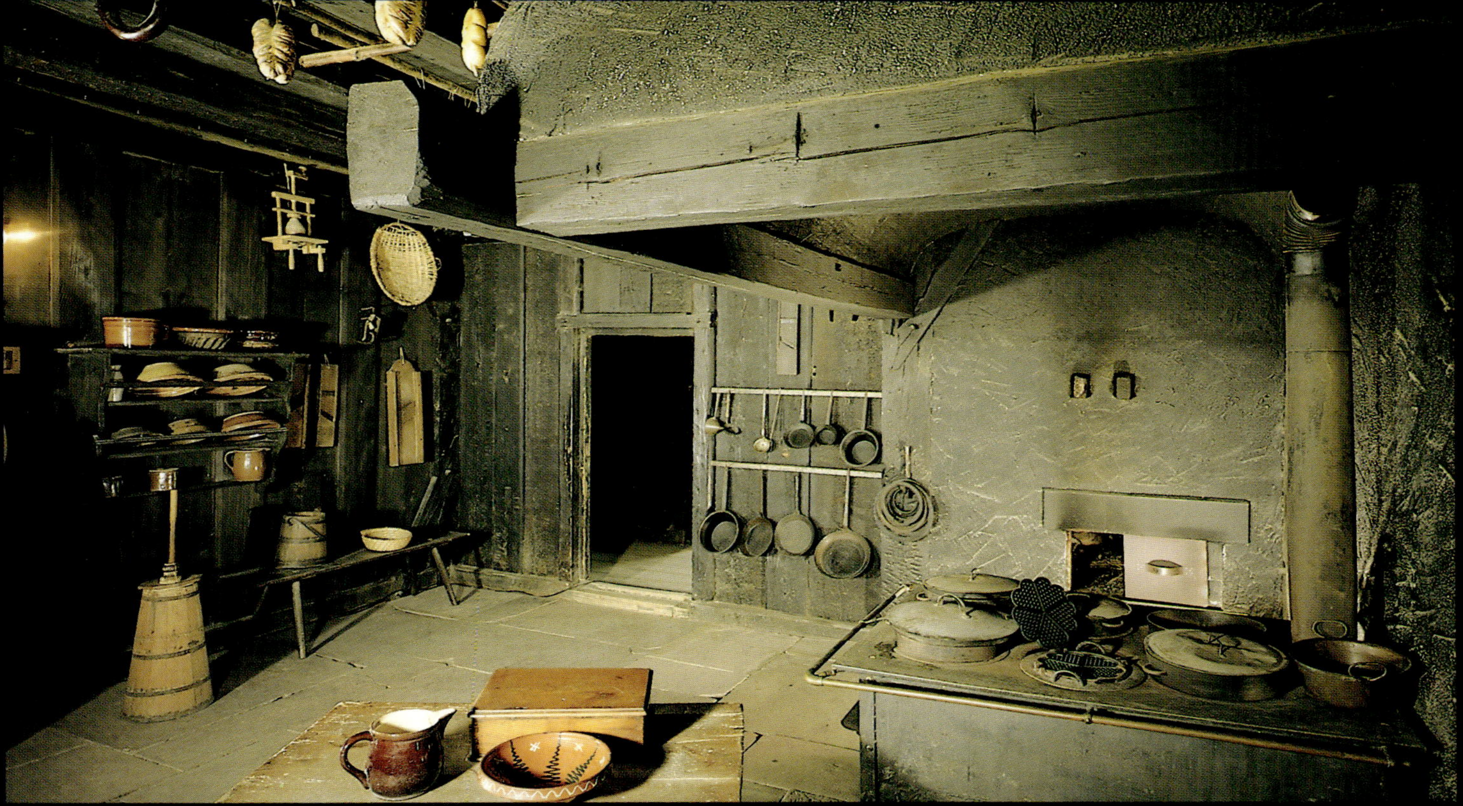
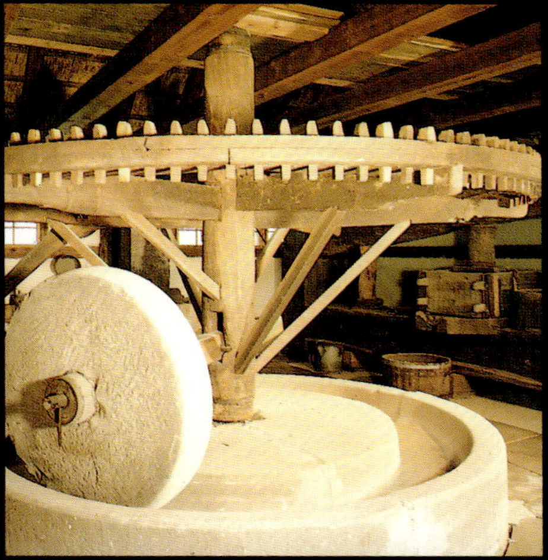
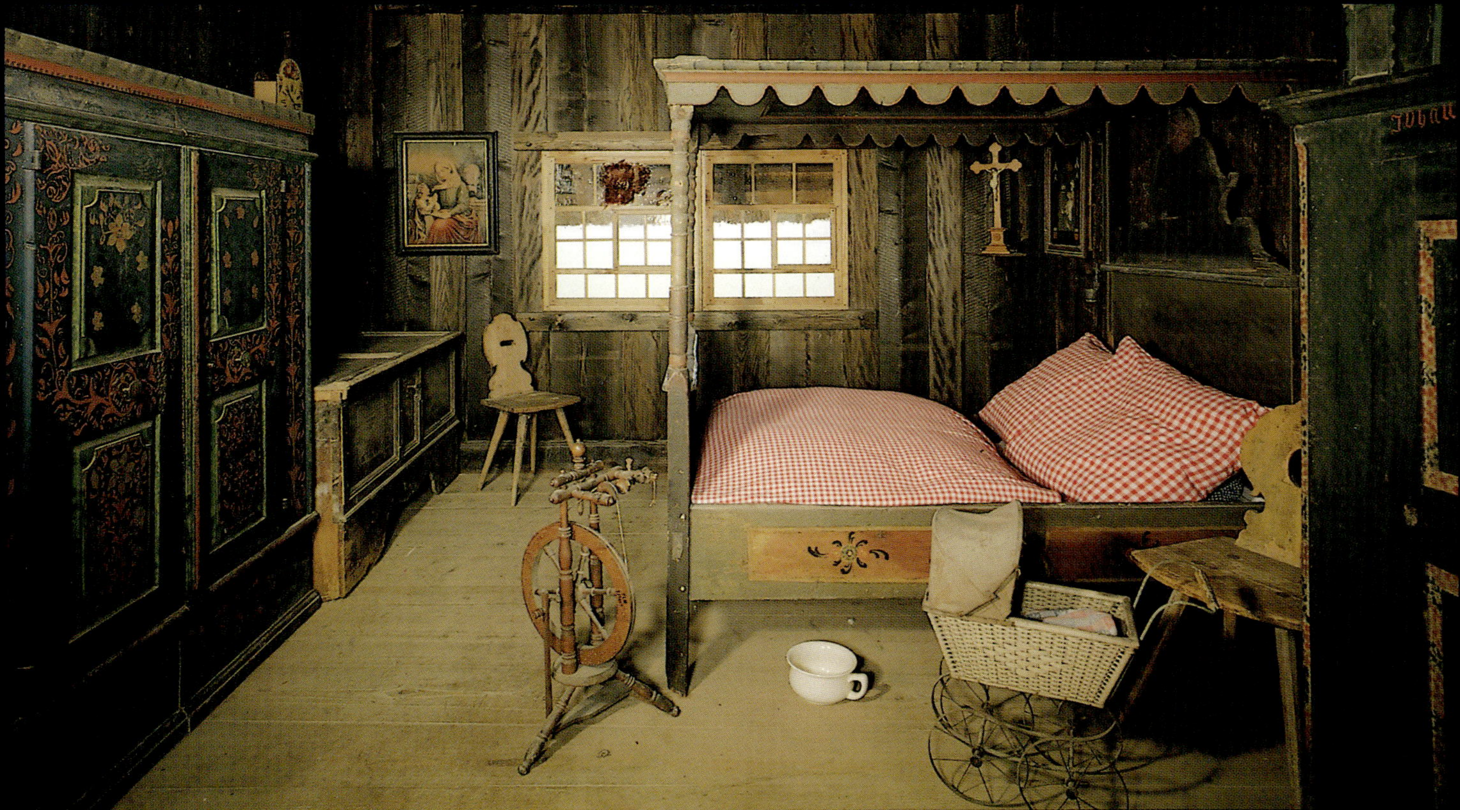
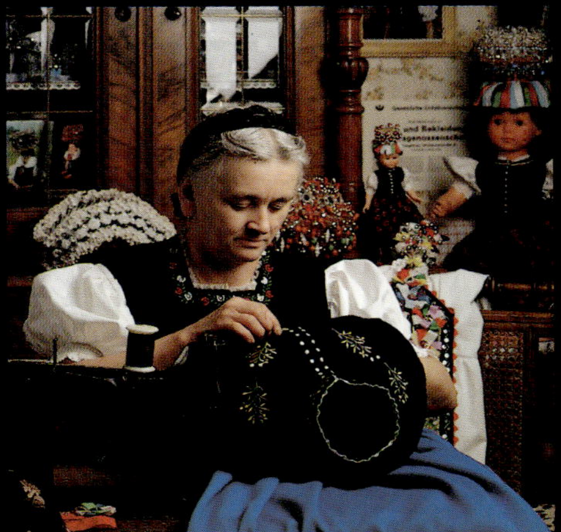

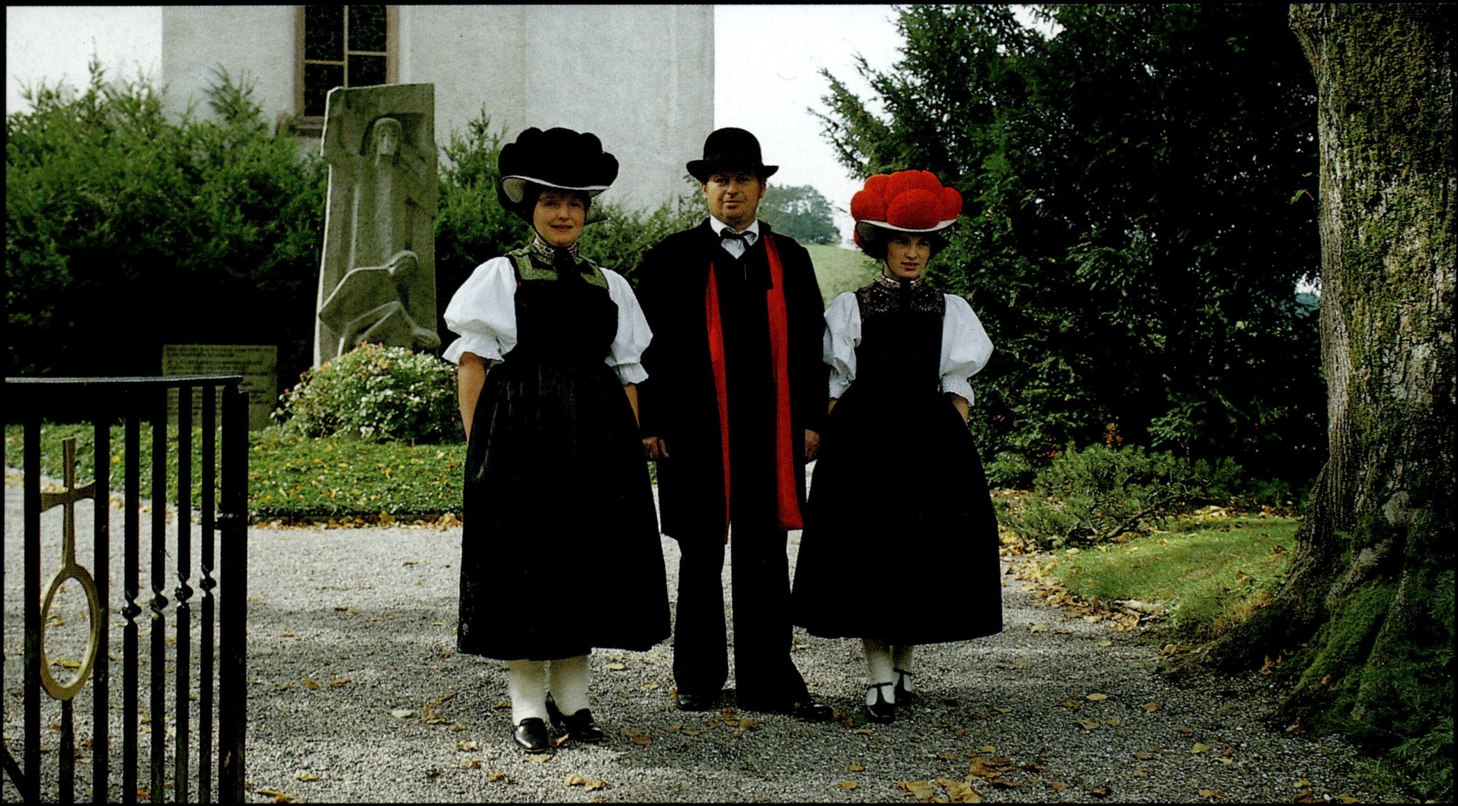

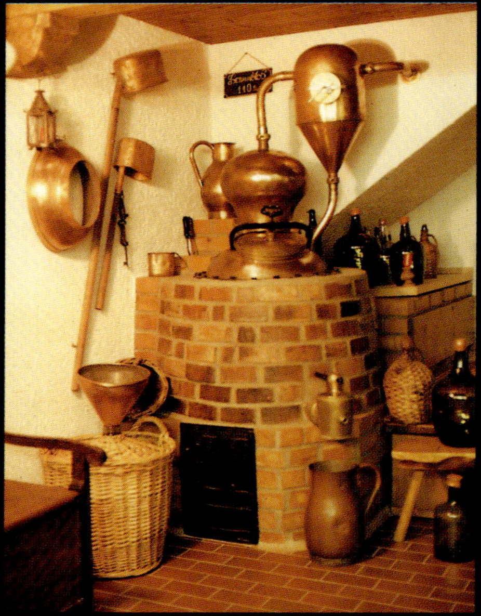

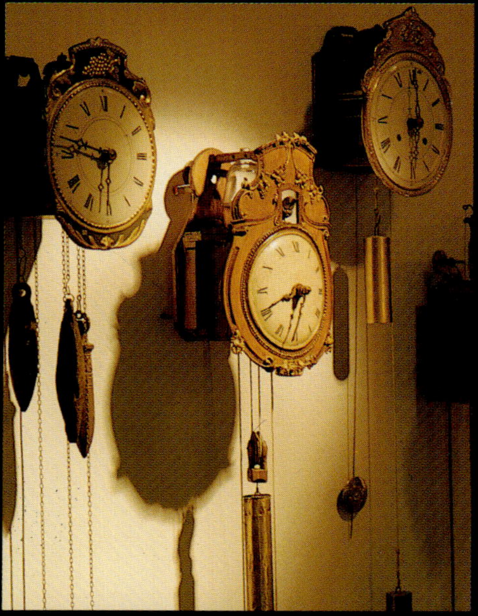

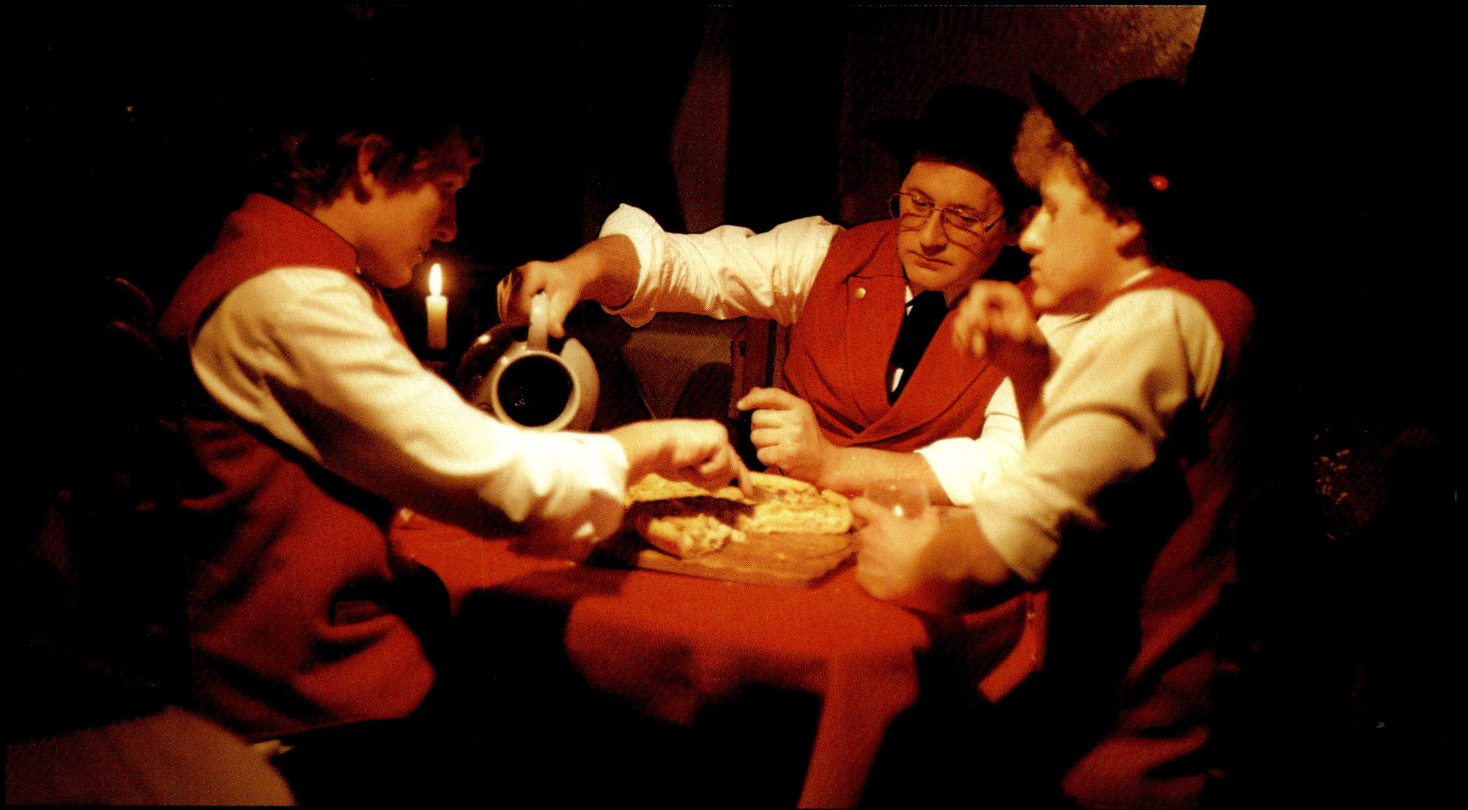

◁ **Schwarzwaldimpressionen**
*Trachten mit rotem und schwarzem Bollenhut aus dem Gutachtal
Schnapsbrennereien, in denen ein vorzügliches Obstwasser destilliert wird
Kuckucksuhren
Zünftiges Vesper*

▷ **Hexenlochmühle**
Die alte Mühle klappert noch heute unverdrossen im Tal der Wildgutach. Auf romantischere Weise sind wohl noch nirgendwo sonst die Kräfte der Natur genutzt worden.

◁ **Black Forest impressions**
*Ethnic costumes from the Gutach Valley, with red and black pompon hats
Distilleries specializing in excellent fruit brandies
Cuckoo clocks
A good solid snack*

▷ **Hexenloch Mill**
The old mill in the valley of the Wildgutach still untiringly does its duty. A more romantic way of harnessing Nature's forces is hard to imagine.

◁ **Impressions de la Forêt-Noire**
*Costumes régionaux avec le chapeau à pompons rouge et noir de la vallée de la Gutach
Des distilleries où l'on fabrique une excellente eau-de-vie
Des coucous de la Forêt-Noire
Un vrai goûter*

▷ **Moulin du Hexenloch**
Aujourd'hui encore, le vieux moulin tictaque sans relâche dans la vallée sauvage de la Gutach. Nulle part ailleurs, semble-t-il, on n'a utilisé de façon plus romantique les forces de la nature.

▽ **Auf dem Schauinsland**
Auf Freiburgs Hausberg, dem Schauinsland, weht immer ein frischer Wind, bisweilen fegt auch ein ausgewachsener Sturm darüber hinweg und zerzaust die verwitterten Wetterbuchen gehörig.

▷ **Freiburg/Blick auf das Münster**
Das Münster, an dem zwölf Generationen Freiburger Bürger gebaut haben, wurde noch im ausgehenden Mittelalter vollendet. Berühmtheit erlangte die Kirche durch ihren 116 Meter hohen Westturm, dessen vollkommene Proportionen ihn bis ins 19. Jahrhundert stilbildend werden ließen.

▽ **On Schauinsland**
On Schauinsland, Freiburg's "own" mountain, there is always a fresh breeze blowing – and sometimes a violent storm which puts the strength of the centuries-old beech trees to the test.

▷ **Freiburg/View of the Minster**
Twelve generations of Freiburg citizens worked on the building of the Minster, which was completed at the end of the Middle Ages. The west tower (380 ft high) is its most famous feature; its perfect proportions made it a much-admired model for other towers right into the 19th century.

▽ **Sur le Schauinsland**
Sur le Schauinsland, une montagne des environs de Fribourg, un vent frais souffle en permanence et parfois même une véritable tempête vient tout balayer et ébouriffe sérieusement les hêtres malmenés par les intempéries.

▷ **Fribourg/Vue sur la cathédrale**
Le Münster, qu'ont édifié douze générations de Fribourgeois, a été terminé à la fin du moyen âge. L'église est devenue célèbre par sa tour de 116 mètres de hauteur dont les proportions parfaites ont servi de référence en matière de style jusqu'au XIXᵉ siècle.

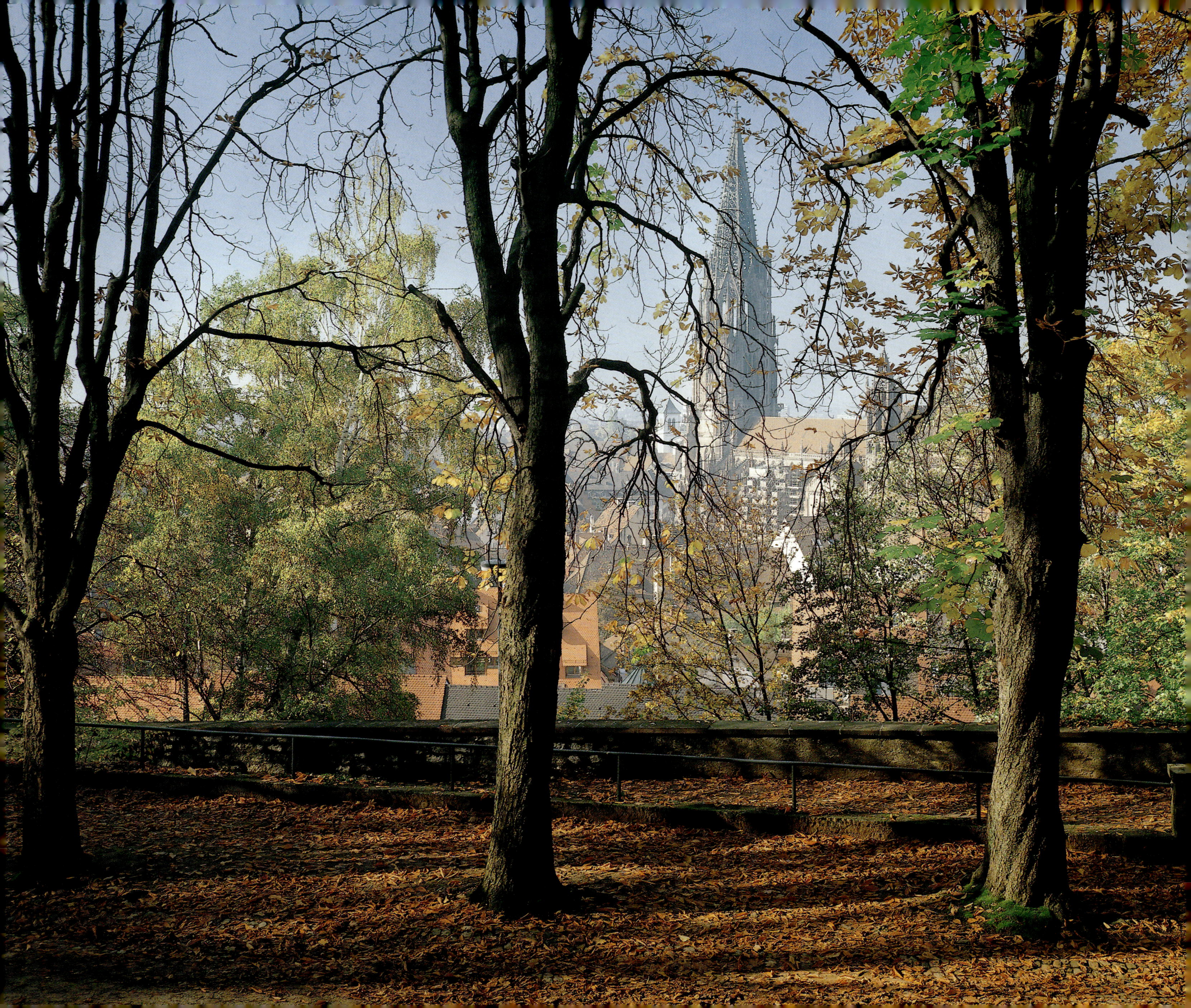

▽ **Fasnet in Rottweil**
Die Rottweiler Fasnet *ist eine der farbenprächtigsten und traditionsreichsten im gesamten alemannischen Raum. In der ehemaligen Freien Reichsstadt, wo sich die Fasnet bereits im 16. Jahrhundert nachweisen läßt, haben sich nämlich erstaunlich viele Masken, Gewänder und Fasnetsutensilien erhalten. Zu den bekanntesten Maskenfiguren zählen beispielsweise der* Federahannes *(links) sowie der* Gschellnarr *(Mitte).*

▷ **Offenburger Hexen**
In Offenburg treiben derweil die Hexen, allesamt Männer, ihr närrisches Unwesen.

▽ **Carnival in Rottweil**
The Rottweil carnival is one of the most colourful and most traditional in the whole of the Alamannic region. The carnival tradition can be traced back to the 16th century. An amazing variety of masks, costumes, and other carnival appurtenances have been preserved and are still in use. Two of the best-known masked figures are Belled Fool *(middle)* and Feathered Hans *(left)*.

▷ **The Offenburg Witches**
In Offenburg the witches (all of them men) are abroad during the carnival time.

▽ **Carnaval à Rottweil**
Le carnaval de Rottweil est un des plus hauts en couleurs et des plus riches en traditions de la région alémanique. L'ancienne ville libre impériale, où le carnaval remonte au XVIᵉ siècle, a en effet gardé un nombre impressionnant de masques, costumes et ustensiles carnavalesques. Parmi les masques les plus connus: le Federahannes *(à gauche) et le* Gschellnarr *(au milieu).*

▷ **Les sorcières d'Offenbourg**
A Offenbourg, ce sont les sorcières, toutes des hommes, qui hantent les lieux au moment du carnaval.

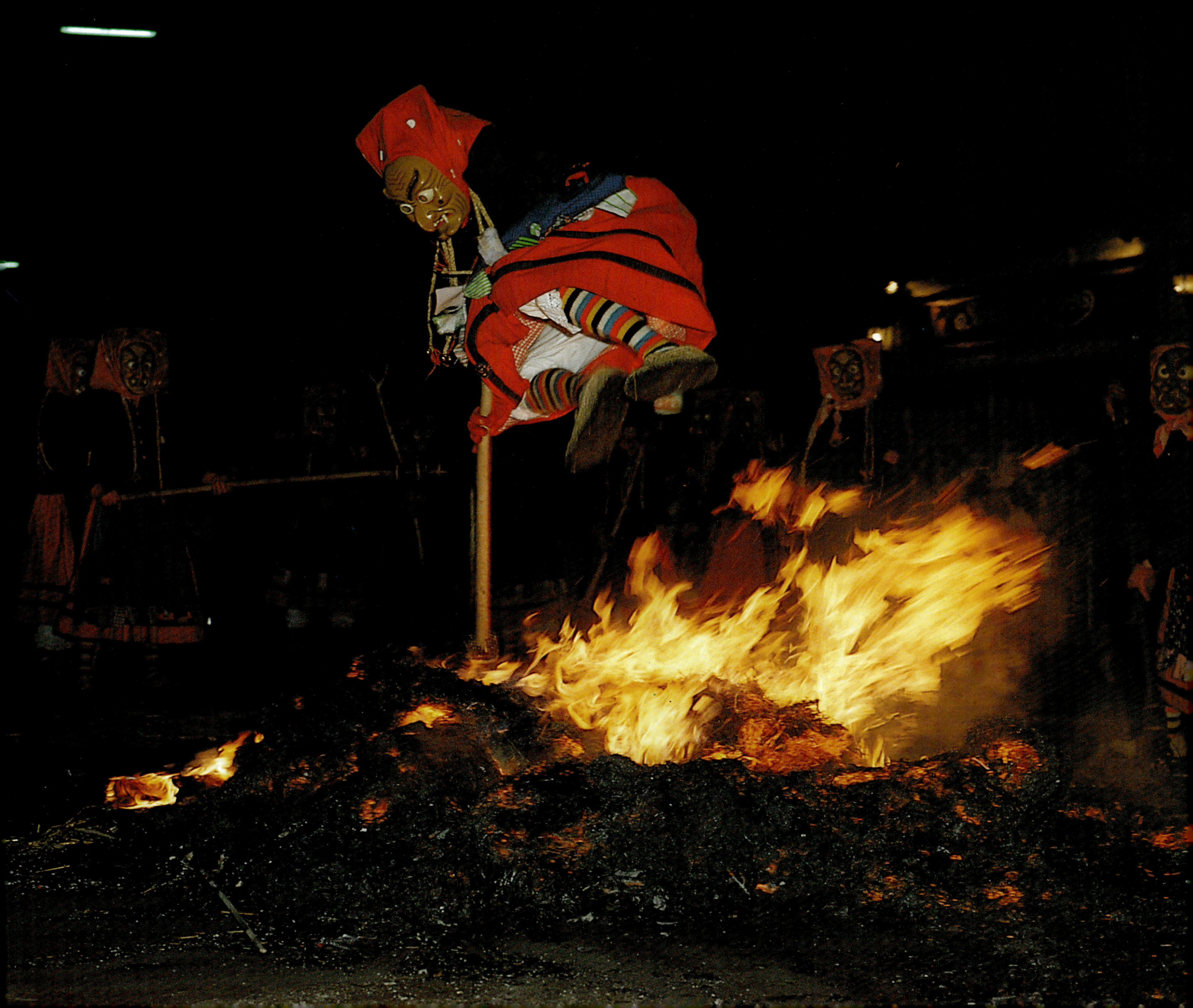

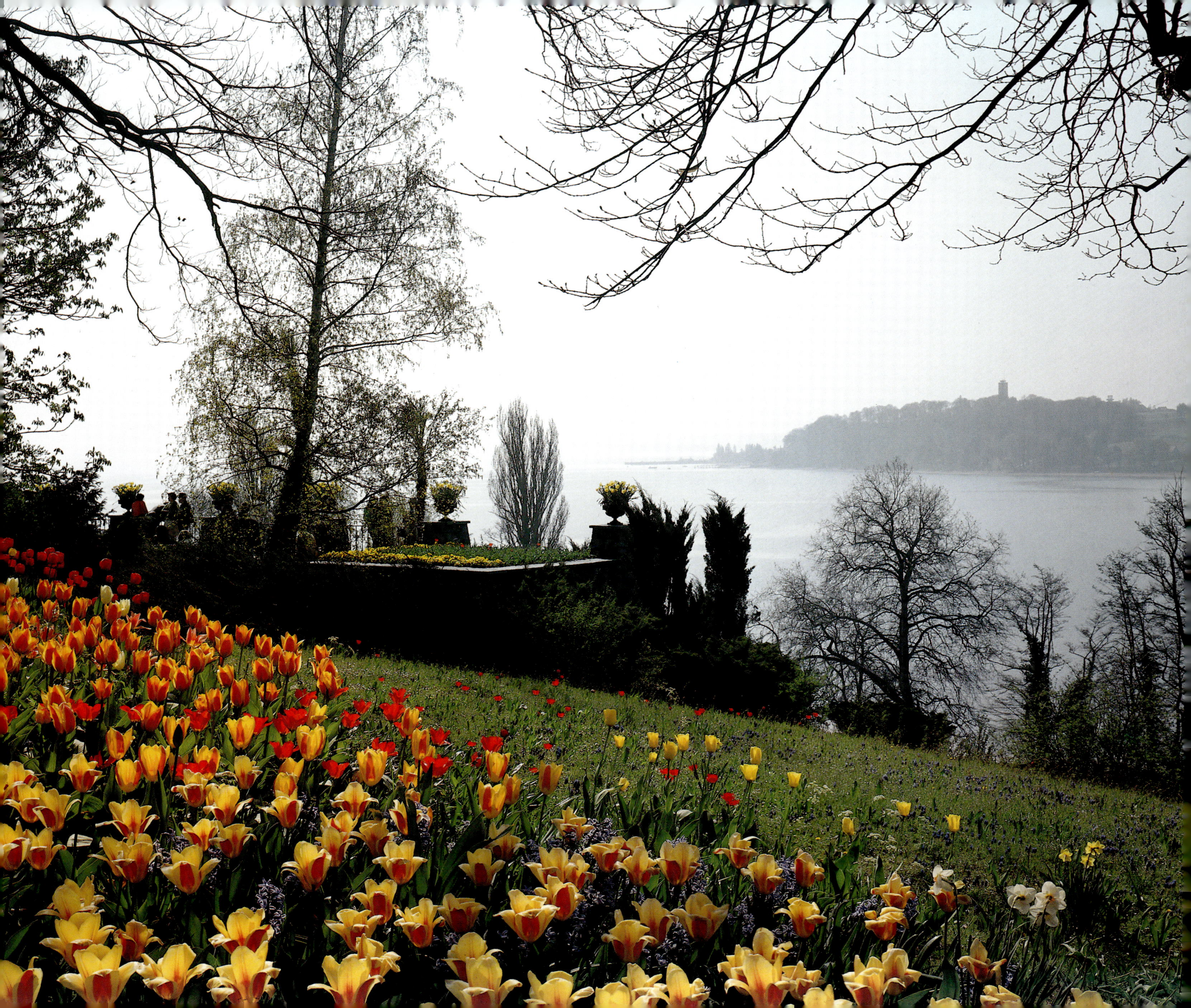

Der Bodensee

An einem Julitag des Jahres 1900 stieg an der Bucht von Manzell bei Friedrichshafen am Bodensee ein sonderbares Gebilde in die Lüfte, das wie eine Zigarre aussah: Es war das erste lenkbare Luftschiff der Welt. Sein Erfinder war der im Jahre 1838 in Konstanz geborene Graf Zeppelin. Das Zeppelin-Museum in Friedrichshafen erinnert an diese Pioniertat aus den Anfängen der Luftfahrt.
Der Bodensee, auch Schwäbisches Meer genannt, gehört zu den besonders schönen Binnengewässern in Europa. Er wird vom Rhein durchflossen, ist 72 Kilometer lang, 14 Kilometer breit und bis zu 252 Meter tief.
Geheimnisumwittert ist bis auf den heutigen Tag eine seltsame Naturerscheinung – das Seeschießen. Es ist ein donnerartiges Dröhnen, das aus dem See kommt. Niemand weiß, wie und warum es entsteht.
Ansonsten aber geht es recht friedlich zu am Bodensee, dessen Ufer sich Deutschland (168 Kilometer), die Schweiz (69 Kilometer) und Österreich (26 Kilometer) teilen.
Malerisch ist die Blumeninsel Mainau, deren Blütenkalender im März beginnt und im Oktober endet, wenn auf der Insel mehr als 20 000 Dahlien blühen.
Ein beliebter Bodenseewinkel ist

Lake Constance

On a July day in 1900, a strange cigar-shaped object rose into the air above Manzell Bay near Friedrichshafen: it was the world's first dirigible airship. Its inventor was Count Zeppelin (born in Constance in 1838). The Zeppelin Museum in Friedrichshafen recalls his pioneering work in the early days of aviation.
Lake Constance, also called the Swabian Ocean in Germany, is one of Europe's most beautiful stretches of inland water. It is 40 miles long, 8 miles wide, over 800 feet deep in parts, and is fed and drained by the River Rhine.
A strange natural phenomenon, which is still not understood, is a noise like thunder that emanates from the lake. The local name for it is *Seeschiessen* (lit.: lake shooting).
But otherwise the Swabian Ocean, whose shores are shared by Germany (105 miles), Switzerland (43 miles) and Austria (16 miles), is peaceful enough.
The fertile island of Mainau, alive with flowers from March to October, is a sight worth seeing, especially late in the season, when 20,000 dahlias are in bloom.
Another favourite spot on Lake Constance is Meersburg. With its picturesque streets and alleys it forms one of Europe's most charming townscapes. The Old Castle,

Le lac de Constance

Un jour de juillet de l'année 1900, un engin étrange, qui ressemblait à un cigare, s'éleva dans le ciel à partir de la baie de Manzell près de Friedrichshafen sur les bords du lac de Constance: c'était le premier dirigeable du monde. Le comte Zeppelin, né en 1838 à Constance, en était l'inventeur. Le musée Zeppelin à Friedrichshafen rappelle cet acte de pionnier des débuts de l'aéronautique.
Encore appelé la mer Souabe, le lac de Constance compte parmi les eaux intérieures les plus belles d'Europe. Traversé par le Rhin, il a 72 kilomètres de long, 14 kilomètres de large et jusqu'à 252 mètres de profondeur.
Le lac de Constance est doté d'un étrange phénomène naturel, inexpliqué jusqu'à ce jour: le *Seeschiessen*, le «tir du lac». Il s'agit d'un grondement semblable à celui du tonnerre qui part du lac et dont personne ne sait pourquoi et comment il se produit.
Mais, à part cela, tout est paisible sur le lac dont les rives sont partagées entre l'Allemagne (168 kilomètres), la Suisse (69 kilomètres) et l'Autriche (26 kilomètres). Avec ses innombrables fleurs dont la floraison commence au mois de mars et se termine au mois d'octobre quand 20 000 dahlias fleurissent, l'île de Mainau est un endroit très pittoresque.

◁ **Frühling auf der Insel Mainau**
Großherzog Friedrich I. von Baden verwandelte im 19. Jahrhundert die Mainau in ein exotisches Pflanzenparadies.
▷▷ **Wasserburg am Bodensee**
Das Bodeseewetter ist ein Kapitel für sich. Martin Walser bezeichnete es einmal als Klimatheater, als pausenlose Unbeständigkeits- und Überraschungsdramaturgie.

◁ **Spring on the island of Mainau**
Grand Duke Frederick I of Baden turned Mainau into a paradise for exotic plants in the 19th century.
▷▷ **Wasserburg on Lake Constance**
Lake Constance weather is full of surprises. The German author Martin Walser described it as a climatic drama, an endless play made up of elements of surprise and changeability.

◁ **Le printemps dans l'île de Mainau**
Au XIXᵉ siècle, le grand duc de Bade, Frédéric Iᵉʳ, transforma l'île en un paradis de plantes.
▷▷ **Wasserburg sur le lac de Constance**
Comme le poète Martin Walser a dit, le climat du lac de Constance est un théâtre climatique, un drame sans entracte, inconstant et plein de surprises.

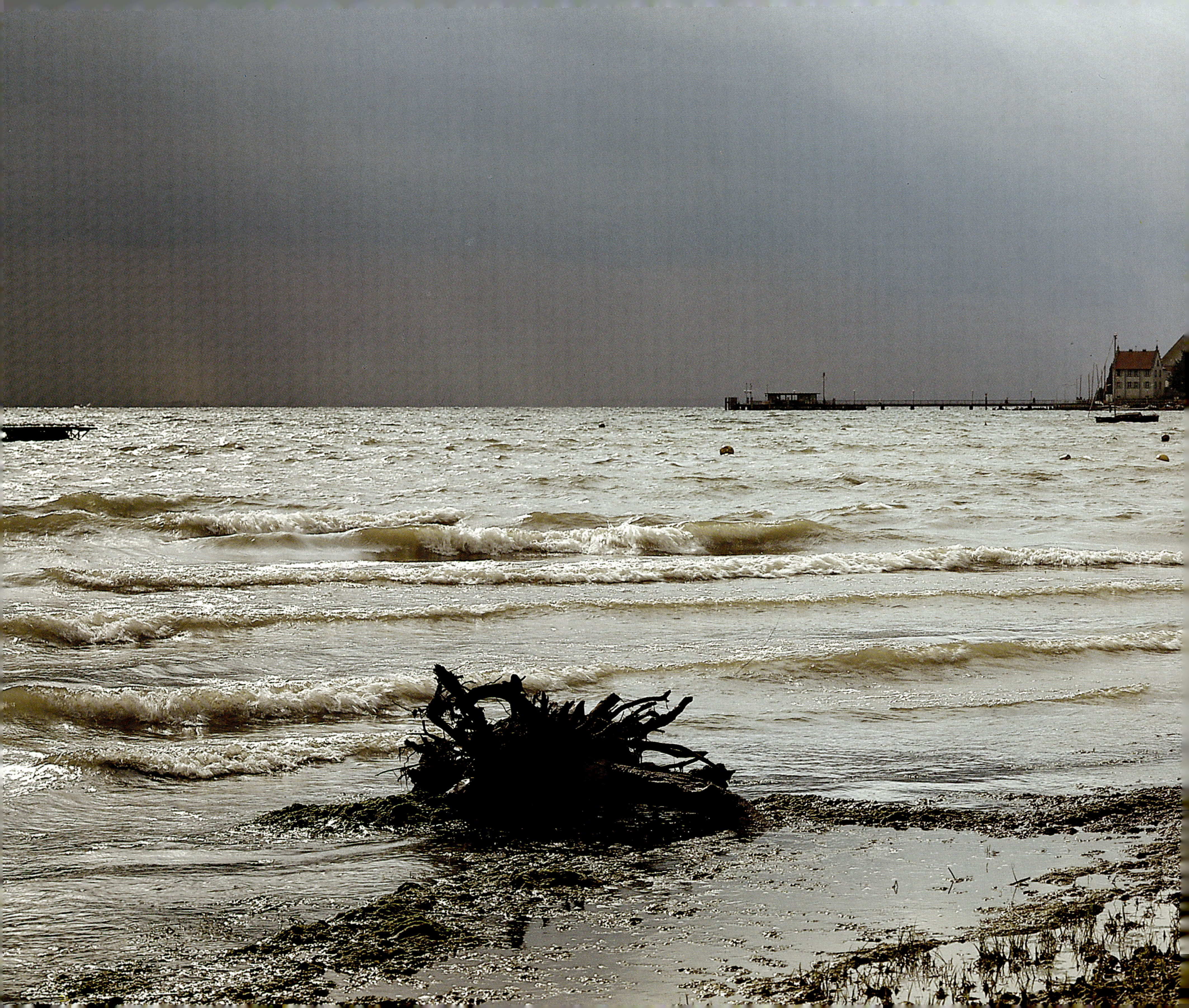

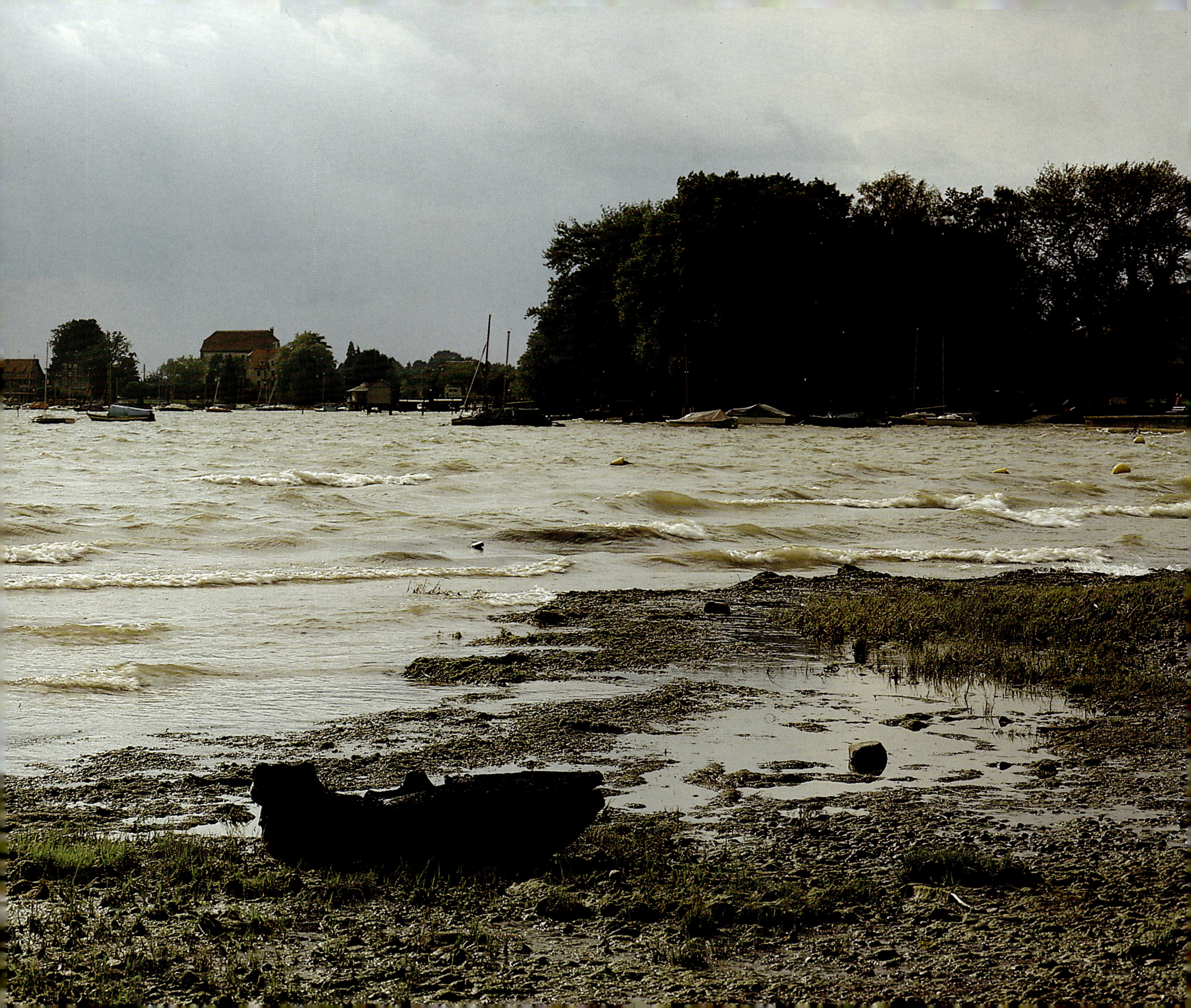

Meersburg mit seinen verträumten Gassen. Dort findet der Gast eines der reizvollsten Städtebilder Europas. Im Alten Schloß leben bereits seit dem 7. Jahrhundert Menschen, es ist damit die älteste bewohnte Burg Deutschlands.
In den gemütlichen Weinstuben von Meersburg aber sollte man unbedingt die Bodenseeweine probieren, die so gut sind, daß sie die Leute vom Bodensee am liebsten selber trinken, wobei ihnen natürlich die vielen Touristen kräftig helfen.
Das Mittelalter wird lebendig in Lindau mit seinem idyllischen Hafen, der bewacht wird vom bayerischen Löwen, einer steinernen Plastik, die freilich einen kleinen Fehler hat: Der riesige Löwe kann nicht brüllen, denn der Bildhauer hat vergessen, ihm eine Zunge in den Rachen zu meißeln.
Die größte Stadt am Bodensee ist Konstanz, wo zu Beginn des 15. Jahrhunderts das Konstanzer Reformkonzil stattfand, der größte mittelalterliche Kongreß des Abendlandes. Damals wurde zum ersten und einzigen Mal ein Papst auf deutschem Boden gewählt. Das Konzilgebäude steht noch heute. Es ist das Kaufhaus aus dem Jahre 1388.

which has been lived in since the 7th century, is Germany's oldest inhabited castle. Meersburg's wine taverns provide the ideal setting in which to try the Lake Constance wines. They are so good that most of them are drunk locally – with the help, of course, of the many tourists.
Lindau brings the Middle Ages back to life. The idyllic harbour is guarded by a stone lion, symbol of Bavaria, but the poor beast is handicapped: it cannot roar, as the sculptor omitted to give it a tongue.
The largest town on Lake Constance is Constance itself, where the Council of Constance took place in the early 15th century. It was Christendom's largest medieval congress, and it marked the only occasion on which a Pope was elected on German soil. The council building, built in 1388, still stands today.

Meersburg, avec ses charmantes ruelles, est un coin très recherché par les touristes qui y trouvent l'une des plus ravissantes petites villes d'Europe. Son Château vieux, qui a des occupants depuis le viie siècle, est ainsi le plus ancien château habité d'Allemagne.
Dans les agréables tavernes de Meersburg, il faut déguster les vins du lac de Constance qui sont si bons que les habitants de la région préfèrent les boire eux-mêmes, aidés bien entendu en cela par les nombreux touristes.
Le moyen âge revit à Lindau avec son port idyllique que surveille un lion bavarois, une sculpture en pierre qui a toutefois un petit défaut: le lion ne peut pas rugir, car le sculpteur a oublié de lui donner une langue.
La plus grande ville du lac de Constance est Constance où se déroula au début du xve siècle le concile de la réforme, le plus grand congrès occidental du moyen âge. Pour la première et unique fois, un pape y fut élu sur le sol allemand. La maison du Concile existe encore. C'est le *Kaufhaus*, un entrepôt construit en 1388.

▷ **Lindau im Nebel**
Der historische Kern Lindaus liegt anmutig auf einer kleinen Insel im Bodensee. Hier ist gut sein, auch in der unwirtlichen kalten Jahreszeit, denn die alte Stadt ist durch die Umgebung begünstigt: »Behütet von den ausgestreckten Bergen zu beiden Seiten des Rheintals, schwimmt es angekettet im Wasser«, schrieb einst der Elsässer René Schickele über Lindau.

▷ **Lindau in fog**
The historic core of Lindau is charmingly situated on a small island in Lake Constance. It is a pleasant place to be even in the winter, because the town is sheltered by the mountains.

▷ **Lindau dans le brouillard**
Le noyau historique de Lindau est blotti sur une petite île du lac de Constance. Il y fait bon vivre même à la saison froide et inhospitalière de l'année, car la vieille ville est protégée par son entourage: «Gardée par les montagnes qui s'allongent des deux côtés de la vallée du Rhin, elle nage enchaînée dans l'eau» a dit une fois de Lindau l'Alsacien René Schickele.

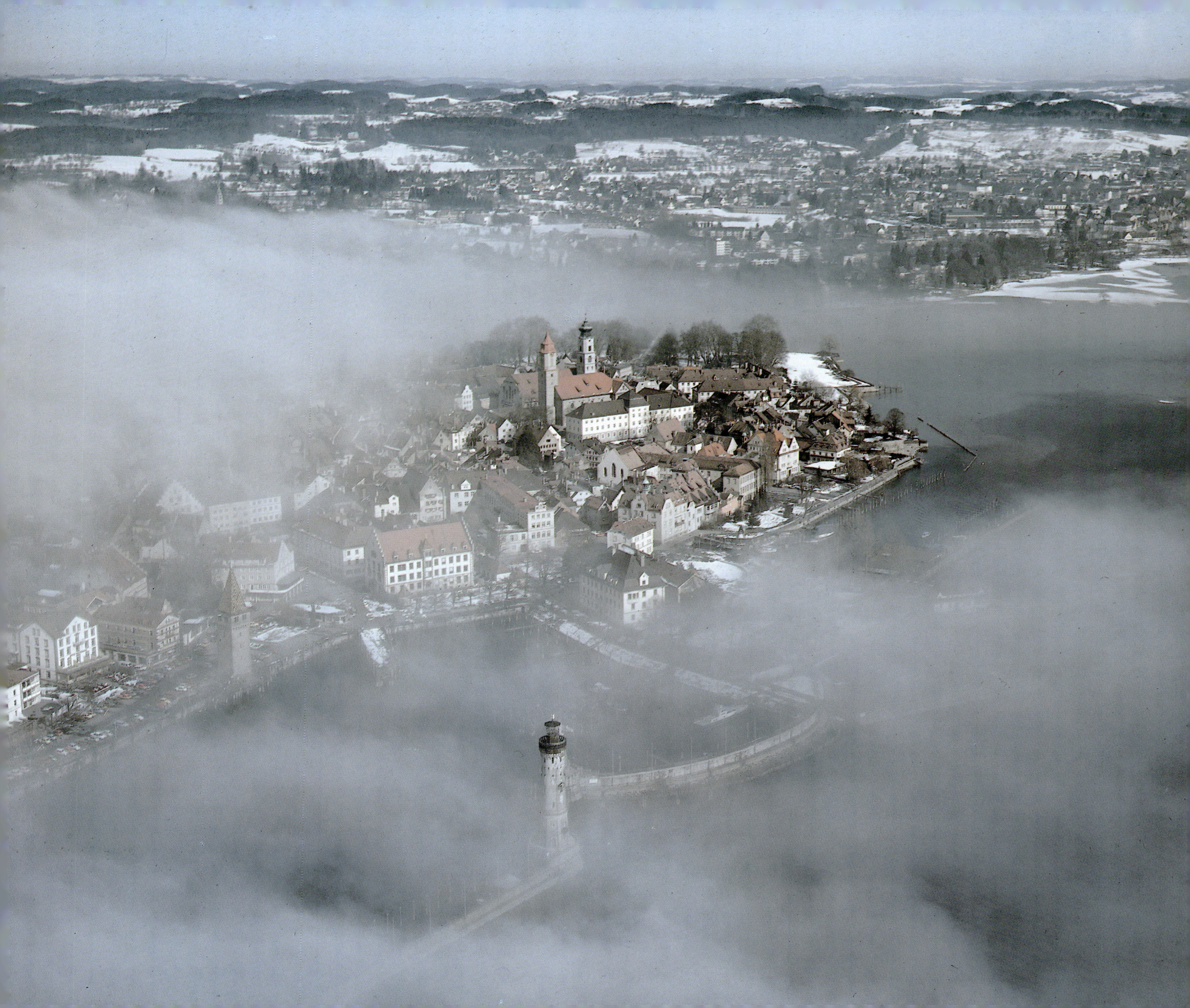

◁ **Meersburg/Altes Schloß**
Deutschlands größte Dichterin, Annette von Droste-Hülshoff, verbrachte die letzten Jahre ihres Lebens auf der alten Burg. Vielleicht hatte sie den hohen Turm bestiegen, als sie die folgenden Verse niederschrieb:
Ich steh auf hohem Balkone am Turm,
Umstrichen vom schreienden Stare,
Und laß gleich einer Mänade den Sturm
Mir wühlen im flatternden Haare ...

▷ **Konstanz/Sonnenuntergang**
Abend in Konstanz: In der größten Stadt am Bodensee sind Ruhe und Beschaulichkeit eingekehrt.

◁ **Meersburg/The Old Castle**
Germany's greatest poetess, Annette von Droste-Hülshoff, spent the last years of her life in the old castle. She was a poet of the intimate, of atmospheres. One of her verses, in which she describes how a starling flies shrieking around a high balcony on which she is standing while the wind sets her hair streaming, might well have been inspired by an occasion when she climbed the castle's high tower.

▷ **Konstanz/Sunset**
Evening in Konstanz: as the sun sets, the largest town on Lake Constance settles down, and forgets the bustle of the day.

◁ **Meersburg/Le Château vieux**
La grande poétesse allemande, Annette von Droste-Hülshoff, a passé les dernières années de sa vie dans le Château vieux. Peut-être se trouvait-elle sur la haute tour lorsqu'elle écrivit:
Sur le haut balcon de la tour,
Des étourneaux criards m'entourent
Et le vent, comme une ménade,
Dans mes cheveux flottants s'attarde...

▷ **Constance/Coucher de soleil**
Le soir à Constance: la plus grande ville des bords du lac de Constance a retrouvé un calme paisible.

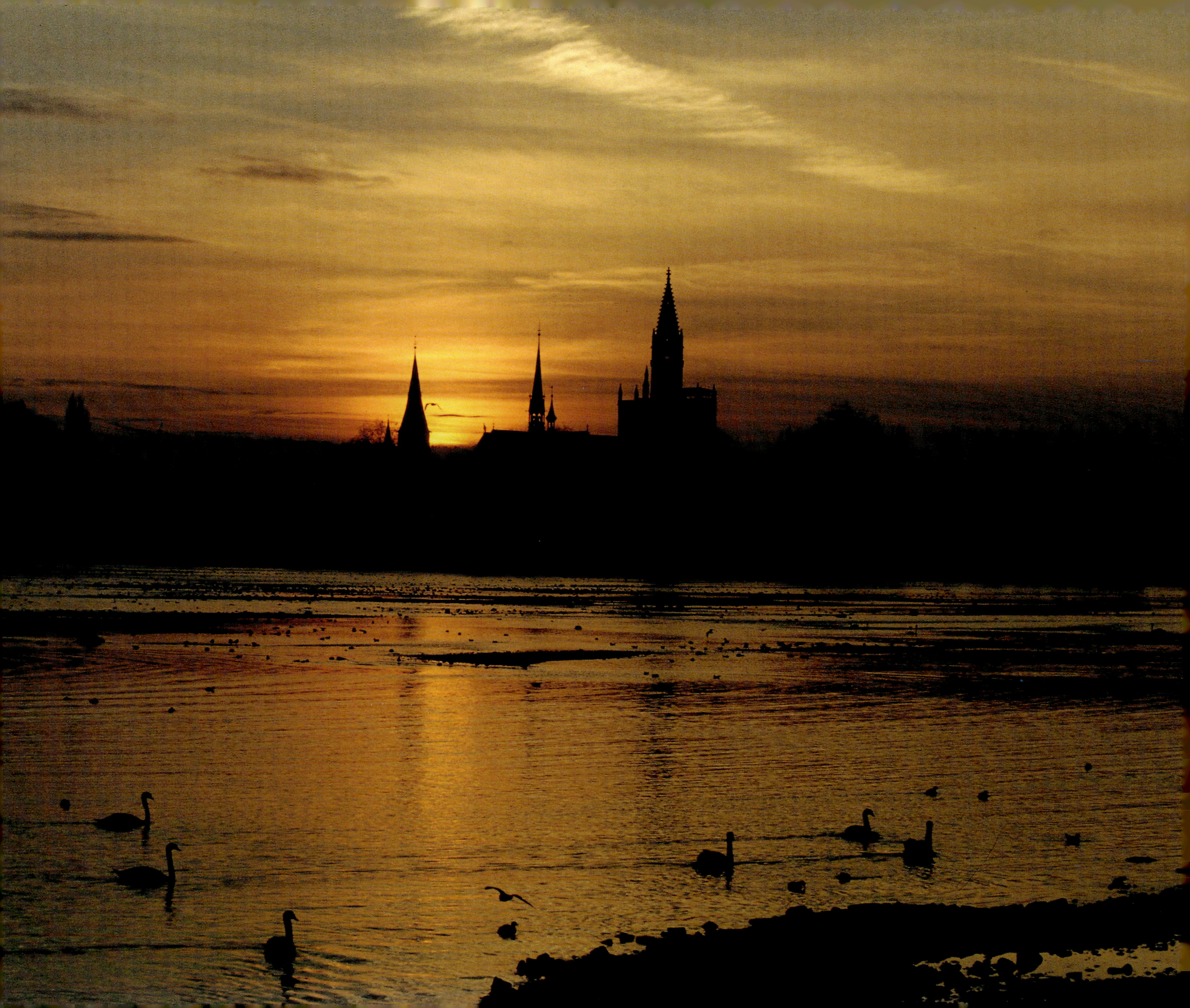

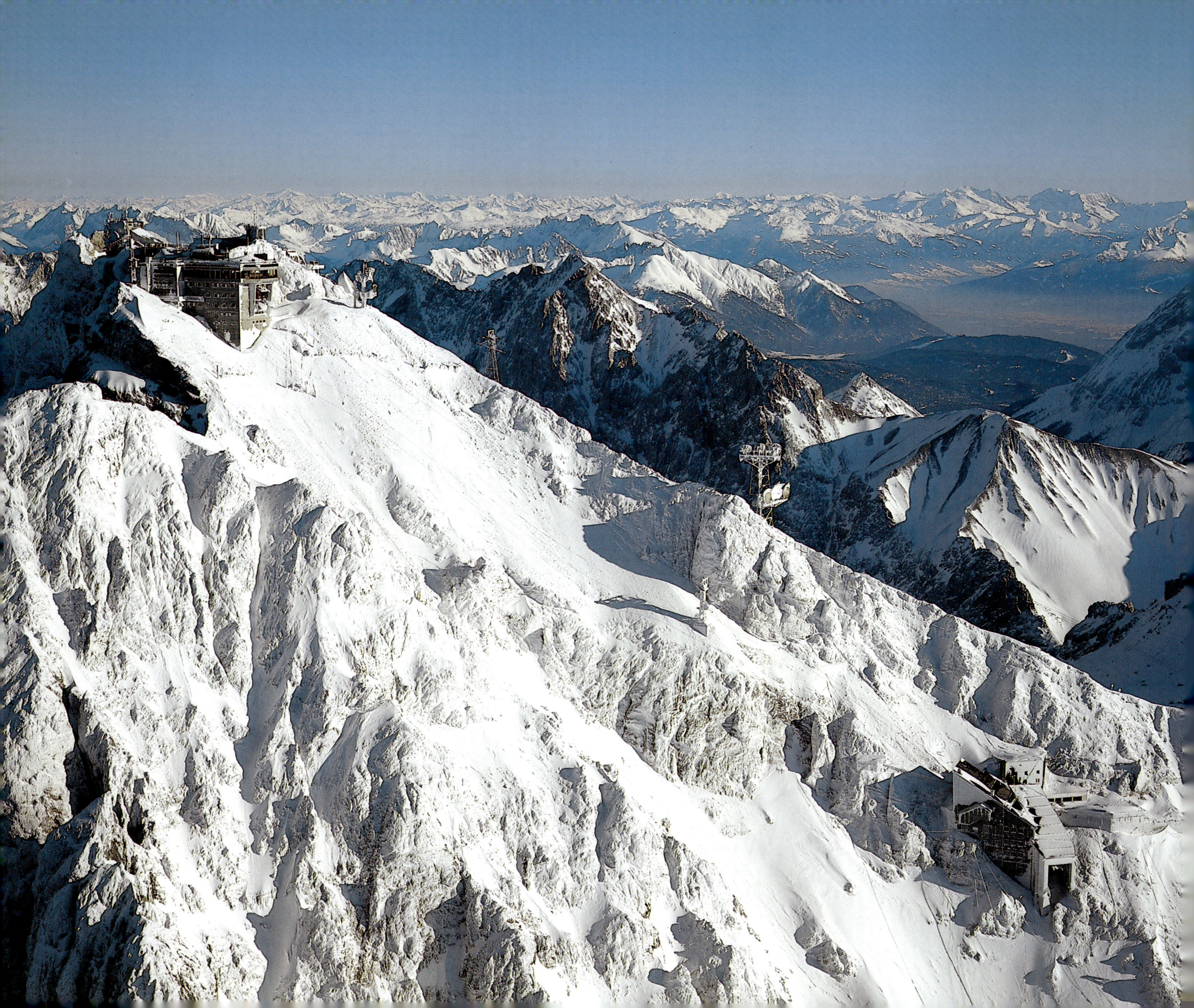

Die Alpen

Schrecklich wütete im Jahre 1633 die Pest in den Dörfern des Alpenlandes. Die Menschen wußten sich keinen Rat mehr. Die Herrgottsschnitzer von Oberammergau aber wandten sich in ihrer Not an den Schöpfer und gelobten ihm, künftig alle zehn Jahre zu seinen Ehren ein Passionsspiel zu geben, wenn er der Seuche ein Ende bereite.
Die Oberammergauer haben das Versprechen gehalten bis auf den heutigen Tag. Das ganze Dorf spielt mit, denn weit über hundert Sprechrollen sind zu besetzen, und noch wesentlich mehr Statisten sind notwendig für die großen Volksszenen auf der Freilichtbühne. Mehr als 5 000 Personen finden im Zuschauerraum Platz.
Unweit von Oberammergau liegt Ettal mit seinem barocken Kloster und der vielbesuchten Wallfahrtskirche. Und ganz in der Nähe ist auch Schloß Linderhof zu finden, das der bayerische Märchenkönig Ludwig II. erbauen ließ.
Das alles nun liegt am Rande des Werdenfelser Landes, einer der schönsten Regionen Deutschlands, die gekrönt wird von der 2 963 Meter hohen Zugspitze. Sie ist der höchste Berg Deutschlands.
Von Garmisch-Partenkirchen aus fährt man mit der Zugspitzbahn, die in Grainau zur Zahnradbahn wird,

The Alps

In the year 1633, the plague ravaged the Alpine villages. The people were in despair. But the woodcarvers of Oberammergau turned to their Creator and vowed to enact the Passion and Death of the Lord at ten-year intervals if He should in his mercy bring the plague to an end.
The Oberammergau inhabitants have kept their promise right up to the present day. The whole village participates, because, for the great crowd-scenes on the open-air stage, the play calls for over a hundred speaking parts and several hundred supernumeraries. There is seating for over 5,000 spectators.
Not far from Oberammergau is Ettal, with its baroque monastery and splendid pilgrimage church. And also not far away is Linderhof Palace, built by Bavaria's "fairytale king", Ludwig II.
All this lies on the fringe of the Werdenfels region, with some of Germany's most spectacular scenery, crowned by the Zugspitze, which, with its 9,721 ft peak, is Germany's highest mountain.
The Zugspitz Railway, which starts from Garmisch-Partenkirchen, and from Grainau upwards becomes a cogwheel railway, takes 70 minutes to reach the Schneefernerhaus Hotel. From there it is only a short way to the Zugspitz plateau.

Les Alpes

En 1633, une terrible épidémie de peste ravagea les villages de la région des Alpes. Les habitants ne savaient plus que faire. Dans leur détresse, les sculpteurs de crucifix d'Oberammergau s'adressèrent alors au Créateur et firent le vœu de représenter désormais le drame de la Passion tous les dix ans s'Il enrayait l'épidémie.
Les habitants d'Oberammergau ont tenu leur promesse jusqu'à ce jour. Et tout le village participe à la représentation, car plus de cent rôles parlés sont à distribuer et plusieurs centaines de figurants sont nécessaires pour les grandes scènes populaires dans le théâtre en plein air où plus de 5 000 spectateurs peuvent prendre place.
Non loin d'Oberammergau se trouve Ettal avec son abbaye de style baroque et son église de pèlerinage très fréquentée. Et tout près également est situé le château de Linderhof que fit construire le romantique roi de Bavière, Louis II. Tous ces endroits se trouvent en bordure de la région de Werdenfels, une des plus jolies d'Allemagne que domine la Zugspitze, d'une altitude de 2 963 mètres, la plus haute montagne d'Allemagne. De Garmisch-Partenkirchen, par le chemin de fer qui, à Grainau devient à crémaillère, on est en 70 minutes au Schneefernerhaus, le terminus de

◁ **Zugspitze**
Deutschlands höchster Berg gewährt einen atemberaubenden Blick auf die ewig weißen Alpengipfel.

▷▷ **Tegernsee bei Rottach-Egern**
Das freundliche Tegernseer Tal lud schon immer zum Verweilen ein. Zunächst kamen Mönche und gründeten hier ein bedeutendes Kloster. Später ließen sich Künstler wie die Schriftsteller Ludwig Thoma oder Ludwig Ganghofer in Rottach-Egern am Südende des Tegernsees nieder.

◁ **Zugspitze**
Germany's highest mountain provides a breathtaking view of the eternally white Alpine peaks.

▷▷ **Lake Tegern, near Rottach-Egern**
The pleasant Tegernsee Valley has always been a popular place to visit – and to settle in.

◁ **Zugspitze**
La plus haute montagne d'Allemagne offre une vue impressionnante sur les sommets éternellement blancs des Alpes.

▷▷ **Le Tegernsee près de Rottach-Egern**
La riante vallée du Tegernsee a de tout temps été accueillante.

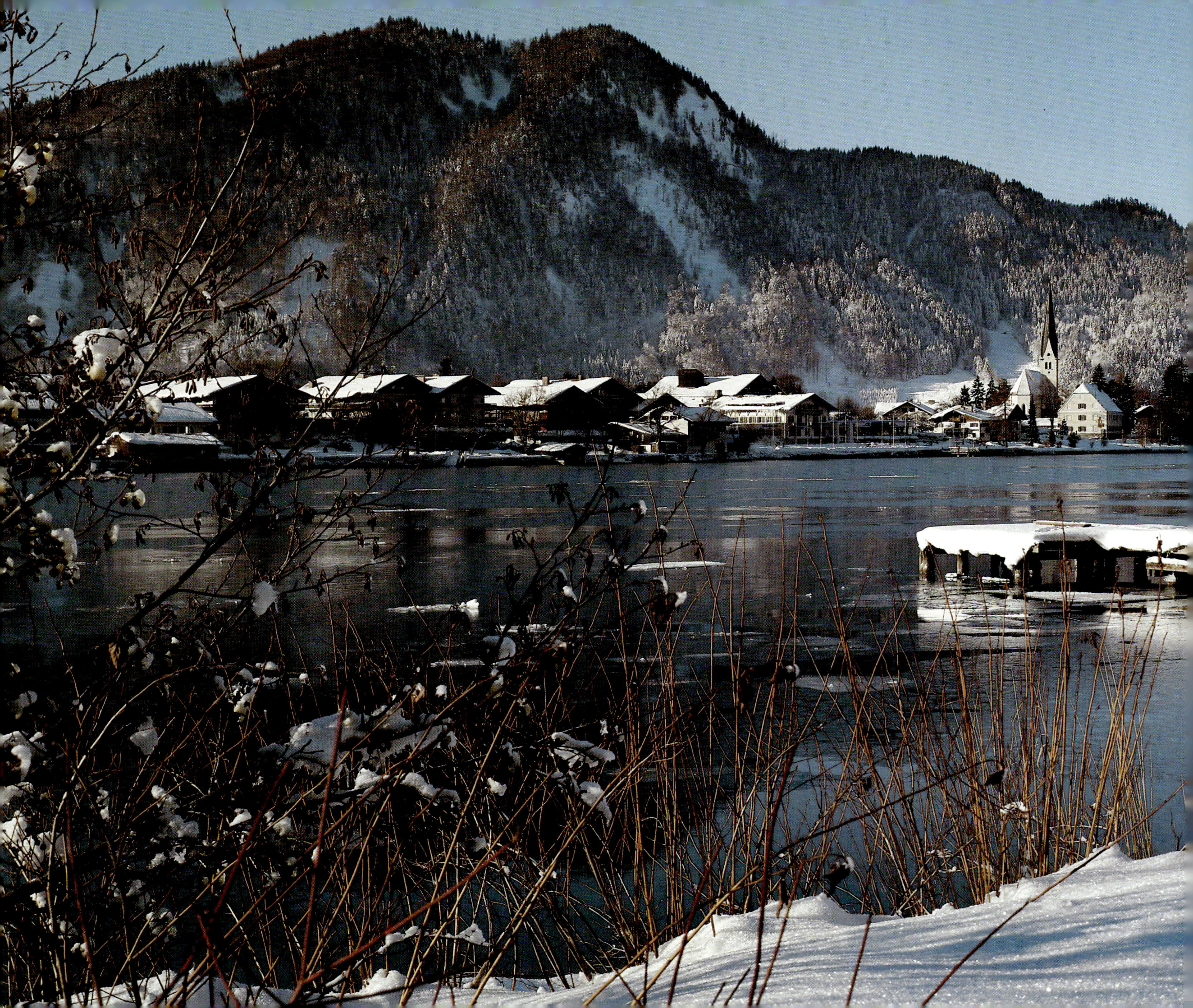

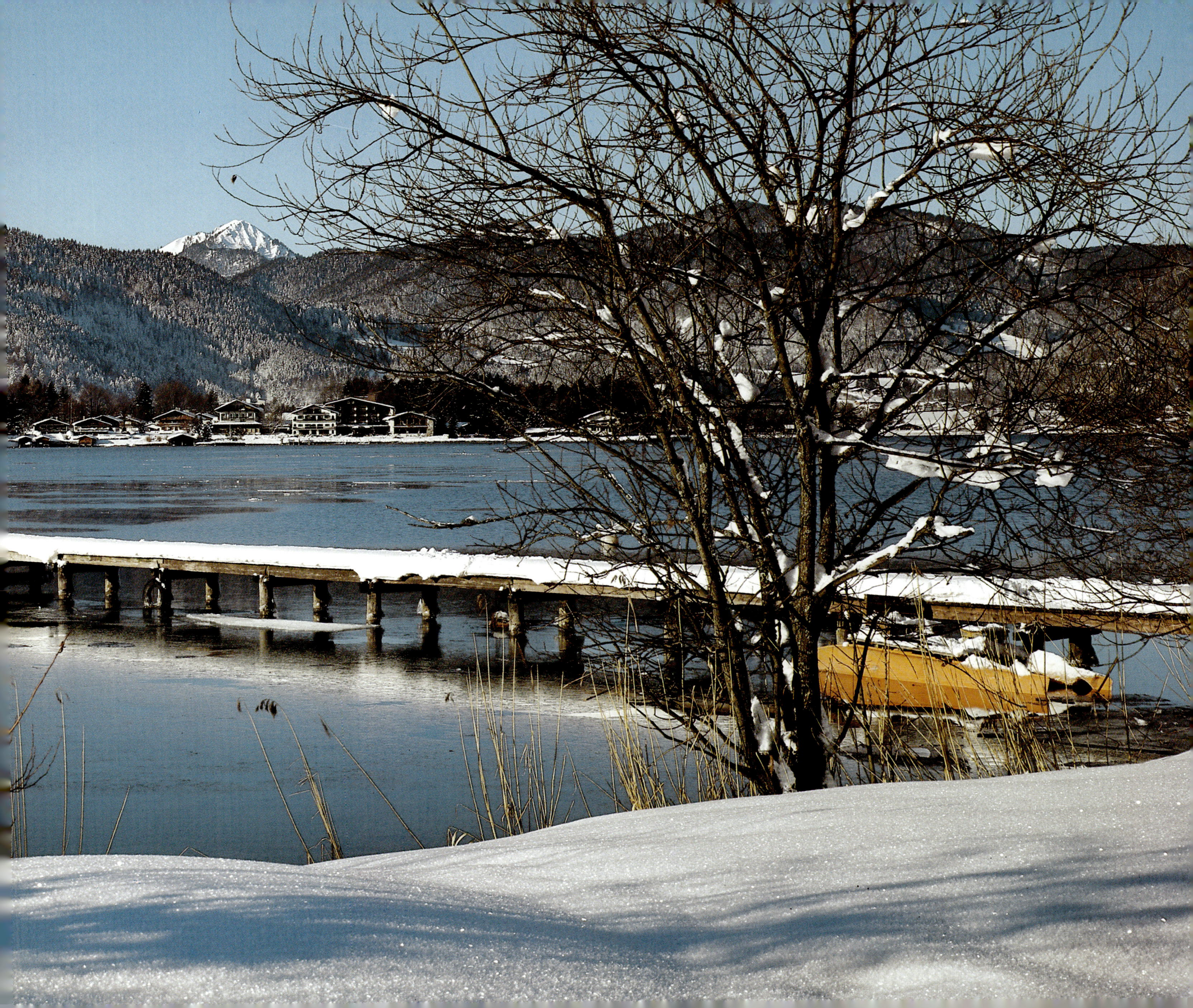

in 70 Minuten hinauf zum Schneefernerhaus. Und von dort aus geht es dann weiter zum Zugspitzplateau, dem höchstgelegenen Skigebiet in Deutschland.

Zentrum des Werdenfelser Landes ist Garmisch-Partenkirchen, Schauplatz der Olympischen Winterspiele des Jahres 1936. Das städtische Garmisch und das eher dörfliche Partenkirchen gehören zu den großen Anziehungspunkten in den deutschen Alpen.

Zu den beliebten Urlaubslandschaften in den Alpen zählt aber auch der Tegernsee. Der Bayernkönig Max I. Joseph ließ zu Beginn des vorigen Jahrhunderts das aufgelöste Benediktinerkloster Tegernsee zu einem Sommerschloß ausbauen. Bald darauf entstanden ringsum Adelssitze, denn die Herrschaften suchten – wie überall, so auch in Bayern – die Nähe des Königs.

Wer sich den Tegernsee und das umliegende Land von oben ansehen will, der fährt am besten mit der Seilbahn zum 1722 Meter hohen Wallberg hinauf, von dem man einen unvergleichlichen Rundblick genießen kann.

Oberhalb des dörflichen Bayrischzell liegt das Sudelfeld, im Winter ein bevorzugtes Skigebiet. Dort hinauf führt eine Straße, an deren Ende der Gasthof »Zum Feurigen Tatzel-

Garmisch-Partenkirchen, where the 1936 Winter Olympics were staged, is at the heart of the Werdenfels region. The two communities – urban Garmisch and the still rather rural Partenkirchen – form one of the most popular resorts in the German Alps.

Another favourite beauty spot in the Alps is the Lake Tegern area, where the Bavarian King, Max I Joseph, converted the former Benedictine monastery into a summer palace at the beginning of last century.

The aristocracy soon built mansions in the region, for in Bavaria as elsewhere, high society loves nothing more than to gather round a King.

To get a bird's eye view of Lake Tegern and the surrounding countryside, the best thing is to take the cable-car up the 5,650 ft high Wallberg, from the top of which a magnificent panorama can be enjoyed.

Sudelfeld, a favourite skiing area, lies above the rural resort of Bayrischzell. The road leading up the mountain ends at the inn called "Zum Feurigen Tatzelwurm", which is called after a dreadful firespouting dragon which is said once to have guarded the nearby waterfall.

Bavaria is a country of comfortable inns – and, of course, is renowned for its beer, although it must be said that the Bavarians actually learned

la ligne, et de là, on accède au plateau de la Zugspitze, la région de ski la plus élevée d'Allemagne.

Le centre de la région de Werdenfels est Garmisch-Partenkirchen qui a accueilli les jeux Olympiques d'hiver en 1936. Garmisch l'urbaine et Partenkirchen, qui a gardé un air de village, sont un des grands pôles d'attraction des Alpes allemandes.

Le Tegernsee compte également au nombre des régions de villégiature des Alpes. Au début du siècle dernier, l'ancienne abbaye bénédictine de Tegernsee fut transformée en château par le roi de Bavière, Maximilien Ier Joseph, qui en fit sa résidence d'été. Les nobles y construisirent bientôt des demeures alentour car, en Bavière comme partout, ils recherchaient le voisinage du roi.

Quiconque veut voir le Tegernsee d'en haut ainsi que la région environnante fera bien de prendre le téléphérique qui conduit au Wallberg d'une hauteur de 1722 mètres d'où l'on jouit d'un panorama incomparable.

Au-dessus du village de Bayrischzell est situé le Sudelfeld, une région de sports d'hiver très fréquentée. On y accède par une route au bout de laquelle se trouve une auberge qui a pour enseigne «Zum feurigen Tatzelwurm», un nom qui lui vient d'un monstre qui, selon la légende, cra-

▷ **Benediktinerkloster Ettal**
Kaiser Ludwig der Bayer erhielt im Jahre 1327 von einem Mönch eine Marienstatue mit der Mission, ihr auf dem »Ampferang« ein Kloster zu erbauen. Als ein Jäger den Kaiser in das völlig unbewohnte Hochtal der Ammer führte, ging plötzlich dessen Pferd vor einer Tanne dreimal in die Knie. An dieser Stelle ließ der Kaiser den Wald roden und das Kloster errichten.

▷ **The Benedictine Monastery of Ettal**
Emperor Louis the Bavarian was given a statue by a monk in 1327 with the suggestion that he should build a monastery in the region. When Louis rode through the mountain valley of the Ammer, his horse suddenly knelt three times in front of a fir tree, and this was where the emperor had the forest cleared and the monastery built.

▷ **L'abbaye bénédictine d'Ettal**
En 1327, l'empereur Louis le Bavarois reçut d'un moine une statue de la Vierge avec pour mission de lui construire une abbaye. Lorsque Louis traversa la vallée solitaire de l'Ammer, son cheval plia par trois fois les genoux devant un sapin. Il fit déboiser la forêt à cet endroit et édifier l'abbaye.

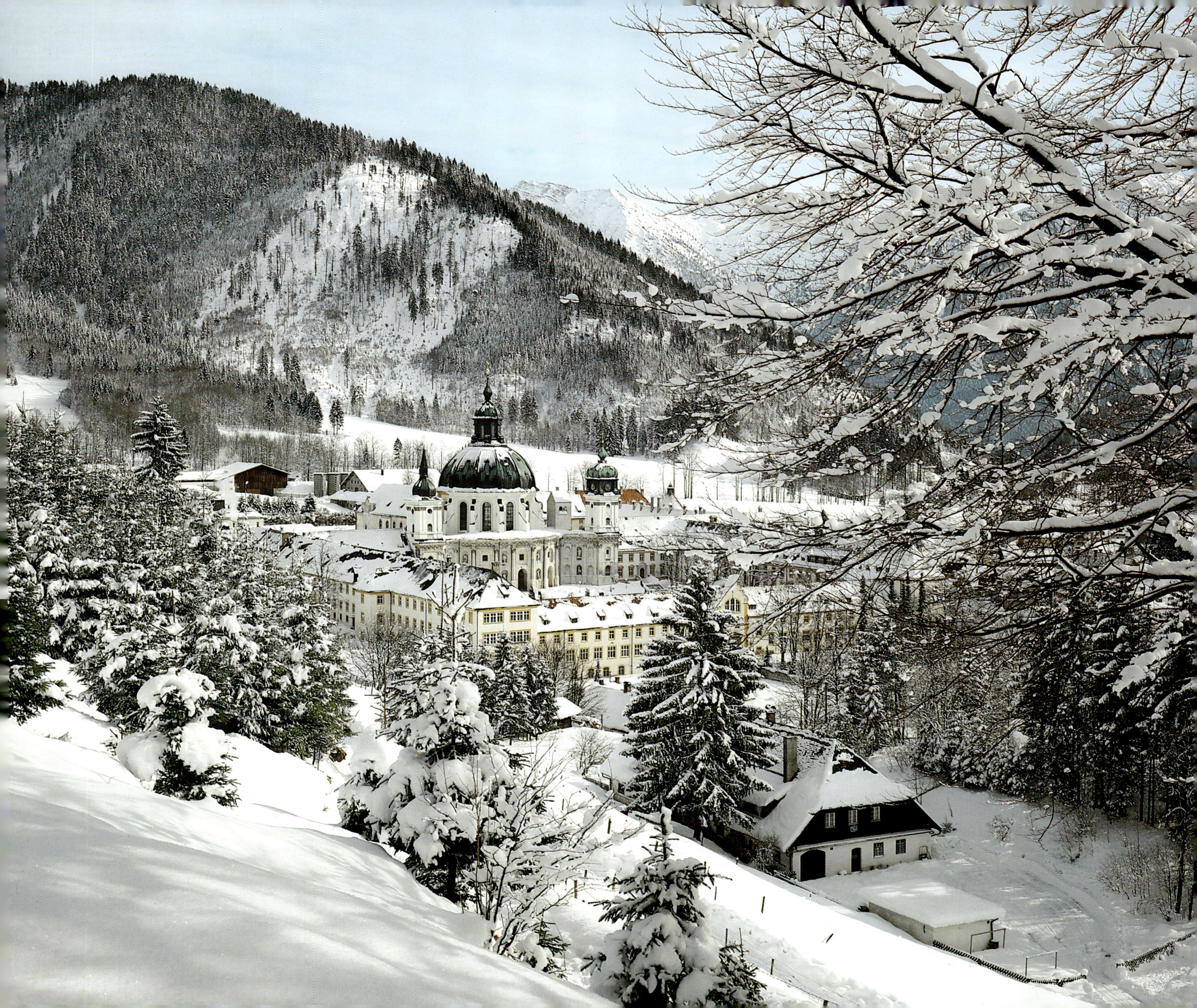

wurm« steht. Er hat seinen Namen nach einem abscheulichen Ungetüm, das in früherer Zeit feuerspeiend den nahen Wasserfall bewacht haben soll.

Bayern ist das Land der gemütlichen Gasthöfe und Bierstuben, das Land des Bieres überhaupt, obwohl die Bayern – das sollte an dieser Stelle nicht unerwähnt bleiben – das Bierbrauen von den Norddeutschen gelernt haben. Doch in Bayern wurde das berühmte Gebot vom reinen Bier erlassen, im Jahre 1487. Danach darf »zu keinem Bier etwas anderes als Gerste, Hopfen und Wasser« verwendet werden.

Und zum Bier gibt es die guten Weißwürste, die aber ein ordentlicher Bayer nur bis zum Mittagsläuten ißt. Danach gibt's Kräftigeres, und es sei nur am Rande vermerkt, daß die Bayern die besten Schweinebraten in ganz Deutschland anzurichten verstehen.

Wer übrigens feststellen will, ob die Weißwürste frisch sind oder schon einen Tag alt, der muß die Wurstpelle an die Decke werfen. Bleibt sie kleben, dann ist die Weißwurst in Ordnung. Viele bayerische Wirte haben allerdings für solchen Zierat an ihrer Gaststubendecke nur begrenztes Verständnis.

Zu den bezauberndsten Winkeln in Deutschland gehört das Berchtes-

the art of brewing from the North Germans. But the Bavarians are proud of their famous purity law of 1487, which lays down that nothing but "barley, hops, and water" may be used for the brewing of any beer.

One of the traditional accompaniments to beer in Bavaria are the *Weisswürste* (veal and pork sausages) which no real Bavarian will eat after midday, as they are supposed to be absolutely fresh. From noon onwards, more substantial fare is consumed, and it is worth mentioning here that the Bavarians make the best roast pork in the whole of Germany.

Anyone wishing to check whether white sausages really are fresh or not need only throw an empty sausage skin at the ceiling. If it sticks there, the sausage was fresh. It should be pointed out, though, that most Bavarian innkeepers are not exactly delighted to have their ceilings used for the test.

One of the most delightful parts of Germany is the Berchtesgaden region, in the south-east corner of the republic.

There, the petrified family of the evil King Watze is to be found – father, mother, and five children – which is how the seven peaks of Watzmann, one of Germany's highest mountains, are described in legend.

chait le feu et gardait la cascade située à proximité.

La Bavière est le pays des auberges et des brasseries accueillantes à la chaude intimité et, d'une façon générale, le pays de la bière, même si ce sont les Allemands du Nord – il ne faut pas l'oublier – qui ont appris aux Bavarois à brasser la bière. Mais c'est en Bavière qu'à été promulgué, en 1487, le célèbre décret sur la pureté de la bière. Aux termes de celui-ci, l'orge, le houblon et l'eau sont les seules substances autorisées pour la fabrication de la bière.

Et, avec la bière, on mange des *Weisswürste*, ces saucisses blanches qu'un vrai Bavarois ne consommera plus lorsque midi aura sonné. Passée cette heure, on apprécie une nourriture plus substantielle. Soit dit en passant, ce sont les Bavarois qui confectionnent les meilleurs rôtis de porc. Il y a un moyen de vérifier si les saucisses blanches sont fraîches ou si elles datent de la veille: il faut en jeter la peau au plafond. Si celle-ci reste collée, tout va bien. Mais bien des aubergistes bavarois n'apprécient nullement ce genre de décoration au plafond de leur salle.

La région de Berchtesgaden, située à l'extrémité sud-est de la République fédérale, compte parmi les coins les plus enchanteurs d'Allemagne. C'est là que trône la famille pétrifiée du

▷ **Schloß Linderhof**
In abgeschiedener Bergeinsamkeit erbaute der bayerische Köng Ludwig II. das romantisch-verträumte Rokokoschloß Linderhof nach französischem Vorbild. Höhepunkte der verschwenderischen Innenausstattung sind die Gemächer des ersten Stocks, in denen Porträts aus der Zeit von Ludwig XIV. und Ludwig XV. hängen.

▷ **Linderhof Palace**
The Bavarian king, Ludwig II, had this romantically conceived rococo palace built in the French style in a lonely part of the mountains. The highlights of the extravagant interior are the rooms on the first floor.

▷ **Château de Linderhof**
Dans la solitude des montagnes, le roi Louis II de Bavière fit construire le château de Linderhof, un édifice romantique d'après un modèle français. La partie la plus importante de l'intérieur du château à la décoration somptueuse est constituée par les appartements royaux au premier étage où sont accrochés des portraits de personnalités françaises de l'époque de Louis XIV et Louis XV.

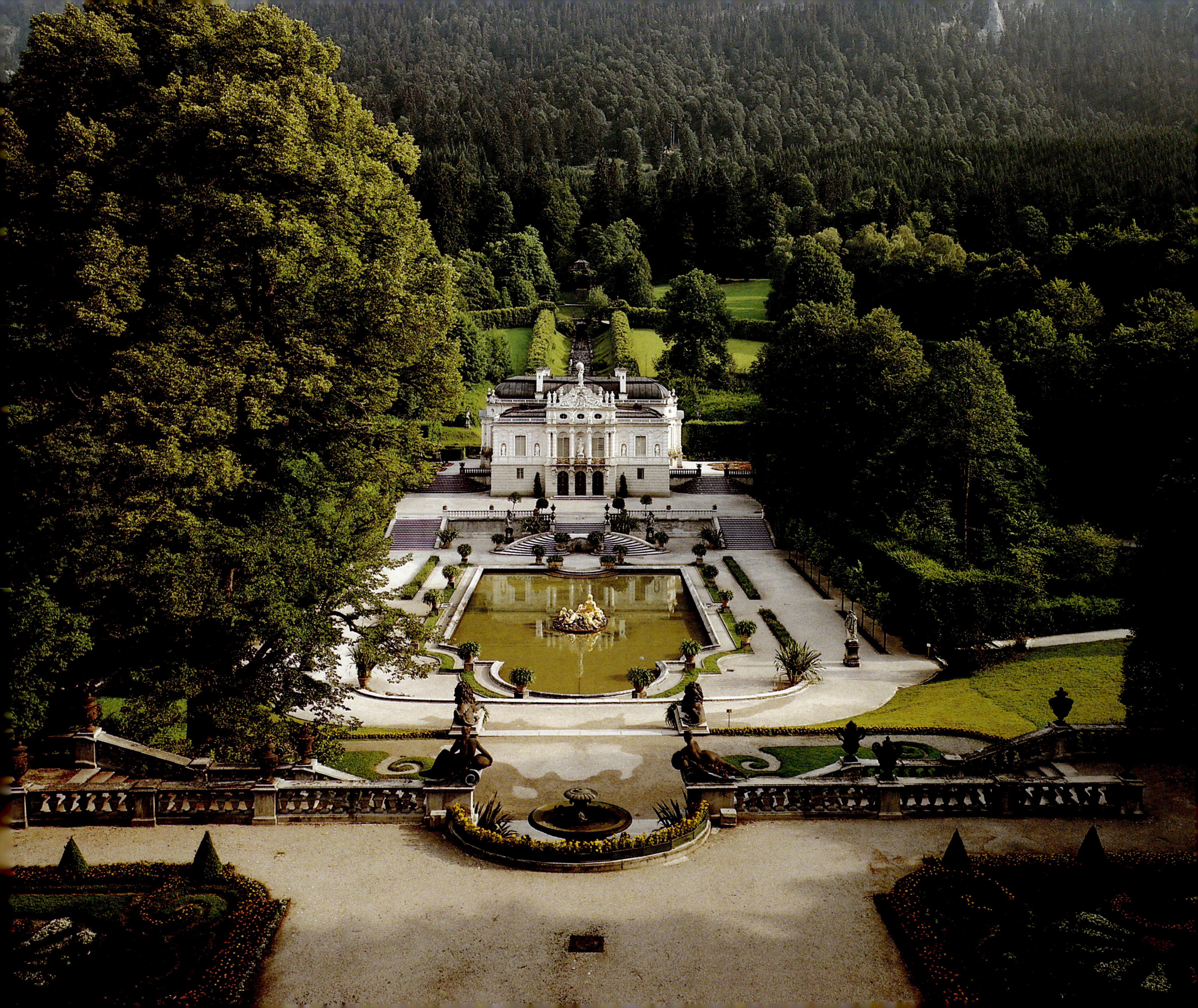

gadener Land, im äußersten Südostzipfel der Republik gelegen. Dort thront die versteinerte Familie des bösen Königs Watze, Vater, Mutter und fünf Kinder: der 2 714 Meter hohe Watzmann.

Und den schönsten Blick auf diese Familie hat man von dem malerischen Berchtesgaden aus. Dort gibt es ein deftiges Bauerntheater, werden Touristen auf Bergwerksrutschen durchs Salzbergwerk befördert, ist es für Skifahrer nur noch ein Katzensprung zum Jenner und zum Roßfeld. Die kurvenreiche Roßfeldstraße ist landschaftlich sehr reizvoll und von zahlreichen Aussichtspunkten gesäumt.

Am Fuße des Watzmannmassivs liegt der Königssee, ein acht Kilometer langer Bergsee, auf dem man mit Schiffen zum Malerwinkel fahren kann oder nach St. Bartholomä, einem barocken Kirchlein vor der Ostwand des Watzmanns. Berühmt ist das Echo vom Königssee, das ausgelöst wird von den tüchtigen Hornbläsern an Bord der Passagierschiffe – zur Freude der Touristen aus aller Welt.

Es soll aber nicht vergessen werden, auf das Kehlsteinhaus hinzuweisen, oben auf dem Obersalzberg, zu dem eine großartige Bergstraße führt. Sie allein schon lohnt die Fahrt.

Doch hinreißend ist die Aussicht

And the finest view of this family is to be obtained from Berchtesgaden itself. The town provides a number of delights for tourists: a lively folk theatre, visits to the local salt mines, including exhilarating rides on the underground train system, and skiing on the Jenner and Rossfeld slopes. The winding, scenically beautiful road up the Rossfeld provides many stunning views.

At the foot of the Watzmann Massif lies the Alpine lake called Königssee, nearly five miles long. It has attracted countless painters throughout the ages, and offers a number of round trips by boat, including one to St. Bartholomä, a baroque chapel built against the base of Watzmann. Königssee has a famous echo which is demonstrated with hunting horns on board the passenger ships that ply the lake, to the delight of the trippers.

Another worthwhile excursion is to the Obersalzberg on top of which is the mountain hotel Kehlsteinhaus, reached by a magnificent mountain road which, for its own sake, is worth the drive. The view from the top is superb.

Germany's largest accessible ice cave at Marktschellenberg is also well worth a visit. The cave lies at an altitude of 5,000 ft. Behind it the Untersberg Massif rises. Legend has it that

méchant roi Watze, le père, la mère et les cinq enfants: le Watzmann, 2 714 mètres d'altitude.

Et c'est du pittoresque Berchtesgaden qu'on a la plus belle vue sur cette famille. La localité est dotée d'un théâtre paysan aux représentations savoureuses; les touristes peuvent y visiter la mine de sel en glissant sur des sortes de toboggan et les skieurs ne sont qu'à deux pas du Jenner et du Rossfeld. La route circulaire du Rossfeld est très pittoresque et jalonnée de nombreux points de vue.

Au pied du massif du Watzmann se trouve le Königssee, un lac de montagne long de huit kilomètres sur lequel on peut effectuer des tours en bateau jusqu'à St-Bartholomä, une chapelle baroque construite contre la base du Watzmann.

L'écho du Königssee est célèbre. En jouant une mélodie avec un cor, les bateliers le démontrent pour la plus grande joie des touristes du monde entier.

Mais il ne faut pas oublier de mentionner le Kehlsteinhaus en haut de l'Obersalzberg auquel mène une splendide route de montagne et d'où la vue est merveilleuse.

Intéressante également est la plus grande grotte de glace accessible d'Allemagne à Marktschellenberg. Elle est située à 1 570 mètres d'altitude. Derrière elle, s'élève l'Unters-

▷ **Königssee mit St. Bartholomä**
Der bayerische Schriftsteller Ludwig Ganghofer schrieb über das Berchtesgadener Land einmal einen kurzen Satz, der über die ungewöhnliche Schönheit dieses Fleckchens Erde mehr aussagt als langatmige Abhandlungen. Er lautet: »Herr, wen Du lieb hast, den lässest du fallen in dieses Land.«

▷ **Lake König with St. Bartholomä**
The Bavarian writer Ludwig Ganghofer once wrote a short sentence which says more about the unusual beauty of this corner of the world than many long-winded descriptions: "Lord, let those that you love fall onto this patch of land!"

▷ **Königssee avec St-Bartholomä**
L'écrivain bavarois, Ludwig Ganghofer, a un jour écrit sur la région de Berchtesgaden une courte phrase qui en dit plus qu'un long exposé sur l'extraordinaire beauté de cet endroit. Cette phrase dit: «Seigneur, celui que tu aimes, laisse-le venir dans ce pays.»

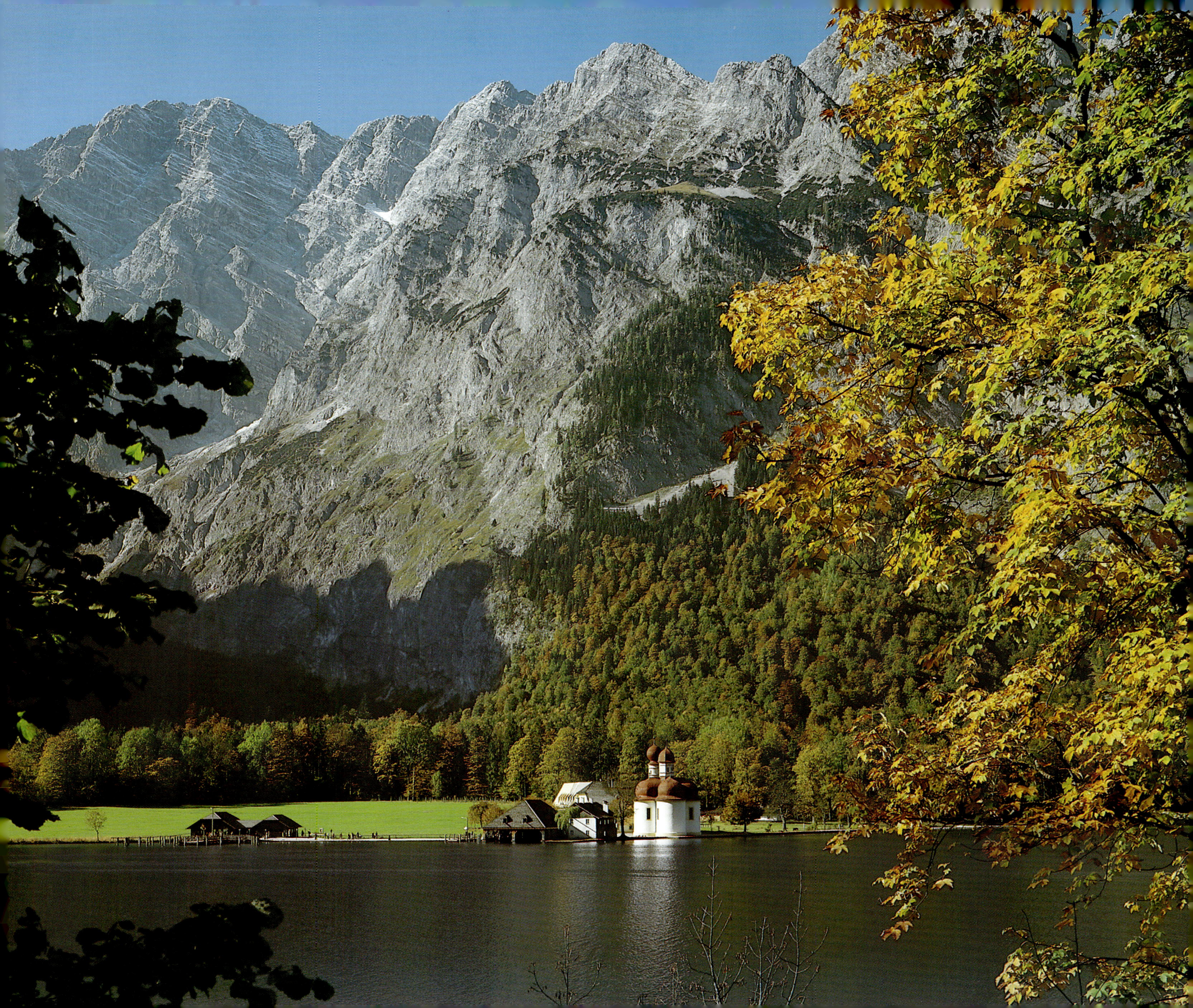

von dort oben. Und nicht weniger sehenswert ist die größte erschlossene Eishöhle Deutschlands in Marktschellenberg. Die Höhle liegt in 1 570 Meter Höhe. Dort erhebt sich der Untersberg, von dem die Sage geht, in seinem Innern schlafe Kaiser Karl der Große und warte auf den Tag, da er wieder einmal in Deutschland und Europa gebraucht werde.

Vor der wunderschönen Kulisse der grandiosen Alpenwelt liegt der Chiemsee. Er ist mit 80 Quadratkilometern der größte See des bayerischen Alpenvorlandes.

Wer ihn besucht, der sollte auch hinüberfahren zu den Inseln Herren- und Frauenchiemsee. Frauenchiemsee war bereits im 8. Jahrhundert von Benediktinerinnen besiedelt. Irmengard, eine Urenkelin Karls des Großen, liegt dort begraben. Sie starb im Jahre 866.

Auf Herrenchiemsee aber verwirklichte der bayerische Märchenkönig Ludwig II. seine Idee von einem bayerischen Versailles. Das prächtige Schloß wurde zwar nach seinem Tode im Jahre 1886 nicht weitergebaut, doch schon das Vorhandene, darunter etwa der Spiegelsaal, ist ein Denkmal architektonischer Gestaltungsfreude.

Charlemagne rests and sleeps inside the Untersberg, waiting for the day when he will again be needed by Germany and by Europe. Charlemagne was the one ruler – it is now nearly 1,200 years ago – whom the French and the Germans had in common.

The Chiemsee – with an area of over 30 square miles Bavaria's largest lake – spreads out like a giant mirror against the majestic backdrop provided by the Bavarian Alps. Anyone visiting the Chiemsee should take a boat trip to the two islands Herrenchiemsee and Frauenchiemsee. Frauenchiemsee was the site of a Benedictine convent as early as the 8th century. Irmengard, Charlemagne's great-granddaughter, is buried there. She died in 866. Herrenchiemsee, the larger island, was chosen by the Bavarian King Ludwig II. as the site of a palace modelled on Versailles. Incomplete when he died in 1886, it was never finished, but even the existing fragment, which includes a great mirrored hall, is a monument to Ludwig's passion for building.

berg où, selon la légende, dormirait l'empereur Charlemagne en attendant le jour où l'on aura de nouveau besoin de lui en Allemagne et en Europe. Car c'est un souverain qu'Allemands et Français ont eu en commun, il y a un peu moins de 1 200 ans.

Dans le merveilleux cadre que forment les Alpes majestueuses se trouve le Chiemsee. Avec 80 kilomètres carrés, il est le plus grand lac des Préalpes bavaroises. Le visiteur fera bien de se rendre également dans ses deux îles, la Herrenchiemsee et la Frauenchiemsee.

Dès le VIIIe siècle, la Frauenchiemsee accueillit un couvent de bénédictines. La bienheureuse Irmengard, une arrière-petite-fille de Charlemagne y est enterrée. Elle est morte en 866.

Dans l'île de Herrenchiemsee, le roi Louis II de Bavière réalisa son idée d'un Versailles bavarois. La construction du magnifique château ne fut certes pas achevée après sa mort en 1886, mais l'édifice qui a été réalisé, dont la galerie des glaces, est un monument à la gloire de la création architectonique.

▷ **Am Kochelsee bei Schlehdorf**
Der Schilfgürtel am Westufer des Kochelsees steht als Brutplatz seltener Vögel unter Naturschutz. Von den gefiederten Bewohnern ist nun nichts mehr zu sehen, viele werden sich ein wärmeres Plätzchen gesucht haben. Aber auch ohne seine Vogelwelt bietet der Kochelsee, überzuckert mit einer zarten Eiskruste, das Bild eines Idylls in der Wintersonne.

▷ **On Lake Kochel, near Schlehdorf**
The reed beds along the western shore of Lake Kochel are conservation areas, because they are the breeding grounds of rare species of birds. Nothing is to be seen of them at this time of year; many of them will have left for warmer climes. But even without its bird population Lake Kochel, with its delicate sugar-coating of ice, forms an idyllic scene in the winter sun.

▷ **Le Kochelsee près de Schlehdorf**
La ceinture de roseaux sur la rive occidentale du Kochelsee où nichent des espèces rares d'oiseaux est un site protégé. Les habitants à plumes de cet endroit sont absents sur la photo, un grand nombre d'entre eux se sont envolés vers des régions plus chaudes. Mais même sans ses oiseaux, le Kochelsee saupoudré d'une fine couche de glace offre une image idyllique sous le soleil hivernal.

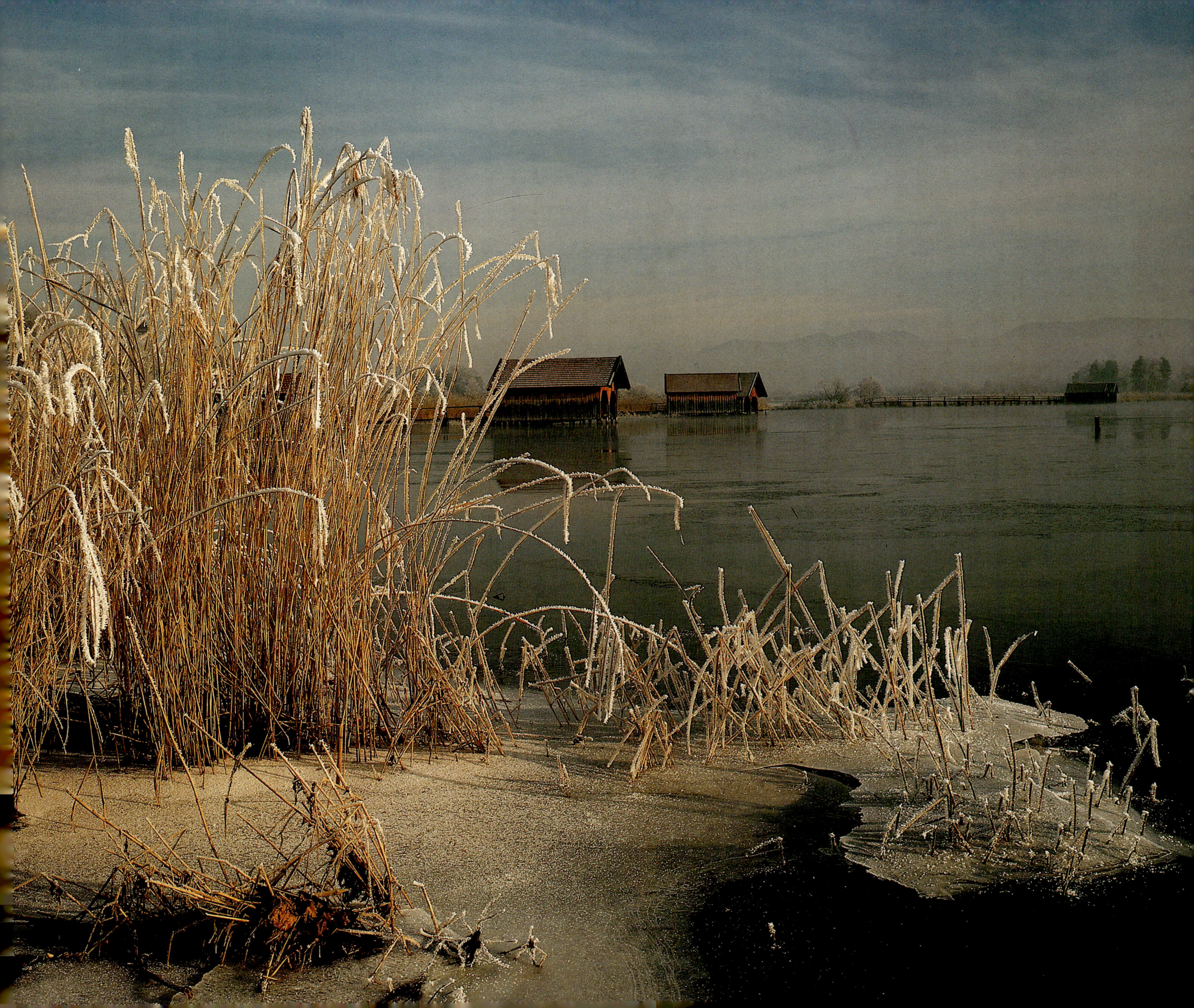

▷ **Benediktinerinnenabtei Frauenchiemsee**

Während vom Kloster auf Herrenchiemsee nur traurige Überreste geblieben sind, wurde auf der benachbarten Insel die einzigartige Anlage der Benediktinerinnenabtei auf fast wunderbare Weise erhalten. Der romanische Bau stammt in seinem Kern aus dem 11. Jahrhundert. Man errichtete zu dieser Zeit auch die Untergeschosse des freistehenden, achteckigen Glockenturmes, heute das Wahrzeichen der Insel.

▷ **Benedictine Abbey on Frauenchiemsee**

Whereas nothing but a few sad fragments remain of the monastery built on Herrenchiemsee island, the Benedictine Convent on the neighbouring island of Frauenchiemsee has survived intact. The core of the Romanesque building dates from the 11th century. The lower part of the octagonal campanile – now the island's symbol, was built in the same period.

▷ **Couvent de bénédictines de Frauenchiemsee**

Alors qu'il ne reste plus que de malheureux vestiges de l'abbaye de Herrenchiemsee, sur l'île voisine, le remarquable complexe de l'abbaye de bénédictines a été merveilleusement conservé. Le noyau de l'édifice roman date du XIe *siècle. C'est à cette époque également que fut édifié l'étage inférieur du clocher octogonal qui est aujourd'hui le symbole de l'île.*

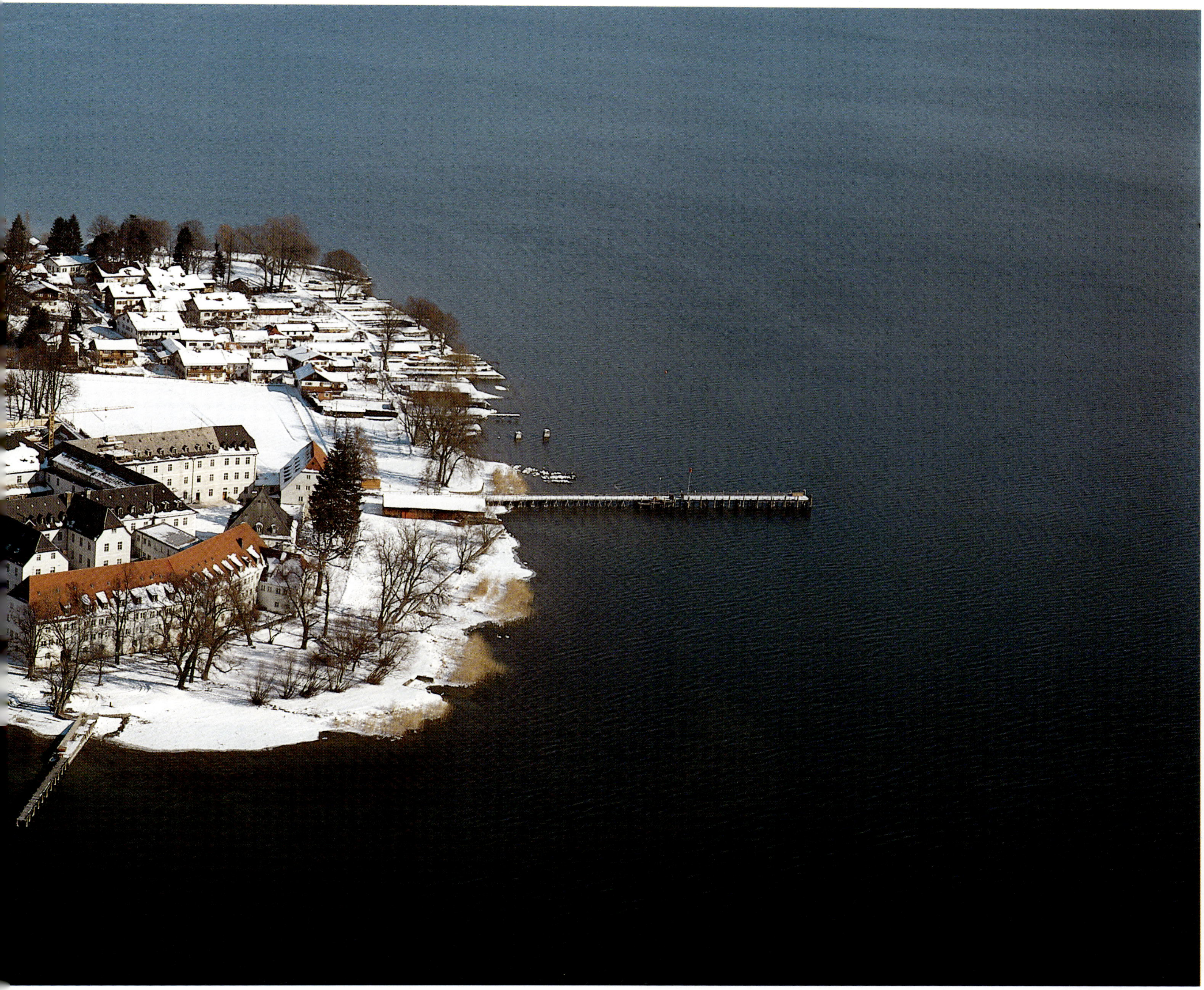

▽ **Neuburg an der Donau/ Taxis-Haus
Wasserburg am Inn/Rathaus
Garmisch-Partenkirchen/ Gasthaus »Zum Husaren«**
Hier drei besonders gelungene Beispiele für bayerischen Häuserschmuck: die üppige Rokokofassade am Taxis-Haus in Neuburg, der berühmte Treppengiebel am Rathaus von Wasserburg aus dem 15. Jahrhundert sowie die Lüftlmalerei, die dem Gasthaus »Zum Husaren« offensichtlich zu seinem Namen verholfen hat. Zwi- *schen zwei »richtige« Fenster hat hier ein Schelm ein Scheinfenster gemalt, aus dem sich ein Husar und ein Dragoner lehnen.*

▷ **Herrgottsschnitzer in Oberammergau**
Die Schnitzkunst der Oberammergauer kann auf eine sehr lange Tradition zurückblicken, denn sie wird bereits im Jahre 1111 erwähnt. Die Fertigkeit des Holzschnitzens entwickelte sich im Laufe der Zeit zum Haupterwerbszweig des Ortes und *brachte ihm im 19. Jahrhundert wegen der Perfektion der Holzstatuen Weltruhm.*

▽ **Neuburg on the Danube/ Taxis House
Wasserburg on the Inn/ Town Hall
Garmisch-Partenkirchen/ The "Zum Husaren" Inn**
Three particularly fine examples of Bavarian house decoration: the sumptuous rococo façade of the Taxis House in Neuburg, the famous 15th century stepped gable of the Town Hall in Wasserburg, and the mural on the inn called "Zum Husaren" in Garmisch-Partenkirchen, from which the inn

identity gets its name. Here, some painter with a sense of humour painted a false window between two real ones with a hussar and a dragoon leaning out of it.

▷ Woodcarver in Oberammergau
The woodcarving tradition in Oberammergau has a very long history: it is first mentioned in documents dating back to the year 1111. In the course of time, woodcarving became the main local trade, specializing particularly in crucifixes. The fine quality of the craftsmanship gained worldwide recognition in the 19th century.

◁ Neuburg sur le Danube/ Maison des Taxis Wasserburg sur l'Inn/ Hôtel de ville Garmisch-Partenkirchen/ Auberge «Zum Husaren»
Voici trois exemples particulièrement réussis de décoration de façades de maisons bavaroises: la riche façade rococo de la maison des Taxis à Neuburg, le célèbre pignon à étages de l'hôtel de ville du XVᵉ siècle de Wasserburg ainsi que la peinture en trompe-l'œil qui a sans doute contribué au nom de l'auberge «Au hussard». Entre deux fenêtres, un peintre espiègle a représenté une fenêtre à laquelle sont accoudés un hussard et un dragon.

▽ Sculpteur à Oberammergau
Les sculptures à Oberammergau ont une longue tradition, car elles sont mentionnées dès l'an 1111. L'habileté du sculpteur sur bois a fait de cet art la principale branche d'activités de l'endroit devenu mondialement célèbre au XIXᵉ siècle pour la perfection de ses statues en bois.

▽ **Fronleichnamsprozession über den Staffelsee**
In den katholischen Gegenden Süddeutschlands finden bis auf den heutigen Tag an Fronleichnam feierliche Prozessionen statt. Zu den prächtigsten gehört sicher die Prozession zu Wasser über den Staffelsee.

▷ **Bayerische Impressionen**
*Maibaum in Starnberg
Valentinsbrunnen in München
Bayer in zünftiger Tracht*

▽ **Corpus Christi procession on Lake Staffel**
Corpus Christi processions are still very much a tradition in the Catholic areas of South Germany. One of the most magnificent is surely the boat procession on Lake Staffel.

▷ **Bavarian Impressions**
*Maypole in Starnberg
Valentin's Fountain in Munich
A Bavarian in full regional costume*

▽ **Procession de la Fête-Dieu sur le Staffelsee**
Dans les régions catholiques d'Allemagne du Sud, des processions solennelles ont encore lieu le jour de la Fête-Dieu. L'une des plus imposantes est sans conteste la procession sur les eaux du Staffelsee.

▷ **Impressions bavaroises**
*Arbre de mai à Starnberg
Fontaine de Karl Valentin à Munich
Bavarois en costume traditionnel*

Maibaum, steh auf,
zum weißblauen Himmi
zoag nauf, daß in's zu
jeglicher Zeit, d'Hoamat
gedeiht!
1972

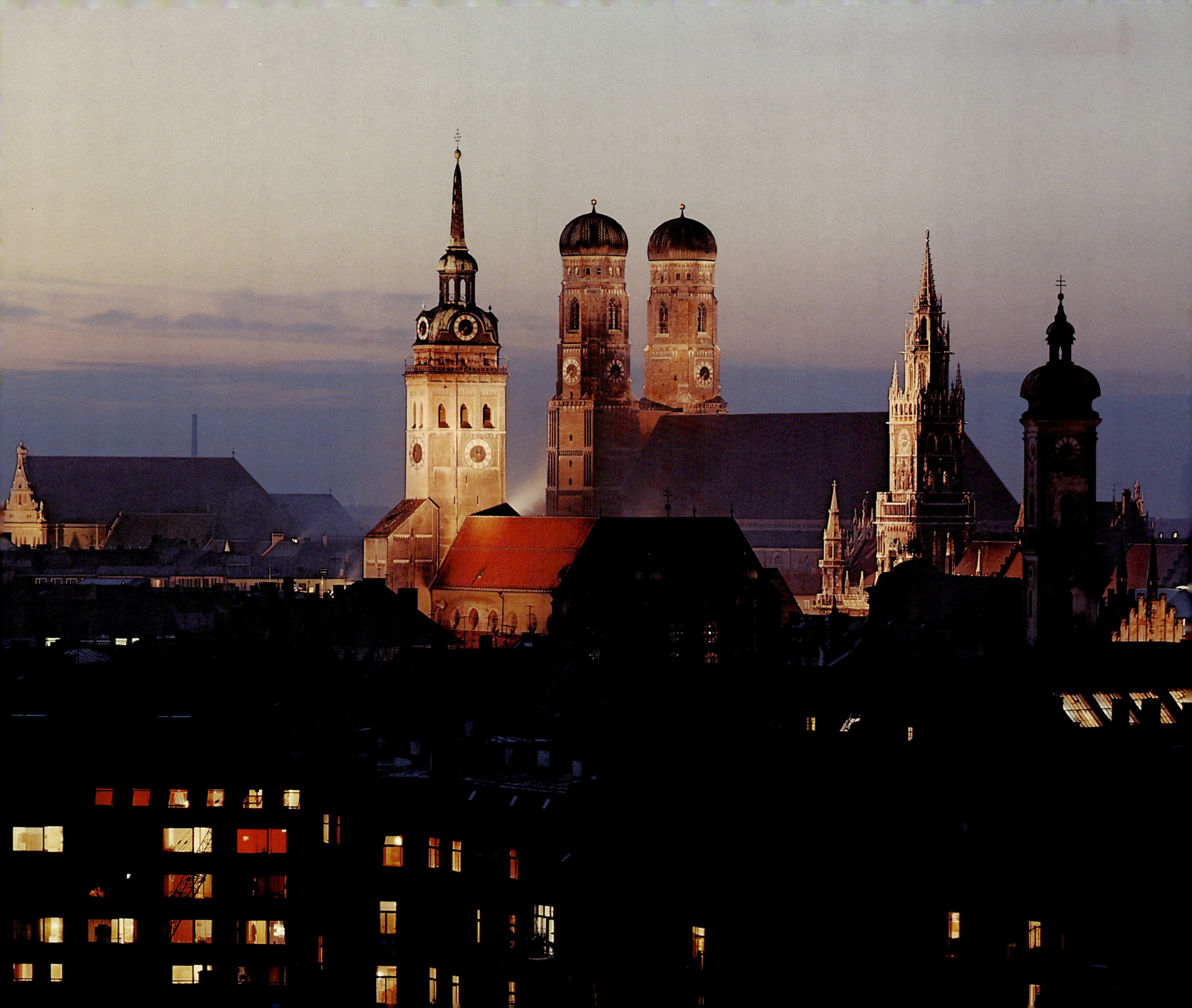

München

München ist die Stadt der Lieblingsplätze. Frag einen Deutschen, und er nennt dir seinen Lieblingsplatz in der bayerischen Hauptstadt, in der Weltstadt mit Herz, wie sie gerne genannt wird.
Der eine freut sich schon tagelang, ehe er nach München reist, auf die Weiß- und Bratwürste, die er am Fuße der zweitürmigen Frauenkirche verspeisen wird, der andere denkt an die stillen Stunden, die er vor den großartigen Kunstwerken in der Alten oder in der Neuen Pinakothek verbringen will.
Die Theatinerkirche ist eine dieser Lieblingsstätten. Sie war der erste italienische Barockbau in Süddeutschland. In Auftrag gegeben wurde sie im Jahre 1662 von der Kurfürstin Henriette Adelaide und ihrem Mann als Dank für die Geburt eines gesunden Knaben.
Und wer wird schon, wenn er einmal in München ist, auf einen Bummel über den Viktualienmarkt verzichten, wo es nicht allein ein riesiges Warenangebot gibt, sondern auch urige Händler und Marktfrauen.
Mönche sollen die ersten Siedler in der Münchner Gegend gewesen sein. Das berühmte Münchner Kindl im Wappen der Stadt stellt ein solches Mönchlein dar.
Aber es war der Welfenherzog Heinrich der Löwe, der im Jahre 1158

Munich

Munich is a city of favourite places. Ask any German, and he will immediately tell you his favourite place in the Bavarian capital – or the "metropolis with a heart", as it is sometimes called.
The one will look forward to eating sausages and drinking a glass of beer at one of the restaurants near the twin-towered Cathedral, the other can only think of the hours of quiet enjoyment he will spend in the Alte Pinakothek admiring the paintings of that famous collection.
The Theatinerkirche is another one of these favourite places. It was the first church to be built in the Italian baroque style in south Germany. The building was commissioned in 1662 by the Electress Henriette Adelaide out of gratitude for the birth of a healthy son.
And there cannot be many people who do not enjoy a stroll through Munich's Viktualienmarkt when in Munich. It is known not only for the huge range of wares on sale, but also for the lively characters of its stallholders and market women.
The first settlers in the Munich area are said to have been monks, and the famous "Munich Child" in the city's coat of arms represents such a monk.
But it was the Guelph duke Henry the Lion who built a bridge across

Munich

Munich abonde en endroits charmants. Interrogé à son sujet, un Allemand vous indiquera sa place favorite dans la capitale de la Bavière, cette métropole qui a du cœur, comme on la qualifie volontiers.
L'un se réjouit pendant des jours avant d'aller à Munich à la pensée de déguster des saucisses blanches et des saucisses grillées au pied de la cathédrale, l'église Notre-Dame aux deux tours surmontées d'un bulbe; un autre songe aux heures paisibles qu'il passera à contempler des chefs-d'œuvre à la Vieille Pinacothèque.
L'église des Théatins est aussi un de ces endroits de prédilection. Ce fut la première église baroque en Allemagne du Sud. C'est l'électrice Henriette Adelaïde qui l'avait fait construire en 1662 en remerciement du bel héritier qu'elle avait mis au monde.
Et qui pourrait renoncer, une fois à Munich, à une promenade au *Viktualienmarkt*, le marché aux Victuailles, célèbre non seulement par l'abondance de son offre, mais aussi par l'originalité de ses marchands et de ses marchandes.
Des moines auraient été les premiers à s'établir dans la région de Munich. Le célèbre *Münchner Kindl*, l'enfant munichois, dans le blason de la ville représente un de ces moinillons.
Mais c'est le guelfe Henri le Lion qui,

◁ **München/Blick auf die Altstadt**
Michaelskirche, Alter Peter, Frauenkirche, Rathaus und Heiliggeistkirche (von links) versammeln sich zu einem Stadtbild, das seinesgleichen sucht.

◁ **Munich/View of the Old Town**
Munich has long had a great attraction for creative artists. Looking at this view – with St. Michael's Church, St. Peter's Church tower, the Cathedral, the Town Hall, and the Church of the Holy Spirit – it is not hard to understand why.

◁ **Munich/Vue sur la vieille ville**
L'église St-Michel, le «Vieux Pierre», la cathédrale, l'hôtel de ville et l'église du St-Esprit (à partir de la gauche) donnent à Munich une physionomie sans pareille.

eine Brücke über die Isar bauen ließ. Und von diesem Platz aus entwickelte sich die heutige »heimliche Hauptstadt der Deutschen«, wie München gern und ohne politischen Hintergedanken genannt wird.

Die Stadt ist vor allem ein kulturelles Zentrum, mit ihren Theatern, mit ihren bedeutenden Kunstsammlungen, mit dem Künstlerviertel draußen in Schwabing, wo die Nächte im allgemeinen länger sind als die Tage.

Und nicht vergessen sollte man auch eines der größten deutschen Volksfeste, das seit dem Beginn des vorigen Jahrhunderts in München gefeiert wird: das Oktoberfest auf der Theresienwiese.

Wer über Münchens Grenzen hinausblickt, der wird das 2 000jährige Augsburg entdecken. Es war die Stadt der Fugger, jener mächtigen Kaufleute, die dem Kaiser Geld liehen und dafür mit allerlei Rechten ausgestattet wurden. Die Fuggerei, eine zu Anfang des 16. Jahrhunderts erbaute Siedlung für sozial schlecht gestellte Bürger der Stadt, gibt es noch heute: Die Bewohner zahlen seit 1521 einen rheinischen Gulden Miete im Jahr. Das sind knapp zwei Mark.

the Isar in 1158. And it was this that led to the growth of the "secret capital of Germany", as Munich is often called – though without any political overtones, for the city is primarily a cultural centre: with its theatres, its important art collections, and its artists' quarter in Schwabing, where the nights often seem longer than the days.

And, of course, we must not forget what is, perhaps, the greatest German fair, which has been a tradition in Munich since the beginning of the last century: the annual *Oktoberfest*, or beer festival, as it is popularly called.

Only 35 miles to the west of Munich lies the city of Augsburg. With a history dating back 2,000 years, it is much older than Munich itself. It was the city of the Fuggers, a merchant family so rich that they were moneylenders to the emperor, for which they acquired all kinds of privileges.

The *Fuggerei*, an estate built in 1516 for socially disadvantaged burghers, still exists today: the tenants pay a Rhenish guilder – about two Deutschmarks – in rent per annum.

en 1158, a fait construire un pont au-dessus de l'Isar. Et c'est de là que tire son origine l'actuelle «capitale secrète de l'Allemagne» ainsi que l'on appelle volontiers et sans aucune arrière-pensée politique la ville de Munich.

La ville est avant tout un centre culturel avec ses théâtres, ses importantes collections d'art, son quartier d'artistes à Schwabing où les nuits sont généralement plus longues que les jours.

Et il ne faut également pas oublier une des plus grandes fêtes populaires allemandes que l'on célèbre depuis le début du siècle dernier à Munich: l'*Oktoberfest* (la fête d'octobre ou de la bière) sur l'immense prairie qu'est la Theresienwiese.

En regardant au-delà des frontières de Munich, on découvre Augsbourg, vieille de 2 000 ans. C'était la ville des Fugger, ces puissants négociants qui prêtaient de l'argent à l'Empereur et recevaient en échange toutes sortes de droits. La *Fuggerei*, une cité construite au XVIe siècle pour les citoyens pauvres de la ville, existe encore aujourd'hui: les habitants payent un loyer annuel d'un florin rhénan, soit à peine deux deutsche Marks.

▷ **München/Zum Alten Markt**
Wer die von Touristen bevorzugten Orte verläßt und München zu Fuß erwandert, wird in der »Weltstadt des Bieres« viele gemütliche Plätzchen wie dieses entdecken, wo sich's ebenso wohl sein läßt und die Maß nicht minder schmeckt.

▷ **Munich/The Old Market**
There are plenty of pleasant corners in Munich – like the Alter Markt shown here – where a quiet glass or stein of beer tastes just as good as it does in one of the famous tourist parts of the "world's beer capital".

▷ **Munich/Zum Alten Markt**
Le visiteur qui délaisse les endroits fréquentés par les touristes et s'en va à pied dans Munich découvrira dans la «capitale de la bière» bien des coins sympathiques pareils à celui-ci où il fait bon savourer un pot de bière.

Dreifaltigkeits Platz
Zwitscherstüberl
Zum Alten Markt
Dreifaltigkeits-Pl.

München/Moderne Architektur
Im Jahre 1972 fanden in München die Olympischen Sommerspiele statt. Aufsehen erregte damals nicht nur in Fachkreisen die avantgardistische Zeltdachkonstruktion, die sich elegant über Stadion, Sport- und Schwimmhalle schwingt. Das Dach wird von bis zu 80 Meter hohen Trägern gehalten und ist mit lichtdurchlässigen Acrylplatten eingedeckt. – Architektonisch nicht weniger gelungen ist das »vierzylindrige« Gebäude der Hauptverwaltung der BMW-Werke (r.).

Munich/Modern Architecture
The Olympic Games were held in Munich in the summer of 1972. The avant-garde tent-like roof construction, which elegantly spans the stadium and the sports and swimming halls, caused considerable excitement at the time. The roof – of translucent acrylic 'tiles' – covers an area of 76,000 sq m, and some of the supports are over 250 ft high. – An equally striking architectural design: the 'four-cylinder' administration building of the BMW Works (r.).

Munich/Architecture moderne
En 1972 ont eu lieu à Munich les jeux Olympiques d'été. Le toit avant-gardiste en forme de tente, qui recouvre élégamment le stade, le palais des sports et le stade nautique, a fait sensation à l'époque. Soutenu par des mâts de 51 à 80 mètres de haut, le toit est recouvert de verre acrylique translucide. – Le bâtiment «à quatre cylindres» qui abrite le siège administratif des usines BMW est également une réussite architecturale (à dr.).

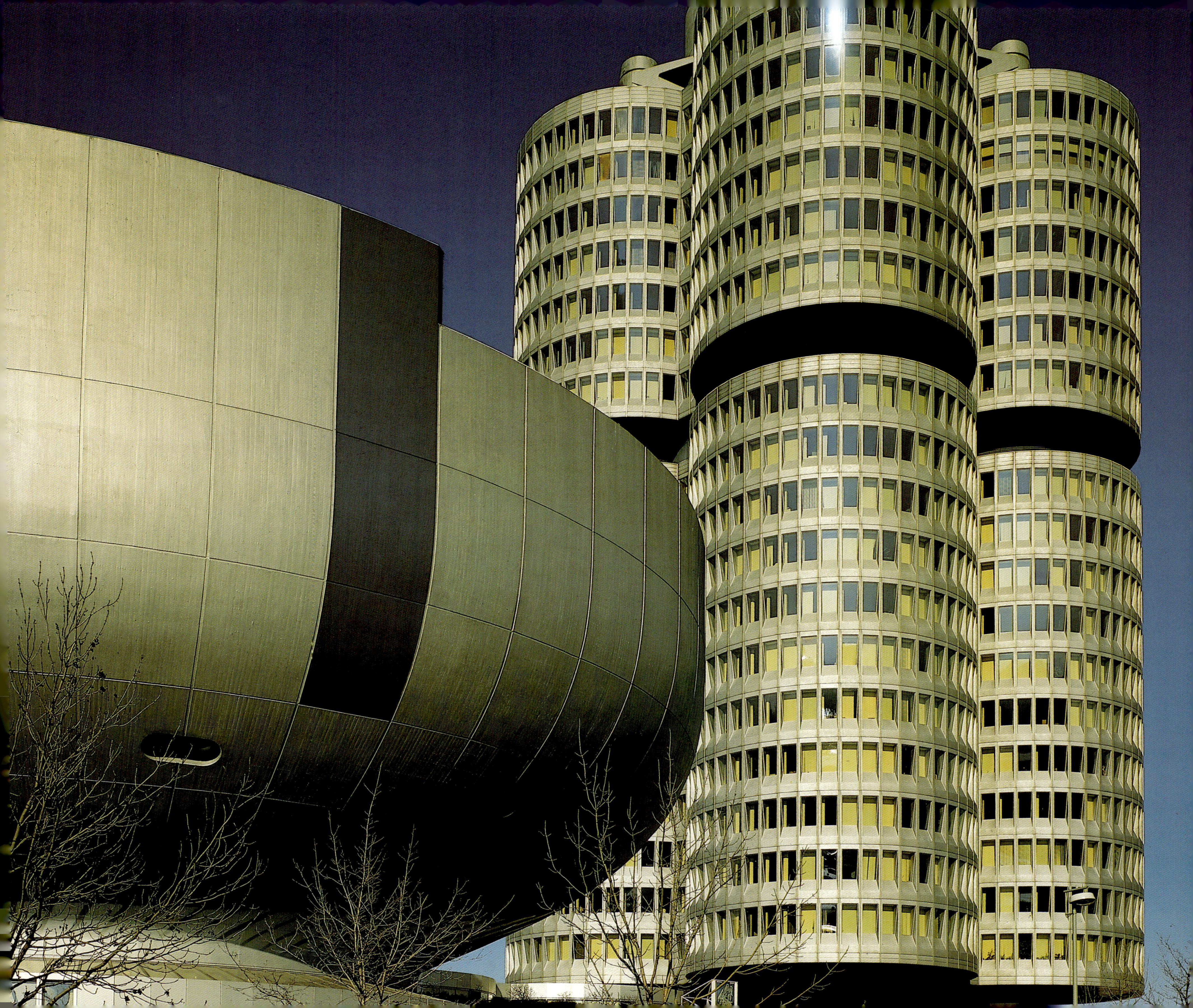

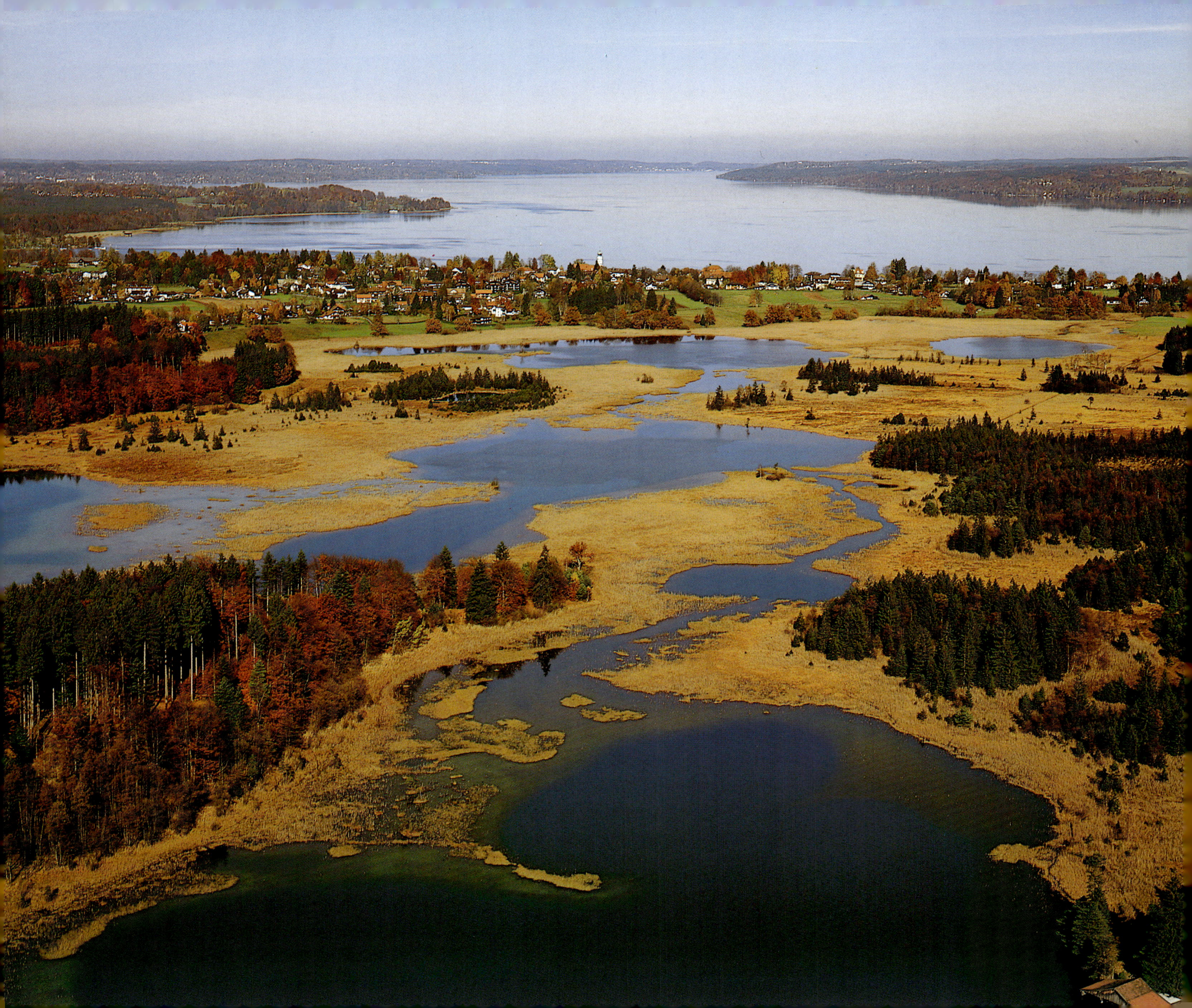

Die Romantische Straße

Unvergessen ist Ludwig II. von Bayern, der als romantischer Märchenkönig in die Geschichte eingegangen ist, als Förderer der Kunst, der sich mit seiner Freundschaft zu Richard Wagner ein unvergängliches Denkmal setzte – in den von diesem Komponisten geschaffenen monumentalen Opern.
Seine besondere Liebe gehörte der Architektur, und überall im Land finden wir Burgen und Schlösser, die Ausdruck seines schwärmerischen Geistes sind. Das in seinem Auftrag errichtete Schloß Neuschwanstein bei Füssen gilt heute als eines der markantesten Symbole der deutschen Romantik.
Und nicht von ungefähr liegt dieses prachtvolle Bauwerk mit seinen schlanken Türmen an einem der beiden Ausgangspunkte der Romantischen Straße, die – wenn man sie von Süden nach Norden abfährt – über Füssen, Schongau, Landsberg am Lech, Dinkelsbühl, Feuchtwangen und Rothenburg ob der Tauber nach Würzburg führt.
Das immer wieder die Phantasie der Menschen beschäftigende Neuschwanstein mit seinem prunkvollen Thronsaal erhebt sich im übrigen nicht allein in dieser Landschaft, die einen unvergeßlichen Blick auf die Alpen gewährt.
Auf einem Berg gegenüber hatte be-

The Romantic Route

Ludwig II of Bavaria has gone down in history as the romantic fairytale king, as a patron of the arts, who, through his friendship with Richard Wagner, created a monument for himself in the great works of his composer friend.
Apart from Wagner's music, Ludwig's greatest passion was building, and throughout Bavaria we find castles and palaces which reflect this aspect of his fervent spirit.
Neuschwanstein Castle, near Füssen, built at his behest, is considered to be one of the most striking symbols of German romanticism. And it seems only fitting that this magnificent building, with its slim towers, should lie at the starting point of what is known as the *Romantische Straße*, or Romantic Route, which, from south to north, runs from Füssen via Schongau, Landsberg on the Lech, Dinkelsbühl, Feuchtwangen, and Rothenburg ob der Tauber, to Würzburg.
Neuschwanstein, with its magnificent Throne Room, has fascinated generations of visitors. It is not the only castle set in this region against the majestic panorama of the Alps. On another mountain close by is Hohenschwangau, the ancient castle of the Guelphs and Hohenstaufens – two once mighty ruling dynasties. Ludwig's father, Maximilian II, ac-

La route romantique

C'est un personnage inoubliable que celui de Louis II de Bavière qui est entré dans l'histoire comme un roi romantique, un mécène et qui, par son amitié avec Richard Wagner, s'est élevé un monument éternel – dans les opéras de ce compositeur.
Le roi aimait tout particulièrement l'architecture et partout dans le pays on trouve des châteaux qui sont l'expression de son esprit exalté. Le château de Neuschwanstein qu'il fit construire près de Füssen passe aujourd'hui pour un des symboles les plus marquants du romantisme allemand. Et ce n'est pas par hasard que cette somptueuse construction avec ses tours élancées se trouve à l'un des points de départ de la route romantique qui – si l'on va du Sud vers le Nord – conduit à Wurtzbourg en passant par Füssen, Schongau, Landsberg am Lech, Dinkelsbühl, Feuchtwangen et Rothenburg ob der Tauber.
Mais le château de Neuschwanstein qui, doté d'une somptueuse salle du trône, ne cesse d'exalter notre fantaisie, n'est pas le seul à se dresser dans ce paysage d'où l'on a une vue inoubliable sur les Alpes. En face de lui, sur un rocher, le roi de Bavière, Maximilien II, avait déjà fait construire – également au siècle dernier – le château de Hohenschwangau à partir d'un ancien château fort des

◁ **Osterseen/Starnberger See**
Die Münchner verlassen an schönen Tagen scharenweise die Stadt. Eines ihrer beliebten Ausflugsziele ist der Starnberger See, in dem der bayerische Monarch Ludwig II. am 13. Juni 1886 unter geheimnisvollen Umständen ertrank.
▷▷ **Füssen**
Füssen – ein Wintermärchen. Traumhaft schöne Stadt mit Türmen, Giebeln und Toren inmitten weißer Winterlandschaft.

◁ **The Oster Lakes/Lake Starnberg**
It was in Lake Starnberg that the Bavarian King, Ludwig II, drowned in mysterious circumstances on 13th June 1886.
▷▷ **Füssen**
The town of Füssen, with its towers, turrets, and gables, rises like a fairytale city above the river in this shimmering winter landscape.

◁ **Osterseen/Lac de Starnberg**
Près de Munich se trouve le lac de Starnberg dans lequel le roi Louis II de Bavière s'est noyé, le 13 juin 1886, dans des conditions mystérieuses.
▷▷ **Füssen**
Füssen – un conte d'hiver. Une ville de rêve avec ses tours, ses pignons et ses portes au milieu d'un paysage hivernal.

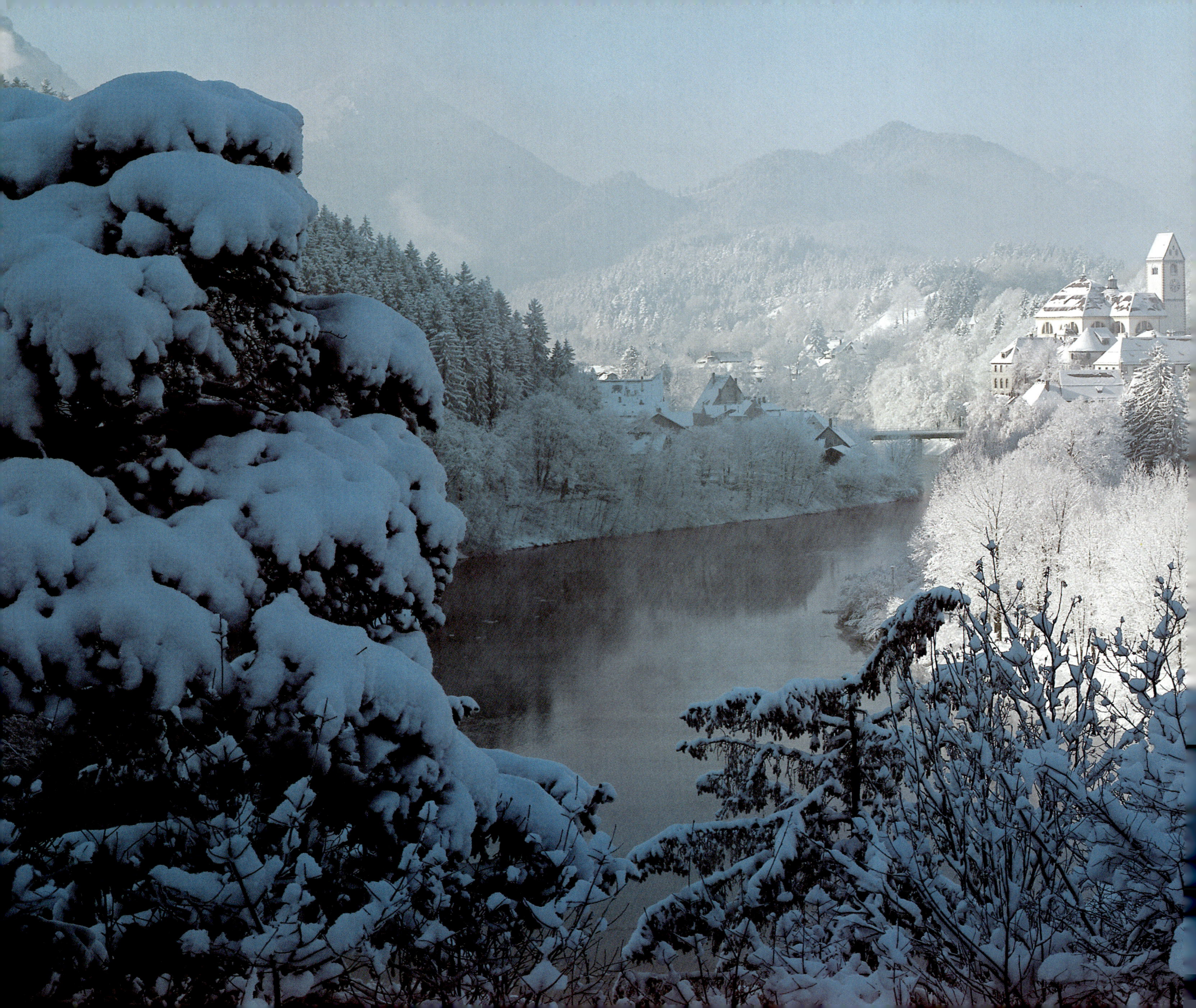

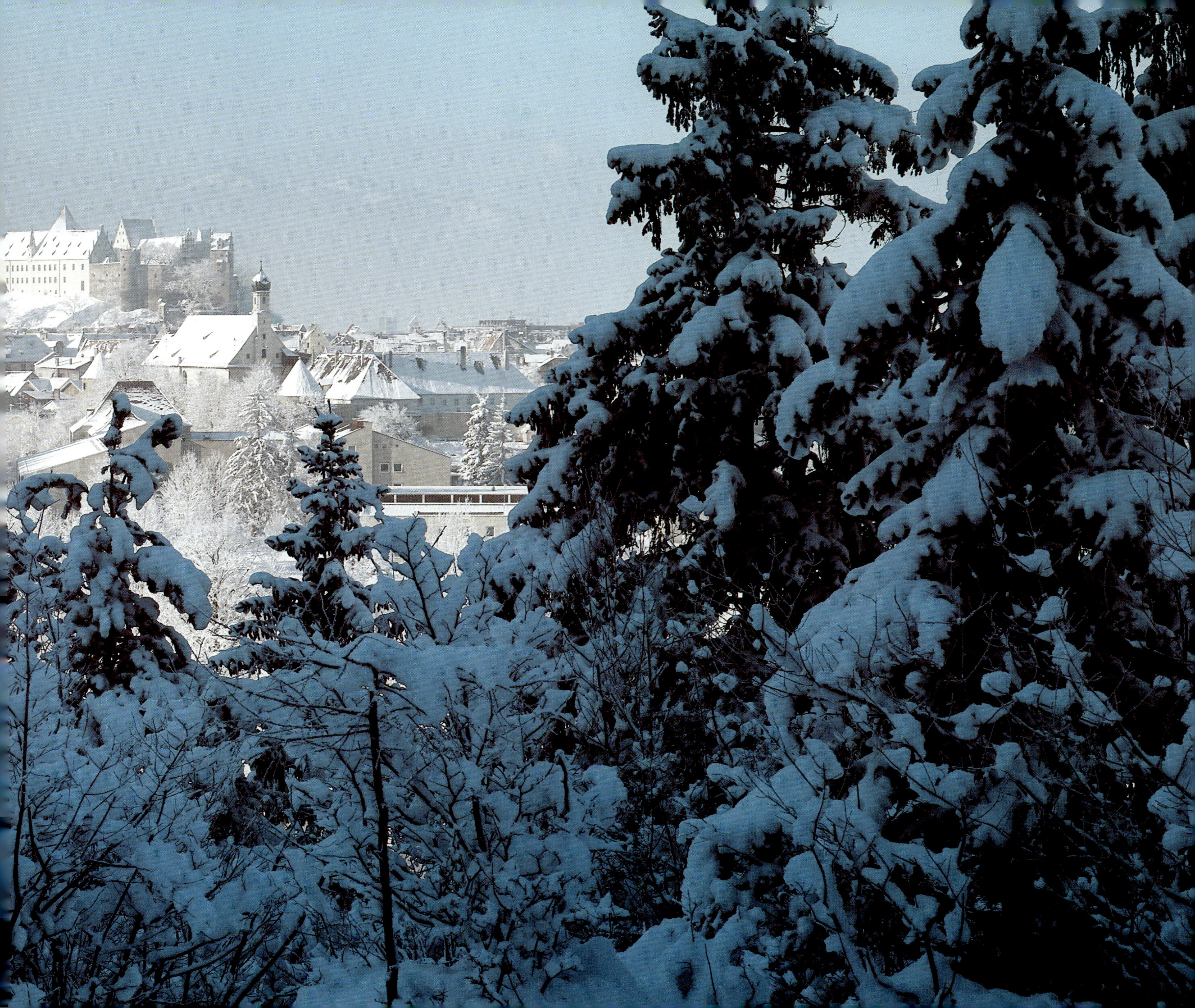

reits Bayernkönig Max II. – ebenfalls im letzten Jahrhundert – aus der alten Burg der Welfen und Staufer, zweier mächtiger Herrschergeschlechter, das Schloß Hohenschwangau erbauen lassen.

Auf Romantik trifft man in diesem Land, wohin man auch kommt. Und eines der schönsten Beispiele sakraler Baukunst finden wir in Steingaden. Dort steht, von dunkelgrünen Wäldern umrahmt, im Hochmoor des Voralpenlandes die Wieskirche. Ihre Entstehung geht auf eine wundertätige Statue Christi zurück, die von einem Laienbruder im Jahre 1730 geschnitzt und wegen ihres kunstlosen Ausdrucks schon nach wenigen Jahren nicht mehr beachtet wurde. Sie kam auf rätselhafte Weise auf den einsamen Hof des Bauern Martin Lori. Der Hof lag »in der Wies«. Und dort geschah das Wunder – die Eheleute Lori haben's unter Eid erzählt: Am 14. Juni 1738 soll die Statue Tränen vergossen haben.

Die Geschichte wurde publik, der einsame Hof zum Wallfahrtsort. Im Jahre 1740 wurde eine Kapelle erbaut, die sich aber bald als zu klein erwies.

Da faßte der zuständige Abt Hyazinth Gaßner aus Steingaden den Entschluß, eine Kirche errichten zu lassen. Und kein Geringerer als der bedeutende Baumeister Dominikus

quired it in the 1830's, converting it into a romantic palace.

This region is rich in romance and architectural gems. One of the finest examples of ecclesiastical buildings is to be found near Steingaden (which itself can boast a magnificent church): the "Wies" Church, set in a varied landscape in the foothills of the Alps, surrounded by moorland and woods.

Its origins go back to a miraculous statue of Christ, carved by a lay brother in 1730. The carving was considered mediocre, and after a while ended up in a farmhouse belonging to a peasant called Martin Lori. His farm was situated *in der Wies* (in the meadow). And it was there that the miracle occured which was testified to under oath by Lori and his wife: on 14th June 1738 the statue shed tears. The story got around, and the lonely farmstead became a place of pilgrimage. A chapel was built to house the statue in 1740, but it soon proved too small.

Abbot Hyazinth Gassner of Steingaden thereupon decided to have a church built, and no less an architect than the great Dominikus Zimmermann (1685–1766) was chosen for the work. His brother, Johann Baptist Zimmermann, Court Painter and Stuccoer, created the wonderful, exuberantly baroque interior.

Guelfes et des Hohenstaufen, deux puissantes dynasties.

Dans cette région, le romantisme se rencontre à chaque pas. Et un des plus beaux exemples d'architecture sacrée se trouve à Steingaden. C'est là que se situe l'église de pèlerinage de la Wies sur une prairie entourée de bois. Sa création remonte à une statue miraculeuse du Christ qui, sculptée en 1730 par un frère convers, avait été reléguée quelques années plus tard parce qu'elle manquait d'expression artistique. Elle parvint de façon mystérieuse dans la ferme isolée d'un paysan nommé Martin Lori. La ferme se trouvait «dans la Wies». Et c'est là qu'eut lieu le miracle que les époux Lori racontèrent sous la foi du serment: le 14 juin 1738, la statue avait versé des larmes. L'histoire se sut, la ferme solitaire devint un lieu de pèlerinage. En 1740, une chapelle fut construite qui se révéla bientôt trop petite. Le père abbé des Prémontrés de Steingaden, Hyacinthe Gassner, décida alors de faire construire une église. Et c'est au grand architecte Dominique Zimmermann qu'il confia cette tâche. Le peintre et stucateur de la cour, Johann Baptist Zimmermann, fut chargé de la merveilleuse décoration intérieure à l'exubérance baroque. L'église de la Wies, symbole de l'unité harmonieuse entre la théolo-

▷ **Schloß Neuschwanstein**
Phantastischer Traum eines Musikgenies und seines Königs von deutscher Vergangenheit: Schloß Neuschwanstein, romantische Transposition der Wartburg in die stille, atemberaubende Voralpenlandschaft. In den Gemächern prachtvolle Gemälde aus dem Parsifal *und dem* Tristan *– den germanischen Heldenepen und großen Wagner-Opern.*

▷ **Neuschwanstein Castle**
The fantastic vision of the German past dreamed up by a musical genius and his king: Neuschwanstein Castle, a romantic transposition of that archetypal German castle, Wartburg, into the quiet, breathtaking beauty of the Alpine foothills. The interior is hung with paintings depicting scenes from Parsifal *and* Tristan *– the German epics and Wagnerian operas.*

▷ **Château de Neuschwanstein**
Rêve fantastique d'un passé allemand d'un génie de la musique et de son roi: le château de Neuschwanstein. Dans les appartements royaux, de somptueuses peintures ayant trait à Parsifal *et* Tristan *– les épopées héroïques germaniques et grands opéras de Wagner.*

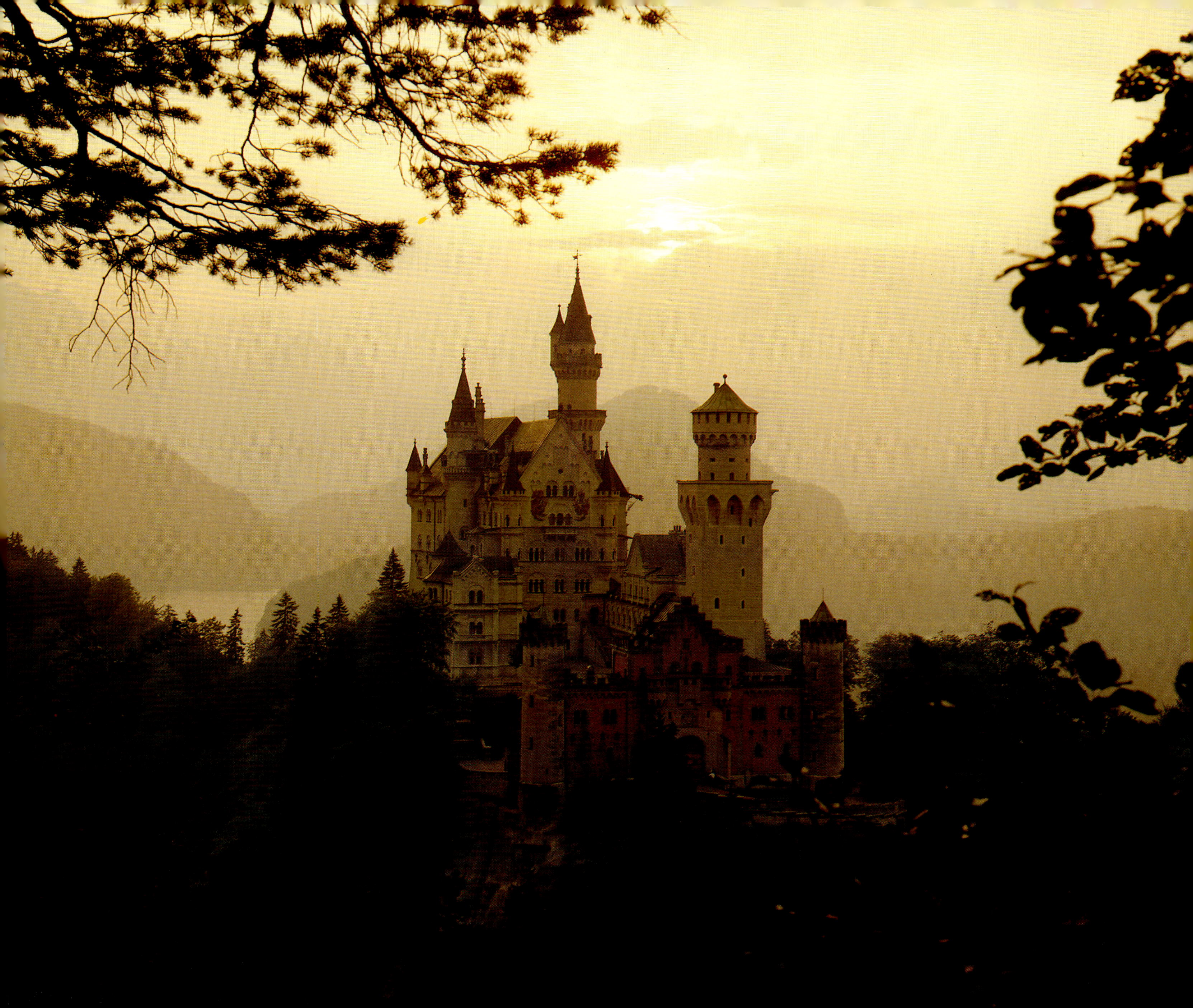

Zimmermann (1685–1766) wurde mit diesem Werk betraut. Für die wundervolle Innenausstattung, geschaffen im Überschwang des Barock, wurde der Hofmaler und -stukkateur Johann Baptist Zimmermann (1680–1758) gewonnen.
Die Wieskirche, ein Sinnbild der harmonischen Einheit von Theologie und Kunst, von himmlischer und irdischer Herrlichkeit, sollte im Jahre 1803, in der Zeit der Säkularisation, auf Geheiß der Regierung in München abgebrochen werden. Die Bauern der Umgebung verhinderten jedoch diesen Frevel.
Über Schongau führt die Romantische Straße weiter, berührt – mit einem Bogen – Altenstadt. Und während wir noch überlegen, ob wir den weiter östlich liegenden Ammersee besuchen sollen, mit einem Abstecher vielleicht nach Kloster Andechs, wo ein so gutes Bier gebraut wird, da sind wir schon in Landsberg am Lech, dessen Ufer zu lohnenswerten Spaziergängen einladen.
Es ist eine Stadt, die zum Verweilen auffordert, des alten Rathauses mit seiner prächtigen Fassade wegen, in dem ein Bild des Ignatius Kögler hängt, der im Jahre 1680 in Landsberg geboren wurde und später am kaiserlichen Hof in Peking »Mandarin des astronomischen Tribunals« war. Aber auch der alten Gassen we-

The Wies Church, a symbol of the harmonious unity of theology and art, of heavenly and earthly splendour, was supposed to be demolished in 1803 on orders of the government in Munich as part of the secularization process. But the local peasants succeeded in saving this unique architectural gem.
The Romantic Route takes us on via Schongau, making a loop to include Altenstadt. And while we are wondering whether to visit Lake Ammer further over to the east, with, possibly, a short stop at Andechs Monastery to taste the famous beer brewed there, we have already arrived at Landsberg on the River Lech, whose banks provide tempting opportunities for walks.
It is a town hard to leave, because there is so much to see. The Town Hall, for example, with its magnificent façade, another Dominikus Zimmermann building. Inside there is a portrait of Ignatius Kögler, who was born in Landsberg in 1680 and later became the "Mandarin of the Astronomical Tribunal" at the imperial court in Peking. Then there are the picturesque old streets, the squares, churches, and the old fortifications.
Further along the route we find Nördlingen, which has preserved much of its medieval character. The town

gie et l'art, d'une beauté céleste et terrestre, aurait dû être démolie en 1803, à l'époque de la sécularisation, sur ordre du gouvernement de Munich. Mais les paysans des environs empêchèrent ce sacrilège.
La route romantique mène ensuite à Schongau, touche, d'une boucle, le petit village d'Altenstadt. Et pendant que nous réfléchissons si nous devons visiter l'Ammersee, situé plus à l'est et peut-être faire un crochet jusqu'au monastère d'Andechs, où l'on brasse de la si bonne bière, nous voilà déjà à Landsberg am Lech dont les rives nous invitent à d'agréables promenades.
C'est une ville où l'on a envie de s'arrêter, à cause du vieil hôtel de ville, à la merveilleuse façade, qui renferme un portrait d'Ignatius Kögler, né en 1680 à Landsberg et qui devint plus tard «mandarin du tribunal astronomique» à la cour impériale à Pékin. Mais aussi à cause de ses vieilles ruelles, de ses places, de ses églises et de ses fortifications d'une époque révolue.
Plus que d'autres villes, Nördlingen a gardé son cachet moyenâgeux. Le soir, la curiosité du visiteur y est éveillée par l'appel que lance toutes les demi-heures, de 22 heures à minuit, un guetteur du haut de la tour qui porte le joli nom de Daniel. Les habitants de Nördlingen commémo-

▷ **Steingaden/Wieskirche**
Von außen wirkt sie eher schlicht. Wer jedoch das Kircheninnere betritt, der wird geblendet sein von der Fülle des Lichts und der Festlichkeit dieses fast überirdisch schönen Raumes. Die Kunst des Rokoko, die bestrebt war, Architektur nahezu schwerelos erscheinen zu lassen, Malerei in Plastik und Plastik in Malerei zu verwandeln, hat hier ihren vollkommensten Ausdruck erhalten.

▷ **Steingaden/Wieskirche**
On entering, the visitor is dazzled by the radiant beauty of this almost celestially lovely interior. Rococo art, which aimed at achieving nearly weightless-seeming architecture, and at transposing sculpture into painting and painting into sculpture, found its most perfect expression in this church.

▷ **Steingaden/Eglise de la Wies**
L'intérieur de l'église éblouit par l'abondance de sa lumière, de sa décoration et de sa beauté presque surnaturelle. L'art du rococo, qui s'efforçait de donner à l'architecture des formes quasi aériennes, de transformer la peinture en sculpture et la sculpture en peinture, trouve ici son expression la plus parfaite.

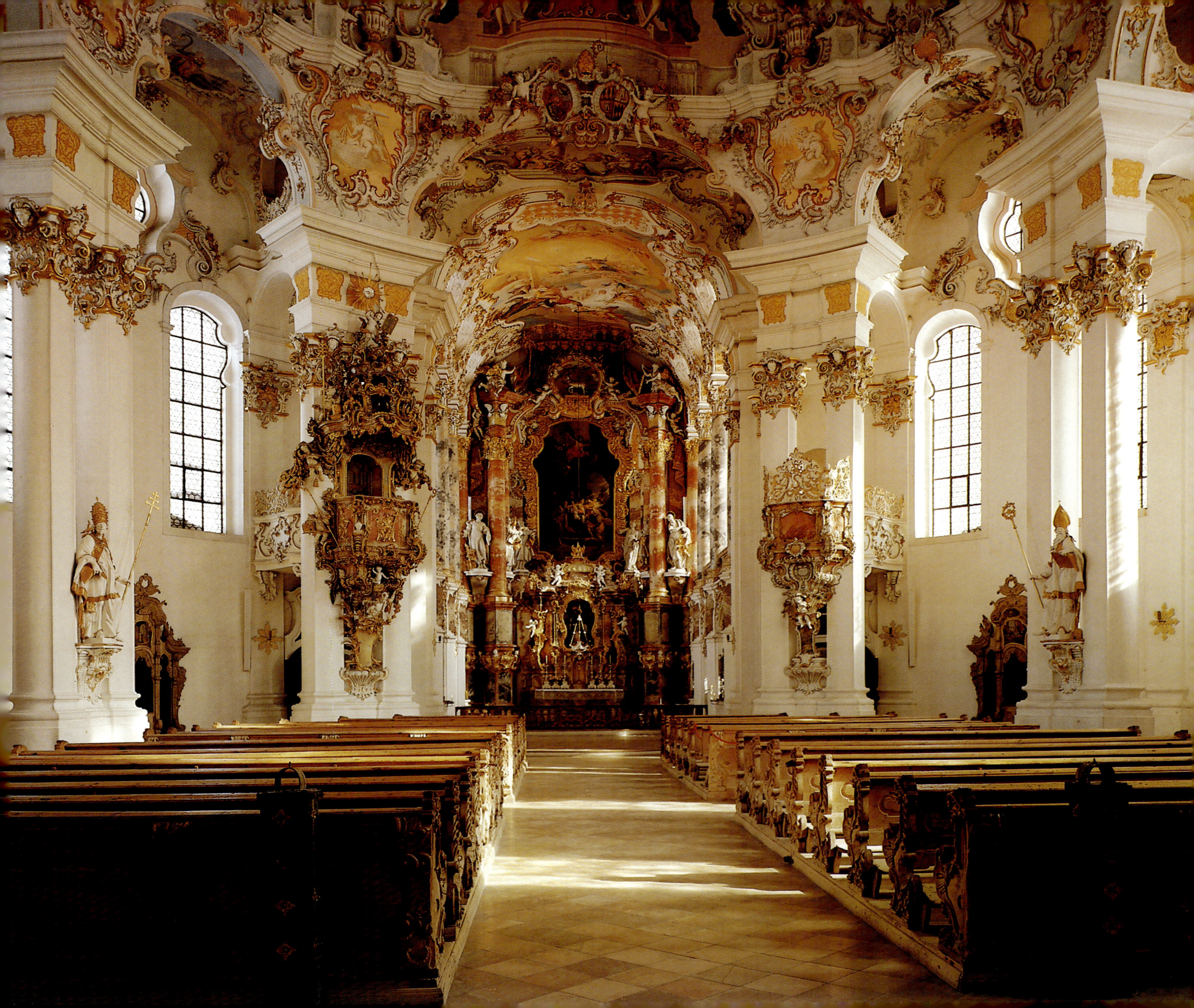

gen, der Plätze, der Kirchen und der Befestigungsanlagen aus vergangenen Tagen.

Mehr noch als andere Städte hat Nördlingen sein mittelalterliches Stadtbild bewahrt. Wer dort zu Gast ist, der fragt zunächst einmal nach dem Rufe des Wachbruders auf dem Turm, der auf den schönen Namen Daniel hört. Jede halbe Stunde – zwischen 22 und 24 Uhr – ertönt ein »So, Gsell, so ...!«

Damit erinnern die Nördlinger an eine wackere Lohgerbersfrau, die in einer Januarnacht des Jahres 1440 bei einem abendlichen Spaziergang durch das Grunzen eines Schweines auf das nur angelehnte Stadttor aufmerksam wurde. Die Sache war ihr nicht geheuer. Sie schlug Alarm. Und in der Tat, der Graf von Oettingen hatte einen der Torwächter bestochen, ihm das Tor zu öffnen, damit er ungehindert in Nördlingen eindringen und die Stadt ausplündern konnte.

Türme und Mauern, dahinter die roten Dächer einer Stadt, künden schon von weitem, daß sich der Tourist dem romantischen Dinkelsbühl nähert. Hier sollte er ein Weilchen bleiben, denn Dinkelsbühl gehört zu den schönsten deutschen mittelalterlichen Städten.

Und wer nun gar Mitte Juli in der Nähe ist, der sollte sich die *Kinder-*

retains a watchman on a spire that answers to the charming name of Daniel. His duties include calling out the half hours between 10 p.m. and midnight.

The tradition recalls an incident when, in a January night of 1440, a tanner's wife noticed that the town gate was ajar. She sounded the alarm, and it transpired that the Count of Oettingen had bribed a guard to leave the gate open so that he might enter the town with his men and plunder it.

No one could say that Nördlingen is situated on the moon – but, the fact is, that in 1970 the Apollo-14 crew did their practical geological training in the Nördlingen Basin – the largest meteorite crater in the world. One type of rock present in the crater is also found on the moon.

From afar the tourist can see the towers and walls, with red roofs of houses rising behind them, which tell him he is approaching the romantic town of Dinkelsbühl.

He should plan to spend some time here, because it is one of Germany's finest medieval towns. And anyone lucky enough to be here in mid July should not miss the Children's Festival called the *Kinderzeche*.

The Kinderzeche is a fair and festival at which the main event is a pageant commemorating an incident in the

rent ainsi le souvenir d'une courageuse femme de tanneur qui, en se promenant, une nuit de janvier 1440, remarqua que la porte de la ville n'était pas fermée, ce qui ne lui dit rien qui vaille. Elle sonna l'alarme et elle fit bien, car le comte d'Oettingen avait soudoyé une sentinelle pour pouvoir mettre la ville à sac. C'est dans les environs de Nördlingen qu'en 1970, au milieu du bassin du Ries, eut lieu l'entraînement géologique sur le terrain de l'équipe américaine d'Apollo 14. Le bassin du Ries est le plus grand cratère de météorite de la terre. Une des roches que l'on y trouve se rencontre également sur la lune.

Des tours et des murs ainsi que les toits rouges d'une ville annoncent de loin que l'on s'approche de la cité romantique de Dinkelsbühl où l'on fera bien de s'attarder, car Dinkelsbühl fait partie des plus jolies villes médiévales d'Allemagne. Et le touriste qui se trouve dans ses environs à la mi-juillet ne devra pas manquer la fête populaire dite *Kinderzeche*. Les festivités auxquelles elle donne lieu rappellent un épisode de la guerre de Trente Ans dont toute l'Allemagne fut le théâtre de 1618 à 1648. En 1632, ce fut le tour de Dinkelsbühl d'être assiégée par les Suédois fermement décidés à piller la ville. Les enfants s'en allèrent alors

▷ **Dinkelsbühl im Winter**
Die tausendjährige Stadt, in der Stauferzeit Schnittpunkt des Italienwegs und der Ostlandstraße, verdankt dieser günstigen Lage ihren Aufstieg. Aus dem Reichtum haben Patrizier und Bürger ein mittelalterliches Kleinod geschaffen, dessen Fachwerkschönheit fast unberührt geblieben ist. Die Stadtmauern Dinkelsbühls bewahren aber auch ein Meisterwerk gotischer Baukunst: die Hallenkirche St. Georg mit dem mächtigen Langhaus (Bildmitte).

▷ **Dinkelsbühl in winter**
This town with its thousand years of history, cannot only boast many half-timbered houses, but also a Gothic architectural masterpiece: the hall church of St. George, with its impressive nave and aisles (centre of picture).

▷ **Dinkelsbühl en hiver**
Les murs d'enceinte de la ville millénaire de Dinkelsbühl conservent bien des maisons à colombages, mais également un chef-d'œuvre de l'architecture gothique: l'église-halle de St-Georges avec l'imposante nef (au milieu).

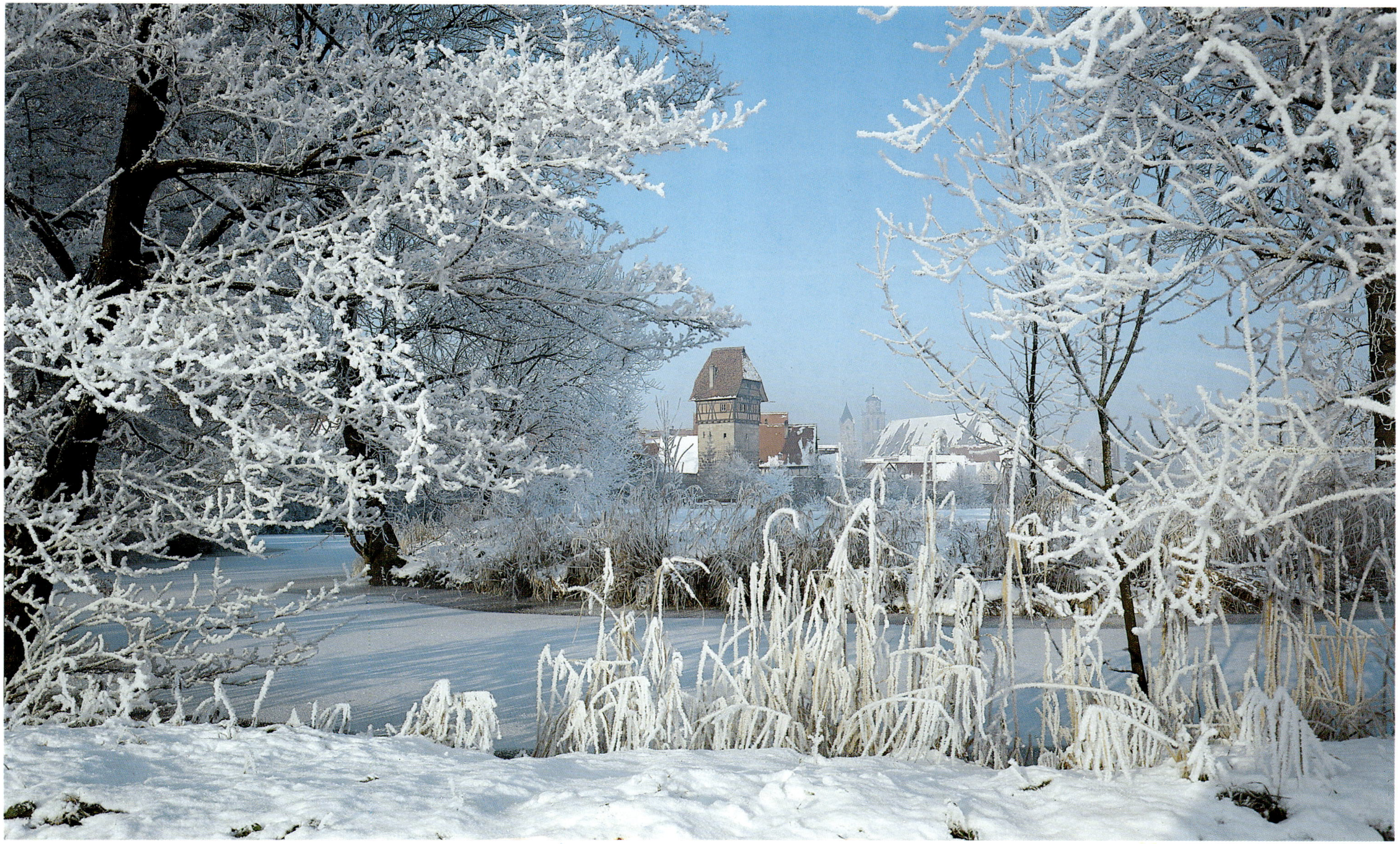

zeche nicht entgehen lassen. Das ist ein Volksfest mit einem Festspiel aus der Zeit des Dreißigjährigen Krieges, der von 1618 bis 1648 ganz Deutschland mit seinen Schrecken überzog. Damals, im Jahre 1632, wurde Dinkelsbühl von den Schweden belagert, die fest entschlossen waren, den Ort zu plündern. Da zogen die Kinder der Stadt dem Schwedenführer entgegen, und das Herz des hartgesottenen Kriegsmannes wurde weich. Er verschonte die Stadt und ihre Bewohner.

Auch aus dem nahen Rothenburg ob der Tauber, dessen Name als romantisches mittelalterliches Städtchen in der ganzen Welt zu einem Begriff geworden ist, wird aus der Zeit des Dreißigjährigen Krieges eine Geschichte überliefert: Feldmarschall Tilly, ein harter Mann, hatte die Stadt erobert. Er versprach, sie zu verschonen, wenn einer der Ratsherren in der Lage wäre, einen Riesenhumpen mit mehr als drei Liter Wein in einem Zug zu leeren. Der Altbürgermeister Nusch versuchte sein Glück, und – es gelang. Die Stadt war gerettet.

Am Ende der Romantischen Straße liegt Würzburg, eine im Zweiten Weltkrieg schwer geprüfte Stadt, die aber dennoch so manches bewahrt hat: das großartige Museum auf der Festung Marienberg, wo der inter-

Thirty Years' War, which devastated large parts of Germany in the years 1618–1648. In 1632, the Swedish army besieged Dinkelsbühl, intent on plunder. But the town children marched out to plead with the Swedish commander. The general's heart was softened, and the town was spared.

Nearby Rothenburg ob der Tauber, which has become known throughout the world as a near-perfect example of a romantic, medieval town, also remembers an incident that took place in the Thirty Years' War. Field Marshal Tilly, a tough soldier, had conquered the town. He promised to spare it if one of the town councillors proved capable of draining a huge tankard of wine in one draught. A former mayor called Nusch tried his luck – and succeeded, to his own surprise. The town was saved.

The Romantic Route ends in Würzburg. The city was badly damaged in the Second World War, but nevertheless has a lot to offer: the magnificent museum in Marienberg Fortress, where the visitor can see, in particular, many works by the sculptor Tilman Riemenschneider; the romantic taverns, where the Franconian wines seem to taste even better than usual; or that quiet corner of the Romanesque cloisters in Neu-

au devant du chef des Suédois et le guerrier endurci se laissa attendrir à leur vue. Il épargna la ville et ses habitants.

La ville voisine de Rothenburg ob der Tauber, dont le nom évoque dans le monde entier l'image d'une petite ville romantique et médiévale, a également un épisode de son histoire qui se rattache à la guerre de Trente Ans: le farouche feld-maréchal Tilly avait conquis la ville. Mais il promit de ne pas la mettre à sac si un des conseillers municipaux réussissait à vider d'un trait un hanap de vin. L'ancien bourgmestre Nusch tenta sa chance et il parvint à boire le contenu du vase gigantesque. La ville était sauvée.

A la fin de la route romantique se trouve Wurtzbourg, une ville qui a beaucoup souffert pendant la Seconde Guerre mondiale, mais dont certains édifices ont pu être restaurés: le merveilleux musée dans l'ancienne citadelle de Marienberg où le visiteur peut admirer les œuvres du sculpteur Tilman Riemenschneider, les tavernes romantiques où le vin franconien semble particulièrement bon à boire ou le petit jardin appelé *Lusamgärtlein* dans le cloître de l'abbaye de Neumünster où se trouverait le tombeau du célèbre troubadour allemand, Walther von der Vogelweide. Bien qu'il soit mort en 1230,

▷ **Rothenburg ob der Tauber/ Am Plönlein**
Nach einer Blütezeit im 14. Jahrhundert begann der Niedergang der einstmals mächtigsten unter den fränkischen Reichsstädten. Da kein Geld vorhanden war, konnten die Bürger ihre mittelalterlichen Gebäude nicht modernisieren. Die Stadt fiel in einen jahrhundertelangen Dornröschenschlaf, aus dem sie erst im 19. Jahrhundert geweckt wurde, als Maler des Biedermeiers, allen voran Carl Spitzweg und Ludwig Richter, dieses Urmodell einer mittelalterlichen deutschen Stadt kennen- und liebenlernten.

▷ **Rothenburg ob der Tauber/ The Plönlein**
After a period of great prosperity Rothenburg slumbered away outside the mainstream of development until it was rediscovered in the 19th century by painters of the Biedermeier period who fell in love with this medieval German town.

▷ **Rothenburg ob der Tauber/ Am Plönlein**
Après une période florissante, la ville de Rothenburg s'endormit et ne se réveilla qu'au XIXe siècle lorsque les peintres du Biedermeier découvrirent et aimèrent ce modèle primitif de ville allemande médiévale.

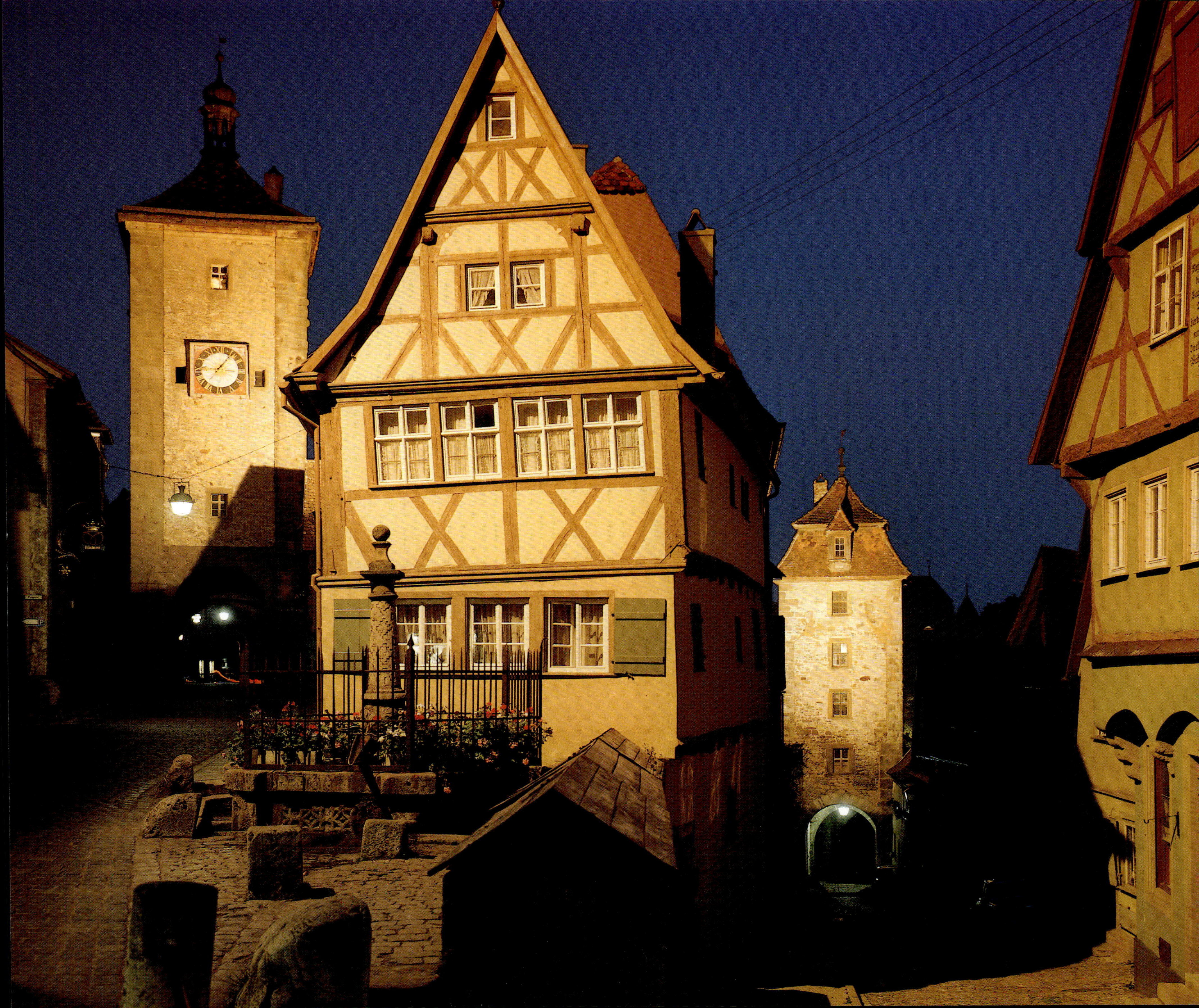

essierte Besucher intensive Bekanntschaft schließt mit dem Bildhauer Tilman Riemenschneider, die romantischen Höfe, in denen der fränkische Wein besonders gut schmeckt, oder jenen stillen Winkel im Kreuzgang des Stiftes Neumünster, das sogenannte Lusamgärtlein, wo das Grab des mittelalterlichen deutschen Lyrikers Walther von der Vogelweide liegen soll. Er ist schon um 1230 gestorben, doch bis auf den heutigen Tag legen junge Leute rote Rosen auf seinen Grabstein.

münster Church, called the Lusam Garden, where the grave of the German medieval lyric poet Walther von der Vogelweide is supposed to be. He died in 1230, but young people still place red roses on his gravestone.

sa tombe se trouve aujourd'hui encore fleurie de roses rouges par des jeunes gens.

▷ **Würzburg/Blick auf die Festung Marienberg**
Gottfried von Viterbo lobte Würzburg bereits im 12. Jahrhundert in den höchsten Tönen: »Herrlich ist diese Lage, wunderschön erschien sie mir – im Tal eingeschnitten liegt die Stadt da wie ein irdisches Paradies. Inzwischen hat Würzburg viel erdulden müssen, unangetastet blieb jedoch die Harmonie zwischen Brücke und Festung, eingebettet in eine anmutige Wald- und Rebenlandschaft.

▷ **Würzburg/View of Marienberg Fortress**
Würzburg was highly praised already in the 12th century, by Gottfried von Viterbo: "The situation is magnificent; it seemed quite wonderful to me – the town lies there in the valley like an earthly paradise!"

▷ **Wurtzbourg/Vue sur la citadelle de Marienberg**
Dès le XIIe siècle, Gottfried von Viterbo faisait le plus grand éloge de Wurtzbourg: «Cette situation est merveilleuse, elle m'a paru magnifique – encaissée dans la vallée, la ville est telle un paradis terrestre!»

69

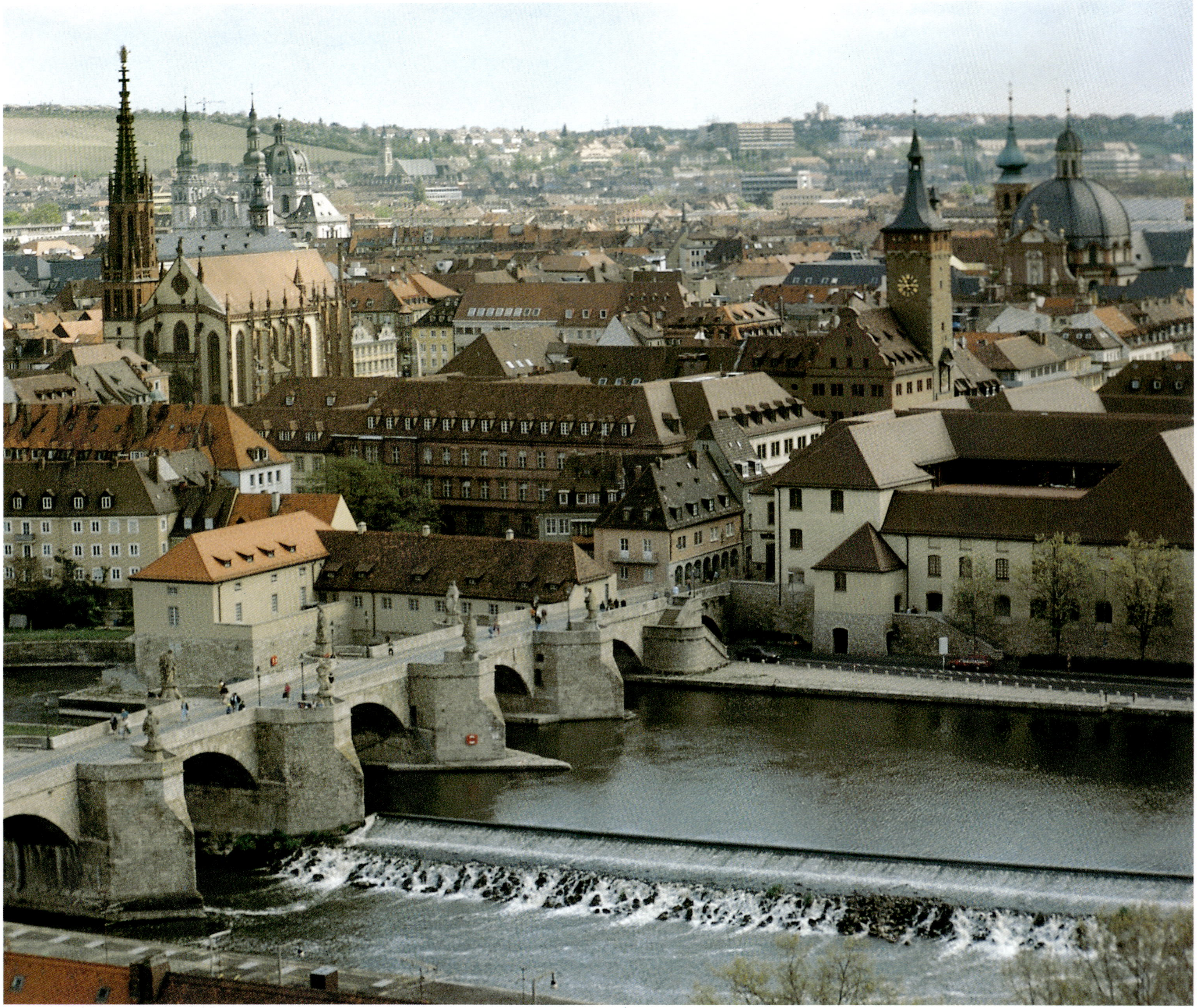

◁ **Würzburg/Alte Mainbrücke**
Auf der alten Brückenstraße gelangt der Besucher, sicher geleitet von zwölf Backsteinfiguren in wallenden Gewändern, mitten in das Zentrum der alten Bischofsstadt.

▽ **Schloß Veitshöchheim**
Kokette Rokokofiguren, beschauliche Heckengänge, verspielte Fontänen und Pavillons, so verschwenderisch gestaltet ist der Garten, der das barocke Sommerschloß der würzburgischen Fürstbischöfe umgrünt. Und im Großen See, dem Herzstück des Parks, schwingt sich das Dichterroß Pegasus über dem Parnaß, dem Reich der Musen, in die Lüfte.

◁ **Würzburg/The Old Main Bridge**
By crossing the old bridge, the visitor, accompanied by twelve sandstone sculptures of saints in flowing robes, arrives right in the middle of the old city.

▽ **Veitshöchheim Palace**
The garden surrounding the baroque summer palace built by the prince bishops of Würzburg is full of coquettish rococo statues, bowered walks, delightful fountains, and pavilions. And in the lake, which forms the heart of the park, the winged horse Pegasus rises above Parnassus, the home of the Muses.

◁ **Wurtzbourg/Alte Mainbrücke**
En prenant la vieille route du pont, le visiteur arrive, après avoir passé devant douze statues en grès vêtues de longs vêtements flottants, au cœur du centre historique de l'ancienne cité épiscopale.

▽ **Château de Veitshöchheim**
De gracieuses sculptures rococo, de paisibles sentiers bordés de haies, de ravissantes fontaines et de coquets pavillons décorent le jardin qui entoure le château baroque, ancienne résidence d'été des princes-évêques de Wurtzbourg. Et, dans le grand lac, au cœur du parc, Pégase s'élance dans les airs au-dessus du Parnasse, le royaume des Muses.

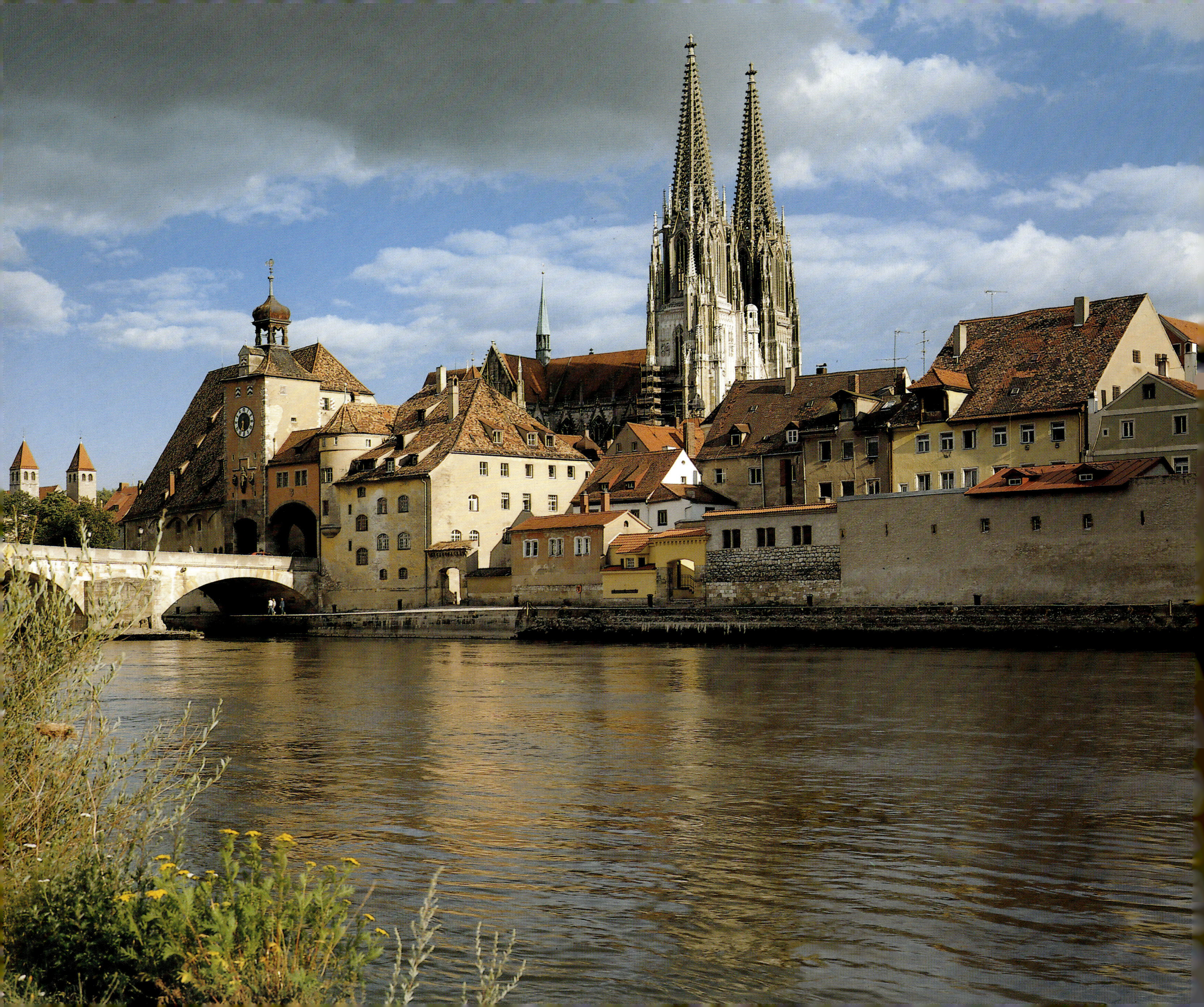

Bayerischer Wald

Im Jahre 1135 begannen die Regensburger mit dem Bau einer steinernen Brücke über die Donau. Und weil Bauarbeiter auch damals schon einen stets guten Appetit hatten, wurde eine Imbißstube eingerichtet, eine Wurstküche, in der sie sich stärken konnten.
Die Steinerne Brücke schwingt sich noch heute über die Donau. Sie gilt als eine der größten technischen Leistungen des Mittelalters. Auch die Wurstküche existiert noch. Und wer dort keine Bratwurst gegessen hat, der ist nicht in Regensburg gewesen.
Die Stadt, die einst den Kaisern des Heiligen Römischen Reiches Deutscher Nation als Schauplatz für ihre großen Reichstage diente, ist ein Juwel, und schon allein der Dom ist sehenswert, der mit seinen beiden 105 Meter hohen Türmen zu den schönsten Bauwerken der deutschen Gotik zählt.
Auf eine lange Geschichte zurückblicken kann Passau, an den Flüssen Donau, Inn und Ilz gelegen, das bereits vor etwa 2 500 Jahren eine Siedlung der Kelten war und später – noch vor der Zeitenwende – von den Römern erobert und zu einem Kastell ausgebaut wurde.
Die Stadt mit ihrem italienischen Gepräge ist von hohem städtebaulichen Rang, besonders beeindruckend der

The Bavarian Forest

In 1135 the people of Regensburg began building a stone bridge across the Danube. And because builders were blessed with healthy appetites in those days, too, a snack bar specializing in pork sausages, was set up next to the bridge.
The stone bridge still elegantly spans the river. It is considered to be one of the greatest technical achievements of the Middle Ages. And the sausage bar also still exists – and if you have not eaten a grilled sausage there, you cannot really say that you have been to Regensburg.
The city, which was once the venue of great Imperial Diets organized by the Holy Roman Emperors, is a gem. The tall, twin-towered Cathedral alone, one of the greatest Gothic buildings in Germany, is worth a detour.
The history of Passau, situated at the confluence of the three rivers Inn, Danube, and Ilz, began 2,500 years ago when Celts settled there. Later it was conquered by the Romans and made into a fort.
Modern Passau is a fine city with an Italianate flair and with a particularly impressive cathedral, St. Stephen's. The previous church on the same site dated back to the beginning of the 6th century.
The popular holiday region called the Bavarian Forest is within easy

La Forêt Bavaroise

En 1135, les habitants de Ratisbonne commencèrent la construction d'un pont de pierre au-dessus du Danube. Et comme les ouvriers du bâtiment étaient dotés, la fois-là également, d'un solide appétit, on aménagea une *Wurstküche*, une rôtisserie où ils pouvaient se restaurer. Le pont de pierre enjambe aujourd'hui encore le Danube et passe pour une des plus grandes réalisations techniques du moyen âge. La rôtisserie, elle aussi, existe toujours et qui n'y a pas mangé des saucisses grillées ne peut dire qu'il a été à Ratisbonne.
La ville où se tenait autrefois la diète permanente du Saint Empire romain germanique est un joyau. Rien que la cathédrale avec ses deux tours de 105 mètres de haut et qui compte parmi les plus beaux édifices gothiques allemands vaut un détour.
Passau, située au confluent du Danube, de l'Inn et de l'Ilz, a une longue histoire. Il y a 2 500 ans en effet, c'était une colonie celte qui fut conquise par la suite par les Romains qui en firent un castel. La ville au cachet italien renferme des édifices très intéressants et en particulier une cathédrale impressionnante consacrée à saint Etienne et à l'emplacement de laquelle il y aurait déjà eu une église au VIe siècle.
La Forêt Bavaroise que l'on atteint très vite, aussi bien de Ratisbonne

◁ **Regensburg/Blick auf den Dom**
»Regensburg liegt gar schön, die Lage mußte eine Stadt herlocken«, schrieb einst Johann Wolfgang von Goethe.
▷▷ **Passau/Panorama mit Dom St. Stephan**
Die Geschichte der Dreiflüssestadt ist eng verknüpft mit der bischöflichen Herrschaft, die Bonifatius 739 begründet hatte.

◁ **Regensburg/View of the Cathedral**
"The location is so beautiful that it was bound to attract a town", wrote Goethe of Regensburg.
▷▷ **Passau/Panorama with St. Stephen's Cathedral**
The history of the "three-river town" is closely connected with that of the bishopric, founded by Boniface in 739.

◁ **Ratisbonne/Vue sur la cathédrale**
«Ratisbonne est fort bien située, l'emplacement devait attirer une ville», écrivit un jour Gœthe.
▷▷ **Passau/Panorama avec la cathédrale St-Etienne**
L'histoire de la ville, située au confluent de trois cours d'eau, est étroitement liée à l'évêché souverain créé par Boniface en 739.

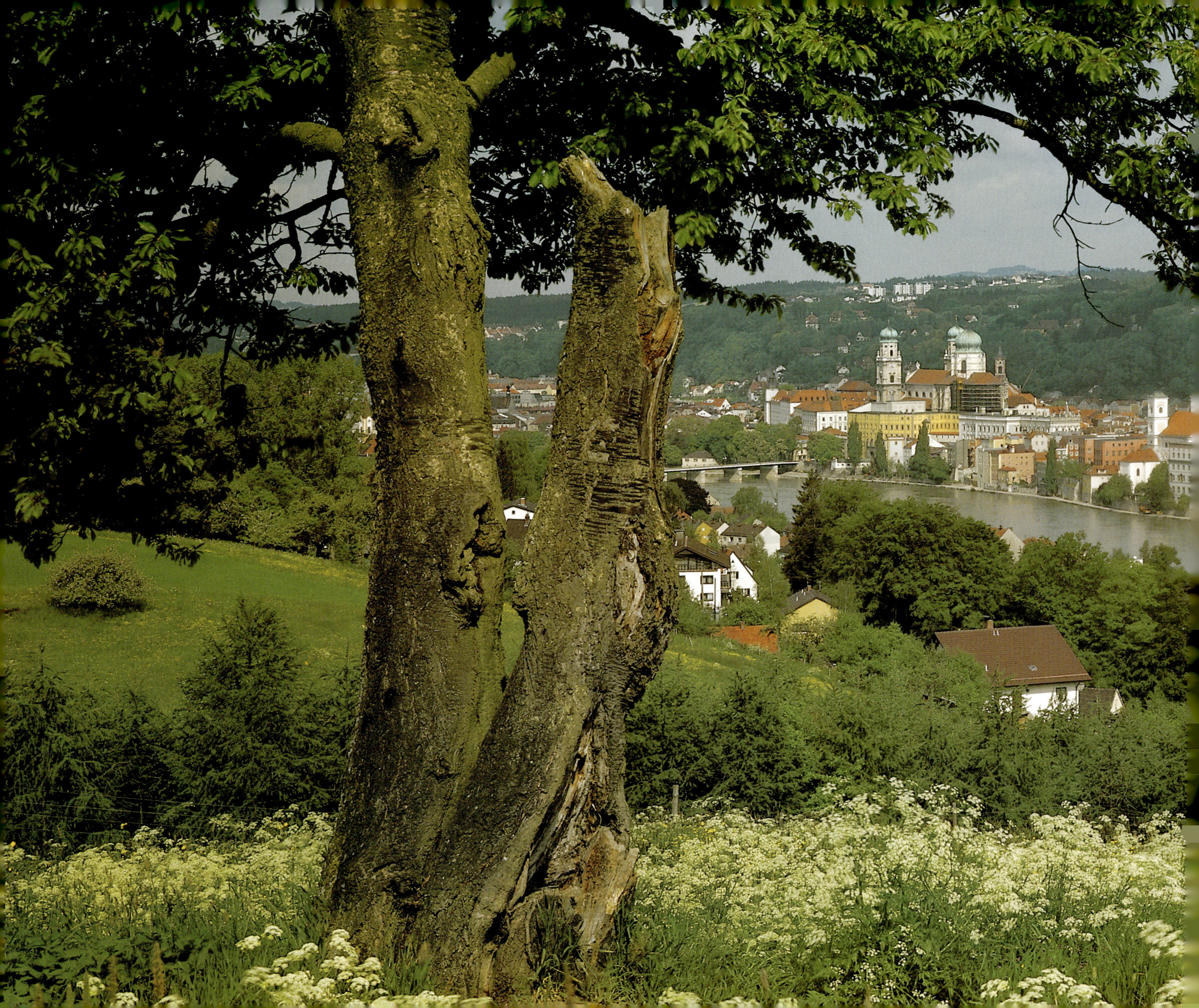

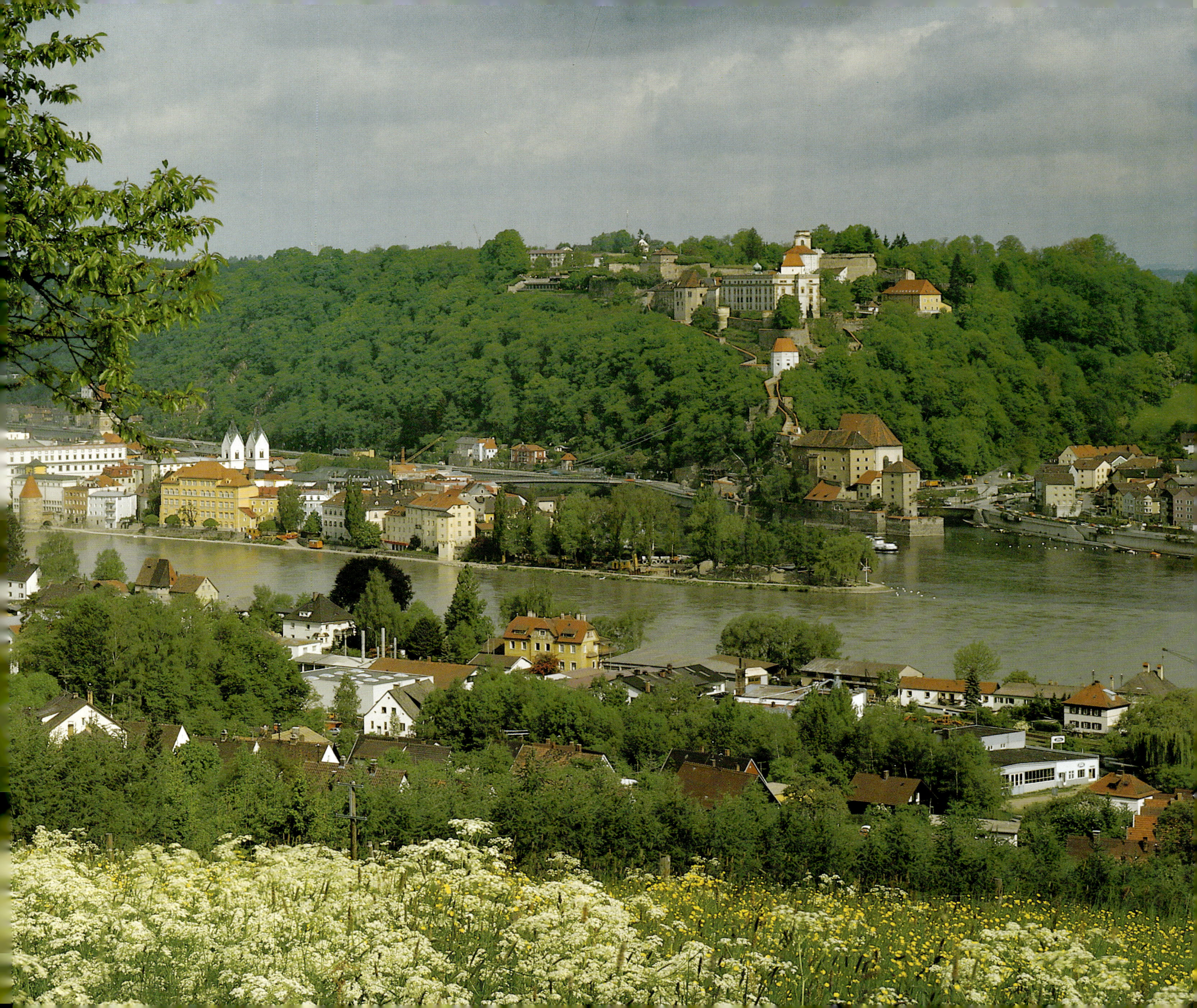

Dom St. Stephan, der mit mehr als 16 000 Pfeifen die größte Kirchenorgel der Welt beherbergt und von dem es heißt, er habe schon zu Beginn des 6. Jahrhunderts einen Vorgängerbau gehabt.

Zu den gern besuchten Feriengebieten zählt der Bayerische Wald, der von Regensburg wie auch von Passau aus schnell zu erreichen ist. Es ist ein großes Waldgebiet mit einsamen Wegen, auf denen man stundenlang wandern kann, mit kleinen Dörfern und Städten, in denen der Fremde überaus gastfreundliche Menschen trifft.

Hier wird noch altes Handwerk in Ehren gehalten. Die *Holzbitzler* stellen, wie in früheren Zeiten, Holzschuhe und allerlei Küchengeräte her. In der Gegend um Zwiesel sind die Glasbläser zu Hause.

Auch altes Brauchtum wird gehegt und gepflegt im Bayerischen Wald. In Perlesreut bei Grafenau wird in jedem Jahr das *Schmalzlerfest* gefeiert, bei dem sich die Waldler im edlen Wettstreit den Schnupftabak in die Nase reiben. Und nirgends auf der Welt gibt es so schöne Schnupftabakdosen und -fläschchen wie hierzulande.

reach of both Regensburg and Passau. It is heavily wooded, as its name suggests, ideal for long healthy walks, and dotted with villages and small towns well-known for their hospitality.

Here traditional crafts are still pursued. Woodworkers still make clogs and a range of kitchen implements, and around Zwiesel, the glassblowers live. Old customs are also still practised. In Perlesreut near Grafenau, for example, there is a snuff festival every year in which the woodsmen compete with one another in the art of snuff taking. And nowhere can you buy such lovely snuff-boxes and phials as here in the Bavarian Forest.

que de Passau, est un endroit de villégiature très fréquenté. C'est une grande étendue de forêts parcourue de chemins solitaires où l'on peut se promener pendant des heures, avec de petites villes et des villages très hospitaliers.

L'artisanat y est encore à l'honneur. On y fabrique comme autrefois des sabots et des ustensiles de cuisine en bois. La région de Zwiesel est le domaine des souffleurs de verre. Les vieilles traditions y sont aussi entretenues. A Perlesreut près de Grafenau, il y a ainsi chaque année la fête des priseurs au cours de laquelle les forestiers prisent à qui mieux mieux. Et nulle part ailleurs dans le monde, il n'y a des tabatières et de petits flacons à priser aussi jolis.

▷ **Rachelsee mit Großem Rachel**
Inmitten des Nationalparks Bayerischer Wald schlummert, umstanden von tannendunklen Wäldern, der Rachelsee, ein beliebtes Ziel von Wanderern, die der Hektik des Großstadtbetriebes die Stille und Abgeschiedenheit dieses wilden Waldgebirges vorziehen.

▷ **Lake Rachel with Grosser Rachel**
In the middle of the Bavarian Forest national park, surrounded by dark fir forests, slumbers Lake Rachel, a popular retreat for hikers seeking tranquillity rather than the hectic amusements of the city.

▷ **Le Rachelsee avec le Grand Rachel**
Le lac, entouré de forêts de sapins, se trouve au milieu du parc national de la Forêt Bavaroise. C'est un but d'excursion pour les randonneurs qui, à l'animation des grandes villes, préfèrent la solitude de cette région de montagnes boisées au charme sauvage.

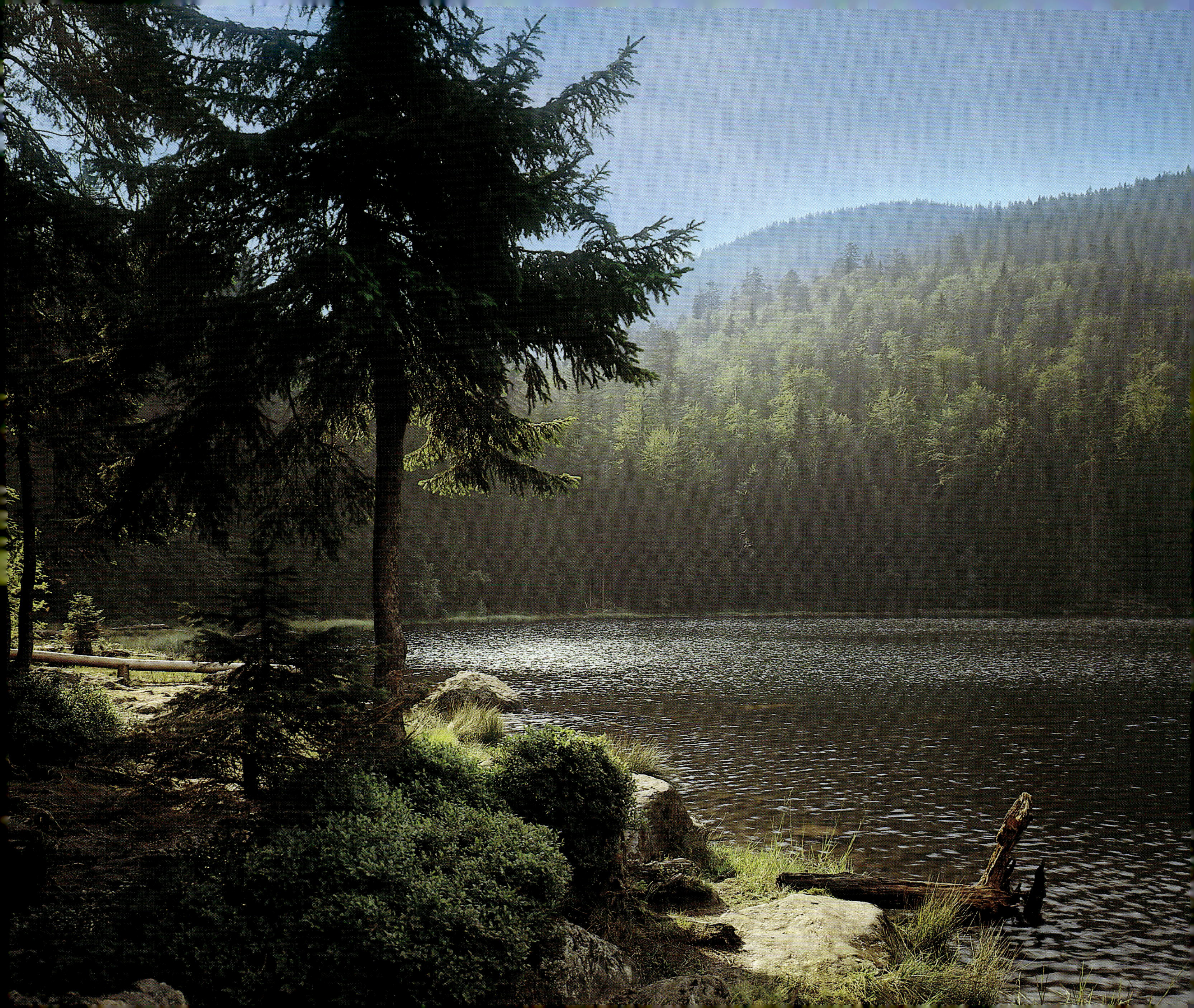

▽ **Regen**
Die schmucke Kleinstadt ist zu einem bevorzugten Fremdenverkehrsort im Herzen des Bayerischen Waldes geworden. Einen Besuch lohnt die Stadtkirche St. Michael mit dem wuchtigen romanischen Nordturm und der schönen Madonnenfigur aus spätgotischer Zeit.

▽ **Regen**
This attractive little town in the heart of the Bavarian Forest has become a popular holiday resort. The main church, St. Michael's, with its massive Romanesque tower and its fine late-Gothic madonna statue, is well worth a visit.

▽ **Regen**
Cette ravissante petite ville est devenue un centre touristique de prédilection au cœur de la Forêt Bavaroise. Il faut visiter son église consacrée à saint Michel avec son imposante tour nord romane et sa belle statue de la Vierge de style gothique tardif.

▷ **Auf dem Großen Arber**
Gebieterisch reckt sich der Große Arber über den weitläufigen Höhenzügen des Bayerischen Waldes. Bis weit in die Neuzeit hinein verlief übrigens die Grenze zwischen Bayern und Böhmen mitten über diesen Berg. Die Randlage ist ihm erhalten geblieben, denn nur einen Steinwurf entfernt erstreckt sich heute die deutsch-tschechische Grenze.

▷ **On Grosser Arber**
Grosser Arber is the highest mountain in the Bavarian Forest, and provides a fine view of the whole range. For a long time the border between Bavaria and Bohemia ran across this mountain. It is still a border mountain, for the German-Czechoslovakian frontier is only a stone's throw away.

▷ **Sur le Grand Arber**
Le Grand Arber se dresse au-dessus de la chaîne des montagnes de la Forêt Bavaroise. Pendant longtemps, la frontière entre la Bavière et la Bohême s'est située au milieu de cette montagne qui a d'ailleurs gardé cette situation limitrophe, puisque la frontière germano-tchèque n'en est qu'à deux pas.

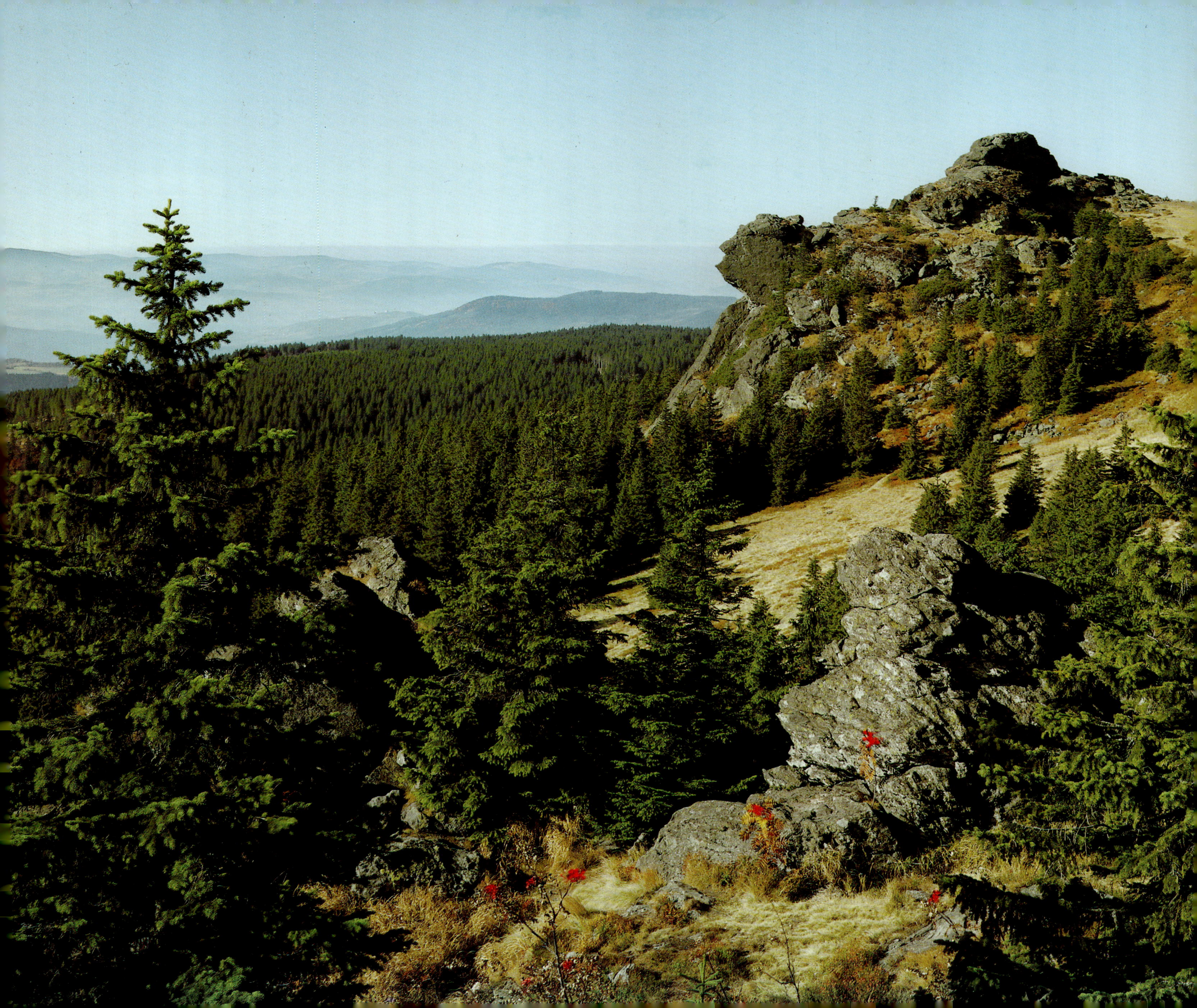

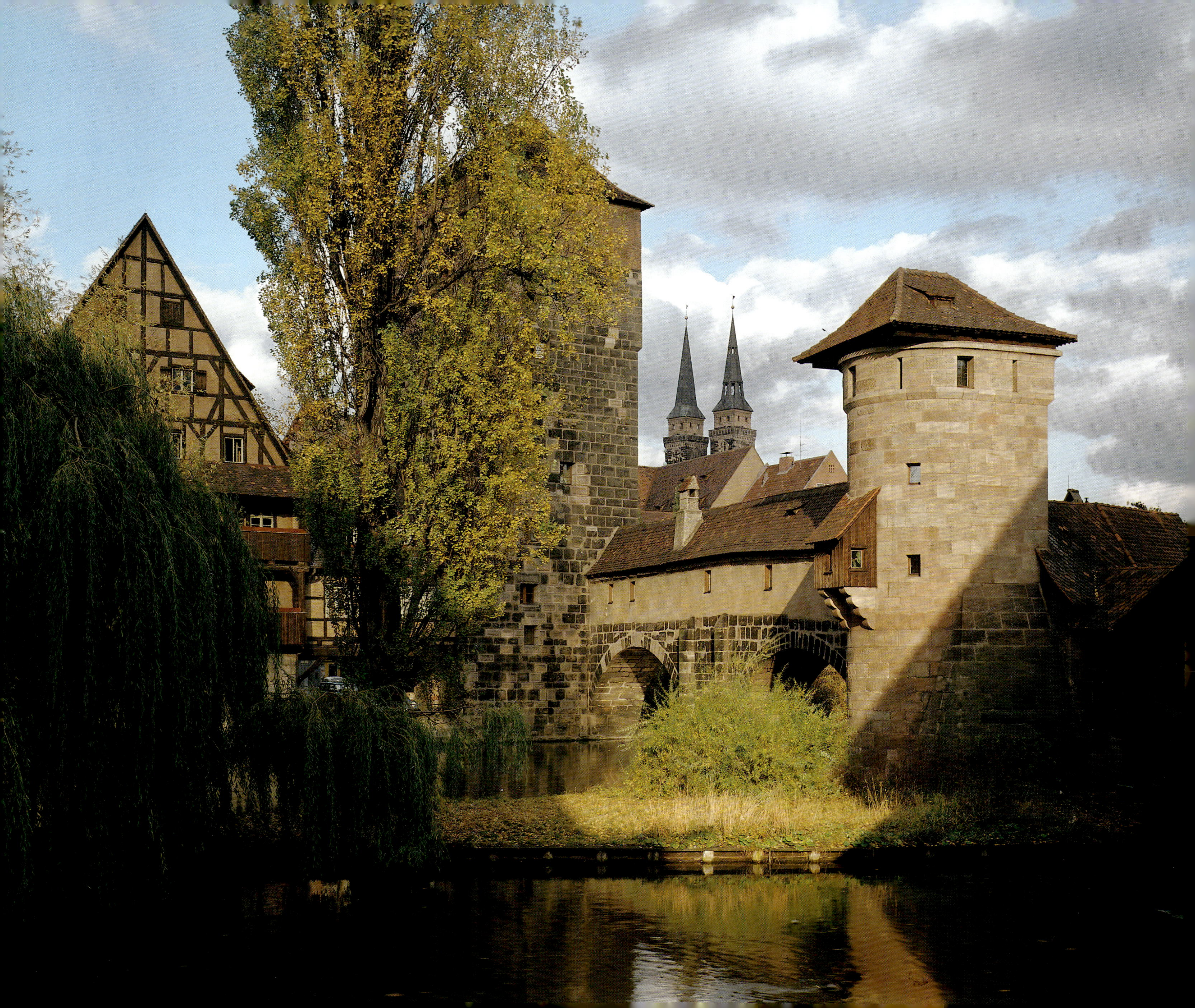

Franken

Alljährlich zur Weihnachtszeit ist die tausendjährige Handelsstadt Nürnberg ein bevorzugtes Reiseziel. Denn dann findet in der historischen Altstadt der *Christkindlmarkt* statt, auf dem es Lebkuchen und Bratwürste, die berühmten Nürnberger Spezialitäten, zu essen gibt.
Eltern schauen sich um nach Spielzeug für ihre Kinder, das in und um Nürnberg hergestellt wird. Die fränkische Metropole ist eine Stadt, zu deren freundlichsten Sehenswürdigkeiten das Spielzeugmuseum gehört, die größte Sammlung dieser Art in der Welt.
Eindrucksvoll erhebt sich die mittelalterliche Burg über der alten Stadt. Beinahe alle Kaiser und Könige des Deutschen Reiches aus der Zeit zwischen 1050 und 1571 haben dort residiert. Nicht weit von der Burg steht das Dürer-Haus, in dem der Maler Albrecht Dürer, einer der Großen in der europäischen Kunstarena, von 1471 bis 1528 gelebt hat. Zu seinen Zeitgenossen gehörten der Bildhauer Veit Stoß (1445–1533) und der Schuhmacher und bedeutende Poet Hans Sachs (1494–1576).
Das romantische Nürnberg ist aber nur eine von vielen fränkischen Städten, die einen Besuch lohnen. Von Würzburg an der Romantischen Straße war schon die Rede, wir wollen aber die kleinen Städte nicht ver-

Franconia

The thousand-year-old commercial city of Nuremberg attracts even more visitors than usual in December. They come to the Christmas Market in the historical centre of the town, where you can buy Christmas tree decorations, eat grilled sausages or try the *Lebkuchen* – a kind of spiced biscuit – both of which are famous Nuremberg specialities. Parents look around for toys for their children – because toys are another Nuremberg speciality, and are manufactured in large quantities in and around the city. One of Nuremberg's most charming sights is the Toy Museum, the largest collection of its kind in the world.
The medieval castle rises impressively above the old city. Almost all the German emperors and kings of the Holy Roman Empire resided here between 1050 and 1571. Not far from the castle is the Dürer House in which the painter Albrecht Dürer, one of the great European artists, lived from 1471 to 1528. Two of his contemporaries in Nuremberg were the sculptor Veit Stoss (1445–1533) and the shoemaker and poet Hans Sachs (1494–1576).
But romantic Nuremberg is only one of the many Franconian towns worth visiting. We have already mentioned Würzburg, at the north end of the Romantic Route, but we should not

Franconie

Chaque année, au mois de décembre, la ville commerçante, millénaire de Nuremberg attire une foule de visiteurs. C'est l'époque du marché de Noël qui se tient dans la partie historique de la ville ancienne et où l'on peut déguster des pains d'épice et des saucisses grillées, les célèbres spécialités de Nuremberg. Les parents eux y choisissent pour leurs enfants des jouets fabriqués dans la capitale franconienne et dans ses environs.
Nuremberg est une ville de jouets qui compte parmi ses plus charmantes curiosités un musée du Jouet, la plus grande collection de ce genre dans le monde.
Le château médiéval s'élève de façon majestueuse au-dessus du vieux Nuremberg. Presque tous les empereurs et rois allemands y ont séjourné entre 1050 et 1571. Non loin du château impérial se trouve la maison d'Albrecht Dürer. Celui qui fut l'un des plus grands artistes d'Europe y a vécu de 1471 à 1528. Il eut parmi ses contemporains le sculpteur Wit Stwosz (1445–1533) et le cordonnier et grand poète Hans Sachs (1494–1576).
Le Nuremberg romantique n'est toutefois qu'une des nombreuses villes franconiennes qui valent une visite. Nous avons déjà mentionné Wurtzbourg sur la route romantique, mais

◁ **Nürnberg/Am Henkersteg**
Melanchthon, der berühmte Humanist und Reformator, nannte einst Nürnberg in einem Atemzug mit den hochberühmten Städten der Antike. Und mit ihm waren viele Besucher beeindruckt von den Bürger- und Patrizierhäusern, die sie an »Residenzen von Fürsten und Königen« gemahnten. Gewerbe und Fernhandel, betrieben von tüchtigen und unternehmungslustigen Kaufleuten, hatten die Stadt reich gemacht. Wie sagte man doch damals so treffend? »Nürnberger Tand gehet durch alle Land'.«

◁ **Nuremberg/Hangman's Walk**
Many visitors were, like Melanchthon, the famous humanist and reformer, impressed by the burghers' houses, which have been compared to the "residences of princes and kings".

◁ **Nuremberg/Passerelle du Bourreau**
Tout comme Melanchthon, le célèbre humaniste et réformateur allemand, de nombreux visiteurs de Nuremberg étaient impressionnés par les demeures bourgeoises et patriciennes qui leur rappelaient les «résidences de princes et rois».

gessen, die häufig – noch immer umgeben von Mauern und Türmen – abseits der großen Straßen liegen, fast unbemerkt von der Welt und vom Fremdenverkehr.

Iphofen beispielsweise gehört dazu, eines der reizvollsten Städtchen im Fränkischen, wo Bewohner und Besucher auf holprigem Pflaster durch die engen Gassen schlendern oder durch die schönsten Stadttore des Frankenlandes hinaus in die Weinberge gehen.

Wer zur Zeit der Weinlese kommt, der kann noch erleben, daß die Winzer und Winzerinnen am Ende eines Tages singend aus dem Weinberg kommen, um unten im Ort gleich den *Federweißen* zu probieren, den noch jungen, kaum vergorenen Wein, den sie gern mit dem am Straßenrand stehenden Fremden teilen. Aber Vorsicht, der Federweiße steigt rasch in Kopf und Beine.

Frickenhausen, Volkach und Escherndorf mit seinem *Escherndorfer Lump*, einem köstlichen Wein, sind weitere gemütliche Stationen. Hier wird der Wein in die berühmte Bocksbeutelflasche abgefüllt.

In unsere Reise wollen wir auch das romantische Bamberg mit einschließen. Die Altstadt hat ihr mittelalterliches Gesicht über die Zeiten hinweg bewahrt. Sehenswert sind das auf einer Insel in der Regnitz stehende

forget the smaller towns which – often still enclosed in their medieval fortifications – lie off the main routes, half forgotten by the world and by the tourist trade.

Iphofen, for example, is one of them, and is, indeed, one of the most charming little towns in the region. Its narrow streets lead through the finest town gates in Franconia straight into the vineyards.

During the grape harvest it is not unusual to hear the pickers come home from their day's work in the vineyards singing. Back home, they like to try the *Federweisser* – young, unfermented wine – and will gladly share it with strangers. But take care: Federweisser quickly goes to your head and legs.

Frickenhausen, Volkach, and Escherndorf, with its well-known *Escherndorfer Lump*, a delicious wine, are other worthwhile places. Here the wines are bottled in the flagon-shaped bottles typical of Franconia.

Romantic Bamberg must certainly be included in our tour of Germany. The old part of the city has retained its medieval character throughout the ages. Favourite sights are the Town Hall, built on an island in the River Regnitz, and the fishermen's quarter on the bank of the river, called "Little Venice".

nous ne devons pas omettre les petites villes, qui, encore entourées de leurs fortifications médiévales, se trouvent à l'écart des grandes routes et sont presque oubliées du monde et du tourisme. Iphofen par exemple en fait partie. C'est l'une des petites villes les plus ravissantes de la région, aux étroites ruelles pavées qui mènent, en passant par les plus belles portes de ville de Franconie, jusqu'aux vignobles.

Pendant les vendanges, on peut entendre les vignerons et les vigneronnes descendre en chantant du vignoble leur journée de travail terminée. Rentrés chez eux, ils aiment goûter le *Federweisse*, le vin qui n'est pas encore fermenté, et qu'ils partagent volontiers avec les étrangers. Mais il faut y prendre garde, car il monte vite à la tête et coupe les jambes.

Frickenhausen, Volkach et Escherndorf avec son *Escherndorfer Lump*, un vin délicieux, sont d'autres étapes agréables. Ici le vin est servi dans des flacons en forme de gourde tout à fait caractéristiques de la région.

La ville romantique de Bamberg doit bien sûr faire également partie de notre itinéraire. La vieille ville a su conserver son aspect médiéval au cours des siècles. Il faut voir le Vieil hôtel de ville construit sur une île de la Regnitz et la «Petite Venise», un quartier de pêcheurs sur les bords

▷ **Iphofen/Rödelseer Tor**
Das fränkische Weinstädtchen kann auf eine lange Geschichte zurückblicken: Schon 750 wird es zum erstenmal erwähnt. Die fast unversehrt erhalten gebliebene Stadtbefestigung hat drei Tortürme, unter ihnen das reizende, an den Zwinger gebaute Rödelseer Tor.

▷▷ **Bamberg/Blick auf Dom, Neue Residenz, St. Michael und Altes Rathaus**

▷ **Iphofen/Rödelsee Gate**
This little wine-growing town in Franconia can look back on a long history: it is documented from the year 750. The still almost intact fortifications are broken by three gateways, including the Rödelsee Gate shown here, behind the bailey.

▷▷ **Bamberg/View of the Cathedral, the New Palace, St. Michael's Church, and the Old Town Hall**

▷ **Iphofen/Porte de Rödelsee**
Cette localité viticole franconienne s'enorgueillit d'une longue histoire. Elle est en effet mentionnée pour la première fois en 750. Les fortifications sont dotées de trois tours-portes dont celle, ravissante, de Rödelsee.

▷▷ **Bamberg/Vue sur la cathédrale, la Nouvelle Résidence, l'église St-Michel et le Vieil hôtel de ville**

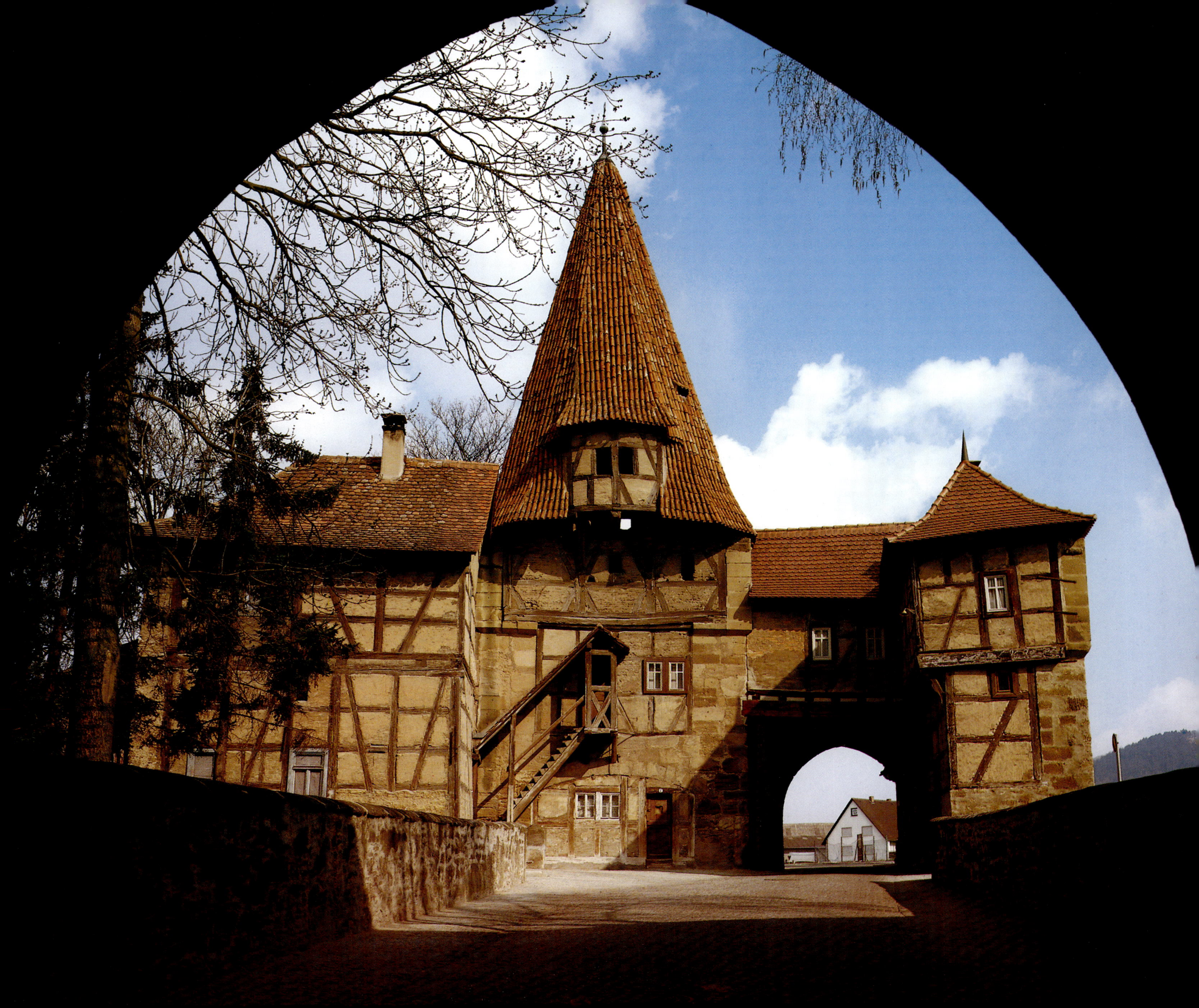

hende Rathaus und die Fischersiedlung Klein-Venedig am Ufer des Flusses.
Was man aber unbedingt probieren sollte, das ist das Bamberger *Rauchbier*, zu dem am besten eine deftige fränkische Brotzeit schmeckt.
Westlich von Würzburg erstreckt sich der Spessart, ein großes Waldgebiet, von dem allerlei Räuber- und Spukgeschichten erzählt werden und wo sich, beinahe ein wenig versteckt im Walde, das Schloß Mespelbrunn befindet, ein Märchenschloß, dessen beherrschender Rundturm im Jahre 1430 errichtet wurde.
Nördlich von Würzburg fährt der schnelle Autotourist an einer Ferienlandschaft vorüber, die heute – nach der Wiedervereinigung – wieder im Herzen Deutschlands liegt.
Es ist die Rhön, die allerdings – wenn man es genau nimmt – nach wie vor geteilt ist: Sie liegt in den Bundesländern Bayern, Hessen und Thüringen. Das tut dem Genuß jedoch keinen Abbruch.
Die einst trennende Linie spürt man aber noch immer. In den kleinen Städten rechts und links der Grenze, die einst »am Ende der Welt« lagen, scheint die Zeit irgendwann in den fünfziger Jahren stehengeblieben zu sein. Da fehlt es nicht an idyllischen Winkeln und Gassen, an verträumten Plätzen.

A Bamberg speciality which must be tried is the smoked beer, best accompanied by a tasty Franconian sausage or other local speciality.
To the west of Würzburg lies the large wooded region called the Spessart, the home of many a tale of robbers and ghosts. Almost hidden away in its depths is Mespelbrunn Castle, a fairytale moated castle, whose imposing main tower was erected in 1430.
To the north of Würzburg, the hasty motorist will drive straight past a holiday area which now – after the reunification – is once again in the heart of Germany. It is the Rhön region, which, in a way, can be said to be still divided, because – although this does nothing to detract from its charms – the Rhön spreads into three of the German Federal States: Bavaria, Hesse, and Thuringia.
The line that once split the region can still be sensed and even seen, for in the little towns to the right and left of the former inner-German border, which were in that period "at the end of the world", time seems to have stopped somewhere in the 1950's. But there is no lack of idyllic spots and picturesque streets for the romantically-minded visitor.
And the whole region, topped by the Wasserkuppe peak (over 3,000 ft), famous for its hang-gliding, is criss-

du fleuve. Mais ce qu'il faut absolument goûter, c'est la bière fumée de Bamberg accompagnée de préférence d'une des spécialités de la cuisine régionale.
A l'ouest de Wurtzbourg s'étend le Spessart, une vaste région boisée, théâtre de toutes sortes d'histoires de bandits et de fantômes et où se trouve, quelque peu caché dans la forêt, le château de Mespelbrunn, un château de conte de fées dont l'imposante tour ronde a été édifiée en 1430.
Au nord de Wurtzbourg, le touriste pressé traverse une région de villégiature qui aujourd'hui – après la réunification allemande – est à nouveau au cœur de l'Allemagne. C'est la Rhön qui toutefois – pour être précis – reste divisée, ce qui n'enlève rien à son charme. La Rhön est en effet partagée entre les Länder de Bavière, de Hesse et de Thuringe.
Cependant, on sent encore l'ex-ligne de démarcation. Dans les petites villes à droite et à gauche de la frontière, qui se trouvaient à l'époque «au bout du monde», le temps semble s'être arrêté à un moment quelconque des années cinquante. Les coins et les ruelles idylliques ne manquent pas de même que les places romantiques qui incitent à la rêverie.
Toute la région autour de la Wasserkuppe, qui culmine à 950 mètres, et

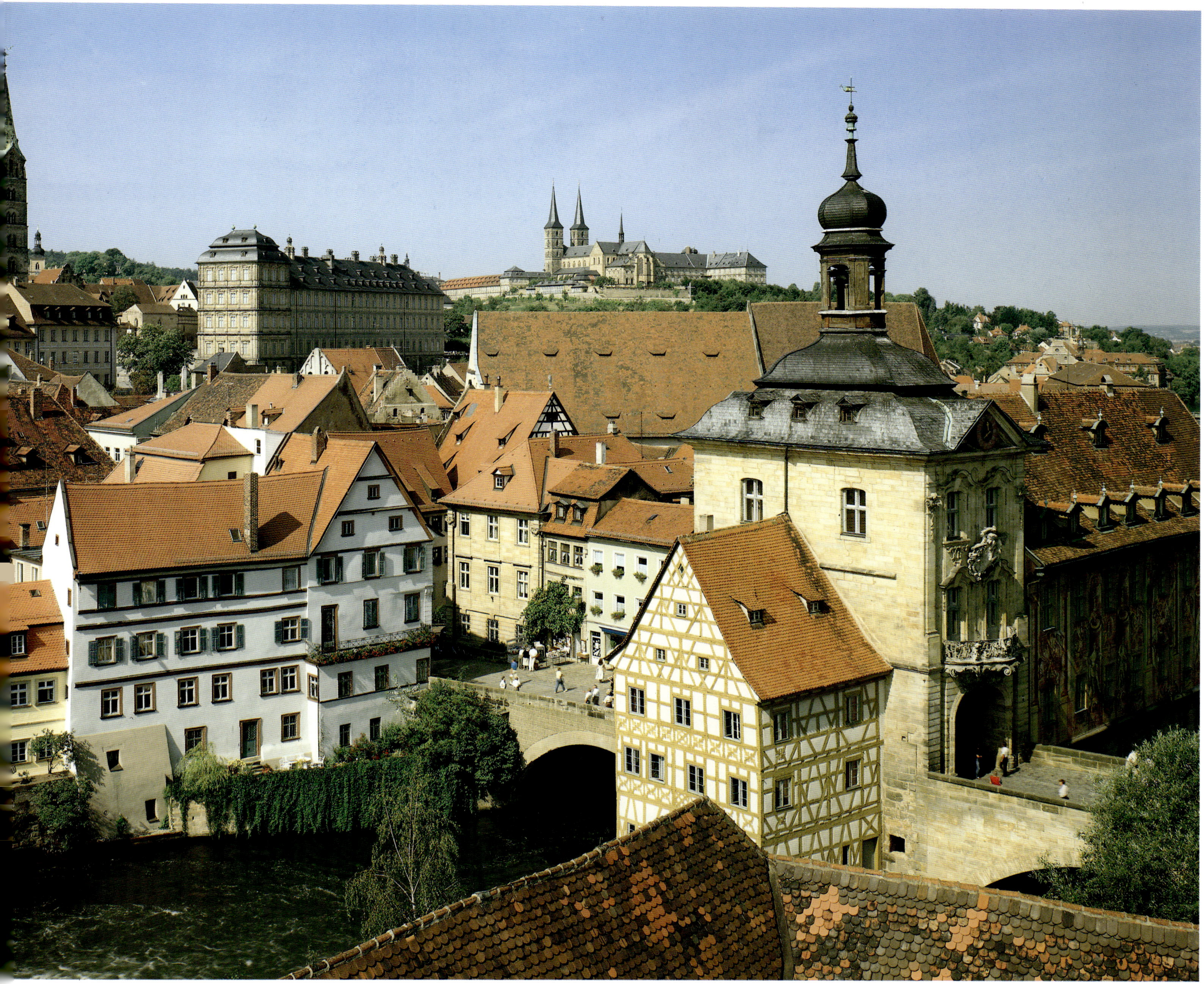

Das ganze Land um die 950 Meter hohe Wasserkuppe, die berühmt geworden ist durch die kühnen Segelflieger, wird durchzogen von stillen Wanderwegen und vielen beschaulichen Sträßchen.
In der Rhön ist auch das Rhönrad erfunden worden. Das war im Jahre 1925. Es handelt sich hierbei um einen doppelten Stahlrohrreifen mit verschiedenen Stand- und Griffmöglichkeiten. Das in seinem Heimatland Deutschland fast vergessene Turngerät findet zur Zeit in den USA und in Japan viele Freunde.
Am Rande der Rhön liegt das Heilbad Kissingen mit seinen eleganten Kuranlagen und dem gemütlichen Marktplatz. Und weiter nördlich erreicht man Fulda, die barocke Stadt mit ihrem eindrucksvollen Dom und der St.-Michaels-Kirche, deren Krypta aus dem Jahre 822 stammt und die damit zu den ältesten erhalten gebliebenen Kirchenbauten in Deutschland zählt.

crossed by quiet paths and many little roads ideal for walking enthusiasts.
The "Rhön wheel" was invented in this region in 1925. This is a double, tubular steel wheel which can be used in a variety of ways in gymnastics. Although almost forgotten in its German homeland, it is at present popular in the USA and Japan.
On the fringe of the Rhön region is the spa Bad Kissingen, with its elegant amenities and pleasant market square. And further to the north is Fulda, a baroque town with an impressive Minster, and St. Michael's church, whose crypt dates back to 822, and which is therefore one of the oldest church buildings in Germany.

est devenue célèbre par ses audacieux planeurs, est traversée de paisibles chemins de randonnée et de nombreuses petites routes.
C'est dans la Rhön qu'a également été inventée la roue vivante en 1925. Il s'agit d'un appareil de gymnastique, une double roue en acier qui, si elle est presque tombée dans l'oubli dans sa patrie allemande, connaît actuellement un regain de popularité aux Etats-Unis et au Japon.
En bordure de la Rhön se trouve la station thermale de Bad Kissingen dotée d'installations de cure élégantes et d'une charmante place du Marché. Plus au nord est située Fulda, la ville baroque avec son impressionnante cathédrale et l'église St-Michel dont la crypte date de 822 et qui compte parmi les plus anciennes églises d'Allemagne.

▷ **Wasserschloß Mespelbrunn**
Seit nunmehr fünf Jahrhunderten spiegelt sich das verwunschene Schlößchen in dem kleinen Waldsee, der ihm früher natürlichen Schutz geboten hat. Der beherrschende Rundturm hat noch einen kleinen Bruder zur Linken, der etwas zu kurz geraten scheint.

▷ **The moated castle of Mespelbrunn**
This little "enchanted" castle has been reflected now in the woodland lake, which once gave it natural protection, for five centuries. The dominant round tower has a smaller brother on the left, which gives the impression of being somewhat stunted.

▷ **Castel d'eau de Mespelbrunn**
Voici maintenant cinq siècles que le ravissant petit château se mire dans les eaux de l'étang qui lui offrait autrefois une protection naturelle. L'imposante tour ronde a encore, à gauche, une sœur nettement plus petite.

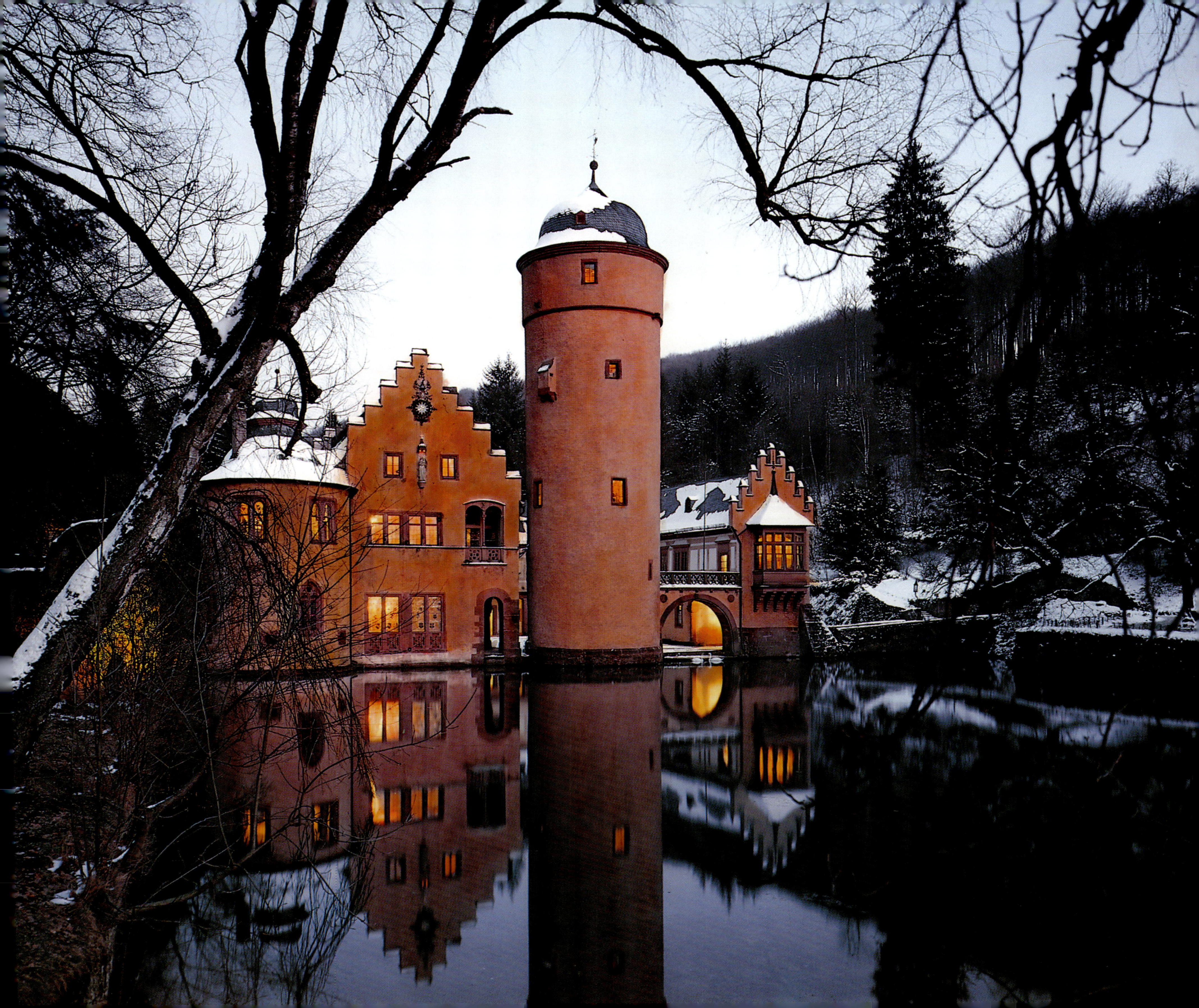

▽ **Burg Prunn**
Auf einem bizarr zerklüfteten Kalkfelsen blickt die alte Burg weit hinab ins Altmühltal. Im frühen 19. Jahrhundert wurde sie unter König Ludwig I. sorgfältig restauriert.

▷ **Königsberg/Am Stadttor**
Das unterfränkische Königsberg hat sein aus dem 15. Jahrhundert stammendes Stadtbild weitgehend bewahren können. Besonders malerisch sind die Fachwerkhäuser in der Marienstraße (unser Bild) und am langgestreckten Salzmarkt. Königsberg ist die Vaterstadt von Regiomontanus, dem bedeutendsten Mathematiker und Astronomen des 15. Jahrhunderts.

▽ **Prunn Castle**
Built on a rugged limestone spur, the old castle looks down proudly into the Altmühl Valley. It was restored in the early 19th century under King Ludwig I.

▷ **Königsberg/The Town Gate**
Königsberg, in Lower Franconia, has largely preserved its 15th century townscape. Particularly picturesque half-timbered houses are to be found in Marienstrasse (our picture) and in the long and narrow Salzmarkt (Salt Market). Königsberg was the birthplace of Regiomontanus, the distinguished 15th century mathematician and astronomer.

▽ **Château de Prunn**
Perché sur une roche calcaire aux formes bizarres, le vieux château surplombe la vallée de l'Altmühl. Il a été soigneusement restauré au début du XIXe siècle sous le roi Louis Ier.

▷ **Königsberg/A la porte de la ville**
Cette petite ville de Basse-Franconie a su garder en grande partie l'aspect qu'elle avait au XVe siècle. Les maisons à colombage dans la Marienstrasse (notre photo) et le long du marché au Sel sont particulièrement pittoresques. Königsberg est la ville natale de Regiomontanus, le plus grand mathématicien et astronome du XVe siècle.

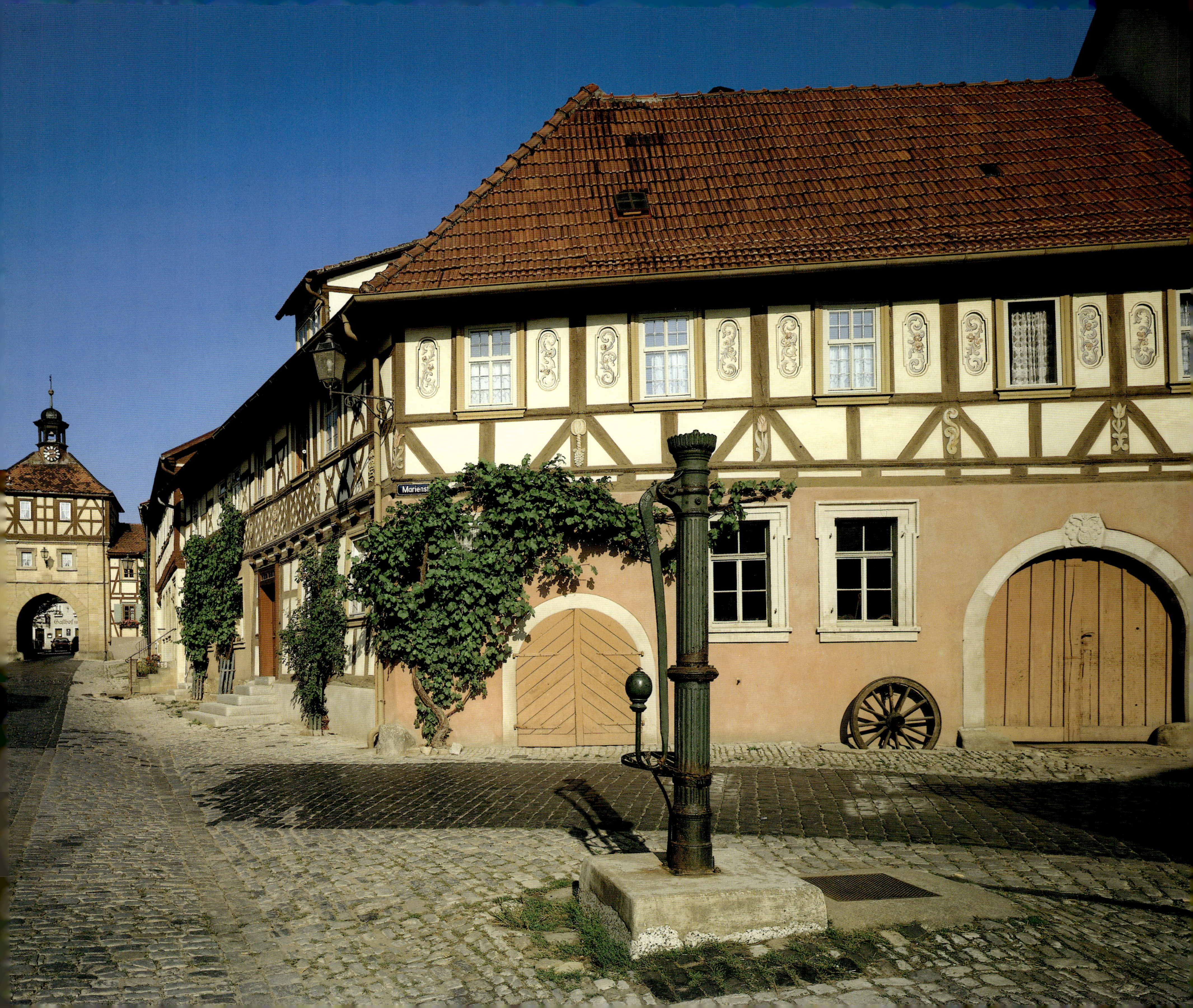
Marienst

▽ **Kreuzberg in der Rhön**
Der »Heilige Berg der Rhön« bewahrt Kilian, dem Apostel der Franken, ein ehrendes Andenken. Der irische Missionar soll hier anstelle eines heidnischen Opfersteins das Symbol der Christenheit, ein Kreuz, errichtet haben.

▽ **Kreuzberg in the Rhön**
The "sacred mountain of the Rhön" preserves the memory of Kilian, the "Apostle of Franconia". The Irish missionary is said to have set up a cross here in place of a heathen sacrificial stone.

▽ **Le Kreuzberg dans la Rhön**
La «montagne sainte de la Rhön» garde le souvenir de saint Kilian, l'apôtre de Franconie. Le missionnaire irlandais aurait érigé une croix à cet endroit à la place d'un autel païen.

▷ **Fulda/Dom St. Salvator und Bonifatius**

Seit zwölf Jahrhunderten ist die Stadt am Rande der Rhön ein Zentrum des religiösen Lebens in Deutschland. Und stets besaß sie ein repräsentatives Gotteshaus. Zunächst eine Basilika, deren Westchor das Grab des heiligen Bonifatius barg. Zu Beginn des 18. Jahrhunderts war die alte Kirche jedoch so baufällig geworden, daß auf ihren Grundmauern der gewaltige Dom in schönstem Barock errichtet wurde.

▷ **Fulda/The Cathedral of St. Salvator and St. Boniface**

This city at the edge of the Rhön region has been one of the major German religious centres for twelve centuries. And it has always had a prestigious church. At first it was a basilica, in whose western choir the grave of St. Boniface lay. By the beginning of the 18th century, however, the old basilica was in such bad shape that the church shown here – a magnificent baroque edifice – was built on the old foundations.

▷ **Fulda/Cathédrale St-Sauveur et Boniface**

Depuis douze siècles, la ville, située en bordure de la Rhön, est un centre de la vie religieuse en Allemagne. Et elle a toujours eu une magnifique église. Tout d'abord une basilique, dont le chœur occidental renfermait le tombeau de saint Boniface. Mais, au début du XVIIIe siècle, celle-ci étant tombée dans un tel état de délabrement, on érigea sur ses fondations l'imposante cathédrale dans le plus beau style baroque.

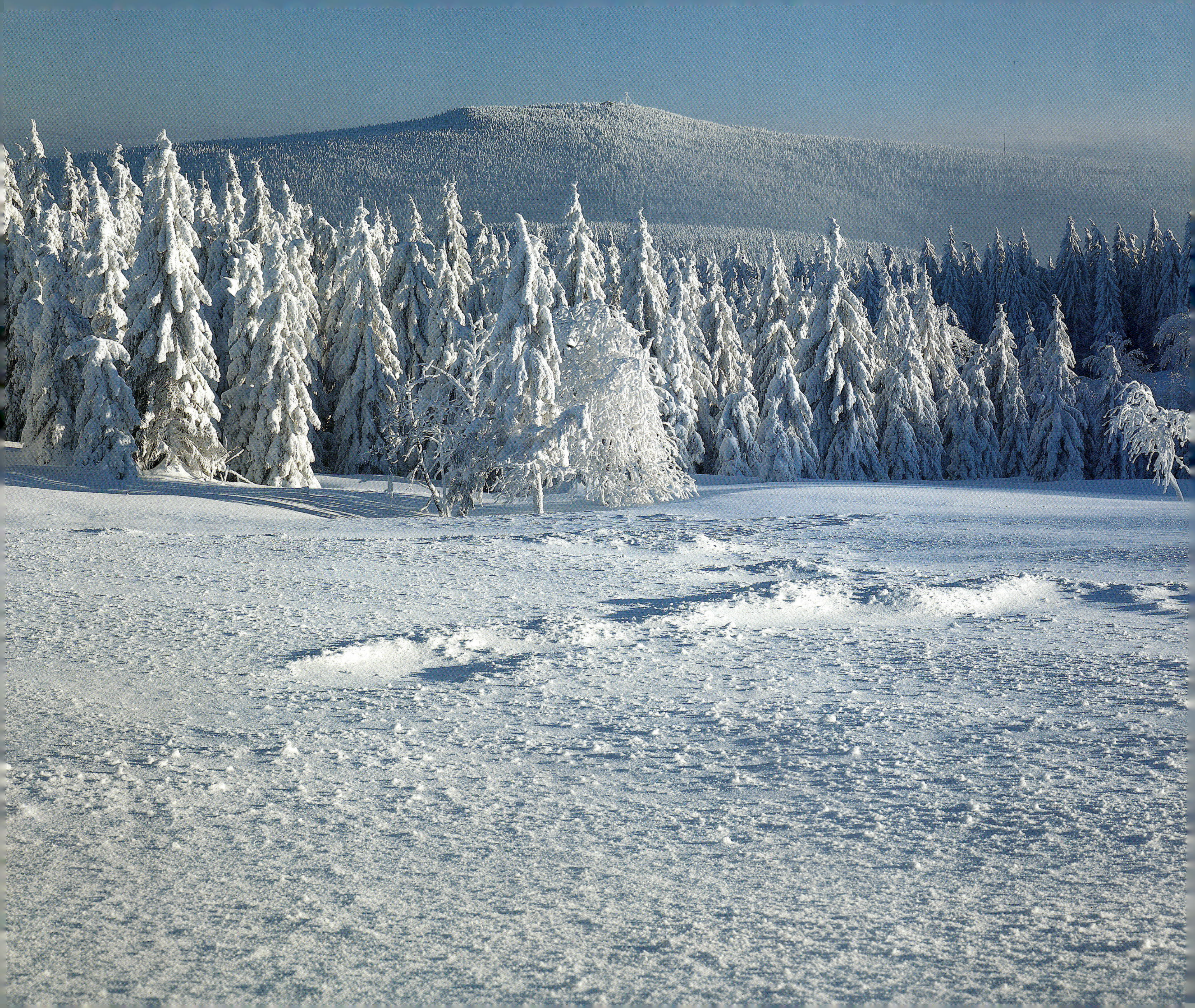

Thüringen

Ludwig Bechstein, der aus Weimar stammende Märchendichter, schilderte seine Heimat mit diesen Worten: »Im Herzen Deutschlands liegt ein ausgedehntes Ländergebiet, das gesegnete Fluren, blühende Städte, mäandrische Flüsse, ein höchst romantisches Waldgebirge umfaßt und große geschichtliche Erinnerungen bewahrt: Thüringen.«
Wenn der Name Thüringen fällt, denkt der Liebhaber romantischer Fleckchen sofort an den Thüringer Wald mit seinen Bergen, Tälern und Bächen und mit dem Rennsteig, der als einer der größten und schönsten Höhenwanderwege Europas gilt. Urkundlich erstmals erwähnt wurde er als *Rynnestieg* im Jahre 1330. Man nimmt aber an, daß er älter ist.
Thüringen, das ist der Kyffhäuser mit der Barbarossahöhle: »Der alte Barbarossa,/Der Kaiser Friederich,/Im unterirdschen Schlosse/Hält er verzaubert sich.« Es heißt, der alte Kaiser ruhe in der Gipshöhle mit ihren wundersamen Seen und Grotten und warte darauf, daß die Raben nicht mehr um den Berg fliegen; dann wird er nämlich zurückkehren – zum Wohl Deutschlands. »Und wenn die alten Raben/Noch fliegen immerdar,/So muß ich auch noch schlafen/Verzaubert hundert Jahr.«
Es ist reich an Sagen und Geschichten, das Thüringer Land. Vom Ritter

Thuringia

Ludwig Bechstein, the collector and writer of fairy-tales, who was born in Weimar, describes his homeland as follows: "In the heart of Germany lies an extensive area with rich pastures, flourishing towns, meandering rivers, and a highly romantic forested mountain range: the historical region of Thuringia."
When Thuringia is mentioned, the romantically-minded immediately think of the Thuringian Forest, with its mountains, valleys, and streams, and with the Rennsteig, one of the longest and most beautiful mountain walking routes in Europe. It is first mentioned in records in 1330, as the *Rynnestieg*, but it is assumed to be even older.
The Kyffhäuser Mountains, with the Barbarossa Cave, are another typical part of Thuringia. Legend has it that Emperor Barbarossa rests in a great cave, waiting until the ravens no longer fly around the mountain; when that happens he will emerge again, to the benefit of Germany. "And while the age-old ravens/Fly round the mountain here,/I must go on sleeping,/For another hundred year."
Thuringia is rich in legends and stories. The Knight Tannhäuser and Venus live in the Hörsel Mountains near Eisenach, and other legendary creatures, too, including Wotan's

Thuringe

Ludwig Bechstein, le poète originaire de Weimar, a décrit sa patrie en ces termes: «Au cœur de l'Allemagne se trouve une vaste région avec de beaux champs, des villes florissantes, des rivières sinueuses, un massif boisé extrêmement romantique et qui conserve de grands souvenirs historiques: c'est la Thuringe.»
Lorsque le nom de Thuringe est prononcé, l'amoureux d'endroits romantiques songe immédiatement à la forêt de Thuringe avec ses montagnes, ses vallées et ses ruisseaux et le Rennsteig, la ligne de crête de la forêt de Thuringe que suit l'un des plus grands et des plus beaux chemins de haute randonnée d'Europe. Il est mentionné pour la première fois dans des documents sous le nom de *Rynnestieg* en 1330. On pense toutefois qu'il est plus ancien.
La Thuringe, c'est aussi la montagne du Kyffhäuser avec la Barbarossahöhle où, dit-on, le vieil empereur Barberousse reposerait dans son château souterrain, la caverne de gypse avec ses lacs et ses grottes merveilleuses, et attendrait là que les corbeaux ne volent plus autour de la montagne; à ce moment-là en effet il reviendrait – pour le bien de l'Allemagne. «Et si les corbeaux/Continuent de voler,/Je dois encore dormir/Enchanté un siècle durant.»
Elle est riche en légendes et en his-

◁ **Thüringer Wald bei der Schmücke**
Der Thüringer Wald erreicht zwar nicht ganz die Höhen von Harz und Erzgebirge, dennoch sind die Winter hier meist ebenso schneereich, vor allem in der Umgebung der höchsten Erhebungen, des Großen Beerbergs (982 Meter) und des Schneekopfs (978 Meter).

◁ **Thuringian Forest**
The hills in the Thuringian Forest range are not quite as high as those of the Harz and Erzgebirge ranges, but the winters are just as cold and snowy, especially in the vicinity of the highest elevations, Grosser Beerberg (3,240 ft) and Schneekopf (3,230 ft).

◁ **La forêt de Thuringe près de Schmücke**
La forêt de Thuringe n'atteint certes pas tout à fait les hauteurs du Harz ou des monts Métallifères, mais les hivers la gratifient généralement d'autant de neige, surtout aux abords de ses sommets les plus élevés, le Grosser Beerberg (982 mètres) et le Schneekopf (978 mètres).

Tannhäuser weiß man, daß er und Frau Venus auf den Hörselbergen bei Eisenach wohnen. Dort haben auch der getreue Eckehard und die Raben Wotans ihren Sitz. Ob es dieselben Raben sind, die den alten Kaiser Barbarossa immer wieder für weitere hundert Jahre in den Schlaf schicken, das müßte vielleicht noch geklärt werden.

Romantik erlebt der Besucher des Landes nicht nur in der Natur und in alten Geschichten, sondern auch in den malerischen Orten des Landes. Erfurt, die Hauptstadt Thüringens, einst die Stadt der mehr als achtzig Kirchen, Klöster und Kapellen, lockt mit ihrem mächtigen Dom und dem Augustinerkloster, außerdem mit der Krämerbrücke, einer mit 33 Häusern überbauten Brückenstraße, Gotha hat einen lebhaft gestalteten Marktplatz zu bieten, Weimar…, na ja, Weimar ist sowieso ein Muß auf einer Reise durch Thüringen. Dort lebten und wirkten Goethe und Schiller, Herder und Wieland. Sehenswert sind unter anderem die Kunstsammlungen im Schloß, das Wittumspalais, der Goethe-Park an der Ilm und der historische Friedhof. Jena gehört zu Thüringen, Meiningen, die alte Theaterstadt, Schmalkalden mit der Fachwerkaltstadt und Saalfeld mit Feengrotten und märchenhaften Tropfsteinhöhlen, Hild-

ravens. Whether they are the same ravens as those that ever and again cause Emperor Barbarossa to go on sleeping for another hundred years is not certain.

Visitors to Thuringia will find romantic aspects everywhere in this region – not only in the scenery and in the old legends, but also in the picturesque villages and towns. Erfurt, Thuringia's capital, which once boasted more than eighty churches, monasteries, and chapels, impresses with its mighty cathedral and Augustinian monastery, and also with its "Krämer (Merchants') Bridge", lined on either side by a total of 33 half-timbered houses; then there is Gotha, with its lively market-square, and Weimar, of course, a must for every visitor to Thuringia. Goethe, Schiller, Herder, and Wieland all lived and worked there. The sights include the art collections in the palace, Wittum Palais, the Goethe Park on the River Ilm, and the historical cemetery.

Jena belongs to Thuringia, as do Meiningen, the old theatre town, Schmalkalden, with its half-timbered Old Town, and Saalfeld with its Fairy Grottoes and romantic stalactitic caves, Hildburghausen, with its picturesque market-square, and Gera in the valley of the White Elster, with its Renaissance Town Hall.

toires, la région de Thuringe. Du chevalier de Tannhäuser, on sait qu'il habite avec Vénus sur les Hörselberge près d'Eisenach. Le fidèle Eckehard et les corbeaux de Wotan y ont également leur siège. Est-ce que ce sont les mêmes corbeaux qui renvoient toujours pour cent ans à son sommeil le vieil empereur Barberousse, c'est là une question qu'il faudrait peut-être encore éclaircir.

Pour le visiteur du pays, le romantisme ne s'exprime pas seulement dans la nature et les légendes, mais aussi dans les localités pittoresques de la région. Erfurt, la capitale de la Thuringe, la ville qui comptait autrefois plus de quatre-vingts églises, monastères et chapelles, attire le visiteur par son imposante cathédrale et le couvent des Augustins, également par le pont des Epiciers, un pont à l'aspect d'une ruelle, car il est bordé de 33 maisons d'habitation. Gotha offre une place du Marché aménagée de façon vivante, et Weimar…, eh bien Weimar est de toute façon un «must» lors d'un voyage en Thuringe. Gœthe et Schiller, Herder et Wieland y ont vécu et travaillé. Il faut y voir entre autres les collections d'objets d'art dans le château, le palais Wittum, le parc Gœthe sur l'Ilm et l'Ancien Cimetière.

Iéna fait partie de la Thuringe, de même que Meiningen, l'ancienne

▷ **Erfurt/Domplatz, Dom und Stiftskirche St. Severi**

Erfurt kann auf eine lange Geschichte zurückblicken. Die erste Siedlung war günstig an einer Furt der Gera gelegen, am Treffpunkt wichtiger West-Ost- und Nord-Süd-Straßen. Unten an der Furt entwickelte sich das Handelszentrum, auf der Anhöhe entstand der kirchliche Mittelpunkt. Auf diesem Hügel hatte bereits Bonifatius ein Kirchlein errichtet, das in der Mitte des 12. Jahrhunderts verfiel. Im Jahre 1154 begannen die Erfurter daher mit dem Bau des Domes. Zunächst als spätromanische Basilika errichtet, wurde er in den folgenden Jahrhunderten erweitert und hochgotisch umgebaut. Unmittelbar neben dem Dom steht die Stiftskirche St. Severi, die nach über hundertjähriger Bauzeit um 1400 vollendet war. Die beiden Gotteshäuser blicken nach Osten, auf die Stadt und den Domplatz, auf dem bereits um 800 Handel mit den Slawen getrieben wurde.

▷ **Erfurt/Cathedral Square, Cathedral, and the Collegiate Church of St. Severinus**

Erfurt can look back on a long history. The first settlement grew up around a ford across the Gera, where two important trade-routes intersected. St. Boniface built a small church on a nearby hill, and this became the ecclesiastical centre of Erfurt. The original church

fell to ruin in the middle of the 12th century, and in 1154 the people of Erfurt began to build the cathedral. The first construction, a late-Romanesque basilica, was extended in the following centuries and converted to the High Gothic style. The Collegiate Church of St. Severinus, next to the Cathedral, was completed in about 1400. The two churches face eastwards across the town and Cathedral Square, which was the site of trading activities with the Slavs as early as about 800.

▷ **Erfurt/La Domplatz avec la cathédrale et l'église St-Sever**
Erfurt s'enorgueillit d'une longue histoire. Elle fut fondée sur un gué de la Gera, au croisement d'importantes voies de communications est-ouest et nord-sud. La ville allait devenir un carrefour commercial tandis que sur la hauteur se développait le centre spirituel. Le futur saint Boniface avait déjà fondé sur cette colline une petite église qui allait tomber en ruine au milieu du XIIe siècle. En 1154, les habitants d'Erfurt commencèrent la construction de la cathédrale. Erigée d'abord comme basilique romane, elle fut agrandie par la suite et transformée en style gothique rayonnant. A côté de la cathédrale se trouve l'abbatiale St-Sever achevée vers 1400 après un siècle de travaux. Les deux églises regardent vers l'est, vers la ville et la place de la cathédrale sur laquelle on commerçait dès 800 avec les Slaves.

burghausen mit dem romantischen Marktplatz und Gera im Tal der Weißen Elster mit dem Rathaus aus der Zeit der Renaissance, das von einem 57 Meter hohen Turm gekrönt wird.

Hoch über der Stadt Eisenach aber liegt die Wartburg. Der Glanz des Hofes führte im Hochmittelalter die Dichter der Zeit zum geistigen Wettstreit zusammen, wovon die berühmte Sage vom Sängerkrieg auf der Wartburg erzählt. Dort lebte die später heiliggesprochene Landgräfin Elisabeth. Bleibenden Ruhm aber verdankt die Burg Martin Luther, der sich dort als Junker Jörg verborgen hielt und die *Bibel* ins Deutsche übersetzte. Es heißt, einmal habe ihn der Teufel in Versuchung führen wollen. Er aber, in seiner Not, habe mit dem Tintenfaß nach dem Teufel geworfen, der – ob nun getroffen oder nicht – daraufhin verschwunden sei. Der Tintenfleck, der an diese Begebenheit erinnert, ist noch heute zu besichtigen – ob es sich dabei tatsächlich immer noch um die luthersche Tinte handelt, wollen wir lieber nicht untersuchen.

Yet one of the greatest attractions of the region is the castle of Wartburg, high above the town of Eisenach. The brilliant court of the Landgraves of Thuringia in the high Middle Ages attracted the poets of the period from far and wide, as the famous legend of the Contest of Song, immortalized in Wagner's opera *Tannhäuser*, tells us. Elizabeth, wife of one of the margraves, was later canonized. But Wartburg is most famous for its connection with Martin Luther, who took refuge there, and translated the *Bible* into German. It is said that the devil once tried to lead him into temptation, and that, in his agony, Luther threw his ink-pot at him, whereupon the devil – whether hit or not – disappeared. The ink stain on the wall can still be seen; the question of whether it is still the original Lutheran ink is perhaps better left to others to resolve.

ville du théâtre, Schmalkalden avec la vieille ville et ses maisons à colombages et Saalfeld avec ses grottes aux Fées et ses pétrifications féeriques, Hildburghausen avec sa romantique place du Marché et Gera dans la vallée de la Weisse Elster avec son hôtel de ville Renaissance couronné d'une tour haute de 57 mètres.

Au-dessus d'Eisenach se trouve la Wartburg. Au haut moyen-âge, les poètes de l'époque se rencontraient au milieu des fastes de la cour pour se livrer à des joutes poétiques, ce dont parle la célèbre légende de la joute poétique entre les minnesänger allemands à la Wartburg. Elisabeth, l'épouse du landgrave, qui fut canonisée par la suite, y vécut. Mais c'est à Martin Luther que le château doit sa célébrité durable. Caché sous le nom de Junker Jörg, Luther y traduisit la *Bible* en allemand. Une fois, dit-on, le diable aurait essayé de le tenter. Mais lui, dans sa détresse, aurait jeté son encrier sur le diable qui – touché ou non – aurait alors disparu. La tache d'encre, qui rappelle cet incident, se voit aujourd'hui encore – mais nous préférerons ne pas enquêter sur le fait de savoir s'il s'agit encore effectivement de l'encre luthérienne.

▷ **Goethe und Schiller in Weimar**
Weimar ist vor allem dank Goethe und Schiller das Zentrum der deutschen Klassik. Das von Ernst Rietschel 1857 geschaffene Denkmal erinnert an die Poeten. Klassizistisch waren auch die Wohnungen von beiden eingerichtet: das Studierzimmer im Schiller-Haus an der Esplanade (r.o.) wie auch das Vulpius-Zimmer (l.u.) und das Arbeitszimmer (r.u.) im Goethe-Haus.

▷ **Goethe and Schiller in Weimar**
Thanks above all to Goethe and Schiller, Weimar is regarded as the centre of German Classicism. The monument to the two poets was created by Ernst Rietschel in 1857. The apartments of the two writers were also furnished in the Classicist style: the study in the Schiller House on the Esplanade (top r.), and the Vulpius Room (bottom l.), and study (bottom r.) in the Goethe House.

▷ **Gœthe et Schiller à Weimar**
Grâce surtout à Gœthe et à Schiller, Weimar est le centre du clacissisme allemand. Le monument rappelle le souvenir des deux poètes qui avaient également aménagé leurs demeures dans le style néo-classique: ainsi le cabinet d'étude dans la maison-musée Schiller (en haut à dr.) de même que la chambre de Christiane Vulpius (en bas à g.) et le cabinet de travail (en bas à dr.) dans la maison d'habitation de Gœthe.

97

▽ **Feengrotten bei Saalfeld**
In einem ehemaligen Alaunbergwerk bei Saalfeld entdeckte um 1910 der damalige Besitzer erstaunlich farbige Tropfsteinhöhlen. Die ersten spärlichen Besucher konnten die Grotten schon vor dem Ersten Weltkrieg bewundern, heute kommen jährlich mehr als eine Viertelmillion.

▷ **Die Wartburg bei Eisenach**
Dreimal rückte die Wartburg ins Zentrum der deutschen Geschichte: Um 1200, als sie zum Forum der Dichter wurde, 1521–22 übersetzte hier Martin Luther die Bibel, und 1817 brachte das Wartburgfest der Burschenschaften Einigungs- und Freiheitswillen der Deutschen zum Ausdruck.

▽ **The Fairies' Caves, near Saalfeld**
These amazingly colourful caves with stalagmites and stalactites were discovered in about 1910 in a former alum mine by the then owner. They were already a minor attraction before the First World War, and now over a quarter of a million people visit them annually.

▷ **Wartburg Castle, near Eisenach**
The castle was the focal point of historical events on three occasions: in about 1200, when it became the forum for the contests of song, in 1521–22, when Martin Luther translated the bible here, and in 1817, when the meeting of the German students' associations gave expression to the German desire for unity and liberalism.

▽ **Grottes aux fées près de Saalfeld**
Dans d'anciennes mines de schiste alunifère près de Saalfeld, le propriétaire de l'époque découvrit vers 1910 d'étonnantes grottes de stalactites et de stalagmites que les premiers visiteurs, peu nombreux au début, purent admirer avant la Première Guerre mondiale.

▷ **La Wartburg près d'Eisenach**
A trois reprises, la Wartburg a été au centre de l'histoire allemande: vers 1200, lorsqu'elle devint le forum des poètes, en 1521–22, Martin Luther y traduisit la Bible et en 1817 la fête des corporations d'étudiants exprima la volonté d'unité et de liberté des Allemands.

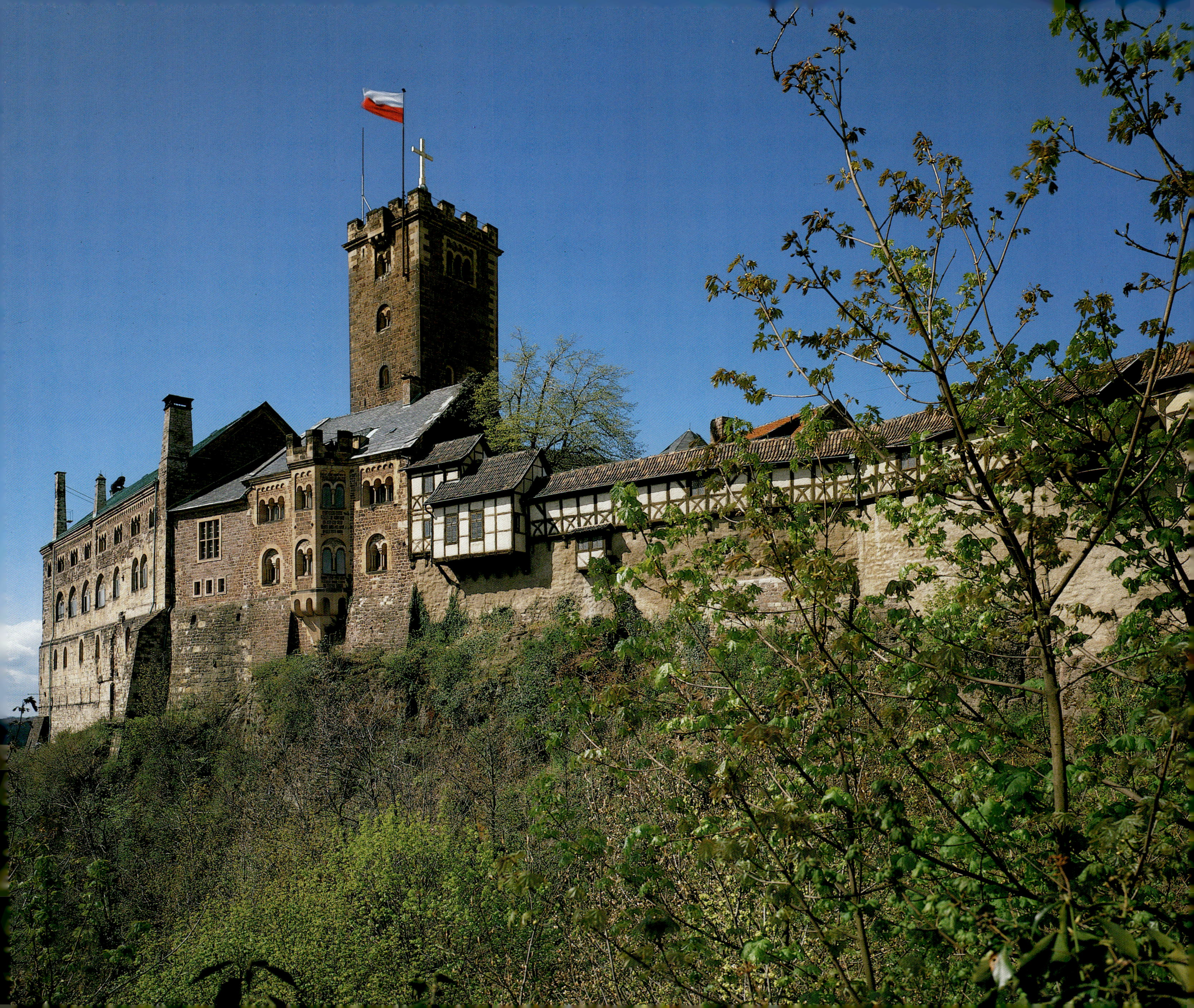

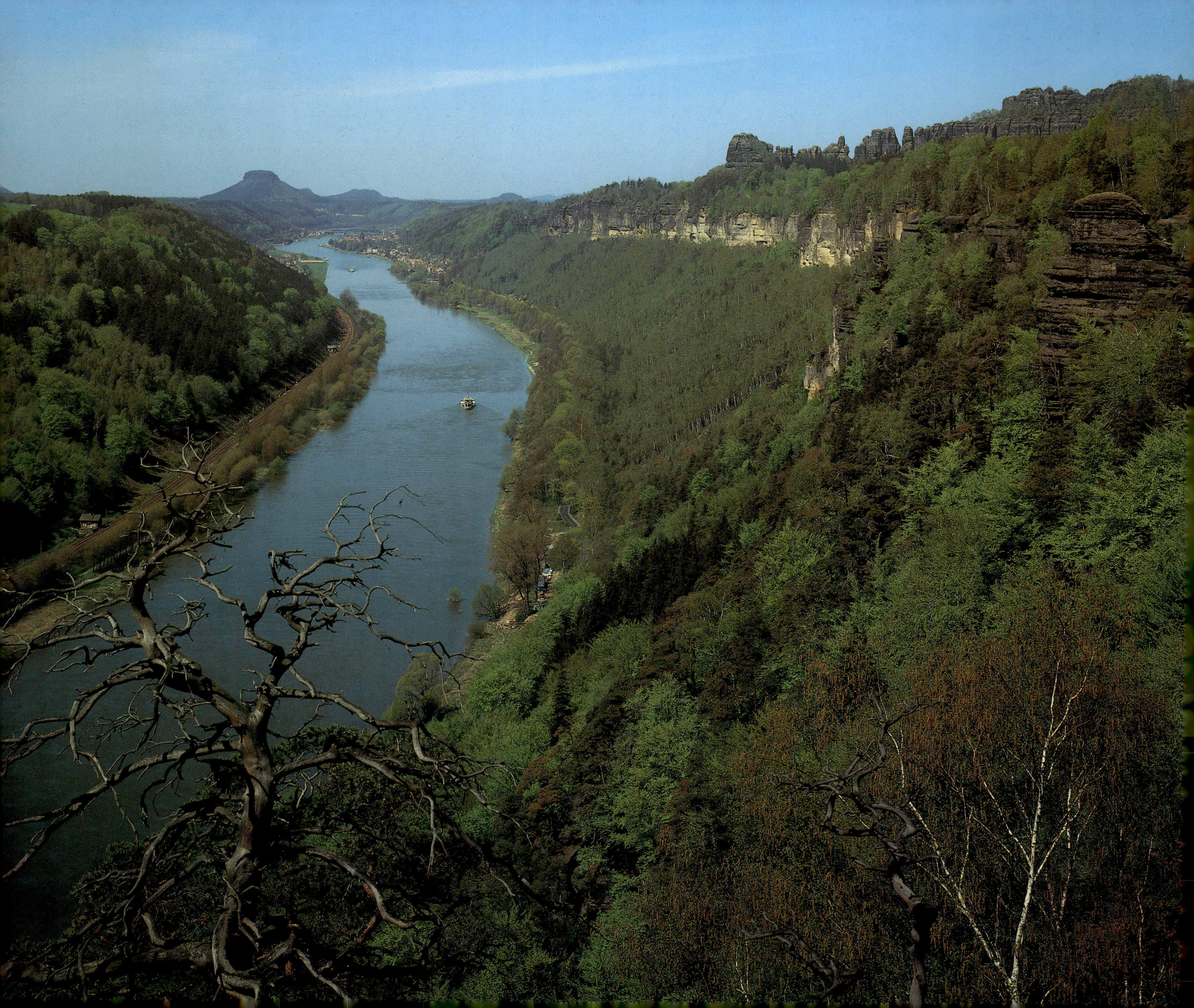

Im Sachsenland

Der erste Eindruck von Sachsen muß nicht Dresden sein und auch nicht Leipzig. Man kann ebensogut mit Bautzen beginnen.
Da präsentiert sich dem staunenden Besucher das Panorama der Stadt mit der Alten Wasserkunst von 1558. Dieser mächtige Turm, das Wahrzeichen von Bautzen, versorgte die Altstadt mit Wasser aus der Spree, die an Bautzen vorüberfließt. Die bedeutende Stadt, das kulturelle Zentrum der Sorben, besitzt eine Fülle von Sehenswürdigkeiten. Der Petridom mit seinem 83 Meter hohen Turm gehört dazu, in dem es seit 1542 einen katholischen Chor und ein protestantisches Langhaus gibt. Noch vor 50 Jahren trennte ein hohes Gitter die beiden Teile. Es ist verschwunden. Und einen »Schiefen Turm von Bautzen« gibt es auch: Es ist der 1490 erbaute Turm des Reichentores, der um etwa 1,50 Meter aus dem Lot geraten ist.
Bautzen ist allerdings nur eine der sehenswerten romantischen Städte in Sachsen. Leipzig kann man nicht auslassen, die Stadt mit dem Alten Rathaus und der Alten Waage. Das Völkerschlachtdenkmal liegt vor der Tür, es erinnert an den Sieg der verbündeten Truppen über Napoleon I. am 19. Oktober 1813, mit dem die Franzosen aus Deutschland vertrieben wurden. Chemnitz mit seinen

Saxony

The first impression of Saxony need not be gained in Dresden or in Leipzig. Bautzen serves just as well. There the surprised visitor first takes in the city panorama, with the "Alte Wasserkunst", built in 1558. This great tower, Bautzen's emblem, once provided the Old Town with water from the River Spree, which flows past Bautzen. An important town, the cultural centre of the Sorbs, Bautzen possesses a wealth of worthwhile sights. St. Peter's Cathedral, with its 274-feet-high tower is one of them; since 1542 it has had a Catholic chancel and a Protestant nave, which, until fifty years ago, were separated by a high screen. And there is also a Leaning Tower of Bautzen: the tower of one of the town gates, which is about 5 feet out of plumb.
But Bautzen is only one of the romantic towns in Saxony that are worth seeing. Leipzig is another, with its ancient buildings such as the Old Town Hall, and the "Alte Waage", a former merchants' hall. The monument to the Battle of the Nations just outside the town recalls the victory of the Allies over Napoleon on 19th October 1813. Chemnitz, with its historical town houses, is well worth a visit. And the name Dresden recalls famous buildings such as the Zwinger (palace and

En Saxe

La première impression de la Saxe ne doit pas forcément être Dresde ou Leipzig. On peut tout aussi bien commencer par Bautzen.
Au visiteur étonné, la ville offre son panorama avec le Vieux château d'eau (*Alte Wasserkunst*) datant de 1558. Cette imposante tour, le symbole de Bautzen, alimentait la vieille ville avec l'eau de la Spree qui traverse Bautzen. Ville importante, le centre culturel des Sorabes possède une foule de curiosités dont la cathédrale St-Pierre avec sa tour de 83 mètres de haut qui, interconfessionnelle depuis 1542, a un chœur catholique et une nef protestante. Il y a encore 50 ans, une haute grille séparait les deux parties. Elle a disparu. Et il y a également la «tour penchée de Bautzen». C'est la tour du Reichentor édifiée en 1490 dont l'inclinaison est d'environ un mètre et demi.
Toutefois, Bautzen n'est qu'une des villes romantiques dignes d'être vues en Saxe. On ne peut négliger Leipzig, la ville avec l'Ancien hôtel de ville et l'*Alte Waage* («Ancien Poids Public»). Le monument de la Bataille des Nations est tout proche. Il rappelle la victoire de l'armée alliée sur Napoléon Ier, le 19 octobre 1813, victoire qui chassa les Français d'Allemagne. Chemnitz avec ses maisons bourgeoises romantiques vaut toujours

◁ **Elbsandsteingebirge**
Ihre einzigartige Schönheit lockt jedes Jahr Millionen von Urlaubern in die Sächsische Schweiz. Bestaunen kann man hier Tafelberge oder freistehende Kletterfelsen, wie etwa den Lilienstein im Hintergrund, und die in ihrer Wildheit einmalige Felsenwelt der Schrammsteine (r.). Aber was wäre das alles ohne die Elbe, die in zwei großen Schleifen durch diese Landschaft fließt?

◁ **The Elbsandsteingebirge**
The scenic beauty of the Elbe Sandstone Mountains attracts millions of holidaymakers to the "Saxon Switzerland" every year. The great variety of hill formations offer excellent walking and rock-climbing, but what would all that be if it were not for the River Elbe, which here cuts its way in two great loops through the countryside?

◁ **L'Elbsandsteingebirge**
Son extraordinaire beauté attire chaque année des millions de vacanciers en Suisse Saxonne. On peut admirer ici des tables de grès ou des roches isolées comme le Lilienstein au fond ou les Schrammsteine (à dr.) à la beauté sauvage. Mais que serait ce paysage sans l'Elbe qui y coule en deux grands méandres?

historischen Bürgerhäusern ist stets einen Besuch wert. Und wer Dresden hört, der denkt sofort an Zwinger, Semper-Oper und Kronentor, der denkt an die Hofkirche und an die *Sixtinische Madonna* von Raffael. Dichter und Maler haben Dresden besungen, als Perle des Barock, als Elbflorenz – August der Starke ist immer noch gegenwärtig.

Die Sächsische Schweiz ist der deutsche Teil des Elbsandsteingebirges, das zwischen Erzgebirge und Lausitzer Bergland liegt. Es besteht aus Quadersandsteinen der Kreide und fällt durch bizarre Felsformen auf. Von besonderem Reiz sind das cañonartige Elbtal, die klammartigen Nebentäler der Elbe, *Gründe* genannt, und die landwirtschaftlich genutzten und mit Waldhufendörfern besiedelten Verebnungsflächen, die *Ebenheiten*, über dem Elbtal.

Es waren Schweizer Maler, die diesem eigenartigen Land, unweit von Dresden gelegen, im 19. Jahrhundert den Namen Sächsische Schweiz gaben. Hier wurden sie, wie nirgendwo sonst, an ihre Heimat erinnert.

Am Tor zur Sächsischen Schweiz liegt Pirna, das bereits zu Beginn des 13. Jahrhunderts das Stadtrecht erhielt. Bemerkenswert sind die Bürgerhäuser der Stadt aus der Zeit der Spätgotik, der Renaissance und des Barock. Sehenswert sind aber auch picture gallery), the Semper Opera House and the "Kronen" Gate, the Court Church, and also Raphael's *Sistine Madonna*. Poets and painters have immortalized Dresden as a Baroque gem, as a Florence on the Elbe, as an outstanding centre of the arts.

"Saxon Switzerland" is the name given to the German part of the Elbe Sandstone Mountains southeast of Dresden. It consists of sandstone formations of the cretaceous period that take on bizarre forms. The cañon-like Elbe Valley, its gorge-like side-valleys, the farmed terraces above the river and the typical villages, where each farm backs straight onto its own land, have a special charm of their own.

It was Swiss artists in the 19th century who invented the name "Saxon Switzerland" for this unique stretch of countryside near Dresden – because it so strongly reminded them of their homeland.

The gateway to Saxon Switzerland is Pirna, which received its town charter as early as the beginning of the 13th century. It is notable for its fine town houses from the Late Gothic, Renaissance, and Baroque periods, and for its Town Hall and St. Mary's Church.

Nearly all roads giving access to Saxon Switzerland lead through une visite. Et quand on prononce le nom de Dresde, on songe au Zwinger, à l'Opéra de Semper et à la porte de la Couronne, à l'église catholique de la Cour et à la *Vierge de Saint-Sixte* de Raphaël. Poètes et peintres ont célébré Dresde comme la perle du baroque, la Florence de l'Elbe – Auguste le Fort y est toujours présent.

La Suisse Saxonne est la partie allemande de l'Elbsandsteingebirge qui est situé entre l'Erzgebirge et le plateau de la Lusace. La montagne est formée de blocs de grès aux formes curieuses. La vallée de l'Elbe en forme de canyon, les vallées latérales de l'Elbe aux allures de gorges, que l'on appelle *Gründe*, et les surfaces nivelées et cultivées, les *Ebenheiten*, avec leurs villages à la forme caractéristique, les *Waldhufendörfer* – une forme de village «en bande» caractéristique du village de colons dans les montagnes moyennes d'Allemagne – qui surplombent la vallée de l'Elbe ont un charme tout particulier.

Ce sont des peintres suisses qui ont donné, au XIXe siècle, le nom de Suisse Saxonne à cette curieuse région située non loin de Dresde et qui leur rappelait comme nulle autre leur patrie.

Aux portes de la Suisse Saxonne se trouve Pirna qui, dès le début du XIIIe siècle, obtint le statut de ville. Ses maisons bourgeoises de l'époque

▷ **Dresden/Semper-Oper**
Das Opernhaus erstrahlt seit 1985 wieder in altem Glanz. Vierzig Jahre nach seiner Zerstörung durch alliierte Bomber konnten die Dresdner die Eröffnung des bis ins Detail liebevoll rekonstruierten Gebäudes mit dem Freischütz *feiern.*

▷▷ **Festung Königstein**
Die Festung gewährt einen ausgezeichneten Rundblick über die Sächsische Schweiz.

▷ **Dresden/Semper Opera House**
The opera house has been fully restored to its old glory since 1985. Forty years after its destruction by Allied bombers, the people of Dresden were able to celebrate its restoration, faithful to the smallest detail, with a performance of Weber's Der Freischütz.

▷▷ **Königstein Fortress**
Königstein commands a panoramic view of the "Saxon Switzerland".

▷ **Dresde/L'Opéra de Semper**
*Depuis 1985, l'*Opéra *a retrouvé son faste d'antan. Quarante ans après sa destruction par les bombardiers alliés, les habitants de Dresde ont pu fêter la réouverture de ce bâtiment reconstruit avec amour jusque dans le moindre détail avec la représentation du* Freischütz.

▷▷ **La forteresse de Königstein**
La forteresse offre un excellent panorama sur la Suisse Saxonne.

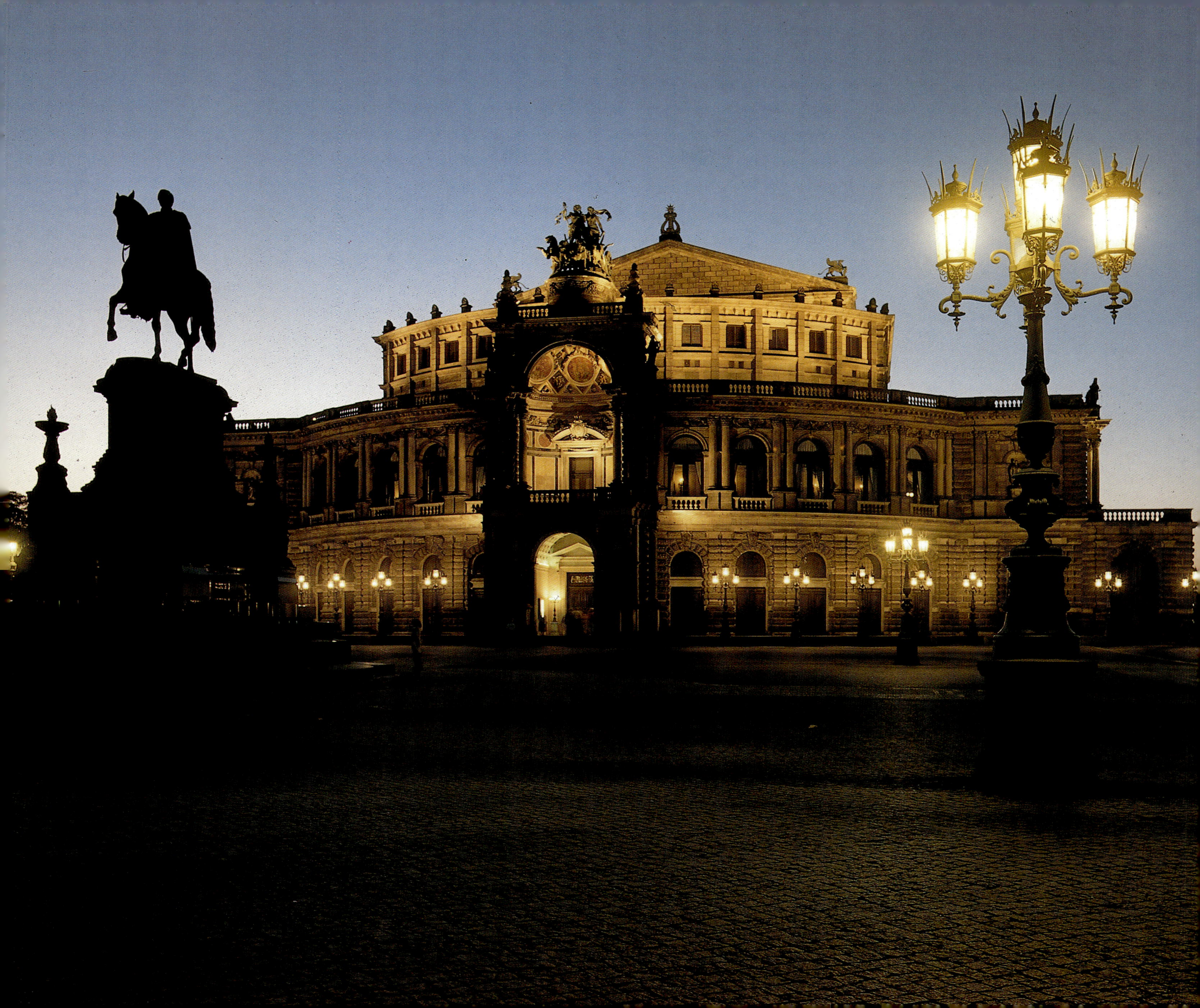

das Rathaus und die Marienkirche. Fast alle Wege in die Sächsische Schweiz führen durch Pirna, und wer durch die Berge der Sächsischen Schweiz klettern will, der beginnt seine Tour meistens in dieser Stadt. Nebenbei: Die Berge haben es in sich. Sie gelten als eine harte Schule für Bergsteiger und als eine geradezu ideale Vorbereitung für Touren im Hochgebirge. Weltberühmt aber ist der Blick von dem 190 Meter über der Elbe gelegenen Aussichtspunkt der »Bastei«.

Hoch über dem Städtchen Königstein, auf dem 360 Meter hohen Tafelberg, liegt auf künstlichem Plateau die Festung Königstein. Sie wurde im Jahre 1241 zum erstenmal erwähnt und vom 16. Jahrhundert an – bis ins 19. Jahrhundert hinein – zur gewaltigsten Burg Deutschlands ausgebaut. Die Burg ist niemals erobert worden, und weil sie so sicher war, wurde sie von den Landesfürsten als Staatsgefängnis genutzt.

August Bebel hat dort gesessen, der Karikaturist Thomas Theodor Heine und der Dichter Frank Wedekind. Aber auch Johann Friedrich Böttger, Alchimist und verhinderter Goldmacher, wurde dort als Gefangener in einem »goldenen Käfig« festgehalten. Böttger ist als Erfinder des Porzellans in die Geschichte eingegangen. Er schuf damit die Voraus-

Pirna, and anyone planning to go rock-climbing in the mountains of Saxon Switzerland will usually start out from here. But: they are tricky climbing terrain, and are regarded as a hard school for mountaineers and an ideal training-ground for high-altitude climbing. The view from Mt Bastei, 625 ft above the Elbe, is world-famous.

High above the little town of Königstein, on the nearly 1,200-feet-high Mt Tafel, stands Königstein Fortress, built on an artificial plateau. It is first attested in written form in 1241, and, from the 16th century onwards, right into the 19th, it was repeatedly extended until it became Germany's mightiest castle.

It was never taken, and, because it was so safe, was used as a State prison by the Saxon rulers. August Bebel, an early Social Democrat, was locked up there, as were the caricaturist Thomas Theodor Heine, and the dramatist Frank Wedekind. Another well-known prisoner was Johann Friedrich Böttger, alchemist and would-be gold-maker, who was kept there in a golden cage, as it were. Böttger has gone down in history as the first person in Europe to make porcelain, thus enabling the Meissen Porcelain Manufactory to be founded, which August the Strong, Elector of Saxony, hoped would re-

du gothique tardif, de la Renaissance et du baroque sont remarquables. Mais il faut également voir l'hôtel de ville et l'église paroissiale (*St. Marien*). En Suisse Saxonne, presque tous les chemins passent par Pirna et celui qui veut escalader les montagnes de la région commence généralement son circuit dans cette ville. Soit dit en passant: ce sont des montagnes difficiles. Elles passent pour être une dure école pour les alpinistes et une préparation vraiment idéale pour les excursions en haute montagne. Le panorama que l'on a du belvédère naturel de la «Bastei» à 190 mètres au-dessus de l'Elbe est mondialement célèbre.

Dominant la petite ville de Königstein, la forteresse de Königstein est située sur un plateau artificiel sur une «table de grès» de 360 mètres d'altitude. Mentionnée pour la première fois en 1241, complétée et agrandie du xvie jusqu'au xixe siècle, elle est devenue la forteresse la plus gigantesque d'Allemagne. Celle-ci n'a jamais été conquise et, puisqu'elle était si sûre, on l'a utilisée comme prison d'Etat. August Bebel y fut emprisonné, de même que le caricaturiste Thomas Theodor Heine et le poète Frank Wedekind. Mais l'endroit servit également de «prison dorée» à Johann Friedrich Böttger, alchimiste contrarié, qui est entré dans l'his-

105

setzung für die Gründung der Meißner Porzellanmanufaktur, von der sich der ewig in Geldnöten steckende August der Starke einträglichen Gewinn versprach.

Wer heute die Festung Königstein besucht, der wird seine Freude haben an dem Brunnenhaus von 1735, in dem sich ein 152,5 Meter tiefer Brunnen befindet, an den Zeughäusern, der Friedrichsburg von 1589 und der Magdalenenburg von 1623.

Nicht weit ist es zum Erzgebirge, das sich Deutschland und die Tschechoslowakei teilen. Seinen Namen trägt es nach dem Silber, das dort gefunden wurde. Doch gegen Ende des 16. Jahrhunderts ging nach einer Blütezeit der Bergbau drastisch zurück. Als die Not am größten wurde, kamen fröhliche Gesellen und retteten die Leute im Erzgebirge: Nußknacker und Räuchermännchen, Engel und lichtertragende Bergleute. Sie alle stammten aus den kleinen Werkstätten des Landes und zogen – hier einen bescheidenen Wohlstand und dort Freude stiftend – in die Welt hinaus. Friedrich Hiemann kam als erster auf die Idee, die geschnitzten Figuren auf den Markt zu bringen. Im Jahre 1699 zog er mit einem Schubkarren voller Spielzeug nach Leipzig auf die Messe – und bald war das Spielzeug aus dem Erzgebirge auf allen Messen ein begehrter Artikel.

lieve his perennial shortage of cash. Visitors to Königstein today will admire the well-house of 1735, with its 500-feet-deep well, the arsenals, Friedrich's Castle, built in 1589, and Magdalenenburg, another castle, dating back to 1623.

From Königstein it is not far to the *Erzgebirge*, or Ore Mountains, a range shared by Germany and Czechoslovakia. The name comes from the silver which was once mined there. But, towards the end of the 16th century, after a period of prosperity, the mining industry declined rapidly. Faced by poverty, the people switched to home industries, including wood-carving, specializing in toys and Christmas ornaments, one of the best-known being the popular brightly painted nut-crackers in the shape of a soldier.

A certain Friedrich Hiemann from Seiffen was the first to have the idea of marketing the carved figures. In 1699 he went to the Leipzig Fair with a barrow-load of them, and soon toys from the Erzgebirge were sought-after articles all over Europe.

It goes without saying that a country that produces such beautiful toys is rich in legends and stories. One of them is the legend of the *Wichtelmänner* – gnome-like people, said to have lived in the Erzgebirge. The story goes that particularly tiny

toire comme l'inventeur de la porcelaine. Böttger créa ainsi les conditions nécessaires à la fondation de la manufacture de porcelaine de Meissen dont Auguste le Fort, qui avait en permanence des ennuis d'argent, espérait tirer de substantiels bénéfices.

Celui qui visite aujourd'hui la forteresse de Königstein aura plaisir à contempler le pavillon datant de 1735 où se trouve un puits de 152,5 mètres de profondeur, les arsenaux, le Friedrichsburg datant de 1589 et le Magdalenenburg de 1623.

On n'est pas loin de l'Erzgebirge que se partagent l'Allemagne et la Tchécoslovaquie. Ce massif doit son nom (monts Métallifères) aux filons, d'argent notamment, que l'on y a trouvés. Pourtant, vers la fin du XVIe siècle, après une période florissante, l'exploitation minière connut une récession drastique. Lorsque la misère fut à son comble, de joyeux compagnons vinrent sauver la population de l'Erzgebirge: casse-noix, figurines de toutes sortes, anges et mineurs porteurs de lumignons. Ils venaient tous des petits ateliers du pays et partirent à la conquête du monde, sources ici d'un modeste bien-être, là de plaisir. Friedrich Hiemann de Seiffen fut le premier à avoir l'idée de mettre ces personnages sur le marché. En 1699, il partit à la foire

▷ **Rehefeld Zaunhaus am Erzgebirgehauptkamm**
Der Reichtum an Erzen in den Urgesteinen brachte es mit sich, daß bereits im Mittelalter Bergleute nach den Bodenschätzen gruben. Verfallene Stollen, Halden oder Stauteiche legen noch heute Zeugnis ab von der wirtschaftlichen Blüte des Erzgebirges. Trotz des Bergbaus ist die Region jedoch weitgehend ein Waldgebirge geblieben.

▷ **Rehefeld Zaunhaus near the main ridge of the Erzgebirge**
The Erzgebirge (Ore Mountains) were already being mined in the Middle Ages. Deserted shafts, slag heaps, and storage ponds provide evidence of the former prosperity of the region, but do nothing to detract from its scenic charm.

▷ **Sur la crête principale des monts Métallifères**
Dès le moyen âge, on a cherché à extraire les métaux qui se trouvaient en abondance dans les roches primitives. Des galeries abandonnées, des terrils et des étangs de retenue attestent aujourd'hui encore de la prospérité économique des monts Métallifères. Mais malgré ses mines, la contrée est restée en grande partie une région boisée.

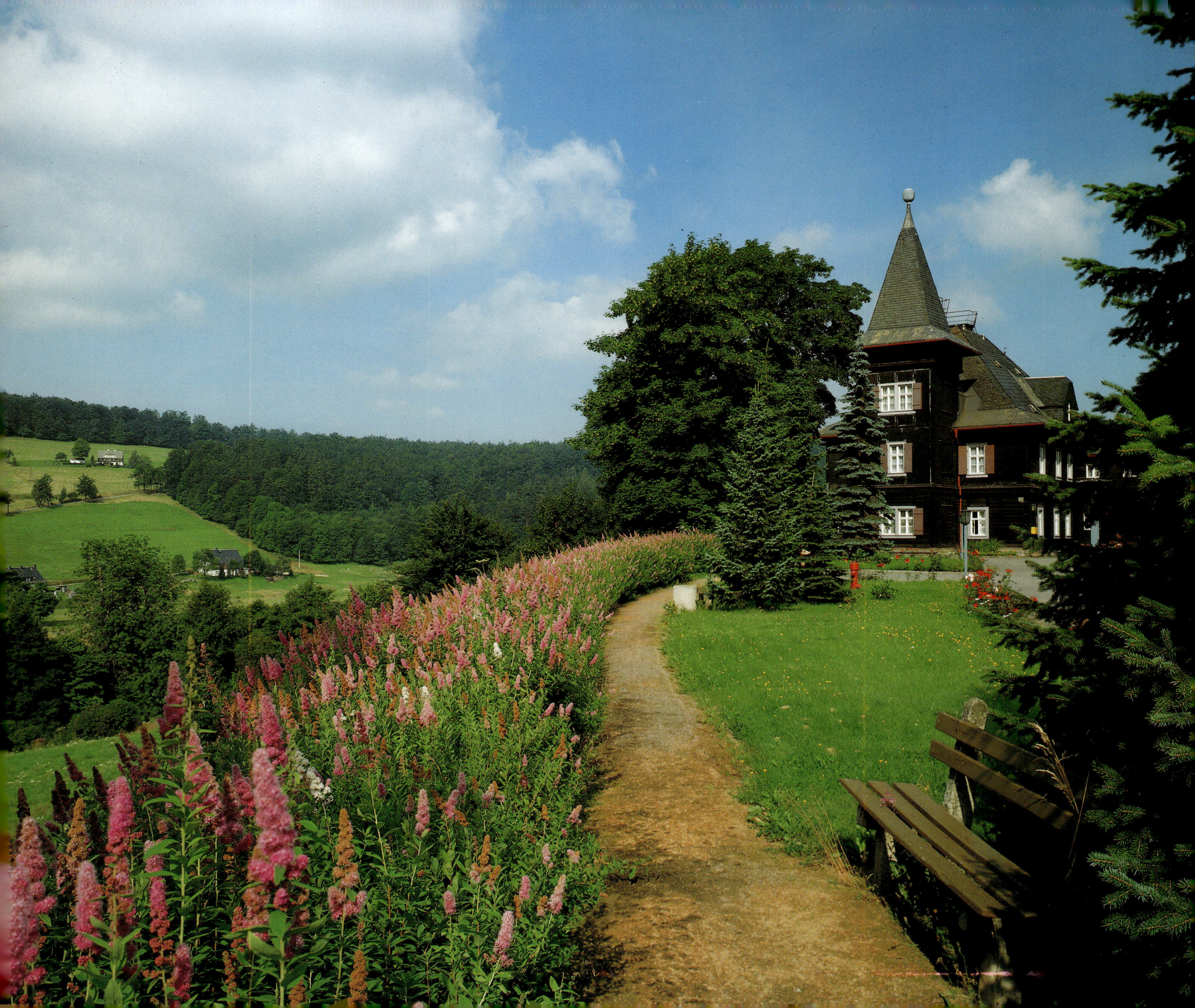

Es ist eigentlich ganz selbstverständlich, daß ein solches Land, in dem so wunderschönes Spielzeug hergestellt wird, reich an Sagen und Geschichten ist. Auf den *Hutzenabenden* in der Weihnachtszeit hören wir so manches Märchen aus alten Zeiten. Dazu gehört auch die Sage von den Wichtelmännern, die aus dem Erzgebirge stammen.

Danach waren um Annaberg und um Schneeberg herum besonders kleine Bergleute zu Hause – das heißt, sie waren dort angesiedelt worden; denn die Schächte im Erzgebirge waren niedrig. Da konnte man keine Riesen gebrauchen. So mag es gekommen sein, daß man das Erzgebirge noch heute als die Heimat der Zwerge bezeichnet, die dort aber nicht mehr in den Bergwerken arbeiten, sondern sich den Menschen durch allerlei Freundlichkeiten nützlich machen. Sie zeigen sich aber nicht mehr.

miners lived in the area round the two mountains Annaberg and Schneeberg – or, rather, had been settled there, because the mine galleries in the Erzgebirge were very low and could not accommodate large people.

Perhaps that is why the Erzgebirge are still regarded as the home of the dwarfs; however, the little people no longer work in mines, but – always anonymous and invisible – spend their time doing good deeds for human beings.

de Leipzig avec une brouette pleine de jouets et bientôt les jouets de l'Erzgebirge devinrent dans toutes les foires un article très prisé.

C'est en fait tout à fait compréhensible qu'un pays où l'on fabrique tant de beaux jouets abonde en légendes et en histoires. Aux veillées, à l'époque de Noël, on se raconte certaines histoires d'autrefois. Comme par exemple la légende des lutins originaires de l'Erzgebirge.

Selon cette légende, il y avait dans la région de l'Annaberg et du Schneeberg des mineurs particulièrement petits – que l'on avait amenés là car, les galeries dans l'Erzgebirge étant petites, des géants n'auraient pas fait l'affaire. C'est peut-être pour cela que l'Erzgebirge est qualifié aujourd'hui encore de patrie des nains. Ceux-ci ne travaillent plus dans les mines, ils se rendent toutefois utiles aux gens par toutes sortes d'amabilités. Mais ils ne se montrent plus.

▷ **Impressionen aus Sachsen**
In Seiffen wurde der Nußknacker erfunden, und hier wird er noch heute in großem Stil hergestellt, wobei geübte Handarbeit unverzichtbar ist. In der Reifendreherwerkstatt hilft man sich dagegen mit Maschinen. Weltberühmt ist die Porzellanmanufaktur Meissen, in deren Ausstellungsraum formvollendete Exponate zu besichtigen sind. Das Hammerwerk in Frohnau ist immer noch funktionstüchtig.

▷ **Impressions of Saxony**
The nutcracker, invented in Seiffen, is still produced here in large numbers, but craftsmanship is nevertheless an important element. In the turner's workshop, on the other hand, machines play the main role. The Porcelain Manufactory in Meissen is world-famous, and the exhibition room contains oustanding examples of its products. The hammer-smithy at Frohnau is still in working order.

▷ **Impressions de Saxe**
Le casse-noisettes a été inventé à Seiffen et, aujourd'hui encore, il y est fabriqué en grande quantité, ce qui exige un travail manuel expérimenté. Dans l'atelier de tournage par contre, on fait appel à des machines. La manufacture de porcelaine de Meissen où l'on peut admirer de très belles pièces est mondialement connue. La forge à marteaux-pilons de Frohnau est encore en état de marche.

109

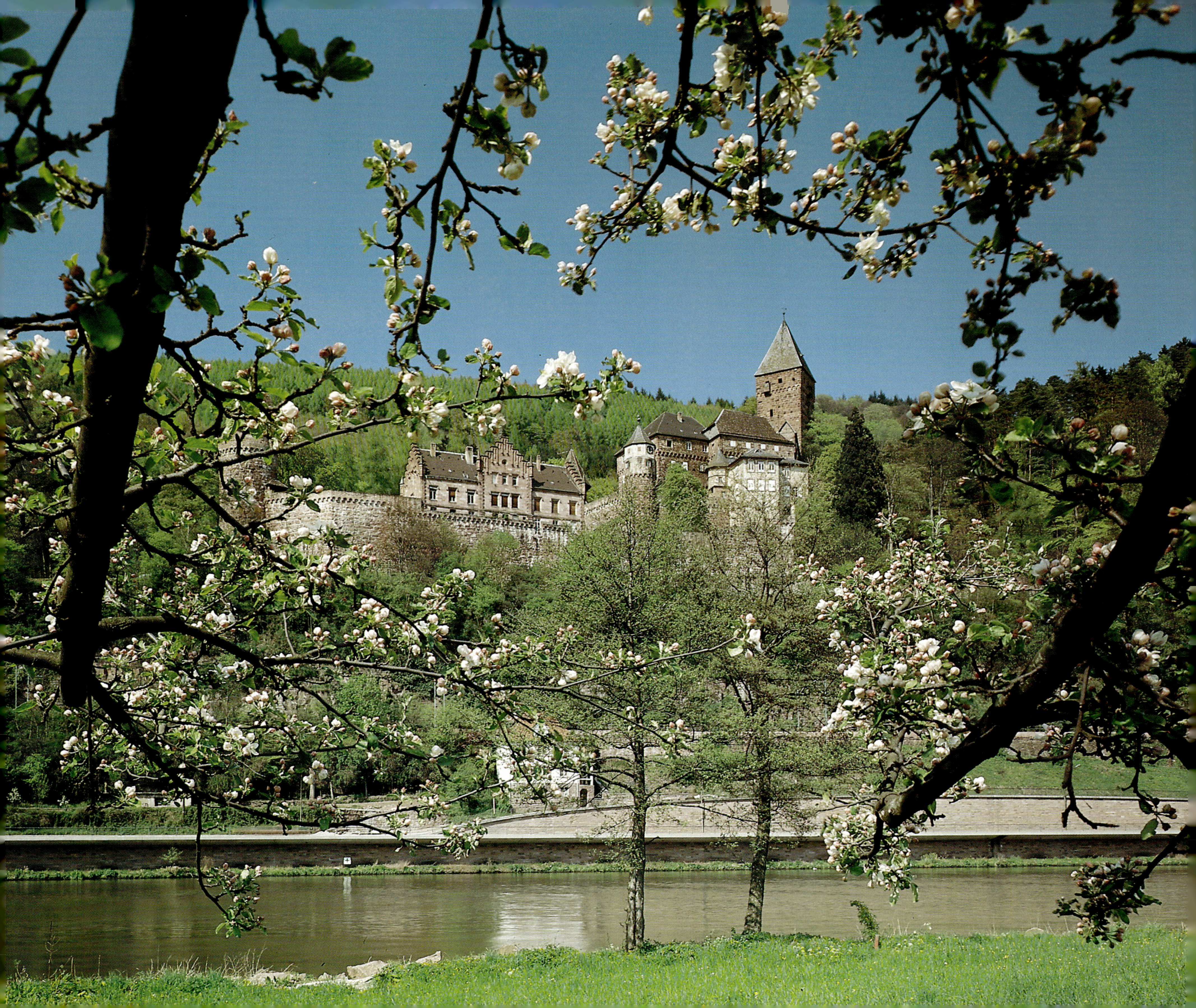

Neckarland

Wer immer in der Welt an Deutschland denkt, vor dessen geistigem Auge erhebt sich – hoch über dem Neckar – die Ruine des Schlosses von Heidelberg. Und wer immer nach Deutschland kommt – aus Amerika, aus Asien, Afrika oder Australien –, es führt für ihn kein Weg an Heidelberg vorbei.
Denn diese alte Stadt, die schon im 1. Jahrhundert n. Chr. ein römischer Militärstützpunkt war, wurde zum Inbegriff des romantischen Deutschlands. Und die Romantik lebt auch heute noch in Heidelberg an den Ufern des von Burgen gesäumten Neckars.
Wie Generationen vor ihr, so studiert auch in unserer Zeit die Jugend der Welt in Heidelberg, wo sich – nach Prag und Wien – die älteste deutsche Universität befindet. Junge Leute bevölkern die Cafés und Gasthäuser im Herzen der Altstadt, die geprägt wird von der Heiliggeistkirche.
Es gibt aber auch noch Kneipen, in denen schon die Großväter der heutigen Studenten ihre Namen in die Tische geritzt haben und auch ihre Hoffnungen – in Form von Initialen, hinter denen sich häufig eine Heidelberger Schönheit verbarg.
Das Heidelberger Schloß, im Jahre 1225 zum erstenmal erwähnt, wurde von den Pfalzgrafen im 16. und beginnenden 17. Jahrhundert zur höch-

Neckarland

Throughout the world, anyone thinking of Germany is likely to visualize the ruins of Heidelberg Castle rising high above the River Neckar. And anyone coming to Germany – be it from America, Asia, Africa, or Australia – will surely visit Heidelberg. For this old city – already established as a Roman fort in the 1st century AD – has become a symbol of romantic Germany, which is still very much alive in Heidelberg on the Neckar, a river whose banks are studded with castles.
The youth of the world still studies – as it has done for generations – at Heidelberg, which can boast the oldest German university after Prague and Vienna. Young people throng the cafés and inns in the heart of the old part of the city, which is dominated by the Church of the Holy Spirit.
And there are also inns where the grandfathers of the present students carved their names in the tables, or gave expression to their amorous ambitions in the form of carved initials signifying some local beauty.
Heidelberg Castle is first documented in the year 1225, and it reached its zenith in the 16th and early 17th centuries under the counts palatine. The gardens, begun under Frederick V in 1613, are world famous.
But it was also under Frederick V that

La région du Neckar

Partout dans le monde, quand on songe à l'Allemagne, on a devant les yeux l'image des ruines du château de Heidelberg qui domine la vallée du Neckar.
Et quiconque se rend en Allemagne – qu'il vienne d'Amérique, d'Asie, d'Afrique ou d'Australie – visitera très certainement Heidelberg. Car cette vieille cité, qui dès le premier siècle après J.-C. était déjà un camp romain, est devenu le symbole de l'Allemagne romantique encore bien vivante à Heidelberg sur les rives du Neckar parsemées de châteaux.
Comme des générations avant elle, la jeunesse du monde entier fréquente aujourd'hui l'université de Heidelberg, la plus ancienne université d'Allemagne après Prague.
Les jeunes gens animent les cafés et les auberges au cœur de la vieille ville où s'élève l'église du St-Esprit. Il y a également des auberges où les grands-pères des étudiants de maintenant ont gravé leurs noms dans les tables ou donné libre cours à des rêves en y inscrivant les initiales de la beauté locale qu'ils convoitaient.
Le château de Heidelberg est mentionné pour la première fois en 1225, et il a connu sa période de gloire sous les comtes palatins aux XVIe et XVIIe siècles. Les jardins, commencés sous Frédéric V, en 1613, sont devenus mondialement célèbres.

◁ **Burg Zwingenberg am Neckar**
Vor ihrem Eingang klafft die Wolfsschlucht, die wohl Carl Maria von Weber zur grandiosen Szene im II. Akt des Freischütz *inspirierte.*
▷▷ **Heidelberg/Das Schloß**
Die alte Universitätsstadt gilt in der ganzen Welt als Inbegriff des romantischen Deutschlands.

◁ **Zwingenberg Castle on the Neckar**
In front of the entrance is the Wolf's Glen, which inspired Carl Maria von Weber to compose the great scene in Act II of Der Freischütz.
▷▷ **Heidelberg/Castle**
The old university town, celebrated in song and verse, is regarded throughout the world as the embodiment of romantic Germany.

◁ **Château de Zwingenberg sur le Neckar**
Devant son entrée s'ouvre la gorge du Loup qui inspira Carl Maria von Weber pour la scène grandiose au IIe acte du Freischütz.
▷▷ **Heidelberg/Château**
Beaucoup de poètes ont célébré Heidelberg et son château qui, pendant la guerre du Palatinat, fut la cible des armées françaises.

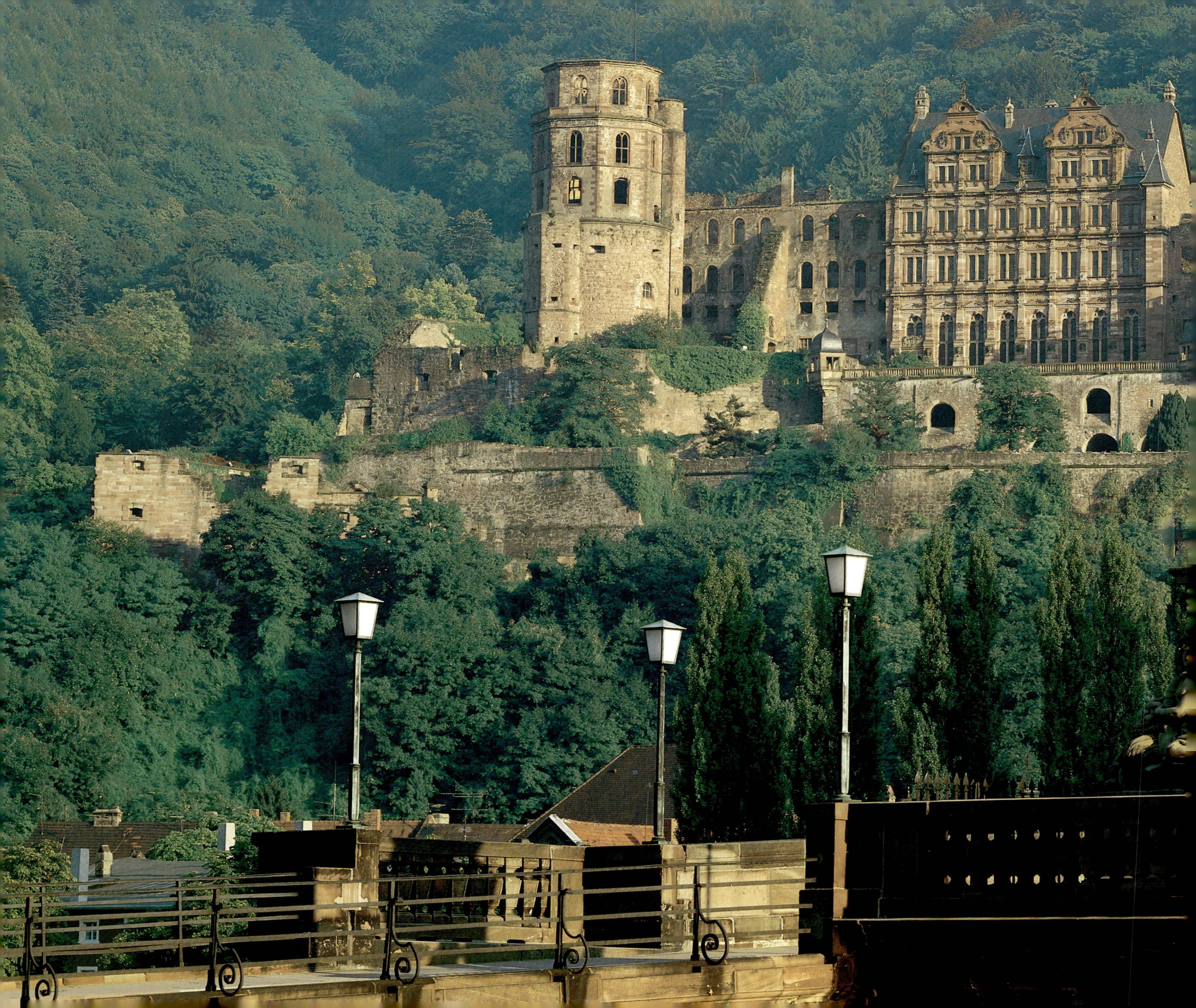

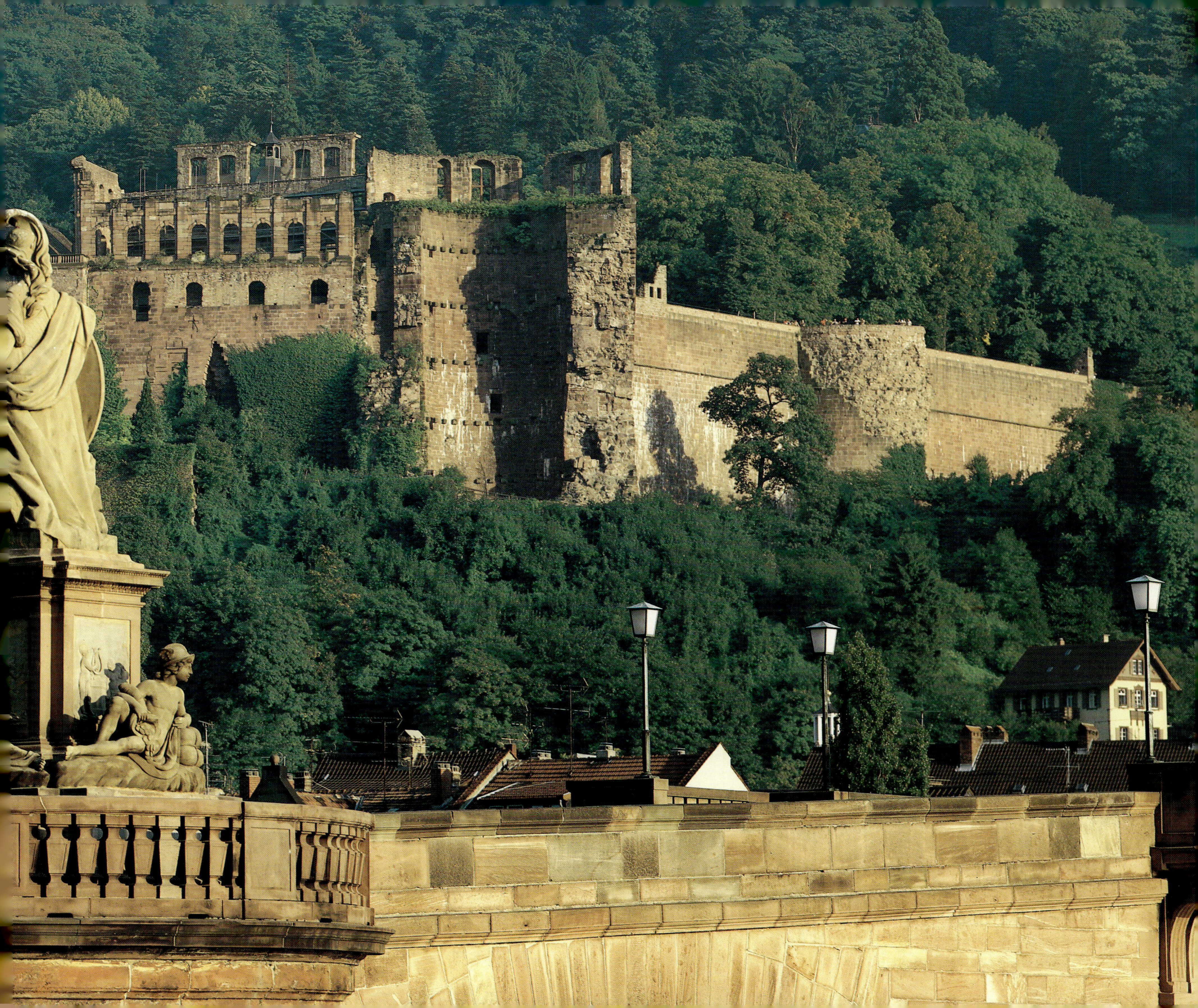

sten Blüte geführt. In der ganzen Welt gerühmt wurden die im Jahre 1613 unter Friedrich V. begonnenen Gartenanlagen.

Unter Friedrich V. begann aber auch der Niedergang. Der Kurfürst nahm die böhmische Königskrone an, löste damit den Dreißigjährigen Krieg aus und verlor schließlich sein Land und seine Kurfürstenwürde. Das Schloß wurde im Jahre 1689 von den Franzosen zerstört und nie wieder aufgebaut.

Die Romantik der Stadt Heidelberg wird auf eindrucksvolle Weise ergänzt durch eine zauberhafte Umgebung, zu der unter anderem auch die Bergstraße gehört. Sie kommt von Norden her, südlich von Frankfurt beginnend, und ist vor allem im Frühling, wenn die Mandelbäume blühen, ein von vielen Menschen besuchtes Ausflugsziel.

Im Süden von Heidelberg erstreckt sich der Kraichgau mit seinen einladenden Landstädten und kleinen Weindörfern. Dort schaut man sich vor allem das Schloß in Bruchsal an und das berühmte Kloster Maulbronn, das 1147 von Zisterziensern aus dem Elsaß gegründet wurde und in seiner mittelalterlichen Anlage nahezu unverändert erhalten geblieben ist.

In Maulbronn hat es ein tüchtiger Gastwirt zu Weltmeisterehren ge-

Heidelberg's decline began. The Elector accepted the crown of Bohemia, thus initiating the Thirty Years' War, and finally lost his lands and his Electorship. The castle was destroyed by the French in 1689, and was never rebuilt.

The romantic impression made by Heidelberg is very much enhanced by its delightful surroundings, including the Bergstrasse, the Roman *Strata montana*, which comes from the north, and which is a popular excursion route, particularly in spring when the almond trees are in bloom.

To the south of Heidelberg lies the Kraichgau area, with its charming little country towns and wine-growing villages. Prime attractions here are the palace at Bruchsal, and the famous Maulbronn Monastery, which was founded in 1147 by Cistercians from Alsace, and has survived almost complete and unchanged in its medieval form.

Maulbronn is the home of a world champion: an innkeeper who succeeded in making 1,134 *Maultaschen* in just 22 minutes 17 seconds. Maultaschen are a Swabian speciality, rather like large *ravioli*, consisting of small cases of dough stuffed with meat, and should certainly be tried by every visitor.

On the fringe of the Kraichgau area

Mais c'est sous Frédéric V également que commence le déclin de Heidelberg. Le prince-électeur accepta la couronne de Bohême déclenchant ainsi la guerre de Trente Ans et finit par perdre ses terres et son électorat. Le château fut détruit par les Français en 1689 et ne fut jamais reconstruit.

Le romantisme de la ville de Heidelberg est admirablement rehaussé par de merveilleux environs dont fait également partie la *Bergstrasse*, la route des Côtes, qui venant du nord commence au sud de Francfort et est un but d'excursions très fréquenté surtout au printemps lorsque les amandiers sont en fleurs.

Au sud de Heidelberg s'étend le Kraichgau avec ses charmantes petites villes et ses localités viticoles. On y visite surtout le château à Bruchsal et la célèbre abbaye de Maulbronn, fondée en 1147 par des cisterciens venus d'Alsace, et dont les bâtiments médiévaux sont restés presque inchangés.

Maulbronn est la patrie d'un champion du monde d'une catégorie peu commune: un aubergiste a réussi à confectionner 1 134 *Maultaschen* en 22 minutes et 17 secondes. Les Maultaschen sont une spécialité souabe qui consiste en de la pâte fourrée de viande et qu'il faut absolument goûter.

▷ **Heppenheim an der Bergstraße/Altstadtwinkel**
In einem dieser Fachwerkhäuser begann 1818 Justus von Liebig, der berühmte Chemiker, eine Apothekerlehre. Da ihn die Chemie mehr interessierte als die Pharmazie, experimentierte er heimlich mit Knallsilber, bis die Mischung eines schönen Tages explodierte und Liebigs Lehrzeit ein jähes Ende fand – der Apotheker warf ihn hinaus!

▷ **Heppenheim an der Bergstrasse/Corner of the Old Town**
Justus von Liebig, the famous chemist, began an apprenticeship at a chemist's shop in one of these half-timbered houses in 1818. As he was more interested in chemistry than pharmacy he secretly experimented with mercury fulminate – until the mixture exploded. That was the end of his short-lived apprenticeship!

▷ **Heppenheim sur la Bergstrasse/Un coin de la vieille ville**
C'est dans une de ces maisons paisibles que Justus von Liebig, le célèbre chimiste, commença, en 1818, un apprentissage de pharmacien. Mais il se livra en secret à des expériences avec du fulminate d'argent jusqu'à ce qu'un beau jour le mélange explose. Le pharmacien le mit évidemment à la porte.

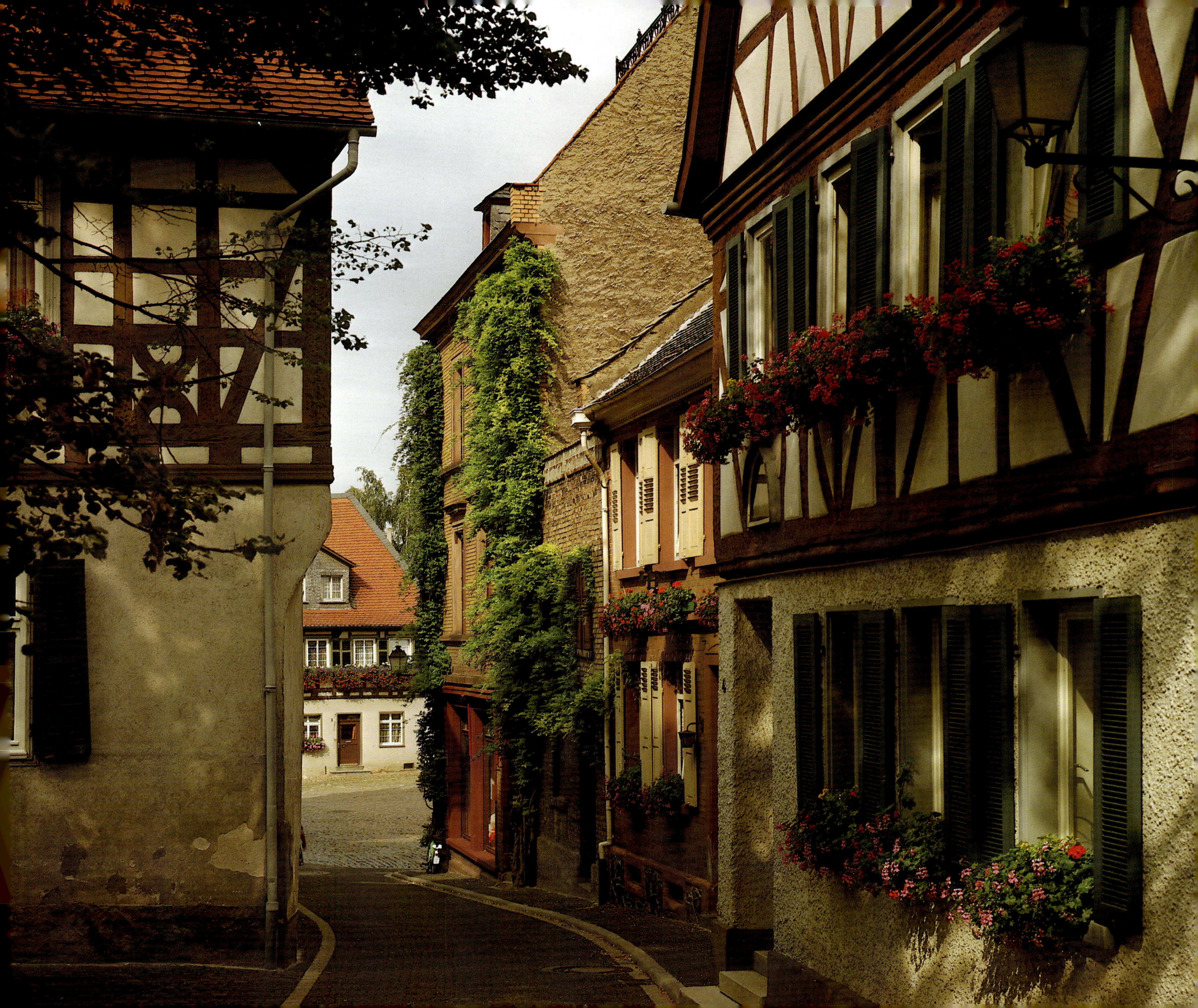

bracht: Er schaffte es, 1 134 *Maultaschen* in 22 Minuten und 17 Sekunden herzustellen. Maultaschen, mit Fleisch gefüllter Teig, sind eine schwäbische Spezialität, die man unbedingt probieren sollte.

Am Rande des Kraichgaus liegt Karlsruhe, eine relativ junge Stadt, die erst im Jahre 1715 gegründet und planmäßig angelegt wurde. Ihr Gründer, der Markgraf Karl Wilhelm, war ein Mann voller Tatendrang und Lebensfreude, der in einer Zeit, da seine »Kollegen« überall in Deutschland vorzugsweise an die Stärkung ihrer Armeen dachten, sich eine Garde aus hübschen jungen Mädchen zulegte, die er seine *Tulpenmädchen* nannte. Sie mußten ihm immerzu Tulpenbilder malen, die man heute noch in der Landesbibliothek bewundern kann.

In der Nähe von Heidelberg hat sich auch eines der großen deutschen Heldendramen ereignet: der Meuchelmord an Siegfried durch den finsteren Hagen.

Es ist nicht genau geklärt, ob sich dieses schreckliche Ereignis, das zu den Höhepunkten der deutschen Heldensagen gehört, im nahen Odenwald zugetragen hat oder im Kraichgau, wo in einem Wald bei Odenheim der Siegfriedsbrunnen sprudelt.

Der strahlende und durch Drachen-

lies Karlsruhe, a relatively young town, founded in 1715, and laid out according to a plan. Its founder, Margrave Karl Wilhelm, was a vigorous, high-spirited man who, at a time when all his "colleagues" in Germany were mainly concentrating on strengthening their armies, established a guard consisting of pretty young women, whom he called his "Tulip Girls". Their main duty was to paint pictures of tulips for him, and these can still be seen in the State Library.

It was near Heidelberg, too, that one of the great German heroic dramas took place: the assassination of Siegfried by Hagen. It is not quite certain whether this terrible deed, which forms one of the culmination points of the German sagas, took place in the nearby Odenwald Hills or in Kraichgau, where a spring called Siegfriedsbrunnen rises in a wood near Odenheim.

The great hero Siegried was challenged to a race by Hagen. Siegfried arrived first at the goal – the spring just mentioned – and, as he was bending over it to quench his thirst, was stabbed by Hagen. Hagen was able to kill him because he knew the one spot where Siegfried was vulnerable.

The hero had almost achieved invulnerability by bathing in the blood of

En bordure du Kraichgau se trouve Karlsruhe, une ville relativement jeune, puisqu'elle n'a été fondée qu'en 1715, et tracée selon un plan en forme d'étoile. Son fondateur, le margrave Charles-Guillaume, était un homme dynamique, débordant de joie de vivre, et qui à une époque où ses «collègues» partout en Allemagne ne songeaient qu'à renforcer leurs armées se composa une garde de ravissantes jeunes filles qu'il appelait ses «filles tulipes». Celles-ci avaient pour tâche principale de lui peindre des tableaux avec des tulipes que l'on peut encore admirer aujourd'hui dans la bibliothèque régionale.

C'est dans les environs de Heidelberg également que s'est déroulé l'un des plus grands drames épiques allemands: l'assassinat de Siegfried par Hagen, son vassal. On ne sait pas vraiment si ce terrible événement qui fait partie des grands moments des épopées allemandes s'est déroulé dans la forêt voisine de l'Odenwald ou dans le Kraichgau où, dans un bois près d'Odenheim, jaillit une source appelée la source de Siegfried.

Siegfried, le merveilleux héros que le sang d'un dragon avait rendu presque invulnérable, avait été défié par Hagen. Siegfried arriva le premier au but – la source en question – se

▷ **Schloß Bruchsal**
Diese großartige Schloßanlage muß unter die bedeutendsten Barockbauten eingereiht werden. Sie birgt in ihrem Innern eine der elegantesten Raumschöpfungen des Barock, Balthasar Neumanns Bruchsaler Treppe.

▷ **Bruchsal Palace**
Any list of the world's most important baroque buildings would surely have to include this splendid palace. It contains one of the most elegant architectural gems of the baroque period: Balthasar Neumann's Bruchsal staircase.

▷ **Château de Bruchsal**
Ce merveilleux édifice fait partie des plus belles constructions baroques. Il renferme une des plus élégantes créations de cette architecture, un grand escalier de Balthasar Neumann.

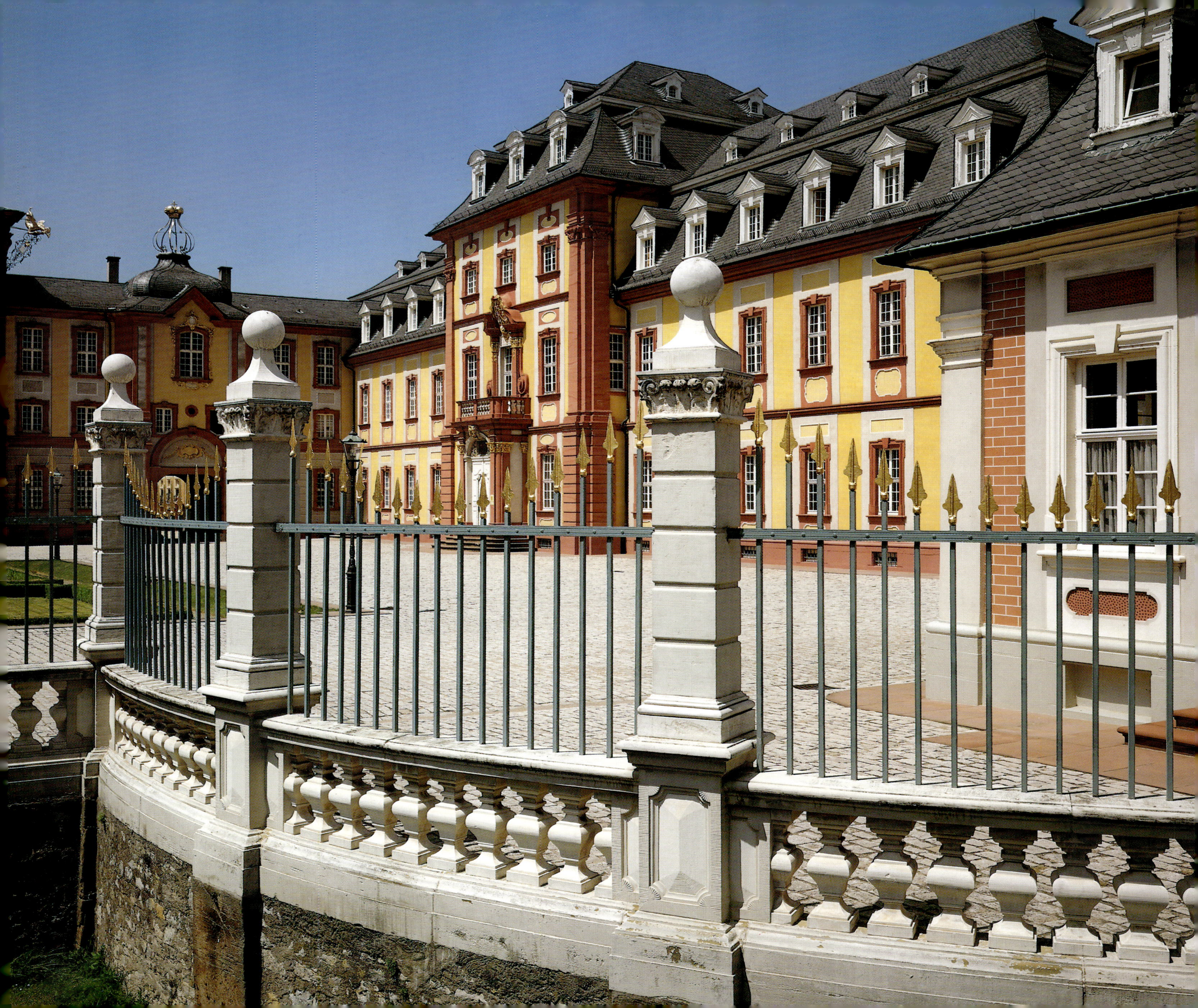

blut nahezu unverwundbar gewordene Held Siegfried war nämlich von Hagen zu einem Wettlauf aufgefordert worden. Siegfried traf als erster am Ziel, jenem besagten Brunnen, ein, beugte sich nieder, um seinen Durst zu löschen, und – wurde von Hagen erstochen.

Denn der Bösewicht wußte, daß Siegfried beim Bade im Drachenblut ein Blatt zwischen die Schulterblätter gefallen war – die einzige Stelle, an der er dem Helden den tödlichen Stoß versetzen konnte.

Siegfried und Hagen zählen zu den Hauptpersonen des *Nibelungenlieds*, das in der Zeit um 1200 gestaltet und aufgeschrieben wurde.

Zu den unvergeßlichen Eindrücken einer Reise durch Deutschland gehört eine Fahrt neckaraufwärts, entlang der Burgenstraße. Hier erheben sich rechts und links die Burg Hirschhorn, die Ruinen Emichsburg und Stolzeneck, die Burg Zwingenberg und die Ruine Minneburg, Burg Hornberg und Schloß Neuburg, schließlich auch das Schloß Guttenberg, eine mächtige Burganlage, eine der ältesten weit und breit, deren Bergfried noch aus der Zeit der Stauferkaiser stammt.

Von den einst so romantischen Stadtteilen Heilbronns ist nach den schweren Verwüstungen während des Zweiten Weltkrieges nicht viel

a dragon he had killed, but a leaf had fallen onto his back between his shoulder blades – and this was the one spot where he could be dealt a fatal wound.

Siegfried and Hagen are two of the main characters in the famous *Lay of the Nibelungs* which was written in about 1200.

One of the unforgettable experiences Germany has to offer is a drive along the River Neckar on the *Burgenstrasse*, or Castle Route. There, to the left and right, rise Hirschhorn Castle, the ruins of Emichsburg and Stolzeneck Castles, Zwingenberg Castle, the ruins of Minneburg, Neuburg and Hornberg Castles, and, finally, Guttenberg Castle. The latter is a mighty complex, one of the oldest in the whole region; its keep dates back to the days of the Hohenstaufen emperors.

Not much was left of the once so romantic parts of Heilbronn after the destruction of the Second World War. But the Götzenturm, the tower in which Götz von Berlichingen was imprisoned in 1519, is still intact. Götz, the Knight of the Iron Hand, played a heroic part in the closing phase of the German age of chivalry, and inspired Goethe to one of his great dramas.

In about 950, the Swabian Duke Liudolf founded a stud in the valley

pencha pour apaiser sa soif et fut poignardé par Hagen. Celui-ci connaissait en effet le seul point vulnérable de son corps entre les omoplates, là où une feuille était tombée lorsque Siegfried s'était baigné dans le sang du dragon. Siegfried et Hagen sont parmi les principaux personnages de la *Chanson des Nibelungen* qui fut écrite vers 1200.

Le circuit de la route des Châteaux (*Burgenstrasse*) le long du Neckar est un des plus pittoresques que l'Allemagne ait à offrir. De chaque côté de la route s'élèvent le château de Hirschhorn, les ruines d'Emichsburg et de Stolzeneck, le château de Zwingenberg et les ruines du Minneburg, le château de Neuburg et celui de Hornberg, enfin le château de Guttenberg, une imposante construction, une des plus anciennes de la région dont le donjon date encore de l'époque des empereurs de la dynastie des Hohenstaufen.

Il n'est pas resté grand-chose de la ville de Heilbronn, autrefois si romantique, après les destructions de la Deuxième Guerre mondiale. Mais on y trouve encore le Götzenturm, la tour dans laquelle fut emprisonné le chevalier Götz von Berlichingen en 1519. Götz, le chevalier à la main de fer, a joué un rôle héroïque à la fin de l'époque de la chevalerie allemande, et Johann Wolfgang von

▷ **Besigheim**
Besigheim, reizvoll auf einem schmalen Bergrücken zwischen Neckar und Enz gelegen, ist mit seinen Fachwerkhäusern und bunten Dächern ein Schmuckstück unter den schwäbischen Städten.

▷ **Besigheim**
Besigheim with its half-timbered houses and colourful roofs, is one of the most delightful towns in Swabia.

▷ **Besigheim**
Besigheim est, avec ses maisons à colombages et ses toits colorés, un joyau parmi les villes souabes.

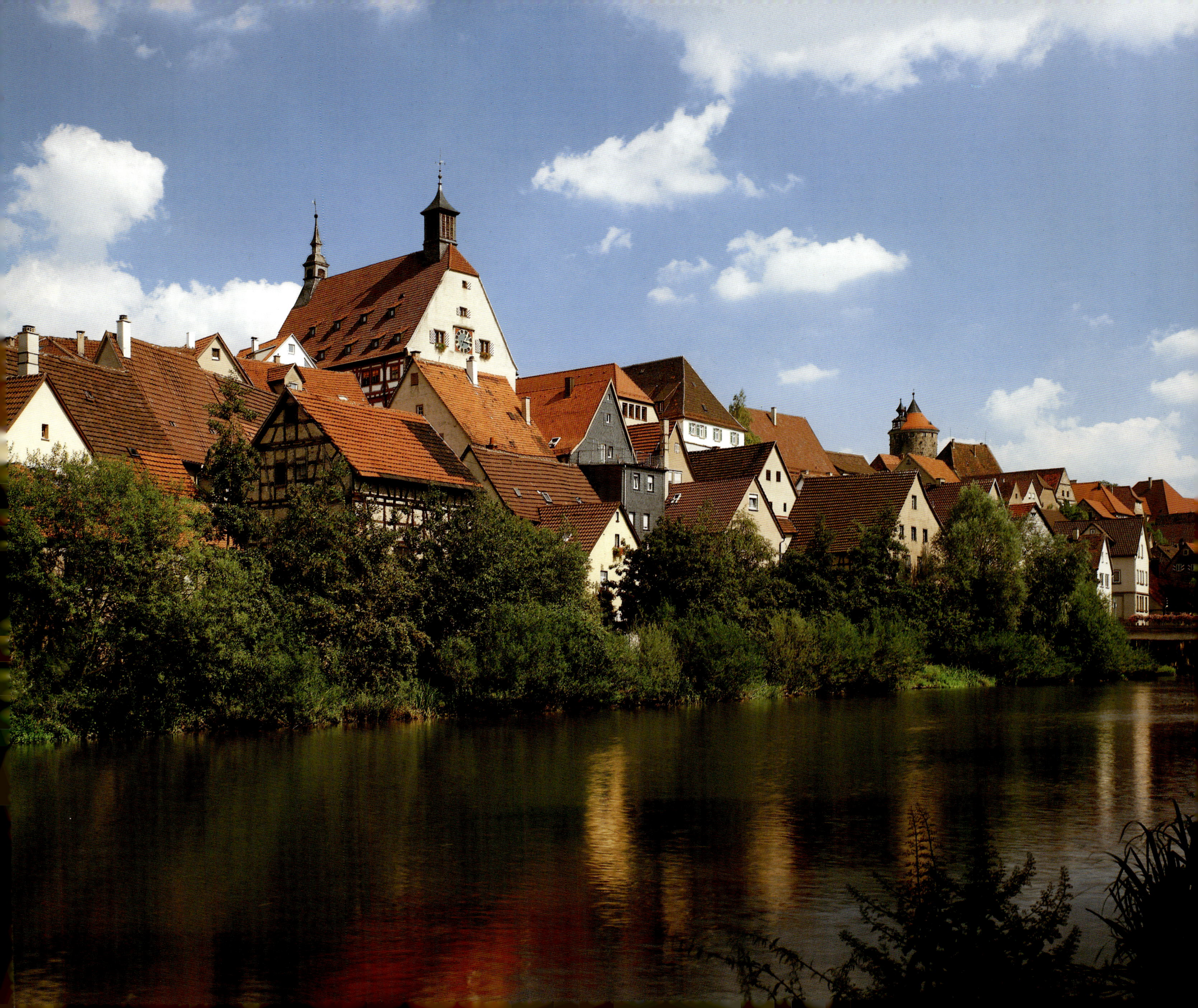

geblieben. Doch steht noch heute der Götzenturm, in dem der Ritter Götz von Berlichingen im Jahre 1519 gefangen saß. Götz, der Ritter mit der eisernen Hand, spielte in der Endphase des deutschen Rittertums eine Heldenrolle, die Johann Wolfgang von Goethe zu einem seiner großen Dramen inspirierte.

Um 950 gründete der Schwabenherzog Liudolf in einem Talkessel des Nesenbachs ein Gestüt, in dessen Umgebung sich nach und nach immer mehr Menschen ansiedelten. Man sprach ganz allgemein vom *Stuotgarten*. Und daraus wurde dann im Jahre 1250 die Stadt Stuttgart.

Stuttgart ist heute eines der wichtigen Industriezentren Deutschlands. In den kleinen Weinstuben der Stadt, auf den Plätzen und Straßen aber geht es noch immer recht gemütlich zu. Und nach wie vor bauen die Stuttgarter an den Hängen des Talkessels, in dem sich einst die Pferde auf der Weide tummelten, ihren Wein an.

Das Land östlich von Heilbronn und Stuttgart gehört zu den Geheimtips, wenn Deutsche einem Fremden ein besonders schönes Reiseland zeigen wollen.

Da ist das beschauliche Remstal mit seinen guten Weinen und einladenden Ortschaften. Da sind Städte wie Schwäbisch Gmünd, Schwäbisch

of a stream called the Nesen. In the course of time, more and more people settled there, and it came to be called *Stuotgarten* (Mares' Garden). By 1250 the town Stuttgart had emerged from these modest beginnings.

Stuttgart is now one of Germany's most important industrial centres. But the atmosphere of the town – in its little wine bars, its friendly squares and streets – is still very easygoing. And the Stuttgarters still grow plenty of wine on the hills around the valley in which horses were once bred.

Though not so well-known, the country to the east of Heilbronn and Stuttgart is one of the most delightful touring regions, offering a wide variety of interest.

The quiet Rems Valley, for example, with its excellent wines and pleasant villages. Then there are attractive towns such as Schwäbisch Gmünd, Schwäbisch Hall, Murrhardt, Öhringen, and Künzelsau.

And Hohenloher Land with its castles and palaces, of which only two can be mentioned here: Neuenstein and Langenburg. Langenburg Castle, perched together with the place of the same name on a ridge where a fresh breeze always seems to blow, is one of Germany's most impressive castles. It is still lived in by Prince Hohenlohe-Langenburg,

Gœthe s'en est inspiré pour l'un de ses grands drames.

Vers 950, le duc souabe Liudolf établit dans la vallée d'un ruisseau, appelé Nesenbach, un haras dans les environs duquel viennent s'installer de plus en plus de gens. On appelle alors cet endroit le *Stuotgarten* (jardin des Juments) qui devient en 1250 la ville de Stuttgart.

Stuttgart est aujourd'hui l'un des plus grands centres industriels d'Allemagne. Mais dans les petites tavernes de la ville, sur les places et dans les rues, il fait toujours bon vivre. Et on cultive toujours la vigne sur les versants de la vallée où s'ébattaient autrefois les chevaux.

A l'est de Stuttgart et de Heilbronn se trouve une région particulièrement pittoresque bien que moins connue. C'est la paisible vallée de la Rems avec ses bons vins et des localités accueillantes comme Schwäbisch Gmünd, Schwäbisch Hall, Murrhardt, Öhringen et Künzelsau. C'est le pays de Hohenlohe riche en châteaux dont deux seulement seront mentionnés ici, Neuenstein et Langenburg.

Le château de Langenburg, situé avec la localité du même nom sur la crête d'une montagne où souffle toujours une fraîche brise, est l'un des châteaux les plus imposants d'Allemagne. Il est encore habité par

▷ **Stuttgart/Calwer Passage**
Stuttgarts Geschichte beginnt um 950, als Herzog Liudolf von Schwaben im sumpfigen, bewaldeten Kessel des Nesenbachtals – unweit der heutigen Stiftskirche – ein Gestüt gründete. Um diesen Stuotgarten *siedelten sich mit der Zeit ein Weiler und ein Herrensitz an. Aus diesen bescheidenen bäuerlichen Anfängen entwickelte sich die moderne Metropole Stuttgart, heute die Landeshauptstadt von Baden-Württemberg und eines der Industrie- und Technologiezentren Deutschlands. Hier wird gutes Geld verdient. Da die Schwaben aber als sehr sparsam gelten, müssen die Geschäftsleute ihren Kunden schon ein besonderes Ambiente bieten, damit sie es auch wieder ausgeben.*

▷ **Stuttgart/Calwer Passage**
Stuttgart's history began in about 950, when Duke Liudolf of Swabia founded a stud in the swampy, wooded basin formed by the Nesenbach Valley – not far from the present Collegiate Church. A hamlet grew up round the stud, and a mansion house was built there, and from these modest rural beginnings the present metropolis of Stuttgart developed; it is now the capital of the State of Baden-Württemberg, and one of Germany's important industrial and technological centres. Good money is earned in Stuttgart – but as the Swabians are regarded as very frugal, the

shop-owners here have to provide their customers with particularly pleasant surroundings in order to persuade them to part with their money again.

▷ **Stuttgart/Calwer Passage**
L'histoire de Stuttgart commence vers 950, lorsque le duc Liudolf de Souabe établit un haras dans la cuvette marécageuse et boisée de la vallée du Nesenbach – non loin de l'actuelle abbatiale. Avec le temps, un manoir et un hameau se construisent autour du Stuotgarten (jardin des Juments). C'est à partir de ces origines paysannes modestes que s'est développée la métropole qu'est aujourd'hui Stuttgart, la capitale du Bade-Wurtemberg et l'un des centres industriels et technologiques d'Allemagne. On y gagne beaucoup d'argent mais, comme les Souabes passent pour être très économes, les commerçants doivent offrir à leurs clients une ambiance particulière pour les inciter à la dépense.

Hall, Murrhardt, Öhringen und Künzelsau.
Da ist das Hohenloher Land mit seinen Burgen und Schlössern, von denen hier nur Neuenstein und Langenburg erwähnt werden sollen. Schloß Langenburg, zusammen mit dem gleichnamigen Ort auf einem Bergrücken gelegen, wo immer ein frischer Wind weht, gehört zu den eindrucksvollsten deutschen Burganlagen. Sie wird noch heute vom Fürsten Hohenlohe-Langenburg bewohnt, der in einem Nebengebäude seiner Burg ein Automuseum eingerichtet hat. Von Zeit zu Zeit bekommen der Fürst und seine Familie Besuch von ihren Verwandten in England: Sie stehen – über den Prinzen Philip – dem englischen Königshaus nahe.

who has set up a car museum in one of the outbuildings. The prince and his family have visitors from England every now and then: they are related to the British royal house via Prince Philip.

le prince de Hohenlohe-Langenburg qui, dans un bâtiment annexe de son château, a aménagé un musée de l'automobile. De temps en temps, le prince et sa famille ont de la visite d'Angleterre, car ils sont parents de la maison royale britannique par le prince Philippe.

▷ **Schloß Neuenstein**
Hohenlohe war eines der vielen, gar nicht so kleinen Fürstentümer im alten Deutschen Reich. Und wie es landauf, landab üblich war, so errichtete sich das Fürstenhaus auch hier eine imposante und pompöse Renaissanceresidenz. Die zahlreichen Schmuckgiebel wurden allerdings erst 1906 gesetzt. Zu dieser Zeit ist es aber mit der politischen Eigenständigkeit längst vorbei, denn Neuenstein und ein Teil von Hohenlohe waren bereits zu Beginn des 19. Jahrhunderts zu Württemberg gekommen.

▷ **Neuenstein Palace**
Hohenlohe was once one of the many not-so-small principalities in the old German Empire. And, in keeping with the times and their station, the Hohenlohes built themselves an imposing, even pompous, Renaissance residence here.

▷ **Castel d'eau de Neuenstein**
La Hohenlohe fut une des multiples principautés de l'ancien Empire germanique. Et, comme partout ailleurs, la maison princière édifia ici également une imposante et fastueuse résidence.

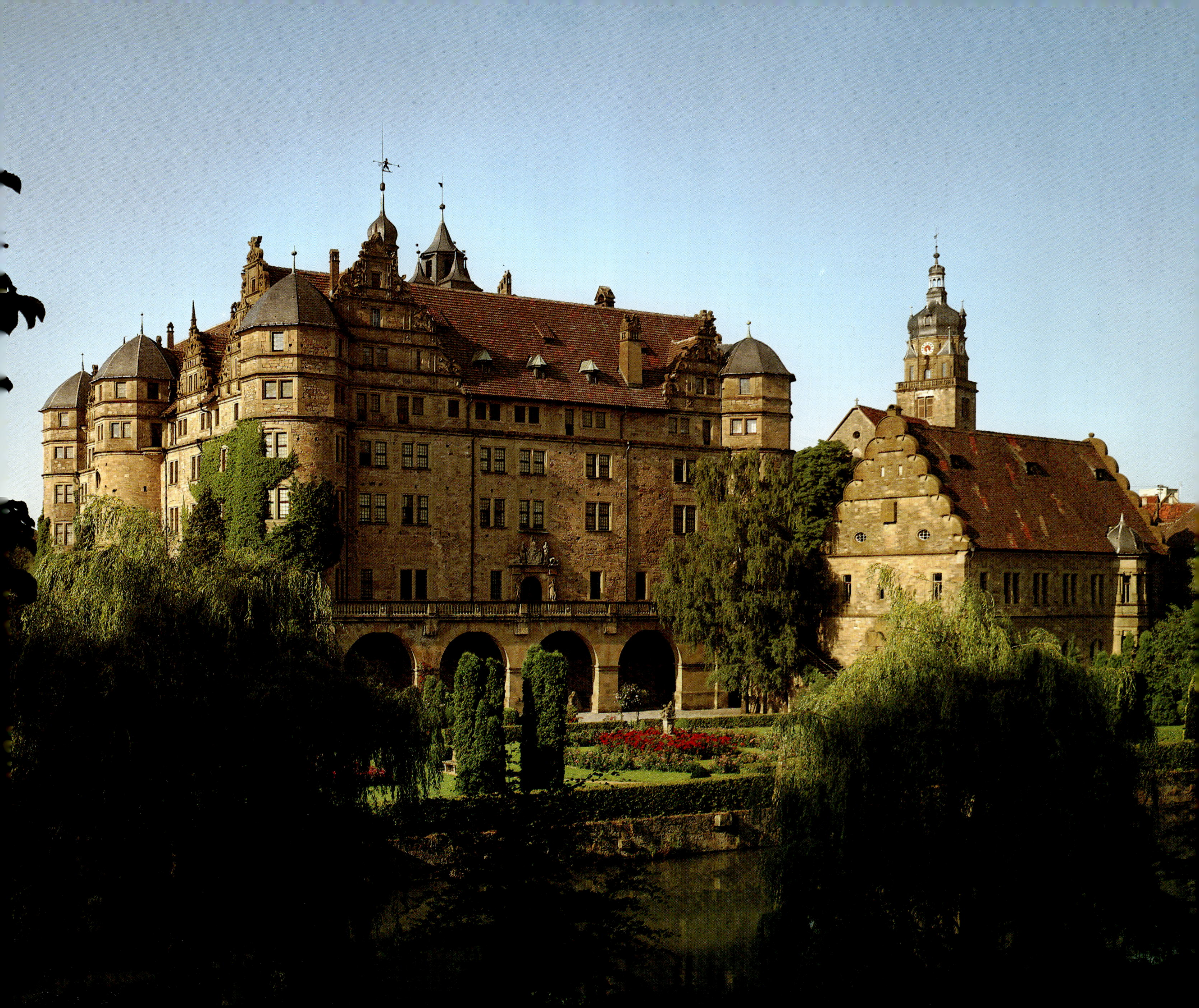

◁ **Wurmlingen/Kapelle St. Remigius**
▷ **Schloß Lichtenstein**

Zwei schwäbische Wahrzeichen und ihre Dichter: Die Wurmlinger Kapelle wurde berühmt durch die Verse Ludwig Uhlands: »Droben stehet die Kapelle, schauet tief ins Tal hinab...« Und Schloß Lichtenstein wurde nach einer Beschreibung in Wilhelm Hauffs gleichnamigem Roman errichtet. Hauff hatte darin das Schicksal eines württembergischen Herzogs so ergreifend geschildert, daß sich dessen Nachfahr entschloß, die bereits abgebrochene Burg nach der Schilderung des Dichters neu zu erbauen.

◁ **Wurmlingen/St. Remigius' Chapel**
▷ **Lichtenstein Castle**

Two Swabian emblems and their poets: the Wurmlingen Chapel was made famous by Ludwig Uhland's verses. And Lichtenstein Castle was built according to a description that appeared in a novel of the same name by Wilhelm Hauff. Hauff described the fate of a Württemberg duke so movingly that one of the duke's descendants had the castle, which had already been pulled down, rebuilt as described by Hauff.

◁ **Wurmlingen/Chapelle St-Rémy**
▷ **Château de Lichtenstein**

Deux emblèmes souabes et leurs poètes: la chapelle de Wurmlingen a été rendue célèbre par les vers de Ludwig Uhland. Et le château de Lichtenstein a été édifié d'après une description dans le roman du même nom de Wilhelm Hauff. Hauff y avait dépeint le destin d'un duc wurtembergeois de façon si saisissante que son descendant se résolut à ériger le château déjà détruit d'après la description du poète.

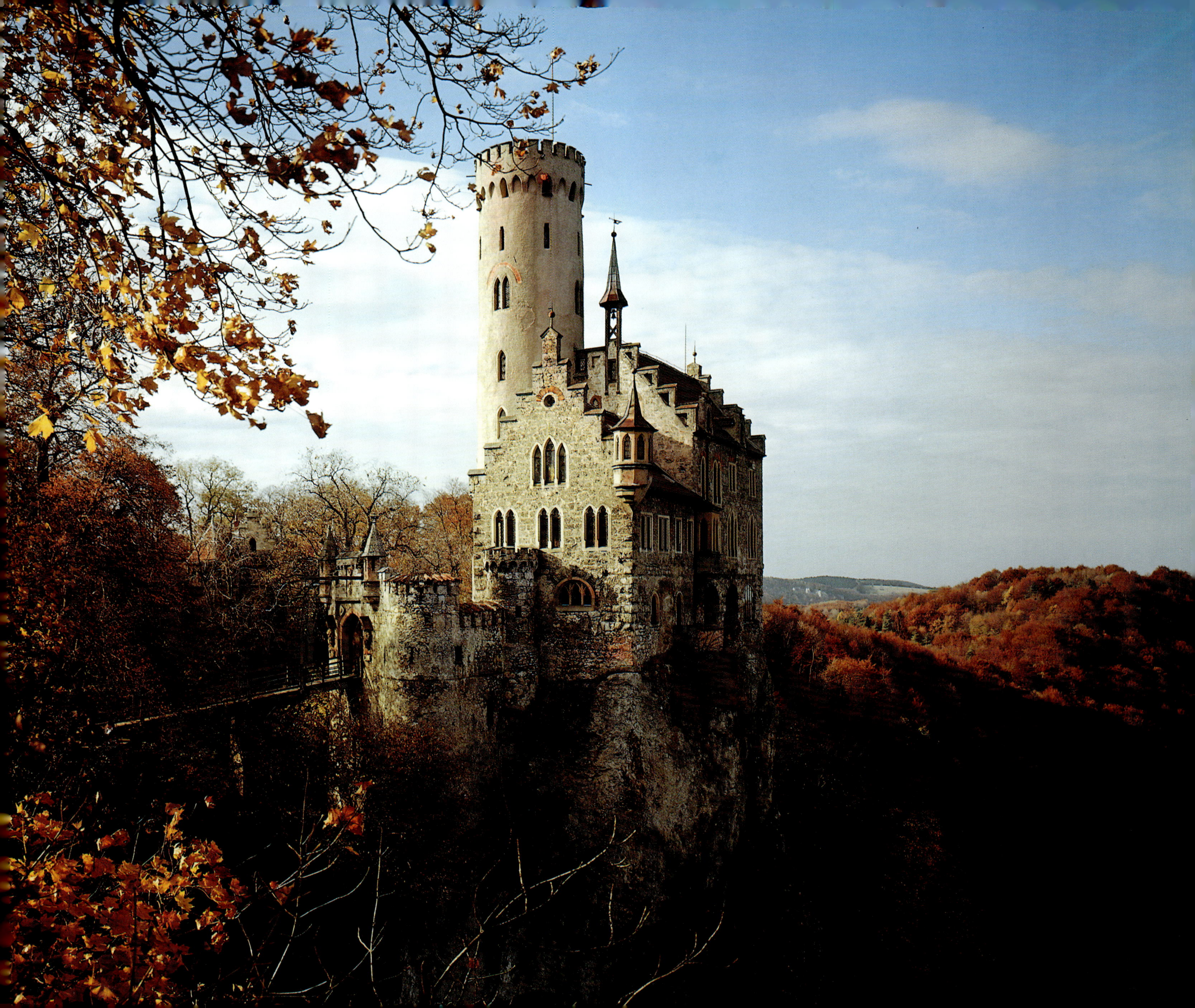

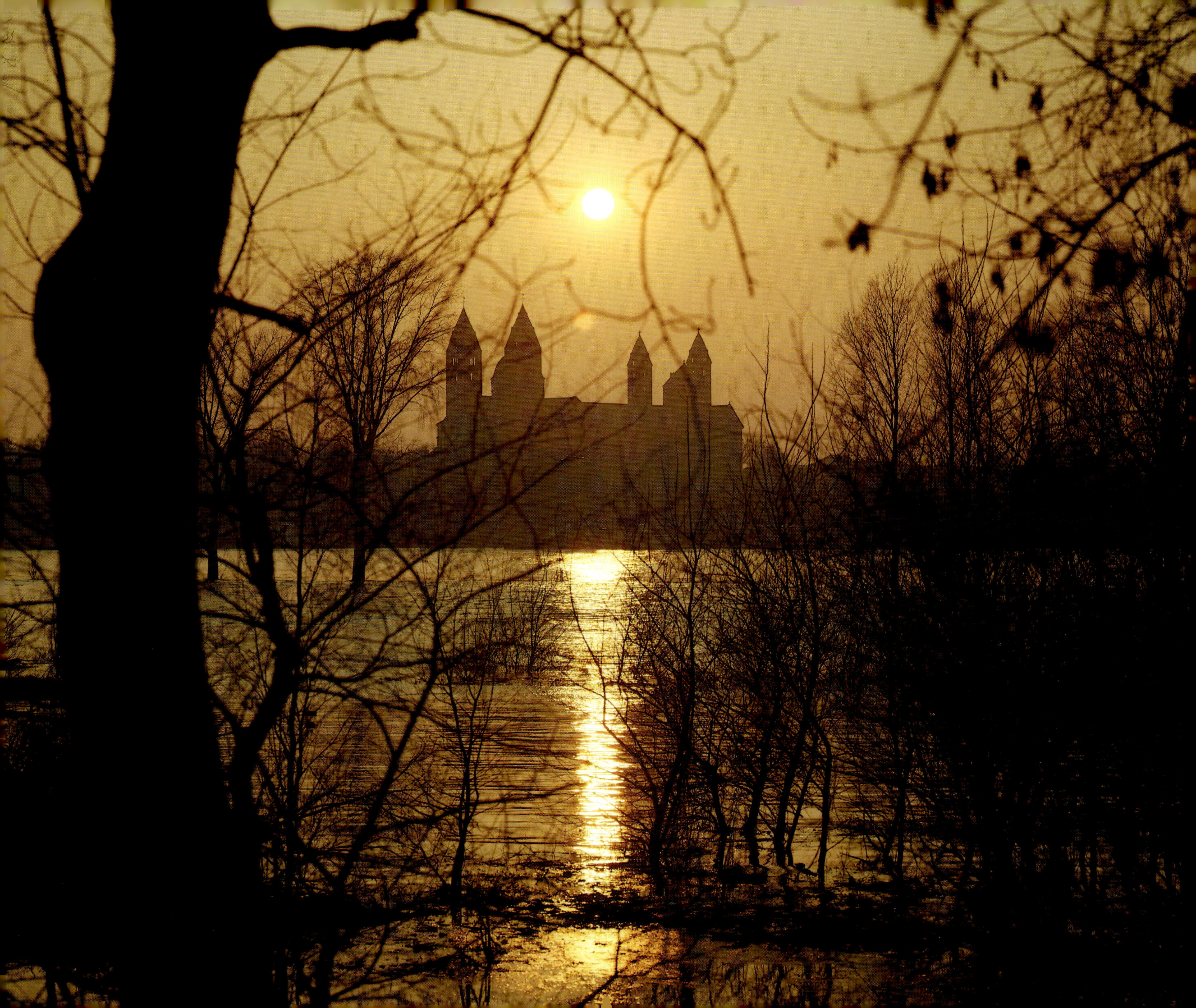

Rheinpfalz und Saarland

Eines der größten Weinfeste der Welt ist der *Wurstmarkt* in Bad Dürkheim an der Deutschen Weinstraße, der sich aus einer Wallfahrt entwickelt hat und auf das Jahr 1417 zurückgeführt werden kann. Zentrum des Wurstmarktes ist das große Faß, vermutlich das größte überhaupt. In ihm könnten 1,7 Millionen Liter Wein lagern, wenn – es inzwischen nicht eine Gaststätte mit Platz für 600 Personen wäre.
Wie in den anderen deutschen Weinbaugebieten, so wird auch an der Deutschen Weinstraße, die von Bockenheim nach Schweigen an der französischen Grenze führt, fast das ganze Jahr über irgendwo ein Weinfest gefeiert. Doch wenn es wirklich mal gerade keines gibt, dann hockt man sich eben ohne besonderen Anlaß in eine der gemütlichen Weinstuben und genießt den guten Wein. Dazu muß man aber wissen, daß an der Deutschen Weinstraße besondere Trinksitten herrschen. Dem fremden Gast kann es in einer Gaststube passieren, daß ihm ein Pfälzer unvermittelt ein Glas hinschiebt. Das ist ein Zeichen, daß er am Tisch willkommen ist.
Denn in der Pfalz trinken oft mehrere gemeinsam aus einem Schoppenglas, wobei hinzugefügt werden sollte, daß dieses in der Pfalz einen halben Liter Wein faßt. Ein norma-

The Rhenish Palatinate and Saarland

One of the world's greatest wine festivals takes place in Bad Dürkheim on the German Wine Route: the Sausage Market, which developed out of a pilgrimage, and can be traced back to 1417. The market centres round an enormous barrel, perhaps the largest in existence. It could accommodate no less than 1.7 million litres of wine – had it not been converted into a restaurant (with places for 600 guests).
There always seems to be a wine festival taking place somewhere or other along the German Wine Route, which runs from Bockenheim to Schweigen on the French border. Indeed, the same might be said of all the German wine-growing regions. But on those rare occasions when there really is no festival to attend, comfort is to be found in one of the many cosy wine taverns.
Strangers are often pleasantly surprised at one of the customs along the German Wine Route. It can easily happen that a local person will push his glass across the table to you. This is a sign that you are welcome. It is quite common for several people to drink out of one glass in the Palatinate – though it should be added that a standard wine glass takes half a litre in this region. A standard glass in the rest of Germany holds a quarter litre.

Rhénanie-Palatinat et Sarre

Une des plus grandes fêtes du vin au monde est le *Wurstmarkt* (marché aux Saucisses) à Bad Dürkheim sur la route allemande du Vin qui s'est développé à partir d'un pèlerinage et dont les origines remontent à 1417. Au centre de ce vieux marché: un immense tonneau, sans doute le plus grand qui existe et qui pourrait contenir 1,7 million de litres de vin si on ne l'avait pas transformé en une taverne qui a de la place pour 600 personnes.
Comme dans toutes les régions viticoles allemandes, il y a presque toute l'année une fête du vin quelque part le long de la route allemande du Vin qui va de Bockenheim à Schweigen à la frontière française. Et si d'aventure il n'y en a pas, on va tout simplement dans une des agréables tavernes de la région.
Mais il faut savoir qu'il existe des coutumes particulières dans ces coins. C'est ainsi que l'étranger pourra être invité à boire dans le verre d'un consommateur local, signe qu'il est le bienvenu à sa table. Car dans le Palatinat on est toujours à plusieurs à boire dans une chope en verre. Il faut dire que dans cette région la chope contient un demi-litre alors que dans le reste de l'Allemagne la chope n'a qu'un quart de litre.
Toute une série de très belles et

◁ **Speyer/Dom St. Maria und St. Stephan**
Der großartige Kirchenbau am Hochufer des Rheins ist ein Werk der salischen Kaiser und zugleich ihre Grabstätte.

▷▷ **Die Saarschleife bei Mettlach**
Bei Mettlach schlängelt sich die Saar malerisch durch dicht bewaldetes Gebirge. Mühevoll hat sie sich hier in Jahrmillionen dieses Flußbett gegraben.

◁ **Speyer Cathedral**
The magnificent edifice on the Rhine was built by the Salian Emperors, and serves as their mausoleum.

▷▷ **The River Saar near Mettlach**
Near Mettlach the Saar winds picturesquely through the heavily wooded hills, following a course which has taken it millions of years to carve through the rock.

◁ **Spire/Cathédrale Ste-Marie et St-Etienne**
Le merveilleux édifice sur la rive gauche du Rhin est l'œuvre des empereurs saliques et en même temps leur dernière demeure.

▷▷ **La boucle de la Sarre près de Mettlach**
Près de Mettlach, la Sarre serpente à travers un paysage pittoresque de collines couvertes de forêts touffues.

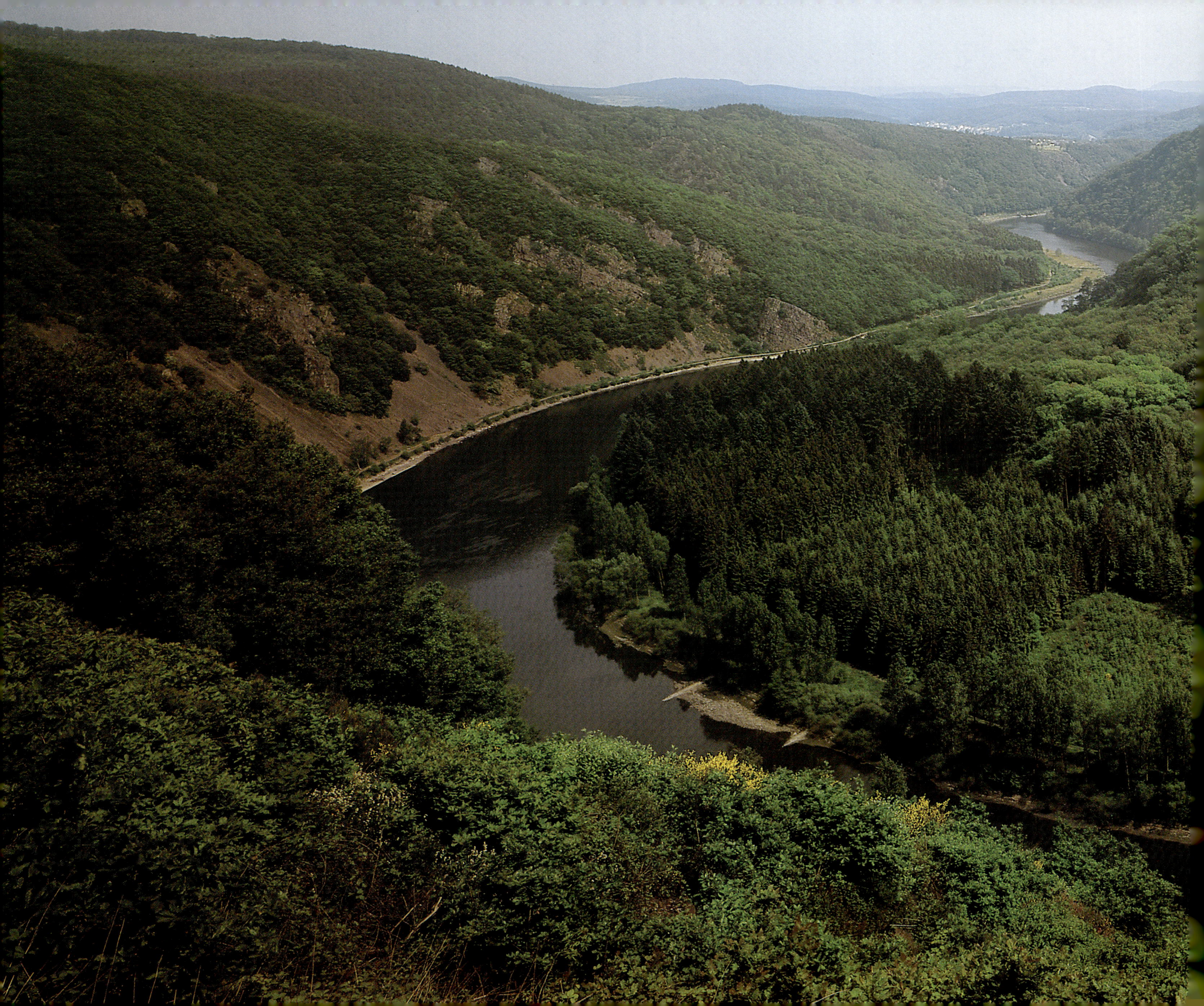

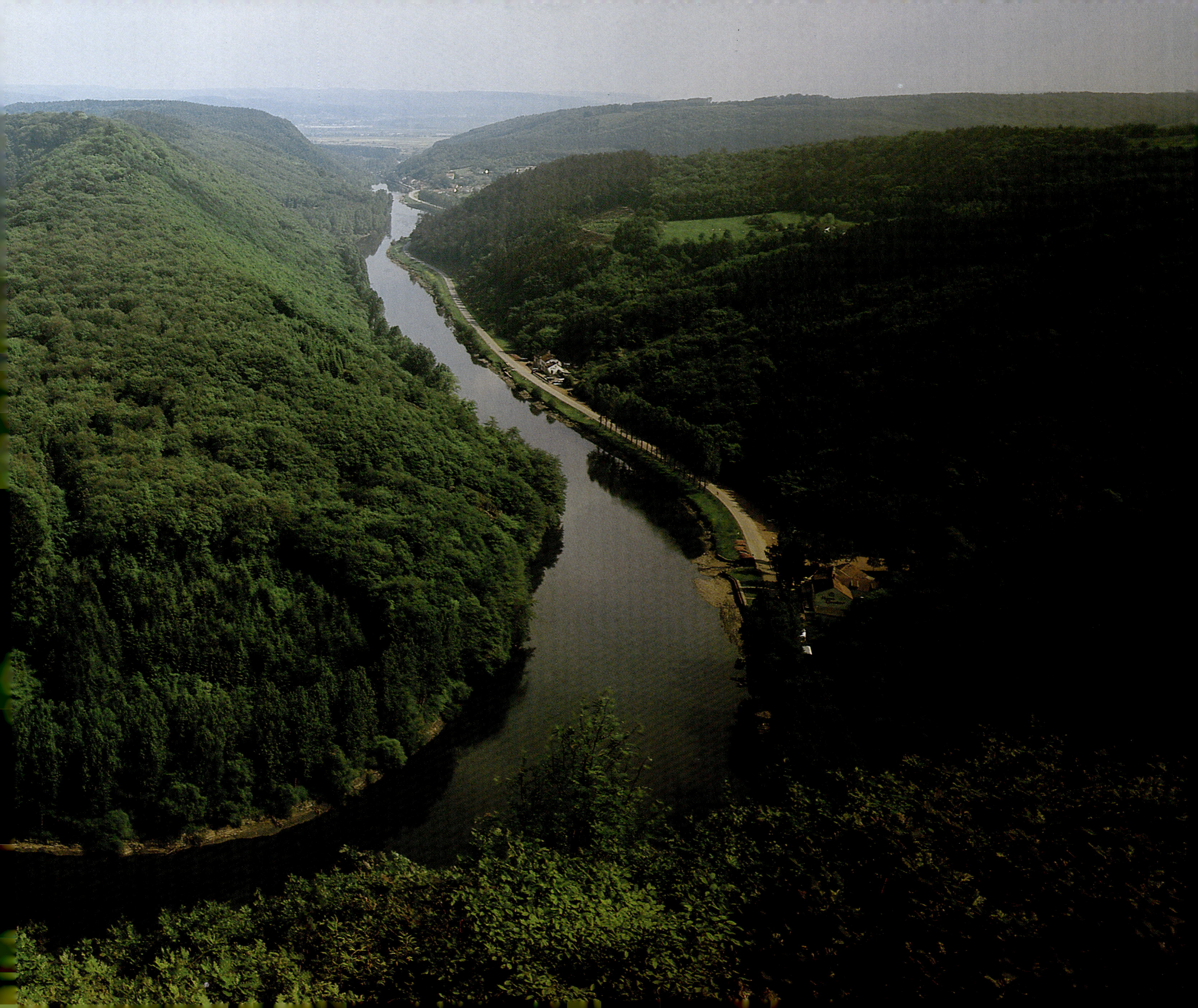

ler *Schoppen* in Deutschland ist ein Viertelliter.

Es liegen an der Deutschen Weinstraße eine Reihe sehr schöner alter Städte, und da sind besonders das mittelalterliche Freinsheim zu nennen, das idyllische St. Martin und das beinahe ein wenig verträumt wirkende Dörrenbach, das sich weit unten an der Deutschen Weinstraße befindet.

Deidesheim, Kallstadt, Wachenheim, Maikammer, Edenkoben – dies sind Orte mit sehenswerten Gassen und Häusern, mit süffigen Weinen vor allem. Und ebenso verdienen es Neustadt und Landau, daß man ihnen einen Besuch abstattet.

Oberhalb von Neustadt-Haardt erhebt sich das Haardter Schlößchen, von dem aus man einen weiten Blick über die Pfalz genießen kann, die mit ihren Weingärten und Weindörfern immer wieder an eine toskanische Landschaft erinnert.

Zu einem nationalen Denkmal der Deutschen ist das Hambacher Schloß oberhalb von Neustadt geworden. Es war im Jahre 1832 Schauplatz einer mächtigen Volksbewegung, die als *Hambacher Fest* in die Geschichte eingegangen ist. Unter schwarzrotgoldenen Fahnen wurde damals von ungefähr 30 000 Menschen, darunter auch eine Abordnung aus Polen, der Wunsch der Deutschen nach einem

A whole series of charming old towns is to be found along the German Wine Route. Of particular interest are medieval Freinsheim, idyllic St. Martin, and the almost sleepy-looking Dörrenbach, far down towards the lower end of the Route. Other places of interest and, of course, with excellent wines, are Deidesheim, Kallstadt, Wachenheim, Maikammer, and Edenkoben – as are Landau and Neustadt. Above Neustadt-Haardt rises Haardt Castle. From here there is an expansive view across the Palatinate which, with its vineyards and winegrowing villages, is reminiscent of Tuscany.

Hambach Castle, above Neustadt, has become something of a German national monument. In 1832 it was the scene of a great popular demonstration, which has gone down in history as the Hambach Festival. It was attended by 30,000 people, including a delegation from Poland, and a call was made for a united free Germany and a united Europe. President Ronald Reagan addressed a youth rally there during his state visit to West Germany in May 1985. Hambach Castle has been renovated, and houses assembly rooms and a museum. And it provides the opportunity of combining two delights: an impressive view taken with an excellent glass of wine.

vieilles villes allemandes sont situées sur la route allemande du Vin: il faut citer en particulier la cité médiévale de Freinsheim, l'idyllique St-Martin et le village à l'aspect quelque peu endormi de Dörrenbach vers le terminus de la route allemande du Vin. Deidesheim, Kallstadt, Wachenheim, Maikammer et Edenkoben, ce sont là des localités dotées de ruelles et de maisons pittoresques et surtout de vins délicieux. Au même titre, Landau et Neustadt méritent une visite. Au-dessus de Neustadt-Haardt se dresse le petit château de Haardt d'où l'on jouit d'une belle vue sur le Palatinat qui, avec ses vignobles et ses villages viticoles, rappelle la Toscane.

Le château de Hambach, au-dessus de Neustadt, est devenu comme un monument national allemand. Il fut le théâtre, en 1832, d'une importante manifestation populaire qui est entrée dans l'histoire sous le nom de fête de Hambach. Devant environ 30 000 personnes, dont une délégation polonaise, un appel fut lancé à l'unité nationale allemande, à l'établissement d'une constitution démocratique et républicaine et à l'unité de l'Europe.

Le château de Hambach a été restauré. Il renferme aujourd'hui des salles de réunion et un musée et on peut également y savourer un bon verre

▷ **Pfälzer Impressionen**
Weinlese
Die Neustädter Weinkönigin
Weinkeller
Fischerstechen in Worms

▷ **Impressions of the Palatinate**
Grape harvest
The Neustadt Wine Queen
Wine cellar
Fishermen's contest in Worms

▷ **Impressions du Palatinat**
Vendange
La reine du vin à Neustadt
Une cave
Joute de pêcheurs à Worms

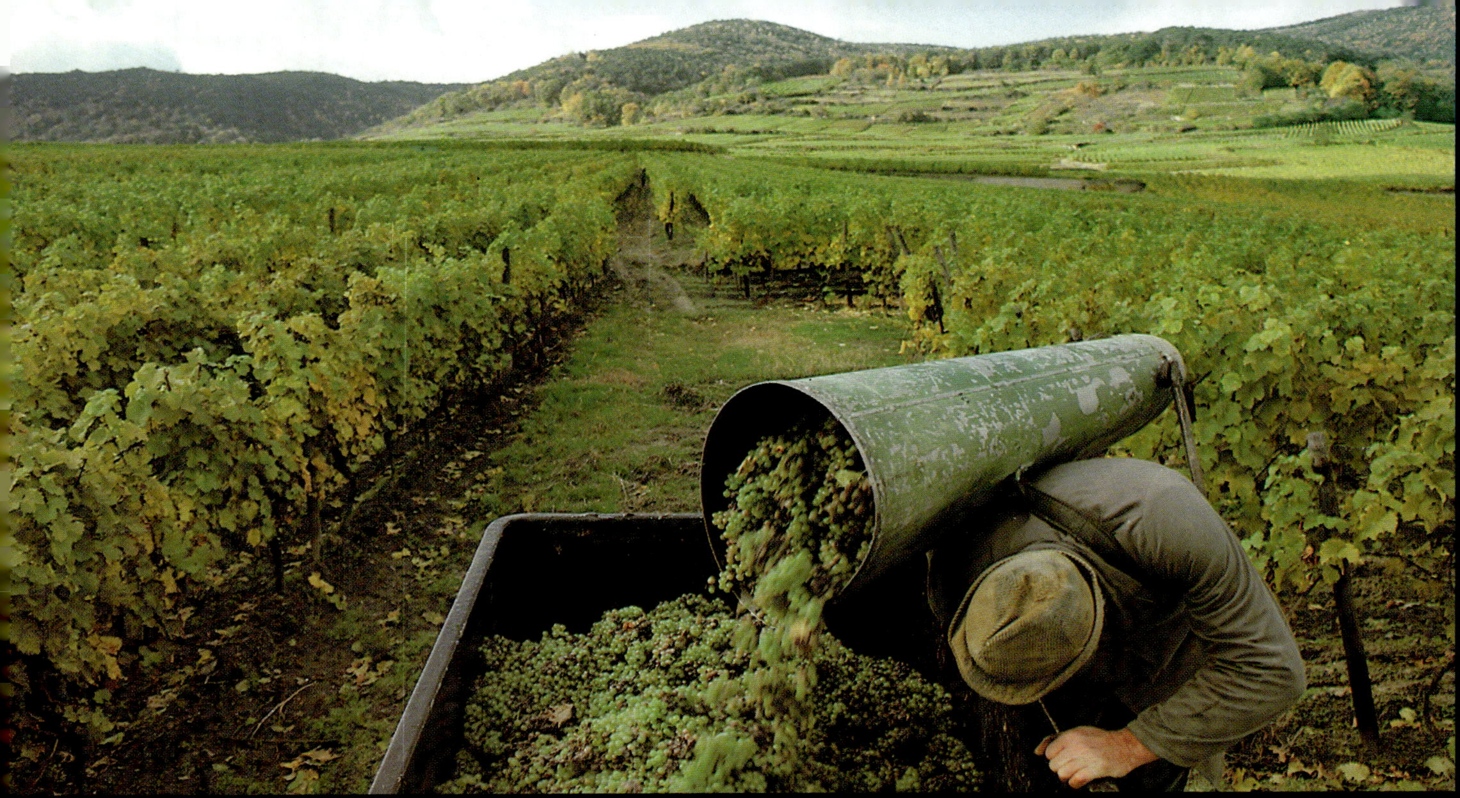

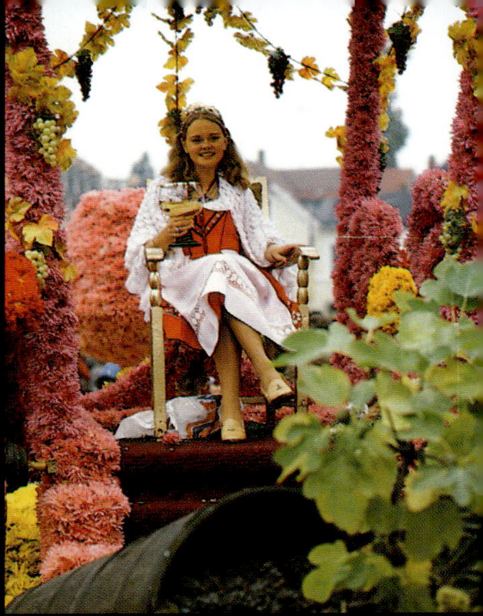

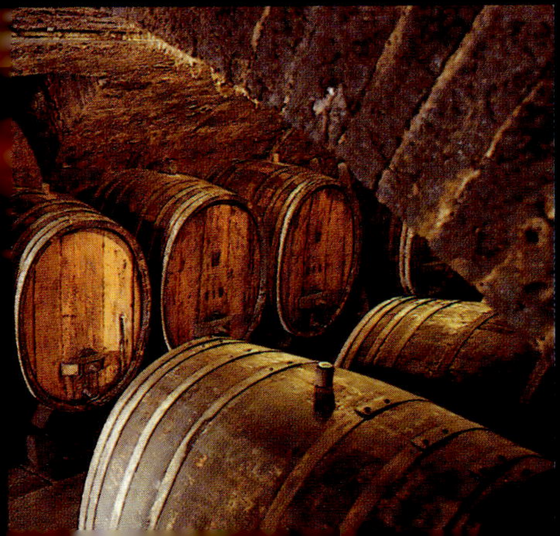

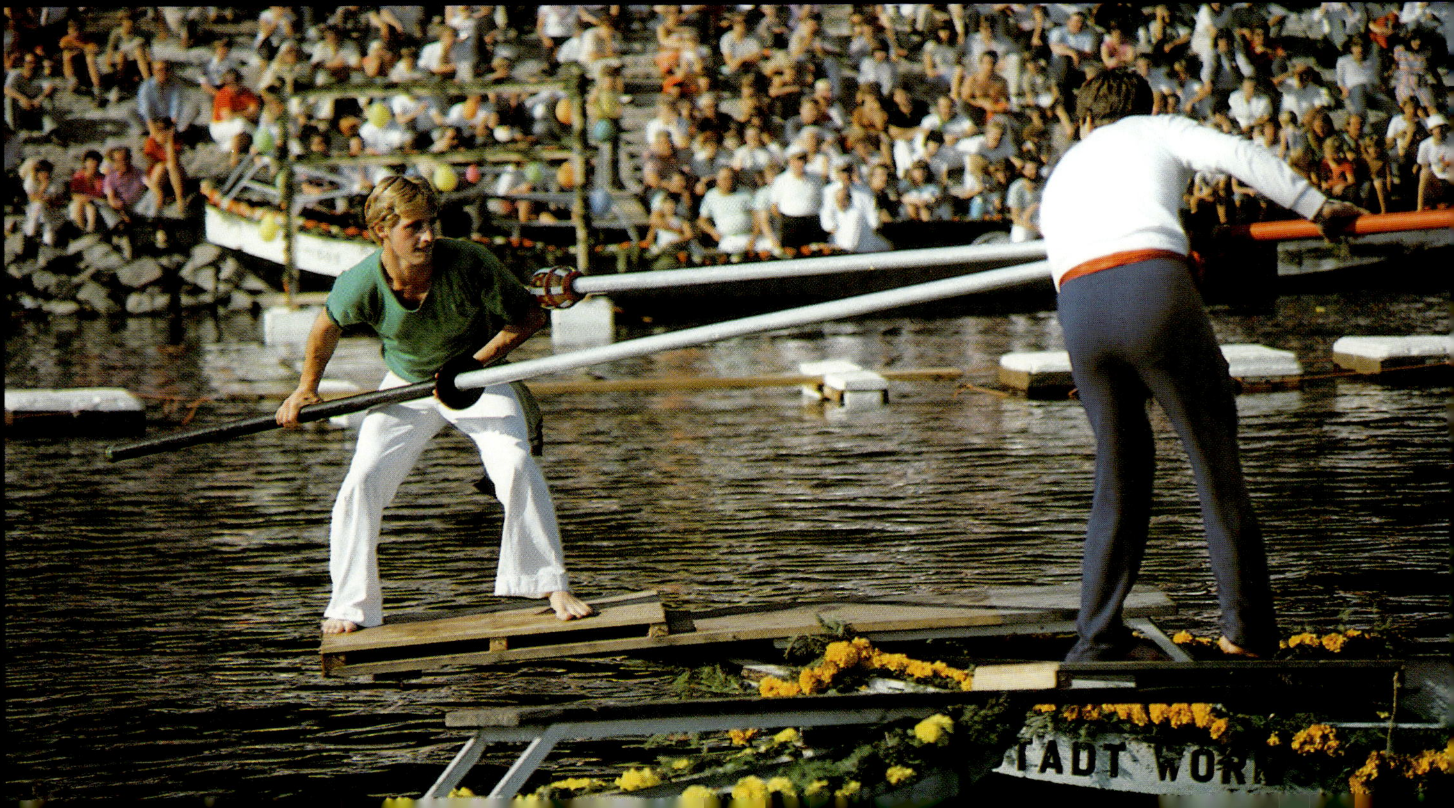

vereinigten und freien Vaterland sowie nach einem einigen Europa zum Ausdruck gebracht.
Das Hambacher Schloß wurde inzwischen restauriert. Darin befinden sich Versammlungsräume und ein Museum. Außerdem kann man dort oben – bei eindrucksvoller Aussicht – einen guten Wein genießen.
Am südlichen Ende der Deutschen Weinstraße liegt das Deutsche Weintor, in dessen unmittelbarer Nachbarschaft sich ein sehr gut gestalteter Weinlehrpfad befindet. Auf ihm wird auch das Unwesen der Reblaus demonstriert, die im vorigen Jahrhundert von Amerika nach Europa eingeschleppt wurde und beinahe alle Weinstöcke vernichtete. Heute schützt man sich vor ihr, indem man die deutschen Reben auf gegen die Reblaus immune amerikanische Rebstöcke aufpfropft.
Es gibt übrigens, das sei am Rande vermerkt, einen sehr reizvollen Wanderweg oberhalb der Deutschen Weinstraße, der am Pfälzer Wald entlang durch die Weinberge führt – und selbstverständlich auch vorüber an zahlreichen gemütlichen Weinstuben.
Zum Wein aber fährt man auch an die Saar, wo die spritzigen Rieslinge wachsen. Es sind mit die besten, die in der saarländischen Hauptstadt Saarbrücken ausgeschenkt werden –

At the southern end of the German Wine Route is the German Wine Gate, right next to which an interesting demonstration wine route has been set up. On it, for example, the dreaded phylloxera and its effects are shown – the vine louse that was introduced to Europe from America in the last century and which destroyed practically all of Europe's vines. Protection is obtained today by grafting German vines onto phylloxera-resistant American root-stocks.
There is, by the way, a very charming hiking route above the German Wine Route, passing through the vineyards along the edge of the Palatinate Forest, and also, of course, past many an inviting wine tavern.
But the River Saar, too, has plenty to offer in the way of wine, in particular refreshing *Rieslings*, which are among the best wines obtainable in Saarbrücken, the capital of Saarland. The traditional place to drink it is around St.-Johanner-Markt, a particularly picturesque corner of the old part of town.
Collectors of curiosities will want to go to see the Gollenstein, near Blieskastel. The Gollenstein is a 23 ft. menhir – reputed to be the tallest in central Europe. *Menhir* is a Celtic word, meaning long stone. The Gollenstein, dating from the early Stone Age, once had a cultic significance.

de vin tout en contemplant un merveilleux panorama.
A l'extrémité sud de la route allemande du Vin se trouve le *Weintor* (porte du Vin) à la droite duquel on a aménagé un sentier instructif du vin qui montre par exemple les ravages causés par le phylloxéra. Cet insecte venu d'Amérique a été introduit le siècle dernier en Europe où il détruisit presque tous les ceps de vigne. On s'en protège aujourd'hui en greffant sur les ceps allemands des ceps américains immunisés contre le phylloxéra.
Il faut mentionner par ailleurs un ravissant chemin de randonnée au-dessus de la route allemande du Vin. Longeant la forêt du Palatinat, il mène à travers les vignobles et passe bien sûr devant de nombreuses tavernes.
La Sarre offre également d'excellents vins dont de pétillants *rieslings* que l'on peut aller déguster à Sarrebruck, la capitale sarroise. On fera bien pour cela de se rendre au marché St-Jean, un coin particulièrement pittoresque du vieux Sarrebruck.
Non loin de Blieskastel, on peut admirer une curiosité: le Gollenstein, un menhir de sept mètres de haut qui passe pour être le plus haut d'Europe centrale. Menhir est un mot celte qui signifie pierre allongée.

▷ **Mettlach/Alter Turm der ehemaligen Abtei**
Bereits im Jahre 695 gründete der Frankenfürst Liutwin das Benediktinerkloster, dem er selbst als Mönch beitrat. Bald darauf wurde er dessen Abt, schließlich Erzbischof von Trier. Gegen Ende des 10. Jahrhunderts ließ einer seiner Nachfolger, Abt Lioffin, den Alten Turm als Grabstätte für den frommen Mann errichten.

▷ **Mettlach/Old Tower of the former abbey**
The Franconian Prince Liutwin founded the Benedictine Abbey as early as 695, and then entered it as a monk. Soon afterwards he became abbot, and then archbishop of Trier. Towards the end of the 10th century, one of his successors, Abbot Lioffin, had the Old Tower erected as a tomb for the founder.

▷ **Mettlach/La Vieille Tour de l'ancienne abbaye**
Dès 695, le prince franc Liutwin fonda l'abbaye bénédictine où il entra comme moine. Peu après, il en devint l'abbé et finalement fut archevêque de Trèves. Vers la fin du Xe siècle, son successeur, l'abbé Lioffin, fit ériger la Vieille Tour pour servir de sépulture au saint homme.

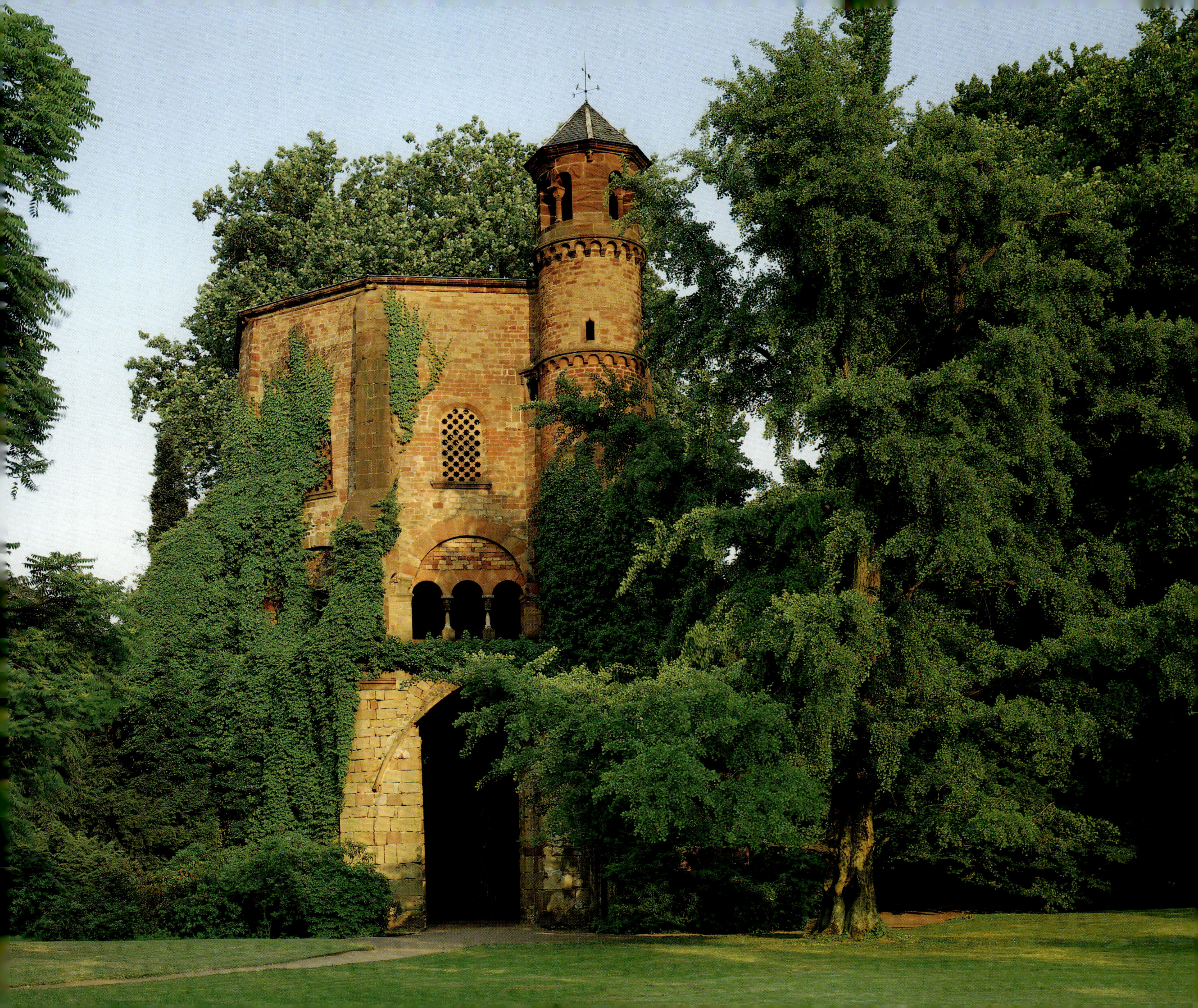

vor allem am St.-Johanner-Markt, einem besonders idyllischen Winkel in der Altstadt.

Eine Merkwürdigkeit gibt es unweit von Blieskastel zu bestaunen: den sieben Meter hohen Gollenstein. Er sei, so heißt es, der größte *Menhir* in Mitteleuropa. Das Wort Menhir kommt aus dem Keltischen und bedeutet langer Stein.

Der Gollenstein ist ein Monolith aus der jüngeren Steinzeit. Er hatte einst eine kultische Bedeutung. Nicht selten ranken sich Legenden um diese Steinblöcke, die in Deutschland als Hinkelsteine bezeichnet werden. So heißt es vom Gollenstein, er sei der Wetzstein des Riesen Goliath gewesen. Später, im Mittelalter, haben sich die Christen des Steines angenommen und ihn mit einem christlichen Symbol versehen.

There are often legends attached to such menhirs. It is said of the Gollenstein, for example, that it was Goliath's whetstone. Later, in the Middle Ages, the Christians took over the stone and decorated it with a Christian symbol.

Le Gollenstein est un monolithe du début de l'âge de pierre et avait autrefois une signification cultuelle. Ces menhirs sont souvent entourés de légendes. On dit ainsi du Gollenstein qu'il fut la pierre à aiguiser du géant Goliath. Par la suite, au moyen âge, les chrétiens ont adopté la pierre et l'ont décorée d'un symbole chrétien.

▷ **Limburg/Burg und Dom**
In Limburg an der Lahn steht eines der schönsten Bauwerke der deutschen Spätromanik: Auf steilem Felsen ragt der Dom in die Höhe, steingewordene Idee der Gottesburg des Hochmittelalters. Die Kirche gilt als eigenwilliges Zeugnis der deutschen Romanik unter Aneignung frühgotischer Einzelformen. Am Ostrand des Dombergs drängt sich malerisch die Burg zusammen.

▷ **Limburg/Castle and Cathedral**
Limburg on the Lahn has one of Germany's finest late-Romanesque buildings: on a steep rocky outcrop, the Cathedral rises skywards, a symbol of medieval piety. The church is regarded as a highly original example of German Romanesque architecture which incorporates some early-Gothic elements. On the eastern part of the Cathedral Hill crouches the picturesque castle.

▷ **Limburg/Le château et la cathédrale**
Limburg sur la Lahn s'enorgueillit d'un des plus beaux édifices du roman tardif. Sur un rocher abrupt, la cathédrale se dresse, incarnation d'une «forteresse de Dieu» du haut moyen âge. C'est un témoignage de la période de transition entre le style roman et le gothique primaire en Allemagne. En bordure est de la colline de la cathédrale s'élève le pittoresque château.

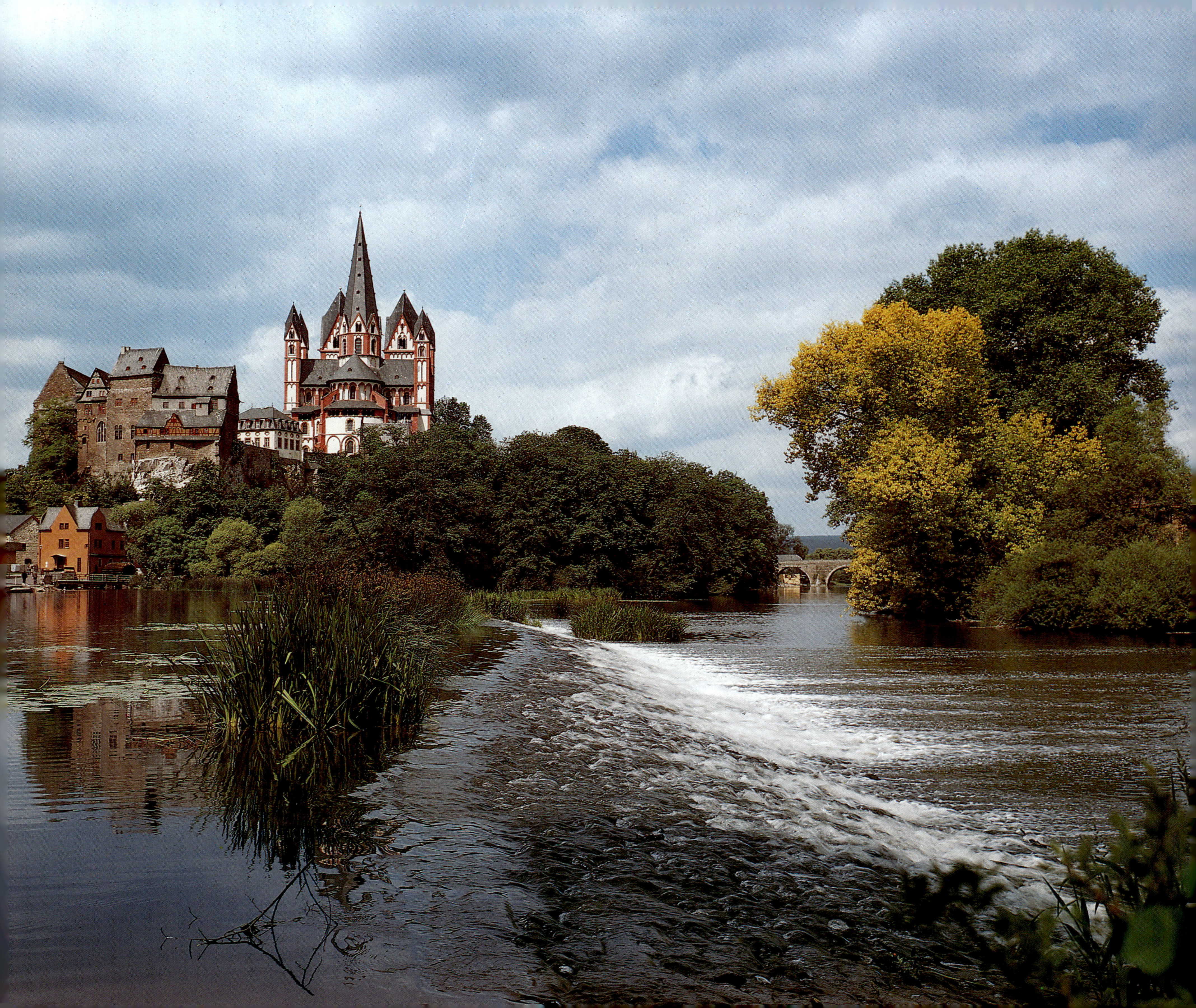

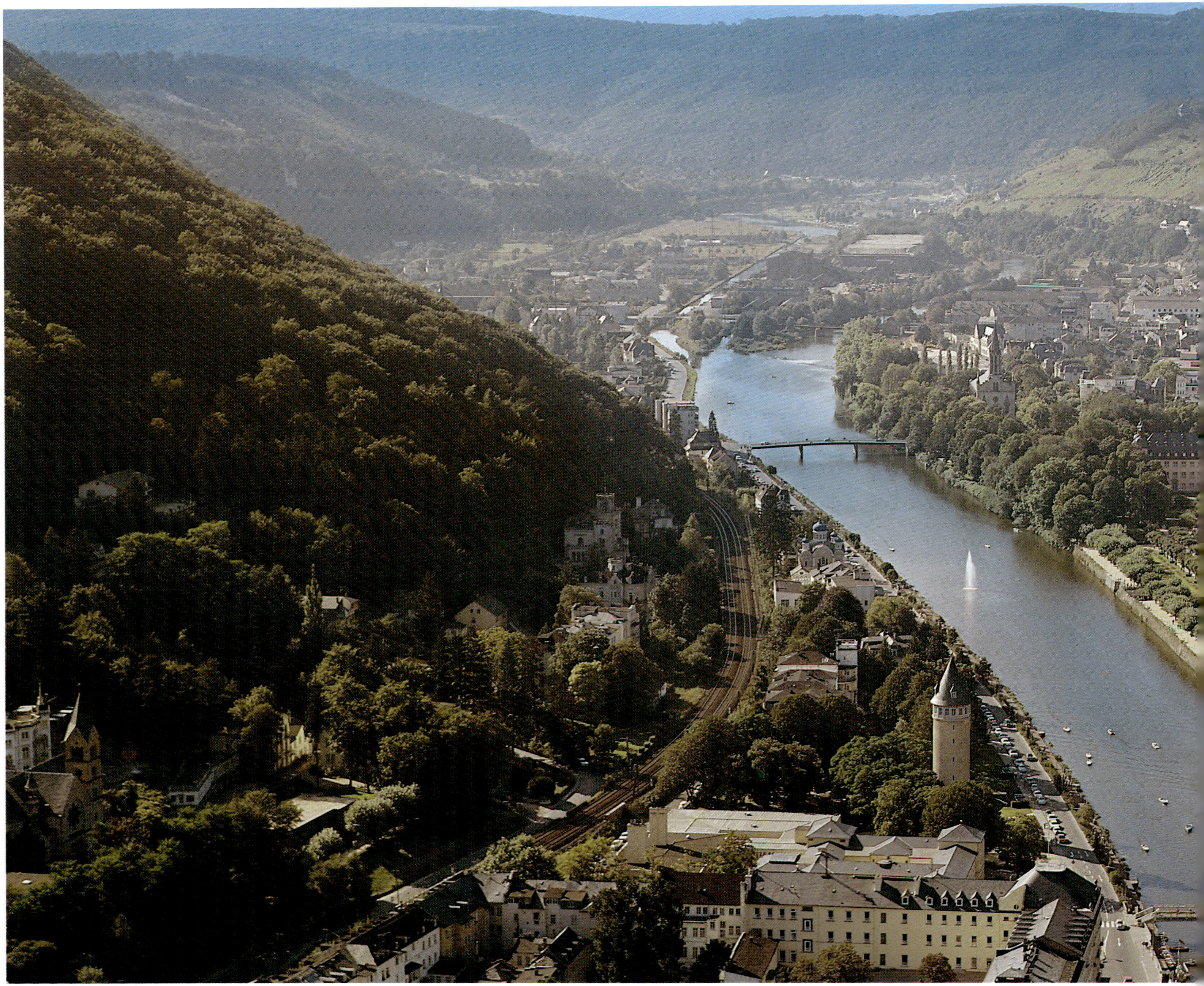

◁ **Bad Ems an der Lahn**
Das alte Heilbad im engen Lahntal schmiegt sich an die Höhen von Westerwald und Taunus. Im 19. Jahrhundert war es zur schicken Kurstadt avanciert, in der sich die vornehme Welt Europas ein Stelldichein gab. Bisweilen mit weitreichenden Konsequenzen: Auf der Kurpromenade von Bad Ems fand jenes Gespräch zwischen König Wilhelm von Preußen und dem französischen Botschafter Benedetti statt, das zur Emser Depesche *Bismarcks und damit zur Kriegserklärung Frankreichs führte.*

◁ **Bad Ems on the Lahn**
The old spa is built in the narrow valley of the Lahn between the Westerwald and Taunus hills. In the 19th century it developed into a fashionable watering place for Europe's high society. This sometimes had far-reaching consequences – as, for example, when King William of Prussia conversed with the French ambassador, M. Benedetti on the Promenade in Ems, and the conversation led to Bismarck's Ems Telegram *and subsequently to the declaration of war by France.*

◁ **Bad Ems sur la Lahn**
Au XIXᵉ siècle, l'ancienne ville d'eau était devenue une élégante station thermale où la haute volée se donnait rendez-vous. Ce qui eut parfois d'importantes conséquences: c'est sur la promenade de Bad Ems qu'eut lieu le fameux entretien entre le roi Guillaume de Prusse et l'ambassadeur de France, le comte Benedetti, qui aboutit à la dépêche d'Ems *et ainsi à la déclaration de guerre de la France.*

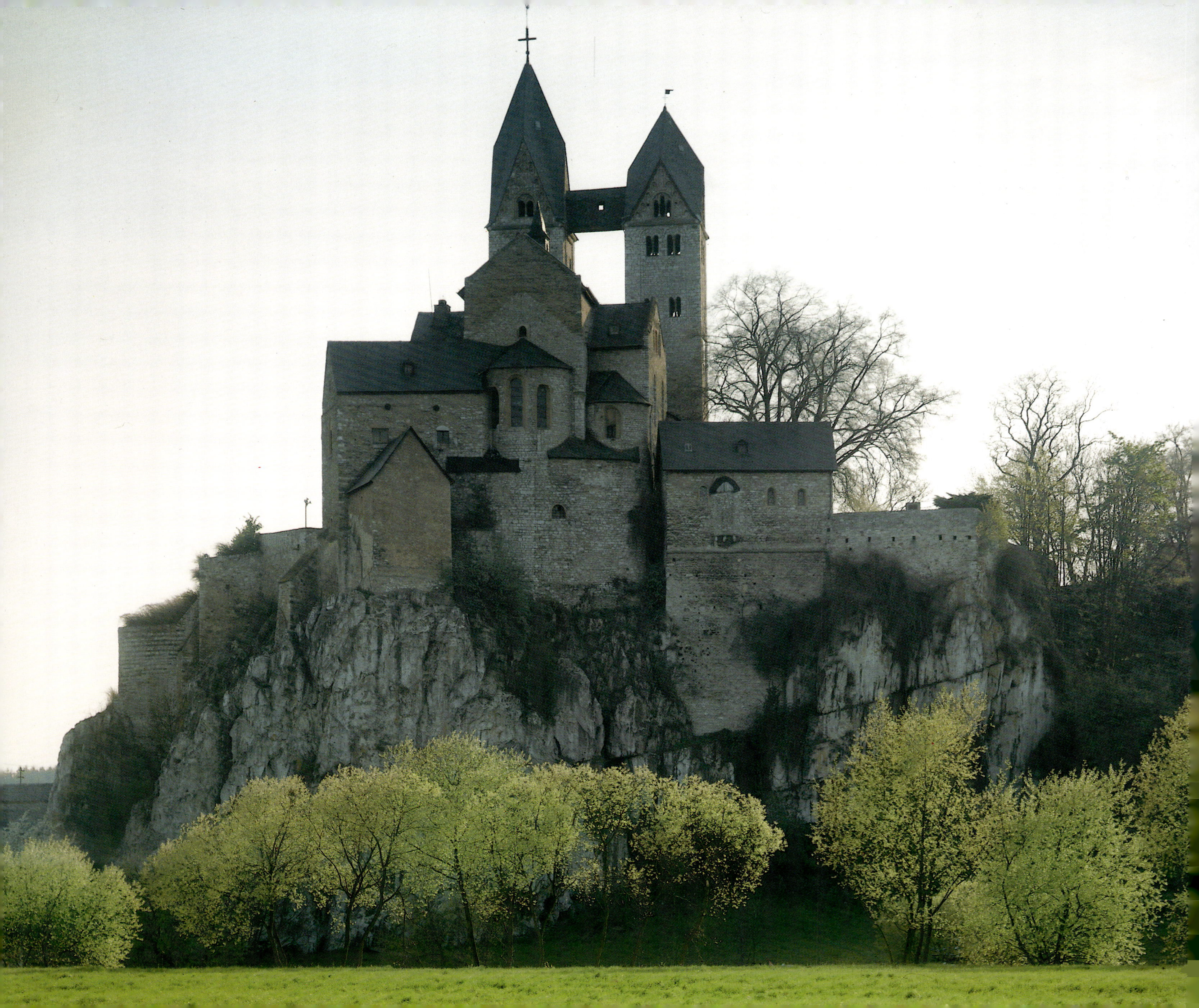

Rhein-Main-Gebiet und Hessen

Jenes Frankfurt mit seinen schmalen Gassen und kleinen Häusern, das Johann Wolfgang von Goethe in seinen Erinnerungen *Dichtung und Wahrheit* so eindrucksvoll geschildert hat, gibt es nicht mehr. Auch das behagliche Vaterhaus des Dichters, das nach dem Zweiten Weltkrieg wieder aufgebaut und mit den alten – zum Glück geretteten – Möbeln ausgestattet wurde, steht inmitten von Beton- und Glaspalästen ein bißchen fremd und verloren in der Frankfurter Stadtlandschaft.
In Frankfurt, darüber besteht kein Zweifel, laufen die Fäden der deutschen Wirtschaft zusammen. Und das nicht erst seit Bestehen der Bundesrepublik Deutschland.
Entwickelt hat sich der Ort aus einer günstigen Lage am Main. Da war eine Furt, eine seichte und leicht begehbare Stelle im Strom, die von den Händlern wie auch vom Kriegsvolk benutzt wurde. Der Platz verlockte zum Siedeln. Mit Reisenden waren immer gute Geschäfte zu machen. Was früher die Furt für die Stadt bedeutete, sind heute die Autobahnen, der Eisenbahnknotenpunkt, der Rhein-Main-Flughafen, der zu den größten und wichtigsten in Europa gehört.
Das Frankfurt von heute aber mit seinem Beton- und Glaspanorama ist nur die eine Seite dieser Stadt,

The Rhine-Main Region and Hesse

The Frankfurt of narrow lanes and small houses, so vividly described by Goethe in his memoirs *Dichtung und Wahrheit* has gone. And the comfortable house in which he was born, which was reconstructed after the Second World War, and is even fitted out with the old furniture – happily saved from destruction – really looks slightly out of place among the concrete and glass structures that make up the modern Frankfurt townscape. Frankfurt is undoubtedly the focal point of the German economy, and was so long before the foundation of the present Republic. The city developed round a favourable spot on the River Main, where a ford made crossing easy for both merchants and armies.
The site was ideal for a trading settlement, for travellers have always brought business with them. The modern equivalents of the ancient ford are the motorways, the railway junction, and the Rhein-Main Airport, which is one of the most important in Europe.
But the Frankfurt of today does not consist only of concrete and glass. There is another side to this city, as is illustrated by the continued use of the ancient building called the *Römer* – in which emperors and kings have been received – as the Frankfurt town hall.

La région du Rhin et du Main et la Hesse

Le Francfort aux ruelles étroites et aux petites maisons qu'a si bien décrit Gœthe dans ses mémoires *Poésie et vérité* n'existe plus. Et la confortable maison où il est né, qui fut reconstruite après la Deuxième Guerre mondiale et meublée avec les anciens meubles et objets – qui avaient fort heureusement pu être sauvés de la destruction – semble quelque peu anachronique au milieu des immeubles de verre et de béton du Francfort moderne.
Francfort est incontestablement le centre de l'économie allemande et ceci pas seulement depuis la création de la République fédérale d'Allemagne.
La ville s'est développée à partir d'une situation favorable sur le Main. Un gué naturel permettait le passage des marchands comme des armées. L'endroit était propice à l'établissement d'une colonie, car les voyageurs ont toujours été une source de négoce. De nos jours, les autoroutes, le nœud ferroviaire, l'aéroport Rhein-Main, qui compte parmi les plus importants et les plus grands d'Europe, sont à la ville ce qu'était autrefois pour elle le gué.
Mais le Francfort moderne, avec sa silhouette de béton et de verre n'est qu'un aspect de la ville où l'hôtel de ville se trouve dans le Römer, qui accueillit jadis empereurs et rois.

◁ **Dietkirchen an der Lahn/ Stiftskirche St. Lubentius und Juliana**
Als ob sie aus dem Kalksteinfelsen herausgewachsen wäre, so fest ruht die ehemalige Stiftskirche St. Lubentius und Juliana darauf und krönt wie eine Gottesburg das Lahntal. Die romanische Kirche wurde auf älteren Fundamenten in Abschnitten vom 11. bis zum frühen 13. Jahrhundert errichtet und ist doch wie aus einem Guß.

◁ **Dietkirchen on the Lahn/ Collegiate Church of St. Lubentius and St. Juliana**
The former Collegiate Church of St. Lubentius and St. Juliana looks as if it had grown out of the living rock on which it stands like a celestial castle above the River Lahn. The Romanesque church is homogeneous in style although it was built over a period of two centuries.

◁ **Dietkirchen sur la Lahn/ Collégiale St-Lubentius et Juliana**
L'ancienne collégiale St-Lubentius et Juliana semble avoir poussé du rocher calcaire et, tel un château de Dieu, couronne la vallée de le Lahn. Bien qu'édifiée sur d'anciennes fondations en plusieurs tranches, du XIe siècle au début du XIIIe siècle, elle paraît faite d'un bloc.

deren Stadtobere immer noch in jenem Römer residieren, in dem bereits Kaiser und Könige empfangen wurden.
Der Römer ist unter den Rathäusern deutscher Städte ein Unikum. Denn die Frankfurter haben sich – auch in ihren wirtschaftlich besten Zeiten – niemals entschließen können, ein repräsentatives Rathaus zu bauen. Sie beließen es dabei, Bürgerhäuser aufzukaufen und sie miteinander zu verbinden.
Urzellen dieses Rathauses, das sich schließlich aus acht Häusern zusammensetzte, waren das Haus »Zum Römer« von 1322 und das Haus »Zum Goldenen Schwan«. Im Jahre 1944 wurde der Römer schwer beschädigt, sieben Jahre später nach alten Plänen jedoch wieder aufgebaut. Nur im Innern wurde die Raumeinteilung nach neuen Gesichtspunkten vollzogen.
Unter den Kirchen nehmen der Dom, die Krönungskirche der Deutschen Kaiser bis zum Ende des Heiligen Römischen Reiches Deutscher Nation im Jahre 1806, und die Paulskirche, in der 1848 das erste deutsche Parlament tagte, eine dominierende Stellung ein.
Das Senckenberg-Museum gilt als das größte naturkundliche Museum in Deutschland. Sehenswert sind der Palmengarten und der Zoologische

The Römer is unique among the German town halls, because not even during their most prosperous times have the people of Frankfurt been able to bring themselves to build a prestigious town hall.
They have restricted themselves to buying up houses and connecting them up with one another. The core of the Römer, which in the course of time embraced eight different houses, was formed by the Haus zum Römer, of 1322, and the Haus Zum Goldenen Schwan. The Römer was badly damaged in 1944, but rebuilt according to the old plans seven years later. Only the interior has been adapted to the requirements of the modern age.
Among the churches, the Cathedral, in which the German emperors were crowned until the end of the Holy Roman Empire in 1806, and St. Paul's Church, in which the first German Parliament met in 1848, are the most important.
The Senckenberg Museum is the largest natural history museum in Germany, and the Palm Gardens and Zoological Gardens are also well worth visiting. The world-famous *Fressgass* (gourmet's alley) in the town centre looks after the visitor's inner man. Here the local cider is the most popular drink, although the connoisseur goes to Sachsenhausen to sample this speciality of the region.

Le Römer est unique parmi les hôtels de ville allemands. Car les Francfortois, même au cours de leurs périodes les plus prospères, n'ont jamais pu se résoudre à construire un hôtel de ville. Ils se contentèrent d'acheter des maisons bourgeoises et de les réunir entre elles. Le noyau de cet hôtel de ville, qui a fini par se composer de huit maisons, était constitué par la maison «Zum Römer», de 1322, et la maison «Zum Goldenen Schwan». En 1944, le Römer a été gravement endommagé, mais reconstruit sept ans plus tard selon les anciens plans. A l'intérieur toutefois la distribution des pièces a été faite en fonction des exigences modernes.
Parmi les églises, la cathédrale, où furent couronnés les Empereurs du Saint Empire romain germanique jusqu'en 1806, et l'église St-Paul où se réunit le premier Parlement allemand en 1848, occupent une place dominante.
Le musée Senckenberg passe pour être le musée d'histoire naturelle le plus important d'Allemagne. Il faut également voir le Palmengarten, le jardin botanique avec ses serres de palmiers ainsi que le jardin zoologique. La *Fressgass* mondialement célèbre est, dans le centre de la ville, la rue réservée aux plaisirs de la table et où l'on boit du cidre. Les meilleurs cidres de la région se dégustent

▷ **Im Lahntal bei Marburg**
Nordhessen hat den Besuchern, die hier die Stille suchen, eine abwechslungsreiche Landschaft zu bieten. In diesem fast unüberschaubaren Mosaik aus Bergen, Tälern, Hügeln und Wäldern finden sich überall idyllische Winkel.

▷ **In the Lahn Valley, near Marburg**
Visitors seeking a tranquil, varied countryside will find it here in northern Hesse. Idyllic scenes such as this are to be found everywhere in the extensive mosaic of hills and dales, woodlands and waterways.

▷ **Dans la vallée de la Lahn près de Marburg**
Aux visiteurs en quête de calme, la Hesse du Nord offre un paysage varié. Dans cette mosaïque presque inextricable de montagnes, de vallées, de collines et de forêts, on trouve partout des coins idylliques.

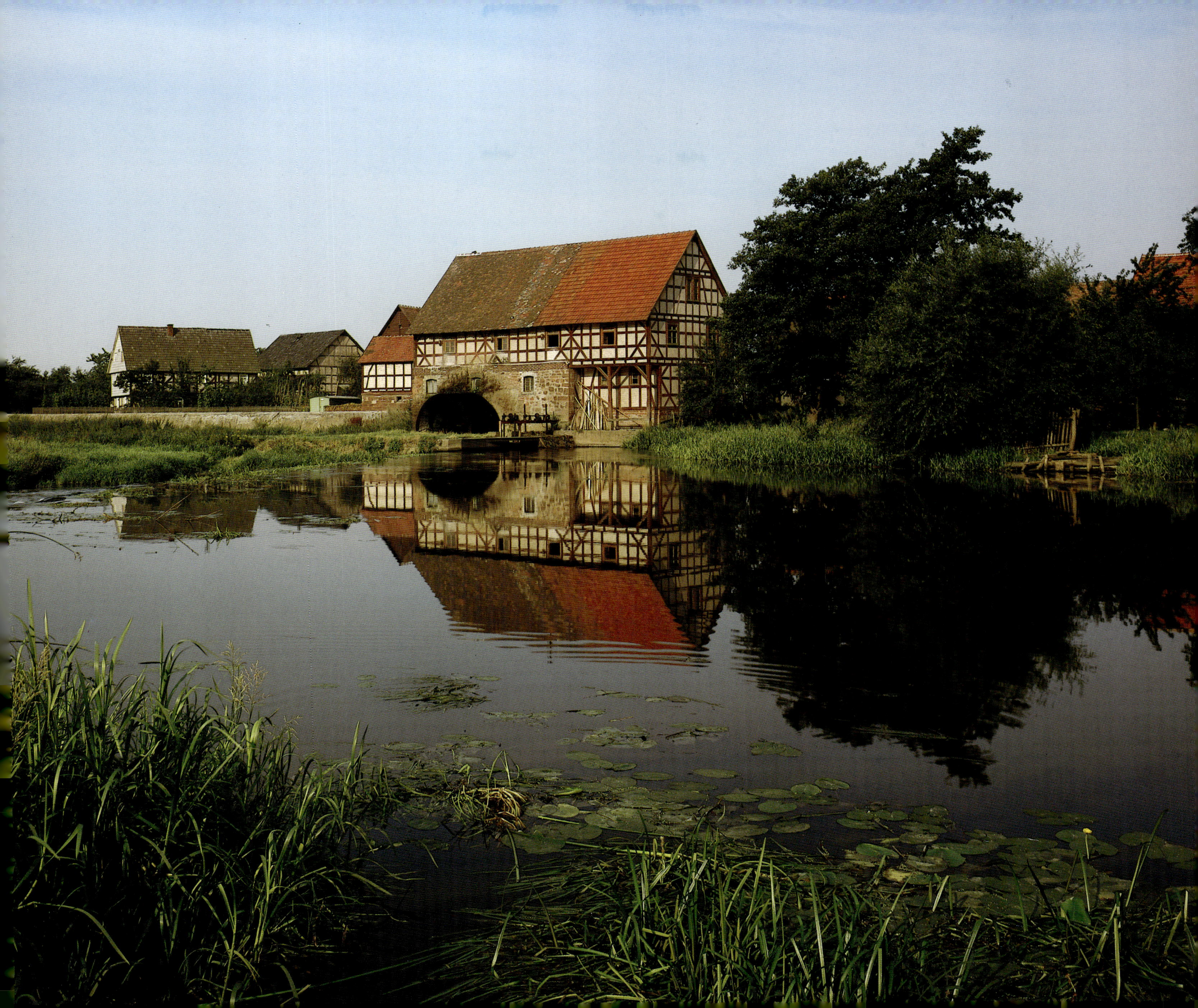

Garten, und für das leibliche Wohl sorgt die weltberühmte Freßgass' in der Innenstadt. Noch berühmter freilich sind die *Äbbelwoikneipen* in Sachsenhausen, wo es den guten Apfelwein zu trinken gibt.

Frankfurt ist ohne Frage die bedeutendste Stadt in Hessen. Aber die Hauptstadt dieses Bundeslandes ist es nicht. Diese Ehre kommt Wiesbaden zu, einst eine wichtige Römersiedlung, geschätzt vor allem wegen ihrer warmen Heilquellen. Später befand sich dort ein karolingischer Königshof, und seit dem 13. Jahrhundert residierten hier die Grafen von Nassau.

Wiesbaden gehört mit seinen Kuranlagen aus dem beginnenden vorigen Jahrhundert, mit seinem Schloß, in dem heute der Hessische Landtag zusammentritt, mit den Kirchen und Kapellen, darunter die Griechische Kapelle auf dem Neroberg, und mit seinen klassizistischen Wohnbauten zu jenen Städten, die dem Fremden die Stimmung eines heiteren Ferientags vermitteln.

Eines der gewaltigsten und ehrwürdigsten deutschen Baudenkmäler ist der Dom St. Martin und St. Stephan in Mainz. Er war die Kirche der Erzkanzler des alten Reiches, und der Besucher ist vor allem beeindruckt von den vielen prächtigen Sarkophagen der Erzbischöfe und Bischöfe.

Frankfurt is certainly the most important town in Hesse, but it is not the capital. This honour is reserved for Wiesbaden, once a large Roman settlement, prized for its warm springs. Later it was the site of a Carlovingian royal court, and since the 13th century it has been the residence of the Counts of Nassau.

With its spa buildings from the beginning of the last century, its palace, in which the Hessian Diet now meets, its churches and chapels, including the Greek Chapel on Neroberg, and its classicist houses, Wiesbaden is one of those towns that succeeds in putting its visitors in a real holiday mood.

One of Germany's greatest and most venerable buildings is the Cathedral of St. Martin and St. Stephen in Mainz. It was the church of the archchancellors of the old Empire. The many magnificent tombs of archbishops and bishops form one of the cathedral's most impressive features.

But Mainz also has other things to offer. Its fortifications, for example, and the former Electoral Palace, and, in particular, the former mansions of the aristocracy, some of which have been preserved, such as the more recent Dalberger Hof, built 1715–1718.

Many patrician burghers' houses

toutefois dans le quartier de Sachsenhausen.

Francfort est certainement la ville la plus importante de Hesse, mais elle n'en est pas la capitale. Cet honneur revient à Wiesbaden, ancienne colonie romaine importante appréciée pour ses sources d'eau chaude. Ce fut ensuite une cour royale carolingienne et, depuis le XIIIe siècle, elle a été la résidence des comtes de Nassau.

Avec ses installations de cure qui datent du début du siècle précédent, son château où se réunit aujourd'hui le Parlement du Land, ses églises et ses chapelles, dont la chapelle grecque sur le Neroberg, et ses édifices classiques, Wiesbaden est une ville capable de mettre le visiteur de cette belle humeur propre aux vacances.

Un des édifices les plus imposants et les plus vénérables d'Allemagne est la cathédrale Saint-Martin-et-Saint-Etienne à Mayence. Ce fut l'église de l'archichancelier du Saint Empire et le visiteur est particulièrement impressionné par le grand nombre de magnifiques sarcophages d'archevêques et d'évêques.

Outre la cathédrale et d'autres églises remarquables, il ne faut pas oublier ni les fortifications ni l'ancien château des princes-électeurs. Mais il convient surtout de mentionner les an-

▷ **Blick von der Ruine Gleiberg zum Vetzberg**
Die beiden Burgruinen aus dem hohen Mittelalter, auf gegenüberliegenden Bergkegeln errichtet, schauen weit in die nordhessische Landschaft. Die Burgen beherbergten einst Raubritter, die Tal und Weg nicht aus den Augen ließen und so manchen friedlichen Reisenden um seine Barschaft erleichterten.

▷ **View of Vetzberg from the ruins of Gleiberg**
The two ruined castles, built in the high Middle Ages on adjacent hills, are vantage points for extensive views of the Hessian countryside. The castles once belonged to robber knights who lived on the spoils taken from peaceful travellers on the roads beneath.

▷ **Vue de la ruine de Gleiberg sur le Vetzberg**
Les ruines des deux châteaux du haut moyen âge, édifiés sur deux cônes montagneux en Hesse septentrionale, dominent la campagne. Les châteaux abritaient autrefois des chevaliers pillards qui surveillaient attentivement la vallée et les chemins alentour et dévalisèrent ainsi plus d'un paisible voyageur.

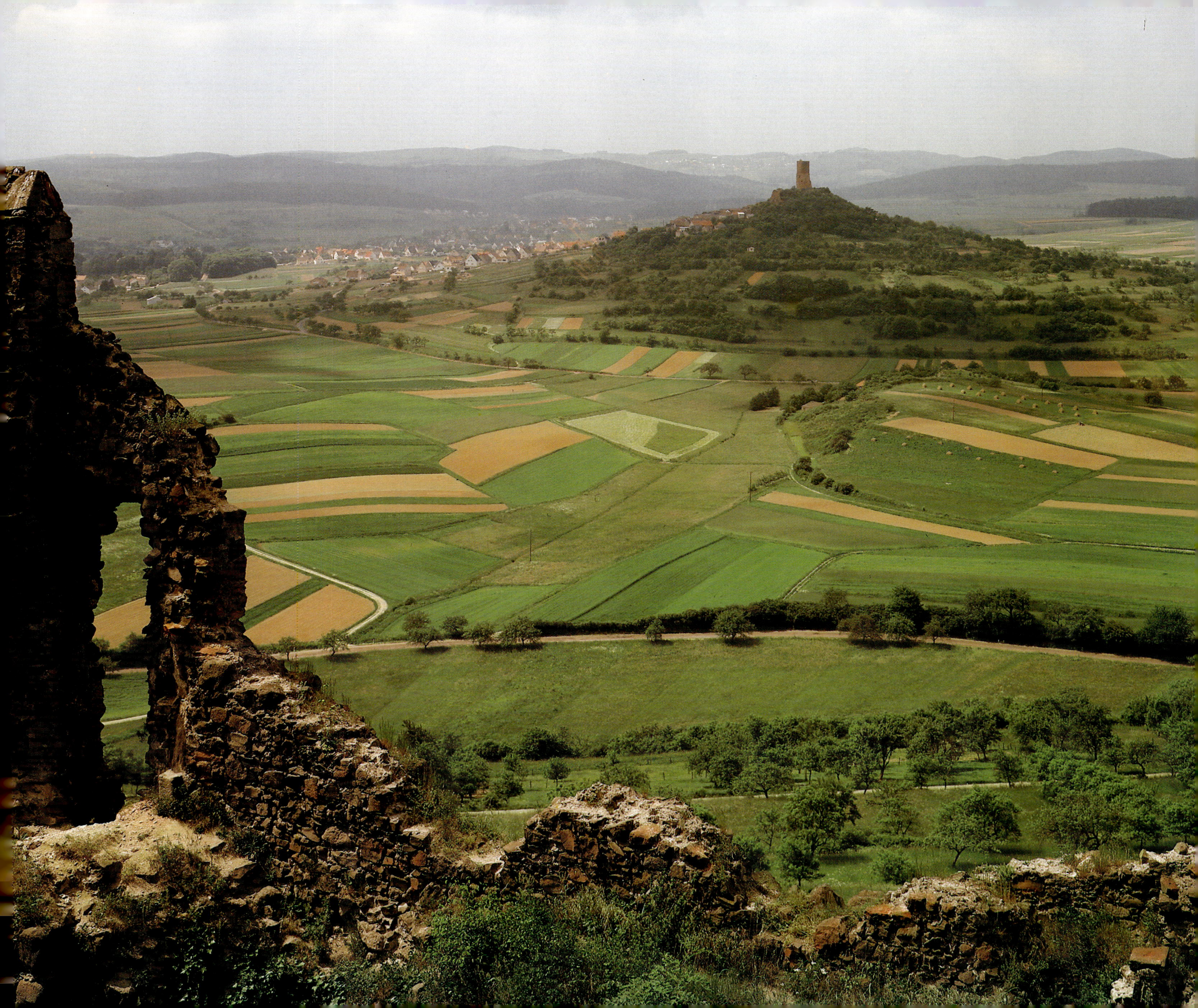

Neben dem Dom und weiteren sehenswerten Kirchen sollten aber weder die erhalten gebliebenen Befestigungen vergessen werden noch das ehemalige kurfürstliche Schloß. Vor allem aber sind die einstigen Adelshöfe zu nennen, von denen einige die Zeiten überdauert haben, so zum Beispiel der jüngere Dalberger Hof aus den Jahren 1715 bis 1718.

Trotz der Zerstörungen im Zweiten Weltkrieg stehen noch viele herrschaftliche Bürgerhäuser, darunter das Haus »Zum Römischen Kaiser«. Es wurde in den Jahren nach dem Dreißigjährigen Krieg erbaut. Heute ist es Teil des Gutenberg-Museums, in dem wertvolle Exponate des Wirkens von Johannes Gutenberg gezeigt werden, dem berühmten Sohn der Stadt und Erfinder der Buchdruckerkunst.

Mainz ist die Hauptstadt des Bundeslandes Rheinland-Pfalz. Es ist eines der Zentren des deutschen Weines. Mainz ist auch eine Hochburg des Karnevals. Die Mainzer *Fasenacht* gehört zu den prächtigsten, farbigsten und sicherlich auch fröhlichsten Veranstaltungen dieser Art in Deutschland.

luckily survived the destruction of the Second World War. One of them is the Haus Zum Römischen Kaiser, which was built shortly after the end of the Thirty Years' War.
Today it forms part of the Gutenberg Museum which houses some valuable items illustrating the work of Johannes Gutenberg, one of the town's most famous sons, who invented printing. Mainz is particularly proud of the draw-well on the market-square. Dating back to 1526, it is the oldest and finest Renaissance well in Germany.
Mainz is the capital of Rhineland-Palatinate, one of West Germany's federated states, and is one of the centres of German wine. The city is also the scene of some of the most dazzling and colourful carnival events in Germany, attended by many thousands, and enjoyed vicariously on German television by millions more.

ciennes maisons de l'aristocratie, ainsi par exemple le «Dalberger Hof», un hôtel bâti entre 1715 et 1718.
De nombreuses maisons bourgeoises ont survécu aux destructions de la Deuxième Guerre mondiale. Ainsi la maison «Zum Römischen Kaiser», construite après la guerre de Trente Ans et qui fait partie aujourd'hui du musée Gutenberg où sont exposés des trésors illustrant l'œuvre de Johannes Gutenberg, le plus célèbre fils de la ville et inventeur de l'imprimerie.
Mayence s'enorgueillit d'une fontaine qui décore la place du Marché et qui, datant de 1526, est la plus ancienne et la plus jolie fontaine Renaissance d'Allemagne. Mayence est la métropole du Land de Rhénanie-Palatinat et une des capitales viticoles d'Allemagne. C'est aussi un hautlieu du carnaval dont les festivités sont parmi les plus joyeuses en Allemagne et attirent chaque année des milliers de personnes.

▷ **Michelstadt im Odenwald**
Das berühmte Rathaus von Michelstadt ist hier einmal aus ungewohnter Perspektive aufgenommen. Das tut dem Genuß aber keinen Abbruch, denn ein hübscher Rücken kann schließlich auch entzücken. Vor allem ist nun um so besser erkennbar, welche Meister im Fachwerkbau die Hessen einst waren.

▷ **Michelstadt in the Odenwald**
The famous Town Hall of Michelstadt – seen from an unusual angle which clearly reveals how well the Hessians understood the craft of half-timbering.

▷ **Michelstadt dans l'Odenwald**
Le célèbre hôtel de ville de Michelstadt a été photographié ici pour une fois sous un angle inhabituel. Mais cela ne gâche rien, car un joli dos peut également séduire. Et puis cela permet également de voir que les Hessois étaient passés maîtres jadis dans l'art de la construction en colombage.

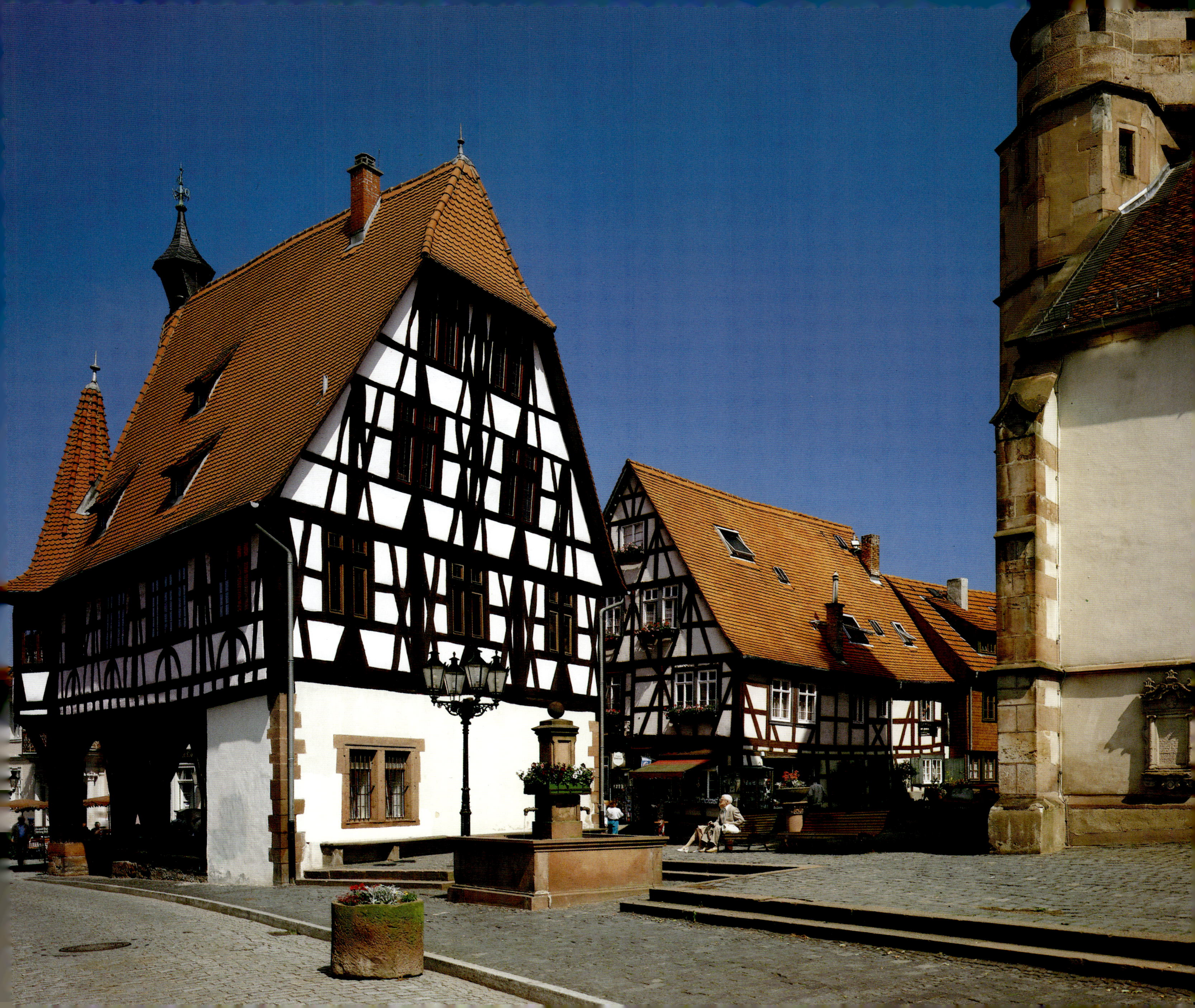

Äbbelwoi: das hessische »Nationalgetränk«

Cider: the regional speciality of Hesse

Le cidre: la boisson «nationale» de Hesse

▷ **Frankfurt am Main/Römer**
Der dreigieblige Römer ist heute das Rathaus der Stadt. In seinen größten Stunden aber erlebte er Zusammenkünfte, die weit über die Grenzen Frankfurts hinaus Bedeutung für das ganze Deutsche Reich hatten. Die oft langwierigen Verhandlungen vor der Wahl des Kaisers fanden im Sitzungssaal statt, die feierlichen Krönungsbankette dann im Kaisersaal, in dem auch die Porträts aller deutschen Kaiser hängen.

▷ **Frankfurt on the Main/Römer**
The three-gabled Römer is the city's town hall now. But in its heyday it hosted assemblies whose importance extended far beyond the town's borders to the whole of the Holy Roman Empire. The often tedious negotiations before a new emperor was elected took place in the Assembly Room, and the coronation banquet was held in the Imperial Hall, in which the portraits of all the German emperors of the Holy Roman Empire are to be seen.

▷ **Francfort-sur-le-Main/ Le Römer**
Le Römer aux trois pignons est aujourd'hui l'hôtel de ville de Francfort. A ses heures de gloire toutefois, il a été le théâtre de rencontres dont l'importance dépassait le cadre de la ville de Francfort et engageait l'avenir de tout l'Empire allemand. Les pourparlers, souvent longs, avant l'élection de l'Empereur se déroulaient dans la salle de séance, le banquet du couronnement avait ensuite lieu dans la salle des Empereurs où se trouvent également accrochés les portraits de tous les Empereurs allemands.

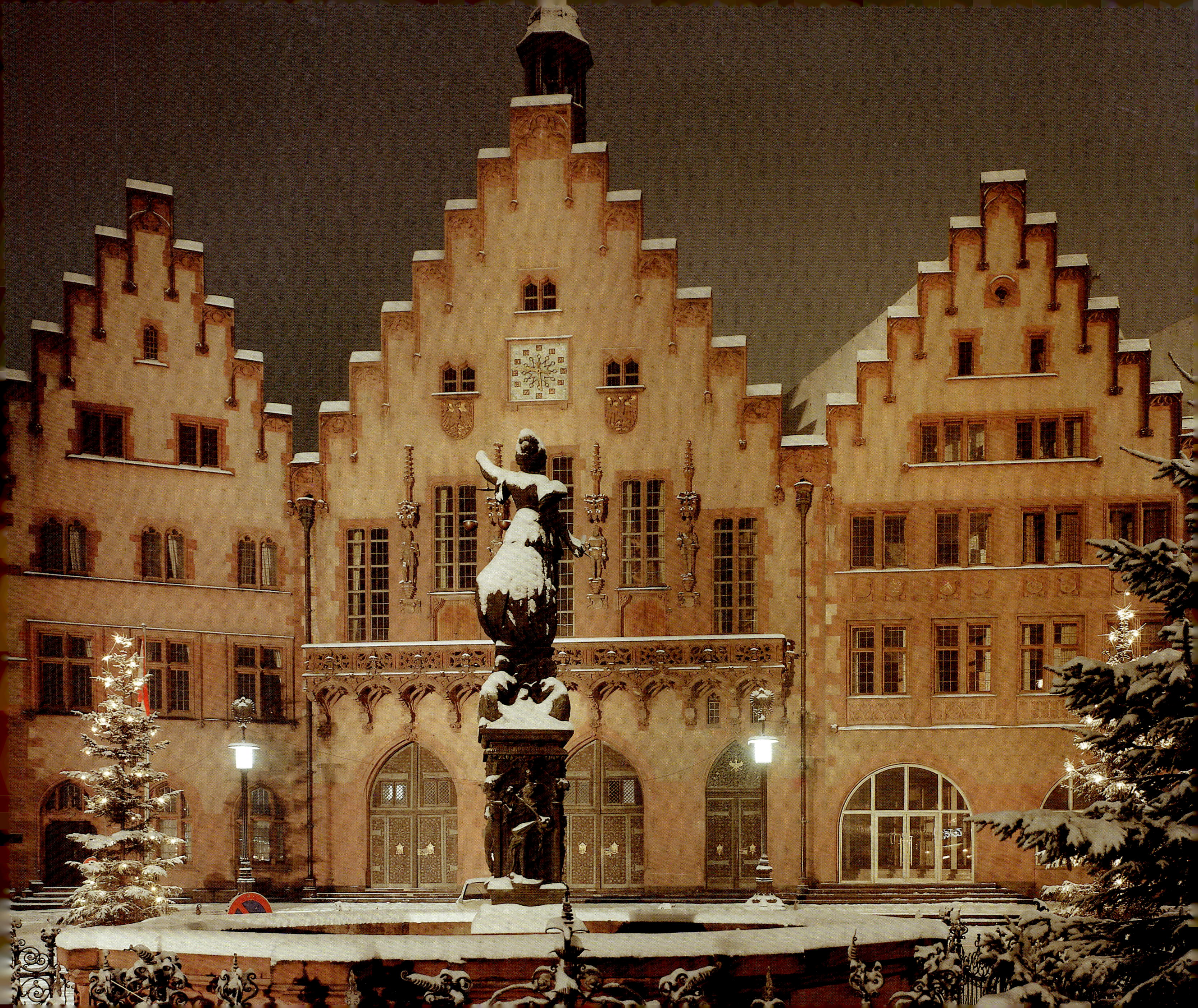

▽ **Mainz**
»Der Anblick des Rheins und die Gegend umher ist freilich etwas einzig Schönes«, schrieb Goethe im Sommer 1814 während eines Aufenthaltes in Mainz. Und noch heute ist man tief beeindruckt vom Panorama der vieltürmigen 2000jährigen Stadt am Strom.

▷ **Wiesbaden/Biebricher Schloß**
In der Rotunde des Biebricher Schlosses feierte Johann Wolfgang von Goethe 1814 seinen 65. Geburtstag. Er notierte ergriffen: »Es ist völlig ein Märchen…«

▽ **Mainz**
"The view of the Rhine and the surrounding area is certainly uniquely beautiful", wrote Goethe during a stay in Mainz in 1814. And the panorama of the many-towered, 2000-year-old city on the river is still exceedingly impressive.

▷ **Wiesbaden/Biebrich Palace**
Johann Wolfgang von Goethe celebrated his 65th birthday in the rotunda of Biebrich Palace in 1814. He noted, deeply moved: "It is just like a fairytale…"

▽ **Mayence**
«La vue du Rhin et la région alentour est évidemment d'une beauté unique» écrivait Gœthe, en été 1814, lors d'un séjour à Mayence. Et, aujourd'hui encore, on est profondément impressionné par le panorama de la ville bimillénaire aux nombreuses tours sur les bords du fleuve.

▷ **Wiesbaden/Le château de Biebrich**
C'est dans la rotonde du château de Biebrich que Johann Wolfgang von Gœthe fêta en 1814 son 65ᵉ anniversaire. Emu, il nota: «C'est un vrai conte…»

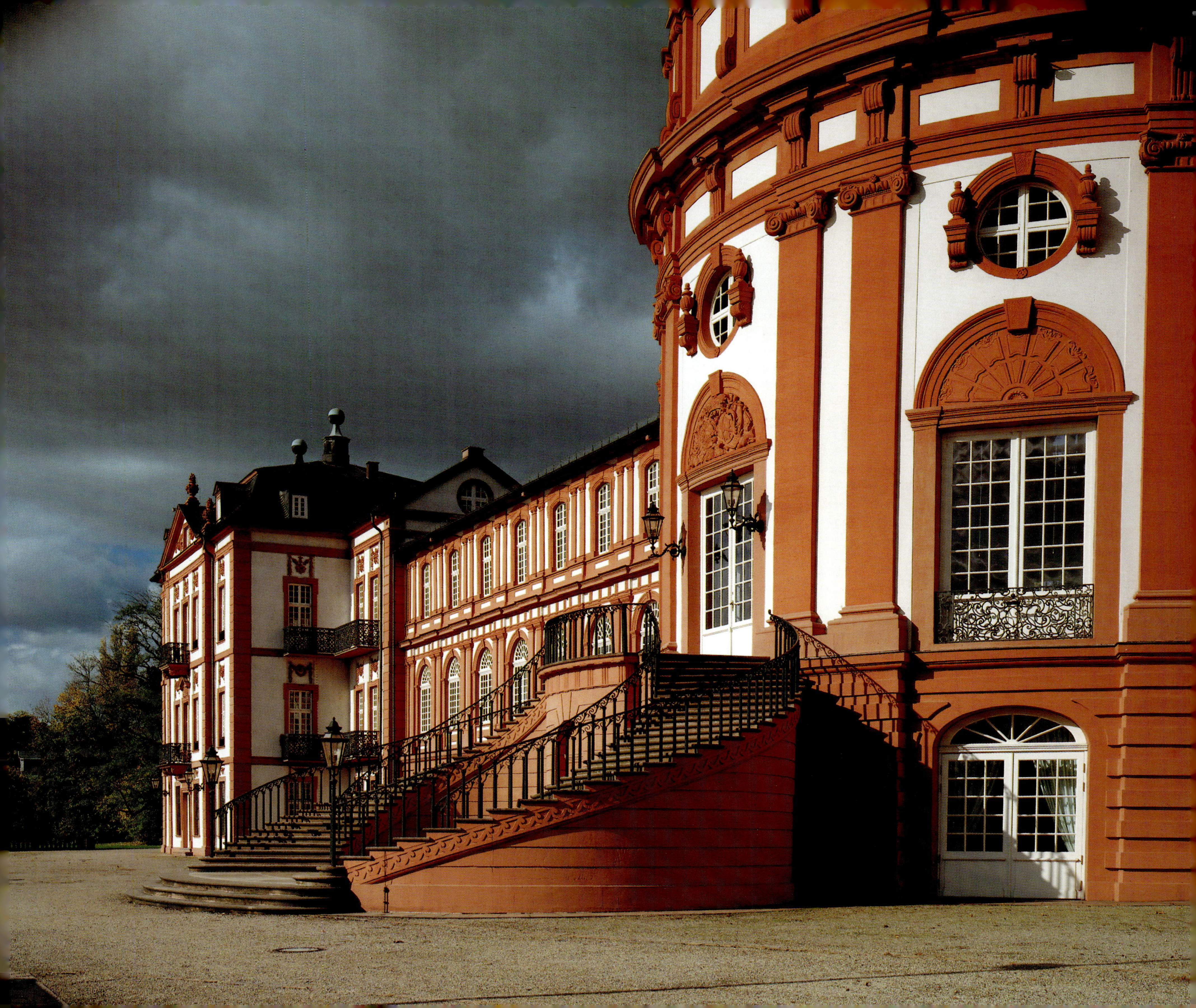

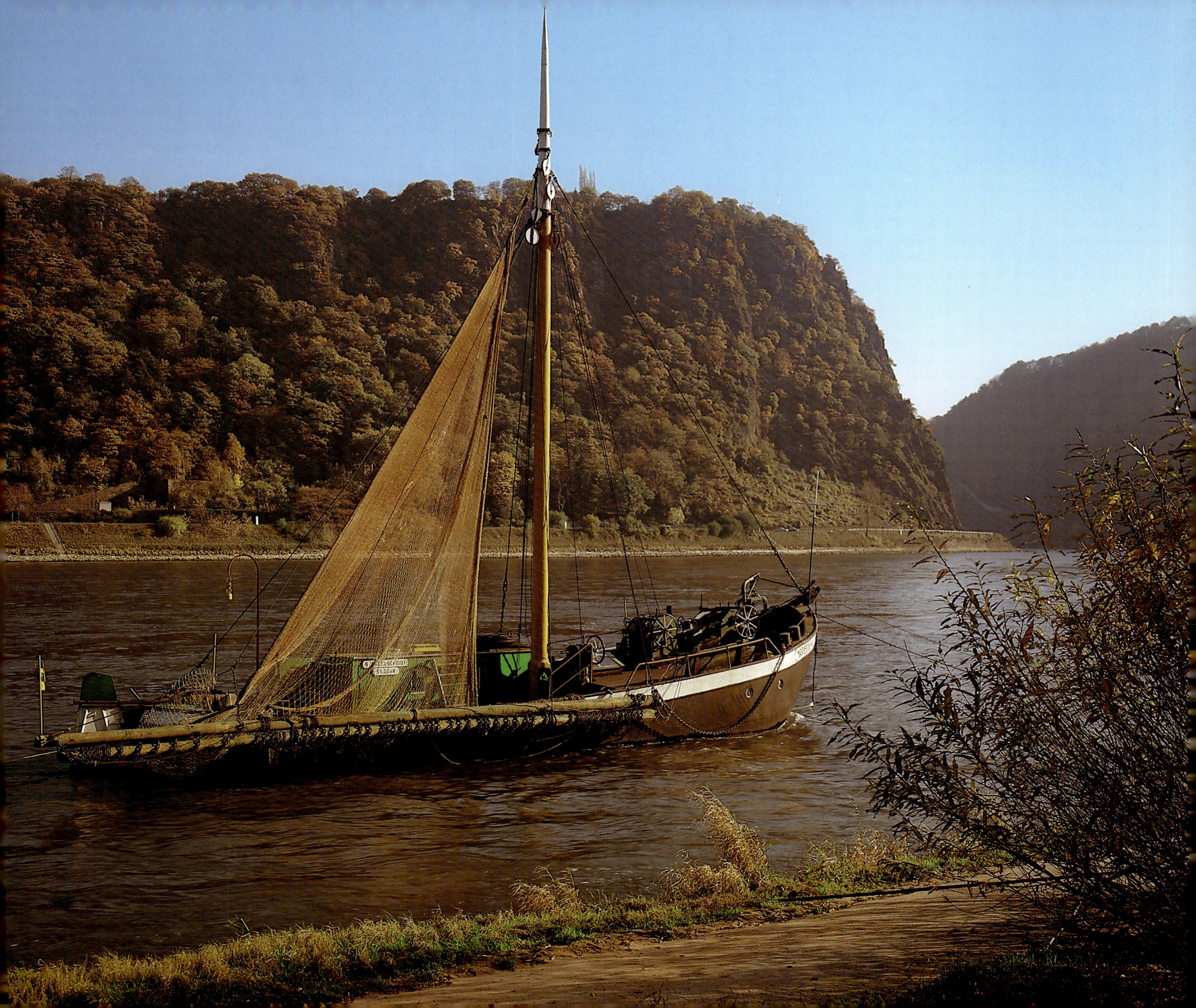

An Rhein und Mosel

»Ein Märchen aus uralten Zeiten, das kommt mir nicht aus dem Sinn«, heißt es in dem weltbekannten Gedicht von Heinrich Heine. Darin wird die Geschichte der Loreley erzählt, jener schönen Jungfrau, die auf einem Felsen am Rhein sitzt, ihr goldenes Haar kämmt und ein wundersames Lied singt, so daß die Schiffer, von wildem Weh ergriffen, nicht mehr auf Strom und Steuer achten und zusammen mit ihren Schiffen von den Wellen verschlungen werden.
Die Geschichte hat Millionen von Menschen in tiefster Seele gerührt. Und bis auf den heutigen Tag gehört der Loreleyfelsen bei St. Goarshausen zu den berühmtesten Sehenswürdigkeiten Deutschlands.
Doch genaugenommen gilt dieser Superlativ für den ganzen Rhein mit seinen Burgen, den Weinbergen, den idyllischen Weinorten und den weinfrohen Menschen, deren Treffpunkt vor allem die bunte Drosselgasse in Rüdesheim ist.
Der Rhein ist 1 320 Kilometer lang, 867 Kilometer davon fließt er durch deutsches Gebiet. Viel Schicksalhaftes ist von diesen 867 Kilometern ausgegangen – für Deutschland und auch für Europa.
Die Nibelungen, jenes sagenumwobene Heldengeschlecht aus grauer Vorzeit, saßen an den Ufern des

Along the Rhine and Moselle

It was Heinrich Heine's poem *Die Loreley* which first made the Loreley promontory by the River Rhine famous. In it he tells of the Loreley, a siren who sits on the rock combing her golden hair and singing a strange song which fills boatsmen with such a wild feeling of longing that they are lured to their destruction, and swallowed up with their boats by the waters.
The story has deeply touched millions of people, and the Loreley near St. Goarshausen is still one of Germany's most popular sights. But, of course, this popularity is extended to the whole of the Rhine – with its castles, vineyards, idyllic wine towns and villages, and wine lovers, one of whose meeting places is the picturesque street called Drosselgasse in Rüdesheim.
The Rhine is not only one of Europe's most beautiful rivers, but also one of its historically most important. It has twin sources in the Grisons region in Switzerland, flows through Lake Constance, and turns north at Basle.
For long stretches the Upper Rhine marks the border between Germany and France. The Middle Rhine might be called the most German of all rivers. The Lower Rhine enters Holland, where it splits up into a number of estuaries.

Sur les bords du Rhin et de la Moselle

Chantée par Henri Heine dans son célèbre poème, la Loreley est une sirène qui, assise sur une falaise au bord du Rhin, peigne ses cheveux d'or et chante un chant si beau qu'en l'entendant les bateliers oublient de diriger leur bateau et vont faire naufrage sur les rochers. L'histoire a bouleversé des millions de gens et jusqu'à maintenant le rocher de la Loreley près de St-Goarshausen fait partie des curiosités les plus célèbres d'Allemagne.
A vrai dire, le Rhin tout entier est également célèbre grâce à ses châteaux, ses vignobles, ses localités viticoles idylliques et ses amateurs de bons vins dont un lieu de rencontre privilégié est la pittoresque et colorée *Drosselgasse* (ruelle aux Grives) à Rüdesheim.
Le Rhin n'est pas seulement l'un des plus beaux fleuves d'Europe, c'est aussi l'un des plus importants sur le plan historique. Il a deux sources en Suisse dans la région des Grisons, traverse le lac de Constance et à Bâle se dirige vers le nord.
Le Rhin supérieur sert de frontière entre la France et l'Allemagne. Sur son cours moyen, le Rhin est le plus allemand de tous les fleuves. Le Rhin inférieur atteint finalement les Pays-Bas où il se divise en plusieurs bras qui tous se jettent dans la mer du Nord.

◁ **Der Loreleyfelsen bei St. Goarshausen**
Eine Szene wie in Heines Gedicht: Ein Rheinschiffer nähert sich todesmutig dem Loreleyfelsen, doch von der wunderschönen Nixe ist weit und breit nichts zu sehen. Skeptiker waren ohnehin schon immer der Meinung, wahrer Kern der Legende sei das einzigartige Naturschauspiel der untergehenden Sonne, die den Felsen in gleißendes Licht taucht.

◁ **The Loreley Rock near St. Goarshausen**
It is like a scene from Heine's poem: a Rhine boatsman fearlessly approaches the Loreley Rock – but there is no sign of the beautiful siren. Sceptics in any case have always held that the origin of the legend was the uniquely beautiful sunsets here which bathe the rock in brilliant light.

◁ **Le rocher de la Loreley près de St-Goarshausen**
Une scène comme dans le poème de Heine: un bateau s'approche du rocher de la Loreley, mais il n'y a pas la moindre trace de la belle ondine. Les sceptiques ont d'ailleurs toujours pensé que la légende est née du spectacle qu'offre le coucher du soleil en plongeant le rocher dans une lumière étincelante.

Rheins, und es heißt, daß noch heute der Nibelungenschatz von seinen Fluten bewahrt wird. Bei der Loreley, wie ein Minnesänger aus dem 13. Jahrhundert zu wissen glaubte? Oder bei Worms?

Worms hat noch einen anderen Klang in den Ohren der Deutschen. Dort stand das Mönchlein Martin Luther im Jahre 1521 vor seinem allmächtigen Kaiser, vor Karl V., und bekannte sich zu seiner neuen Lehre. »Hier stehe ich, ich kann nicht anders. Gott helfe mir, Amen!« Ein mutiges Wort, das Europa erschütterte.

Der nordwärts strebende Rhein wendet sich bei Mainz unvermittelt nach Westen, eine kurze Strecke nur. Doch sie reicht. Denn die Berge an seinem Nordufer schauen mit ihren Südhängen in die Sonne – und dort wächst denn auch der köstlichste Wein. Weinfreunde sprechen vom Rheingau – und allein bei diesem Begriff läuft ihnen das Wasser im Munde zusammen.

Im Rheingau liegt Rüdesheim, aber auch, am anderen Ufer des Stroms, Bingen, das weithin bekannt ist durch den dort im Rhein stehenden Mäuseturm, um den sich eine etwas schauerliche Sage rankt.

Es wird erzählt, daß einst der Erzbischof Hatto II., der ein grausamer Herr gewesen sei, am Ende schreck-

The Rhine is 820 miles long, and for 540 miles of this distance it flows through German territory: 540 miles fraught« with destiny for Germany and for Europe as a whole.

The Nibelungs, those legendary heroes of olden times, lived along the banks of the Rhine, and legend has it that the Nibelung treasure is still preserved somewhere deep in the waters of the river. Near the Loreley, as a minnesinger of the 13th century believed? Or near Worms?

Worms has other connotations in German minds. It was there that the monk Martin Luther faced his all-powerful Emperor Charles V in 1521, and defended his teachings. "Here I stand. I cannot do otherwise, so help me God. Amen!" A courageous statement that was to shake Europe to its foundations.

After Worms, a whim of nature suddenly turns the Rhine off its northerly course to the west. It is not a very long stretch, but it suffices, for the hills on the northern bank now face the sun with their southern slopes and provide the warmth necessary for the production of delicious wines.

This is the Rheingau, and the mouths of wine-lovers the world over water at the mere mention of the name. Rüdesheim is in the Rheingau, and so is Bingen, on the other side of the

Le Rhin a 1 320 kilomètres de long dont 867 sont situés sur le territoire allemand. 867 kilomètres qui ont marqué le destin de l'Allemagne, mais aussi de l'Europe.

Les Nibelungen, ces héros légendaires de temps reculés, ont vécu sur les bords du Rhin et leur trésor, dit-on, serait encore enfoui quelque part dans les eaux du fleuve. Près de la Loreley, comme le croyait un minnesinger du XIIIe siècle? Ou près de Worms?

Worms est encore associée à d'autres souvenirs pour les Allemands. C'est là qu'en 1521 le moine Martin Luther comparut devant le tout-puissant empereur Charles Quint et professa sa nouvelle doctrine. «Ici je suis, je ne peux rien d'autre. Que Dieu me vienne en aide. Amen!» Des paroles courageuses qui ébranlèrent l'Allemagne et l'Europe.

Ensuite, par un caprice de la nature, le Rhin se détourne de son cours vers le nord pour se diriger vers l'ouest. Le trajet n'est pas long, mais il suffit. Car les collines de sa rive nord ont maintenant leurs versants sud au soleil et celui-ci dispense la chaleur nécessaire à la production de vins délicieux. C'est la région du Rheingau et rien qu'à l'évocation de ce nom les amateurs de vins ont l'eau à la bouche.

Dans le Rheingau se trouve Rüdes-

▷ **Bacharach am Rhein**
»Ich befinde mich gegenwärtig in den schönsten, bravsten und unbekanntesten Städten der Welt«, schrieb Frankreichs größter Dichter, Victor Hugo, als er am Rhein weilte. Besonders angetan hatte es ihm das »alte Märchenstädtchen« Bacharach mit all seinen hübschen Häusern und Türmchen, mit seiner romanischen Peterskirche und der Ruine der Werner-Kapelle.

▷ **Bacharach on the Rhine**
"I am at present visiting the loveliest, quietest, and least-known old towns in the world", wrote the French poet Victor Hugo, when he was travelling along the Rhine. He was particularly fascinated by the "old fairytale town" of Bacharach, with its pretty houses and towers, its Romanesque St. Peter's Church, and the ruins of the Werner Chapel.

▷ **Bacharach sur le Rhin**
«Je me trouve présentement dans les plus belles, les plus honnêtes et les plus inconnues des vieilles villes du monde», écrivit Victor Hugo alors qu'il séjournait sur les bords du Rhin. Il avait été particulièrement séduit par la charmante ville de Bacharach avec ses ravissantes maisons et ses tours, son église St-Pierre de style roman et les ruines de la chapelle de Werner.

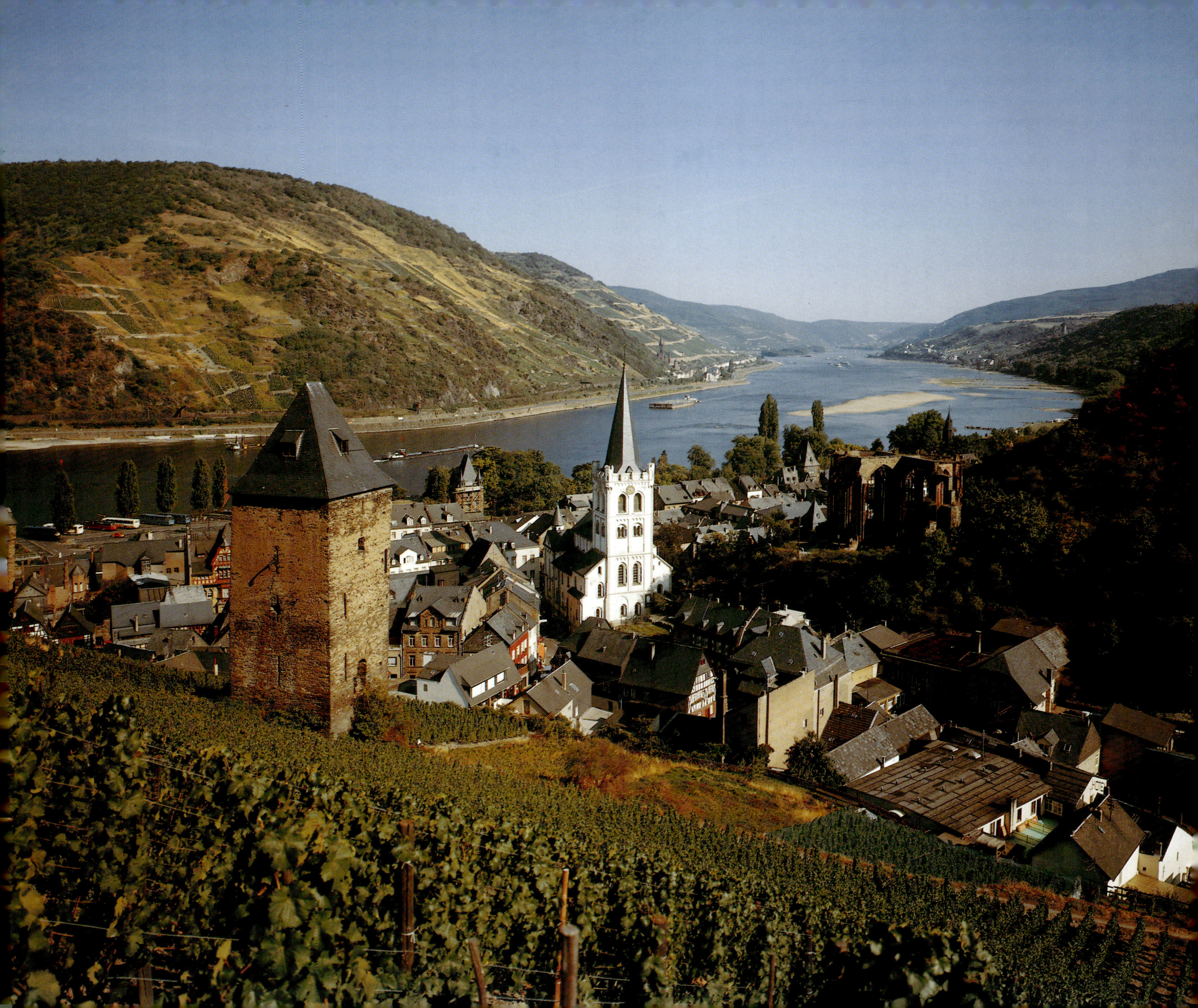

lich habe büßen müssen. Er sei von Mäusen in diesem Turm gefressen worden.
Tatsächlich war der Mäuseturm in alten Zeiten nichts weiter als eine Zollstation. Doch das war den Menschen am Rhein zu prosaisch. Zumal sie so gern schöne Geschichten erzählen, auch wenn sie mitunter so traurig ausgehen wie jene vom »fremden Fräulein«.
Das war eine junge Engländerin, Idalia Dubb mit Namen. Sie hatte sich im Sommer des Jahres 1851 während einer Rheinreise in das verlassene und verfallene Gemäuer der Burg Lahneck gewagt. Und nachdem sie den Bergfried bestiegen hatte, waren unter ihr die Treppen eingestürzt, so daß ihr der Rückweg abgeschnitten war.
Wohl rief sie um Hilfe. Doch niemand hörte sie. Und ein Bauer, den der Zufall vorüberführte, mißverstand ihr Rufen. Er hielt es für einen Gruß und – winkte freundlich zurück. Jahre später wurde das »fremde Fräulein« gefunden – da war es aber schon längst tot.
Die junge Engländerin befand sich damals, im Jahre ihres Todes, auf den Spuren ihrer Königin. Denn Queen Victoria war im Jahre 1850 am Rhein gewesen, und sie hatte bei der Gelegenheit auch Hochheim besucht, wo ihre Lieblingsweine wuchsen. *Hocks*

Rhine. Bingen is known not only for wine, but also for the notorious "Mäuseturm" that stands in the Rhine there.
Legend has it that Archbishop Hatto II paid the penalty for his life-long cruelties by being eaten to death by mice in this tower. In fact, the Mäuseturm was nothing more unpleasant than a tollhouse.
But this was too prosaic for the Rhinelanders, who love a good story, even though it might be a sad one like the story of the "strange young lady".
The strange young lady was an English girl called Idalia Dubb. During a tour of the Rhine in summer 1851 she entered the deserted and ruined castle of Lahneck and climbed into the keep. While she was up there the staircase collapsed behind her, so that she was trapped. She no doubt called for help, but no one heard her. A peasant who saw her waving, thought it was a friendly gesture and simply waved back. The young lady was found years later, but was long since dead.
The young Englishwoman was following in the steps of her Queen. Queen Victoria had toured the Rhine in 1850, and had visited Hochheim, where her favourite wines grew. She called this kind of wine *hock*, a term that, in English, has come to mean

heim, mais aussi – sur l'autre rive du Rhin – Bingen célèbre par son *Mäuseturm* (tour aux Souris) qui s'élève sur une île du Rhin et auquel est rattachée une légende. Selon celle-ci, le terrible archevêque Hatto II aurait finalement payé pour ses cruautés, car il aurait été mangé par des souris dans la fameuse tour. En réalité, la tour ne fut rien d'autre jadis qu'une maison d'octroi. Mais c'était trop banal pour les Rhénans amateurs de belles histoires même si celles-ci se terminent parfois mal comme celle de la «jeune étrangère».
Celle-ci était une jeune Anglaise du nom d'Idalia Dubb. Pendant l'été 1851, elle s'était aventurée au cours d'un voyage dans la région dans les ruines du château de Lahneck. Mais lorsqu'elle fut montée au donjon, les escaliers s'écroulèrent derrière elle de sorte qu'elle ne put plus redescendre. Elle appela bien à l'aide, mais personne ne l'entendit. Et un paysan qui passait justement par là se méprit sur son geste et le prenant pour un salut amical salua en retour.
Quelques années plus tard, on retrouva la jeune fille, morte depuis longtemps.
A l'époque de sa mort, la jeune Anglaise se trouvait sur les traces de sa reine. Car la reine Victoria avait fait une visite dans la région du Rhin en 1850 et s'était rendue à Hochheim où

▷ **Brauweiler/Ehemalige Abtei**
Königin Richeza von Polen, die Tochter des Abteigründers Ezzo, begann im Jahre 1048 mit dem Bau der Kirche Brauweiler. Die rege Bautätigkeit sollte über Jahrhunderte nicht abreißen. Bereits in der ersten Hälfte des 12. Jahrhunderts entstand der Kreuzgang mit schön gearbeiteten Arkaden, der in seiner romanischen Form bis heute erhalten werden konnte.

▷ **Brauweiler/Former Abbey**
Queen Richeza of Poland, the daughter of Ezzo, the founder of the abbey, began with the building of the Brauweiler church in 1048. Building activities continued for centuries. The cloisters with the finely-worked arcades were built in the first half of the 12th century, and have survived in their Romanesque form to today.

▷ **Brauweiler/Ancienne abbaye**
La reine Richeza de Pologne, la fille du comte Ezzo, qui fonda l'abbaye, commença en 1048 la construction de l'église de Brauweiler. Les travaux allaient s'étendre sur plusieurs siècles. Le cloître, avec les arcades ouvragées, fut érigé dès la première moitié du XIIe siècle. Il a pu être conservé jusqu'à maintenant dans sa forme romane.

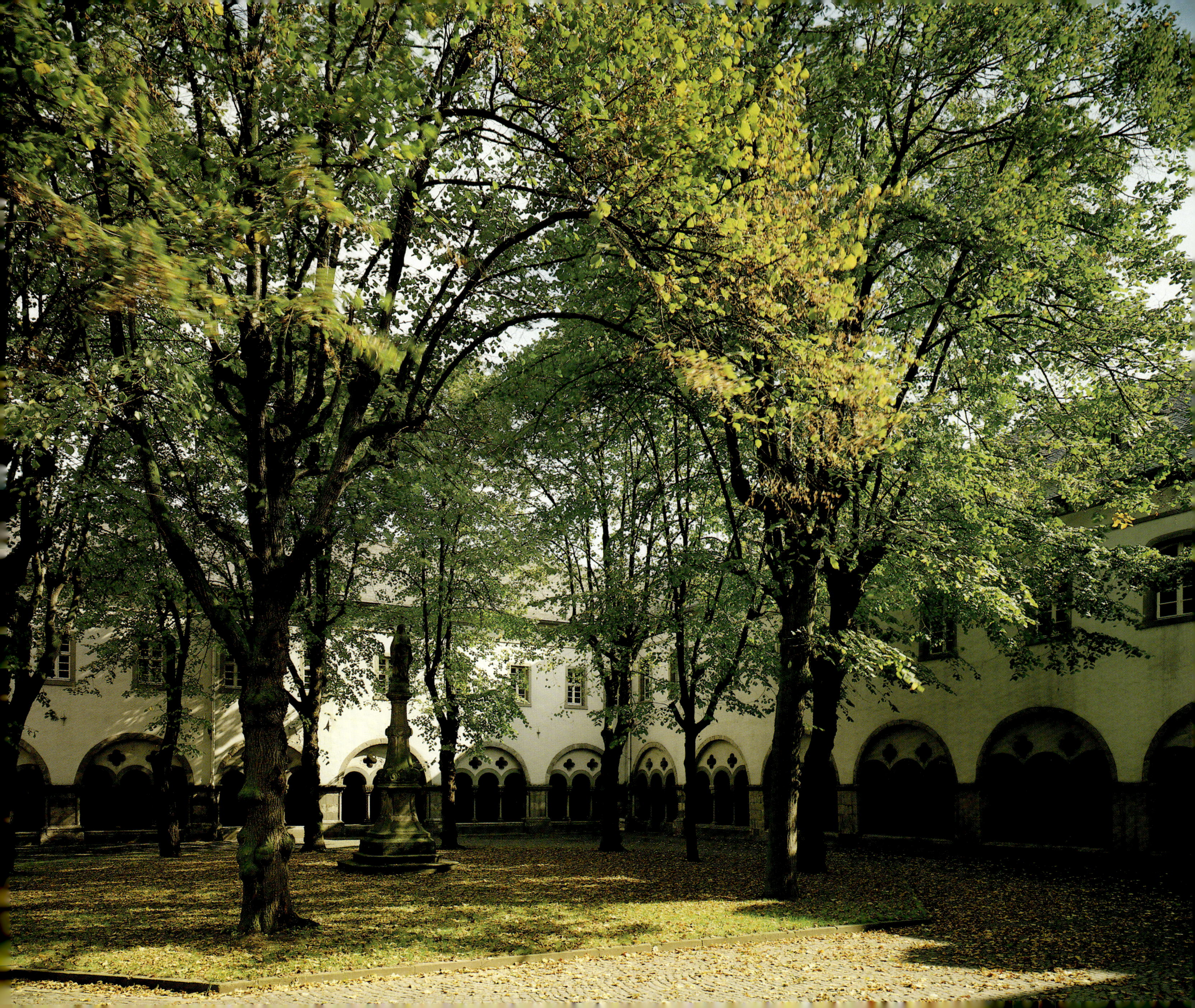

nannte sie diese Weine. Aus Gründen der Bequemlichkeit haben die Engländer diese Bezeichnung dann für alle Rheinweine übernommen. Die dankbaren Hochheimer haben damals einen ihrer besten Weinberge umbenannt in »Königin-Viktoria-Berg«.

Die bedeutendste Stadt am Rhein ist Köln. Sie wurde von den Römern gegründet und gilt bis in die heutige Zeit als eine der großen Stätten der Christenheit. Herz und Zentrum der Stadt ist der Dom, das wohl eindrucksvollste Zeugnis gotischer Architektur in Europa. Lange Zeit war er eines der höchsten Bauwerke der Welt. Seine Türme sind 157 Meter hoch.

Der wertvollste in ihm gehütete Schatz ist der Dreikönigsschrein mit den Reliquien der Heiligen Drei Könige, die Reinald von Dassel im Jahre 1164 im Triumph nach Köln gebracht hat. Der Schrein ist der größte Goldsarkophag in Europa.

Zu den besonderen Sehenswürdigkeiten der Stadt gehört das Römisch-Germanische Museum in der Nähe des Domes. Und während der Karnevalszeit gleicht Köln einem mit Konfetti geschmückten und von närrischen Menschen bewohnten Festsaal.

Südlich von Köln liegt Bonn, eine beschauliche Beamten- und Universitäts-

any Rhine wine. The Hochheim people were so gratified by the Queen's visit that they changed the name of their best slope to "Königin-Viktoria-Berg". It does not lie on the Rhine, however, but on the Main, which flows into the Rhine a mile or two away.

The most important town on the Rhine is Cologne. It was founded by the Romans, and to this day is one of the great centres of Christendom. The heart and centre of the city is the Cathedral, surely Europe's most impressive Gothic structure. For a long time it was one of the world's highest buildings, its towers rising over 500 ft. Its most precious treasure is the shrine of the relics of the Magi, which Reinald von Dassel brought to Cologne in triumph in 1164. It is the largest gold sarcophagus in Europe.

The Römisch-Germanisches Museum alone makes any visit to Cologne worth while. A favourite time for visiting the city is during carnival, when the whole town, alive with carnival costumes, is like one great ballroom.

To the south of Cologne lies Bonn, a quiet town of government offices and university buildings, which was chosen as the capital of the Federal Republic of Germany when it was founded in 1949.

But the old, cosy part of Bonn, with

poussaient ses vins préférés qu'elle appelait *Hocks*, un terme que les Anglais ont finalement repris pour tous les vins du Rhin. Pleins de gratitude pour la visite de la reine, les habitants de Hochheim rebaptisèrent leur meilleur vignoble qu'ils appelèrent la «colline de la reine Victoria».

La ville la plus importante sur le Rhin est Cologne. Elle fut fondée par les Romains et est jusqu'à maintenant un des grands centres du christianisme. Le cœur et le centre de la ville est la cathédrale, l'édifice sans doute le plus impressionnant de l'architecture gothique en Europe. Pendant longtemps, il a été l'un des plus hauts du monde. Ses tours ont 157 mètres de hauteur.

Le plus précieux des trésors que renferme la cathédrale est la châsse des rois mages avec les reliques que Reinald von Dassel amena en triomphe à Cologne en l'an 1164. La châsse est le plus grand sarcophage en or en Europe.

Le musée romano-germanique à proximité de la cathédrale fait partie des curiosités de Cologne.

La période du carnaval est propice à une visite de la ville qui ressemble alors à une immense salle des fêtes parée de confettis et peuplée de gens en liesse.

Au sud de Cologne se trouve Bonn,

▷ **Köln/Rheinufer mit Dom St. Peter und Maria**
Jahrhundertelang war der Kölner Dom unvollendet geblieben, dann entstand in nur 38 Jahren jene vollkommene Harmonie, die seither auf der ganzen Welt bewundert wird.

▷ **Cologne/Bank of the Rhine with the Cathedral of St. Peter and Mary**
Cologne Cathedral was incomplete for centuries. Then, in a period of only 38 years in the 19th century, it took on the harmonious form we know and love today.

▷ **Cologne/La rive du Rhin avec la cathédrale St-Pierre et Ste-Marie**
La cathédrale de Cologne est restée inachevée pendant des siècles. Puis 38 ans de travaux seulement permirent d'aboutir à cette parfaite harmonie que l'on admire désormais.

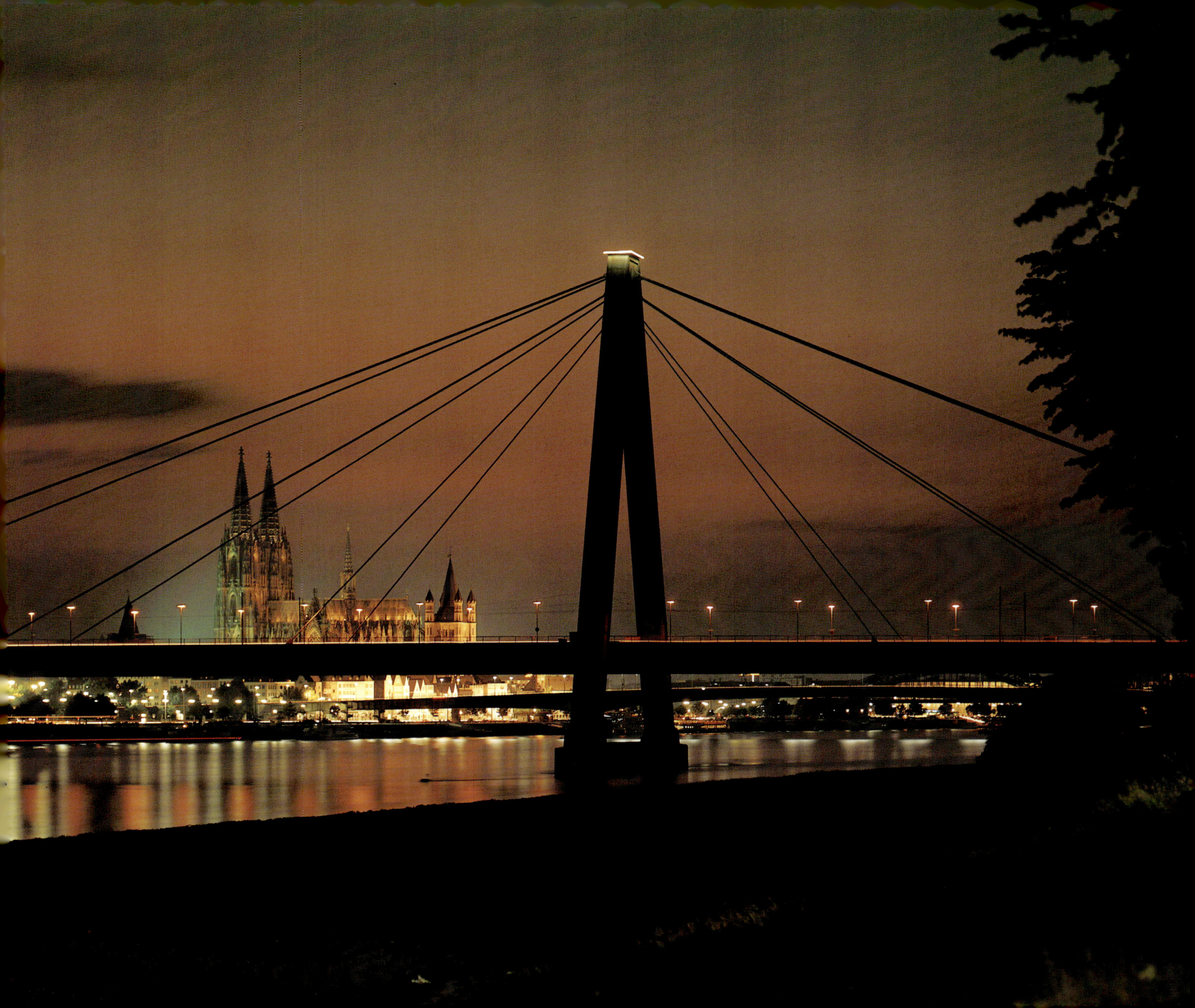

stadt, die im Jahre 1949 zur Hauptstadt der eben gegründeten Bundesrepublik Deutschland gewählt wurde. Aber das alte, gemütliche Bonn mit seinem historischen Marktplatz und das moderne Bonn mit dem Regierungsviertel liegen streng voneinander getrennt. Nur hier und da verbindet sich das Alte mit dem Neuen, denn der Bundespräsident residiert in der Villa Hammerschmidt aus dem Jahre 1863, und auch der Amtssitz des Bundeskanzlers, das Palais Schaumburg, wurde im vorigen Jahrhundert erbaut. Inzwischen mußte Bonn seinen Status als deutsche Hauptstadt an Berlin abgeben.
Einer der berühmten Söhne der Stadt ist der Komponist Ludwig van Beethoven. Sein Geburtshaus in der Bonngasse 20 ist heute ein Museum.
Wie in Köln und auch in Bonn, so haben die Römer überall am Rhein und in den linksrheinischen Gebieten ihre Spuren hinterlassen. Eine der bedeutendsten Römerstädte ist Trier an der Mosel. Es hat nicht an Versuchen gefehlt, den Beweis zu erbringen, daß Trier weit über tausend Jahre älter sei als Rom. Eine windige Behauptung, denn was an klassischen Spuren vorhanden ist, das haben zweifellos die Römer hinterlassen – die Porta Nigra zum Beispiel, ein 30 Meter hohes und 36 Meter breites Stadttor.

its historical market-place – the scene of the colourful and varied Bonn Summer Festival every year – is strictly separated from modern Bonn with its government quarter. The two overlap only at certain points, as, for example, in Villa Hammerschmidt, built in 1863, now the seat of the Federal President, and in the official residence of the Chancellor, Palais Schaumburg, which also dates back to the 19th century. Bonn has recently had to surrender its position as capital of Germany to Berlin.
One of the town's famous sons was the composer Beethoven, who was born in Bonn in 1770. The house where he was born – Bonngasse 20 – is now a museum.
Not only in Cologne, and Bonn too, but all along the Rhine and in the regions on the left bank, the Romans have left traces of their presence. One of the most important Roman towns is Trier, on the Moselle. Attempts have been made to prove that Trier is much more than a 1,000 years older than Rome. This seems an unlikely story, for the only ancient traces that remain are those that were undoubtedly left by the Romans themselves – the imposing Porta Nigra, for example – a town gateway 98 ft high and 118 ft wide. Other important relics of the Roman age are the amphitheatre, the St. Bar-

une ville administrative et universitaire paisible qui, en 1949, fut choisie pour être la capitale de la République fédérale d'Allemagne qui venait d'être fondée. Mais le vieux Bonn avec sa place du Marché historique est bien distinct du Bonn moderne avec son quartier gouvernemental. A certains endroits seulement les deux parties se confondent, car le président fédéral réside à la Villa Hammerschmidt qui date de 1863 et la résidence officielle du chancelier fédéral, le Palais Schaumburg, a été construit le siècle dernier. Entretemps, Bonn a dû céder à Berlin son statut de capitale allemande.
Un des fils les plus célèbres de la ville est le compositeur Ludwig van Beethoven né en 1770 à Bonn. Sa maison natale au numéro 20 de la Bonngasse est aujourd'hui un musée.
Comme à Cologne et aussi à Bonn, les Romains ont partout laissé des traces de leur présence le long du Rhin et dans les régions situées sur sa rive gauche. Une des villes romaines les plus importantes est Trèves sur la Moselle. On a essayé de prouver que Trèves avait plus de mille ans de plus que Rome, ce qui est très peu probable, car les seuls vestiges des temps anciens qui subsistent ont été incontestablement laissés par les Romains – la Porta Nigra par exemple,

▷ **Trier/Dom und Liebfrauenkirche**
Die älteste Bischofskirche Deutschlands hat vieles erlebt. Zunächst errichtet Kaiser Konstantin auf dem Platz, auf dem einst der Palast seiner Mutter stand, eine Doppelkirchenanlage. Mehrmals wird das Gotteshaus zerstört und wieder aufgebaut. Im 11. Jahrhundert nahm Erzbischof Poppo den Bau des heutigen Doms in Angriff.

▷ **Trier/Cathedral and Church of Our Lady**
Germany's oldest cathedral has preserved a great deal of its long history. First, the Emperor Constantine had a double church built. The great church was destroyed and rebuilt several times. In the 11th century Archbishop Poppo began building the present structure, which has also been frequently remodelled.

▷ **Trèves/Cathédrale et église Notre-Dame**
La plus ancienne église épiscopale d'Allemagne a une histoire mouvementée: l'empereur Constantin fit tout d'abord ériger une basilique. Par la suite, l'édifice est détruit et rebâti à plusieurs reprises. Au XIe siècle, l'archevêque Poppo entreprend la construction de l'actuelle cathédrale.

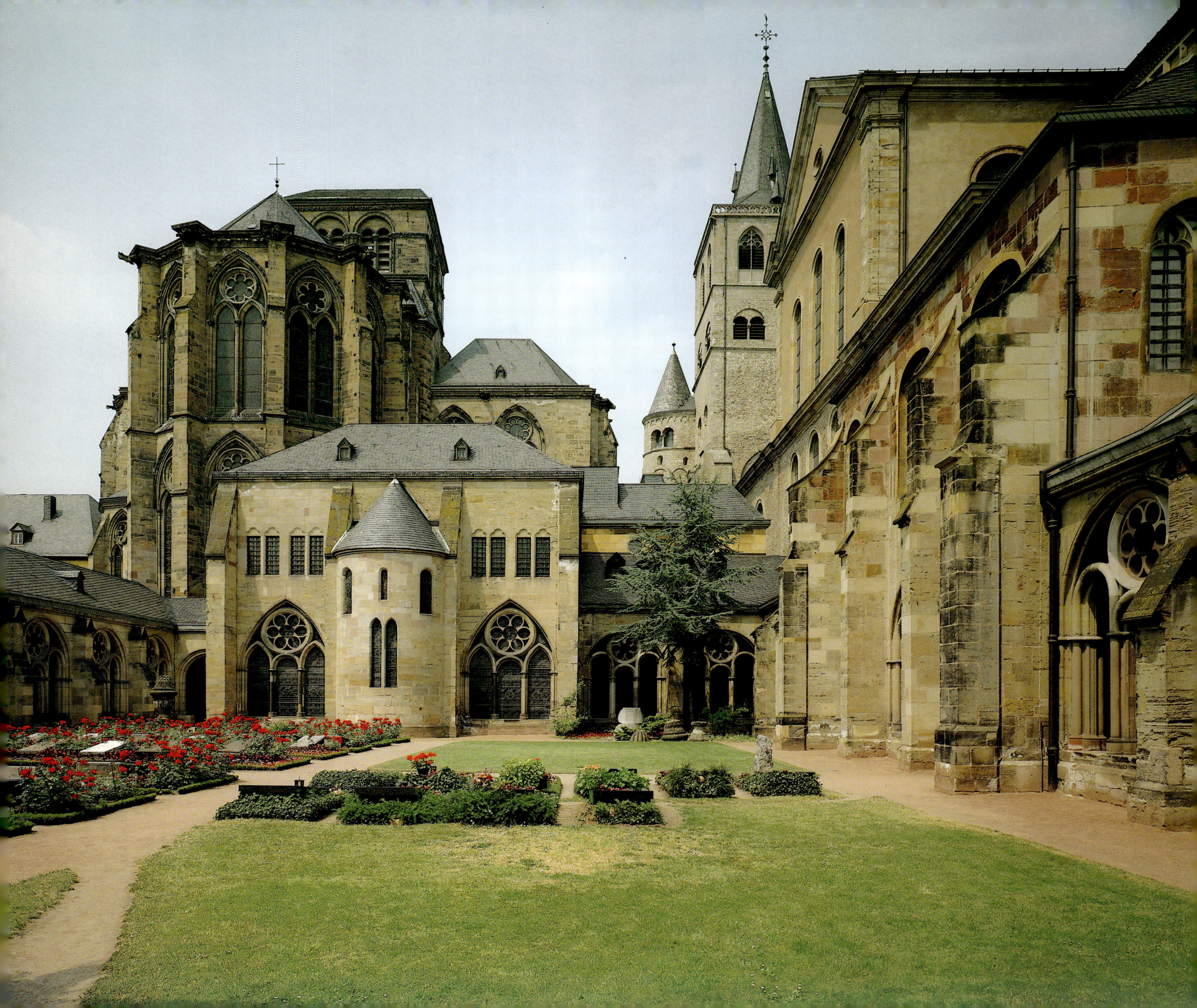

Die Barbarathermen, das Amphitheater, vor allem aber die Palastaula, die im 4. Jahrhundert als Thronsaal für Kaiser Konstantin erbaut wurde, gehören zu den bedeutenden architektonischen Zeugnissen aus der Römerzeit.
Bemerkenswert sind aber auch der Hauptmarkt der heutigen Stadt Trier, der Dom aus dem 11. Jahrhundert, der kurfürstliche Palast, das idyllische Fischerviertel und die Weinkeller der Stadt.
Trier, Geburtsort von Karl Marx, ist ein städtebauliches Schmuckstück in einer reizvollen Flußlandschaft. Es liegt an der Mosel, jenem windungsreichen Fluß, an dessen Ufern ein besonders edler Wein gedeiht: der Moselriesling.
Die kleinen romantischen Weinorte rechts und links, die Burgen und Schlösser, die stillen Wanderwege, die gemütlichen Weinstuben – dies alles prägt das Bild der Mosel. Und die Frage, was man gesehen haben muß an diesem Fluß, ist schwer zu beantworten, denn die ganze Mosel ist schön.
Ob es nun die wie ein verwunschenes Märchenschloß im Walde liegende Burg Eltz ist, die Weinstube in Bernkastel oder in Winningen, in Traben-Trarbach oder in Brauneberg – überall findet man Menschen, die gern zu einem Gespräch bereit bara Thermal Springs, and, especially, the Aula Palatina which was built as a throne room for Emperor Constantine in the 4th century, and is now a church.
Other striking features of the town are the Hauptmarkt, the 11th century Cathedral, the Electoral Palace, the idyllic fishermen's quarter and the city wine cellars. Trier was the birthplace of Karl Marx. It is an architecturally beautiful town in a charming river setting.
The river is the Moselle, that "curvaceous river" on whose banks a particularly noble wine flourishes: the Moselle *Riesling*. The little romantic places on either bank, the castles and palaces, the quiet walks, and the cosy wine taverns all contribute to the charm of this region. And it is hard to say where the visitor should go first – for the whole of the Moselle is full of delights.
The country is also full of people glad to talk, particularly about their favourite subject – their wine. And you can meet them everywhere, in Burg Eltz, that fairytale-like castle buried in the woods, in a wine tavern at Bernkastel or Winningen, in Traben-Trarbach, or Brauneberg.
The relationship of the people to their wine seems even more dedicated than in other wine-producing regions. This is less surprising when une porte de ville de 30 mètres de haut et de 36 mètres de large. L'amphithéâtre, les thermes Barbara, mais surtout l'Aula Palatina qui fut construite au IVe siècle comme salle du trône pour l'empereur Constantin font partie des édifices de l'époque romaine.
Sont également remarquables le Hauptmarkt ou place du Marché, la cathédrale du XIe siècle, le Palais électoral, le ravissant quartier des pêcheurs, les caves de la ville. Trèves a vu naître Karl Marx.
C'est une ravissante ville sur le plan de l'architecture, située dans une vallée agréable sur la rive de la Moselle, une rivière très sinueuse sur les bords de laquelle pousse un vin particulièrement noble: le *riesling* de la Moselle.
Les petites localités romantiques à droite et à gauche, les châteaux, les paisibles chemins de randonnée, les agréables tavernes, tout cela donne son cachet à cette région. Et il est difficile de nommer tel ou tel endroit à visiter de préférence, car toute la Moselle est belle.
Les Mosellans sont d'un naturel très communicatif et vous parlent volontiers de leurs vins et ceci quel que soit le lieu où vous les rencontrez, au château d'Eltz qui paraît sortir d'un conte de fées, dans une taverne à Bernkastel ou à Winningen, à Tra-

▷ **Trier/Porta Nigra**
Mit dem »Schwarzen Tor« sicherten die Römer ihren wichtigsten Stützpunkt im Lande der Treverer gegen die Germanen. In späterer Zeit ließ der baufreudige Erzbischof Poppo das Tor zu einer Kirche umbauen. Napoleon haben wir es zu verdanken, daß diese wieder abgetragen und das antike Bauwerk, das bedeutendste und größte unter den erhaltenen römischen Stadttoren, heute in seiner ursprünglichen Gestalt vor uns steht.

▷ **Trier/Porta Nigra**
The "Black Gate" formed part of the fortifications built by the Romans to guard their base in the land of the Treveri (a Celtic tribe) against the Germans. In later times, Archbishop Poppo had the gate converted into a church. Napoleon had the church removed, restoring the gate.

▷ **Trèves/Porta Nigra**
Avec la «porte noire», les Romains assuraient la défense de leur base la plus importante dans le pays des Trévires contre les Germains. Plus tard, l'archevêque Poppo en fit une église. C'est sur les ordres de Napoléon que celle-ci fut supprimée.

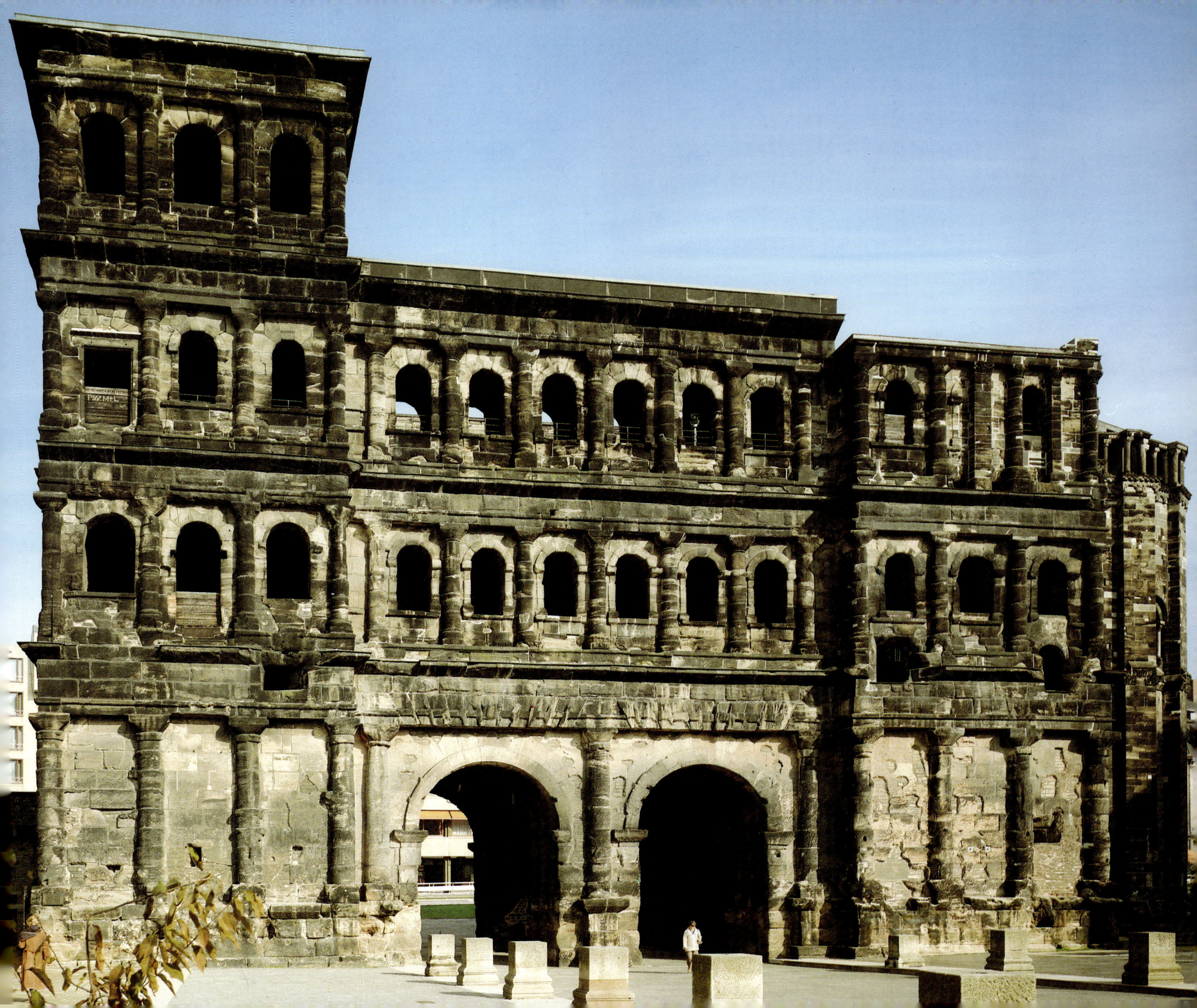

sind und am liebsten von ihren Weinen erzählen.

In kaum einem anderen Anbaugebiet ist das Verhältnis der Menschen zu ihrem Wein so innig wie an der Mosel, was aber kein Wunder ist. Man muß nur einmal die steilen Hänge betrachten, dann weiß man oder ahnt es zumindest, wie mühevoll die Arbeit im Weinberg ist, wie sie sich plagen müssen, die Menschen, ehe der Wein im Glase funkelt. Was man so schwer erarbeiten muß, das liebt man auch.

Ein ähnliches Verhältnis der Winzer zu ihrem Wein findet man an der Ahr, wo vor allem Rotweine wachsen. Die Ahr ist ein kleiner Nebenfluß des Rheins. Das schmale Ahrtal ist eine Idylle von eigenem Reiz. Wer sportlich ist, mag oberhalb des Tales den Rotweinwanderweg entlangwandern. Der Weg ist 30 Kilometer lang und führt über weite Strecken durch die Weinberge.

Wir wollen aber auch an die Eifel mit ihren Wäldern erinnern. Dort befindet sich der Nürburgring, eine der anspruchsvollsten Rennstrecken der Welt. Schließlich soll ein Abstecher nach Aachen empfohlen werden, in die alte Kaiserstadt, wo der Thron Karls des Großen steht, jenes Kaisers, der vor 1200 Jahren Frankreich und Deutschland unter seinem Szepter vereinigte.

one sees the steep slopes on which the vines grow, for then one has an idea at least of how laborious the work in these vineyards is, and how much work has gone into every drop before it can sparkle in the glass. It must be a labour of love! Here, in the Moselle region, wine is not simply regarded as a drink, but also as a medicine. One wine-grower tells of how his mother used to give him wine to drink when he suffered from high temperatures as a child, and how the temperature then always receded.

There is a similar relationship between the grower and his wine along the River Ahr, where most of the wine produced is red. The Ahr is a small tributary of the Rhine, and the narrow Ahr valley possesses a charm of its own. The more robust visitors like to hike along the red wine trail that runs through the valley, much of the time through the vineyards. But we must not forget the wooded region called the Eifel – the site, by the way, of the Nürburgring, one of the most difficult motor-racing circuits in the world.

And, finally, another rewarding excursion is to Aachen – the old imperial city, where Charlemagne's throne still stands – the emperor who at one time united France and Germany under his sceptre.

ben-Trarbach ou à Brauneberg. Plus que dans toute autre région viticole, les gens semblent très attachés à leurs vins, ce qui n'a rien d'étonnant. Il suffit de regarder les pentes raides pour savoir ou du moins deviner la somme de travail qu'il faut accomplir dans ces vignobles avant de voir le vin pétiller dans les verres. C'est un travail qui demande beaucoup de peine et les vignerons n'en aiment que plus le produit.

On retrouve une attitude semblable du vigneron à l'égard de son vin dans l'Ahr où l'on produit surtout des vins rouges. L'Ahr est un petit affluent du Rhin. L'étroite vallée de l'Ahr a un charme particulier. Le sportif empruntera volontiers le chemin de randonnée long de trente kilomètres qui conduit au-dessus de la vallée à travers les riches vignobles.

Mais nous ne devons pas oublier la région de l'Eifel avec ses forêts où se trouve le Nürburgring, un des circuits automobiles les plus difficiles du monde. Il faut enfin faire un crochet par Aix-la-Chapelle, la vieille cité impériale où se trouve le trône de Charlemagne, l'empereur qui, il y a 1 200 ans, réunissait sous son sceptre la France et l'Allemagne.

▷ **Beilstein-Ellenz mit Ruine Metternich**
Beilstein gilt als die Perle unter den schönen Moselstädten, als der Ort, der sein mittelalterliches Fachwerk am besten bewahrte. Anders erging es Burg Metternich, die nur noch als attraktive Ruine das Moseltal ziert.

▷▷ **Burg Eltz**
Wie märchenhafter Phantasie entsprungen, so ragt Burg Eltz aus dem dunklen Grün der Moselwälder.

▷ **Beilstein-Ellenz with Metternich Castle**
Beilstein, with its well-preserved half-timbered houses, is regarded as the pearl among the many attractive small towns along the Moselle. Metternich Castle has survived only as a picturesque ruin.

▷▷ **Eltz Castle**
Eltz Castle rises romantically above the dark-green woods of the Moselle.

▷ **Beilstein-Ellenz avec la ruine du château de Metternich**
Beilstein passe pour être la perle des belles villes de la Moselle, la localité qui a le mieux conservé ses colombages médiévaux. Il n'en a pas été de même pour le château de Metternich dont les ruines ornent la vallée de la Moselle.

▷▷ **Château d'Eltz**
Le château d'Eltz se dresse sur le vert sombre des forêts de la Moselle.

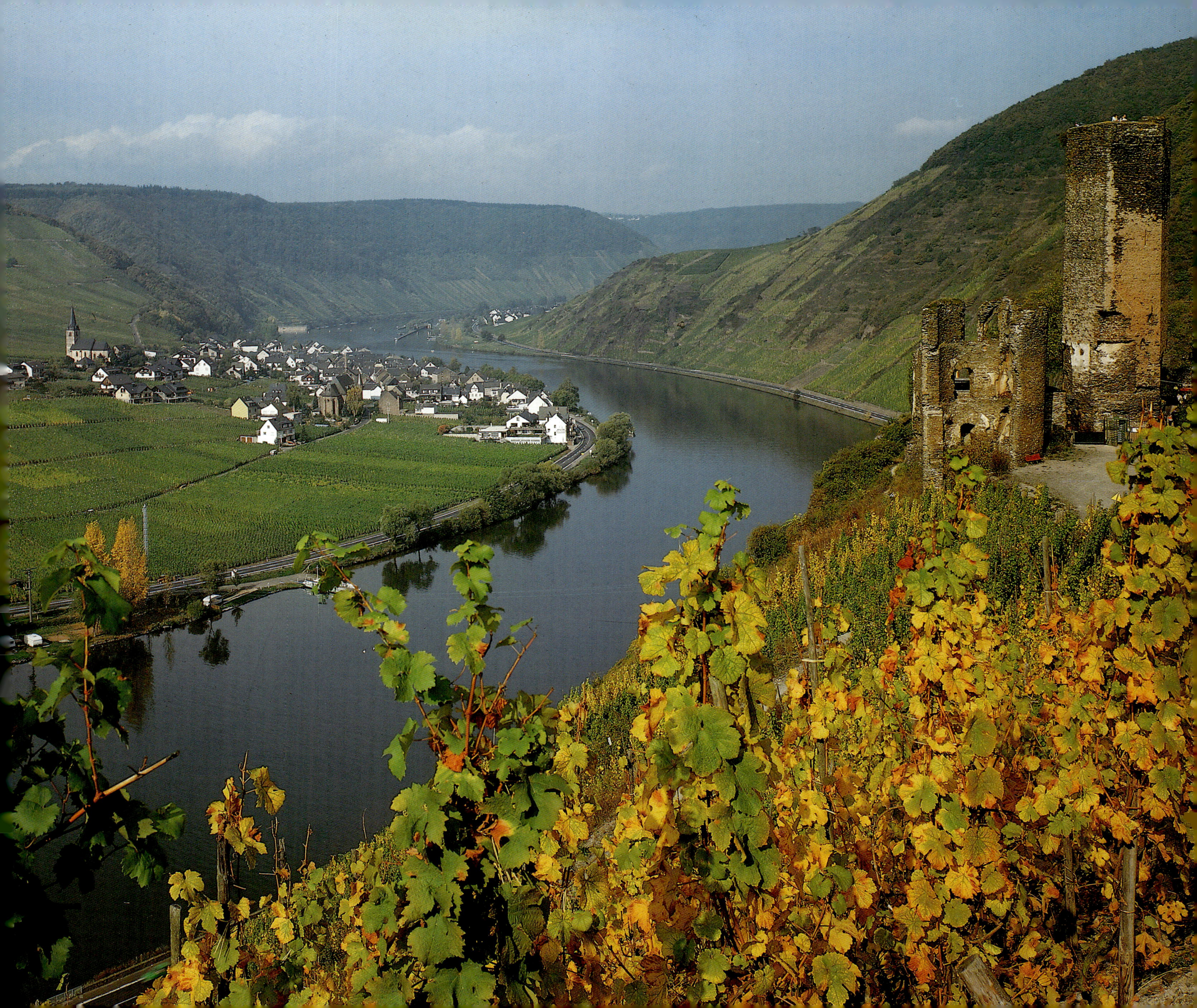

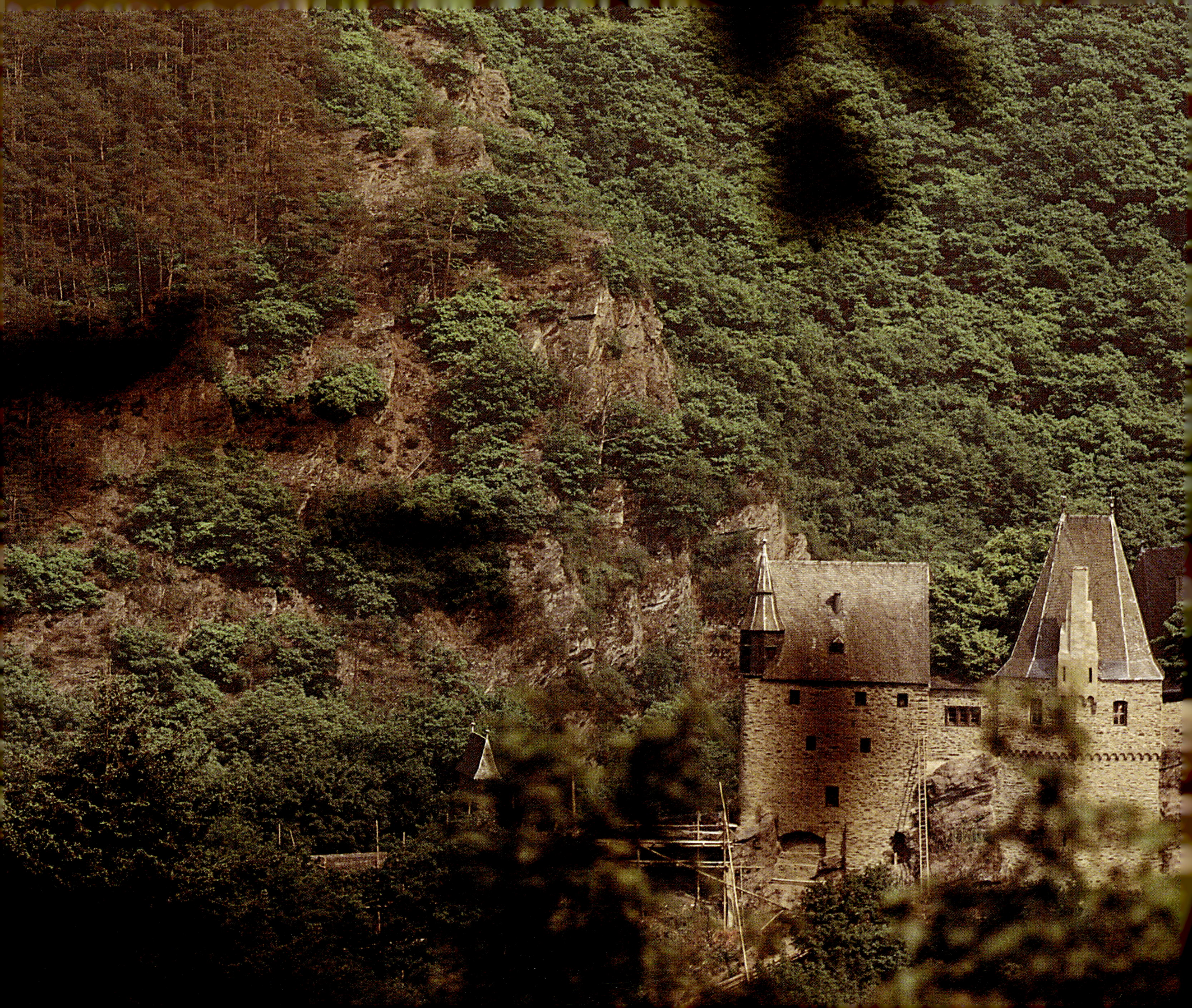

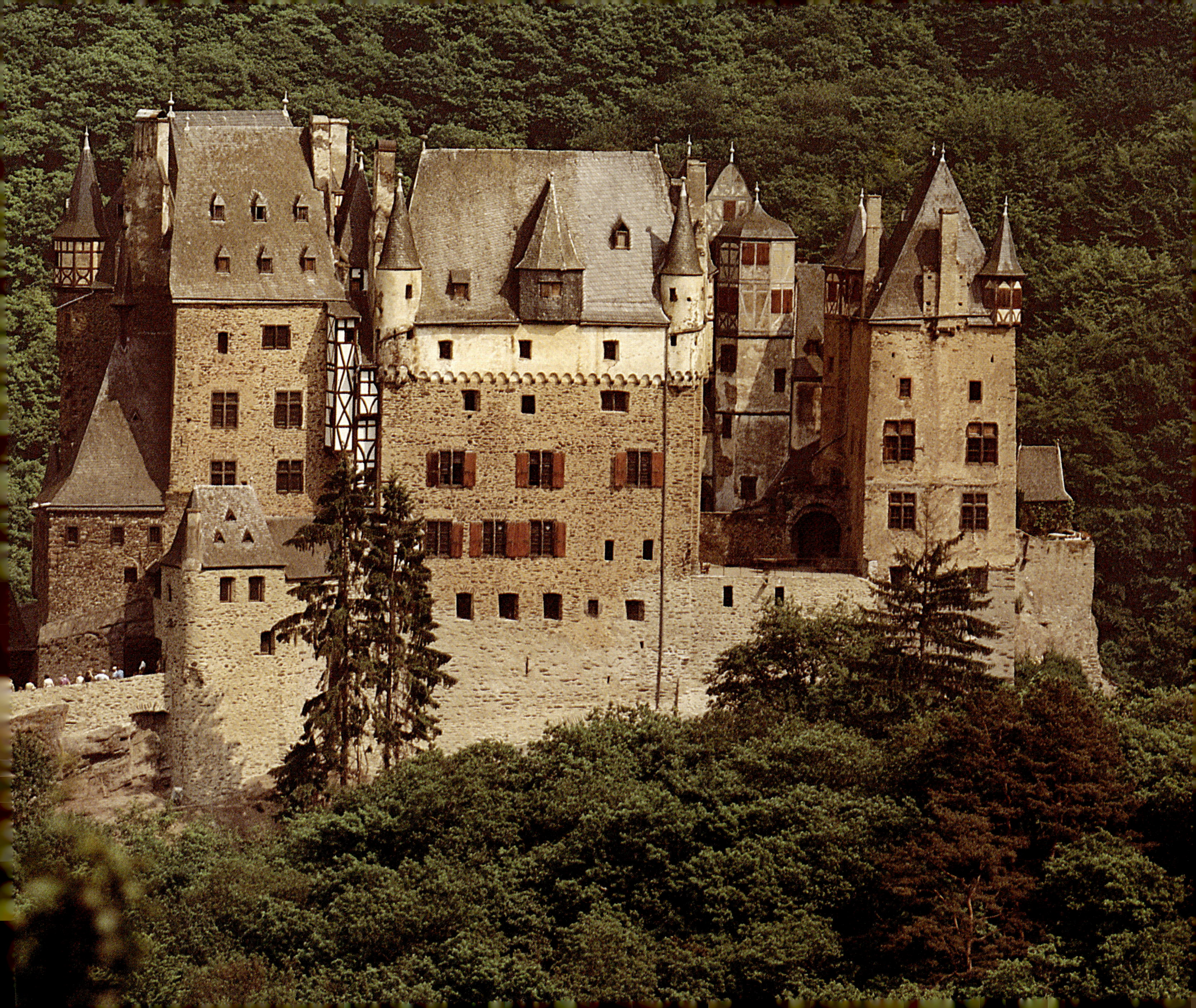

▽ **Das Bettenfelder Maar**
Eine aufregende Landschaft erwartet den Besucher der Vulkaneifel. Inmitten einer von prächtigem Mischwald überzogenen Gegend lugen dunkle Maare aus ertrunkenen Vulkantrichtern.

▷ **Monreal in der Eifel**
Im bewaldeten Tal der Elz, einem kleinen Nebenfluß der Mosel, liegt das bildschöne Eifeldörfchen Monreal. Schmucke Fachwerkhäuser werden überragt von alten Burgruinen auf steiler Anhöhe.

▽ **Bettenfeld Maar**
The once volcanic region called the Eifel is dotted with "Maare", often nearly circular lakes, that have formed in the cones of former volcanoes. They provide dramatic accents in this hilly landscape covered with stretches of mixed forest.

▷ **Monreal in the Eifel Region**
Monreal – a picture book village in the wooded valley of the Elz, a tributary of the Moselle. Its neat half-timbered houses lie snugly below the ruins of the old castle.

▽ **Le Maar de Bettenfeld**
C'est un paysage fascinant qui attend le visiteur de l'Eifel. Au milieu d'une région recouverte de forêts mixtes, il y rencontre des «Maare», des cratères éteints occupés par des lacs.

▷ **Monreal dans l'Eifel**
Le petit village de Monreal est situé dans la vallée boisée de l'Elz, un petit affluent de la Moselle. Des ruines d'un vieux château, perché sur des rochers abrupts, dominent de ravissantes maisons à colombages.

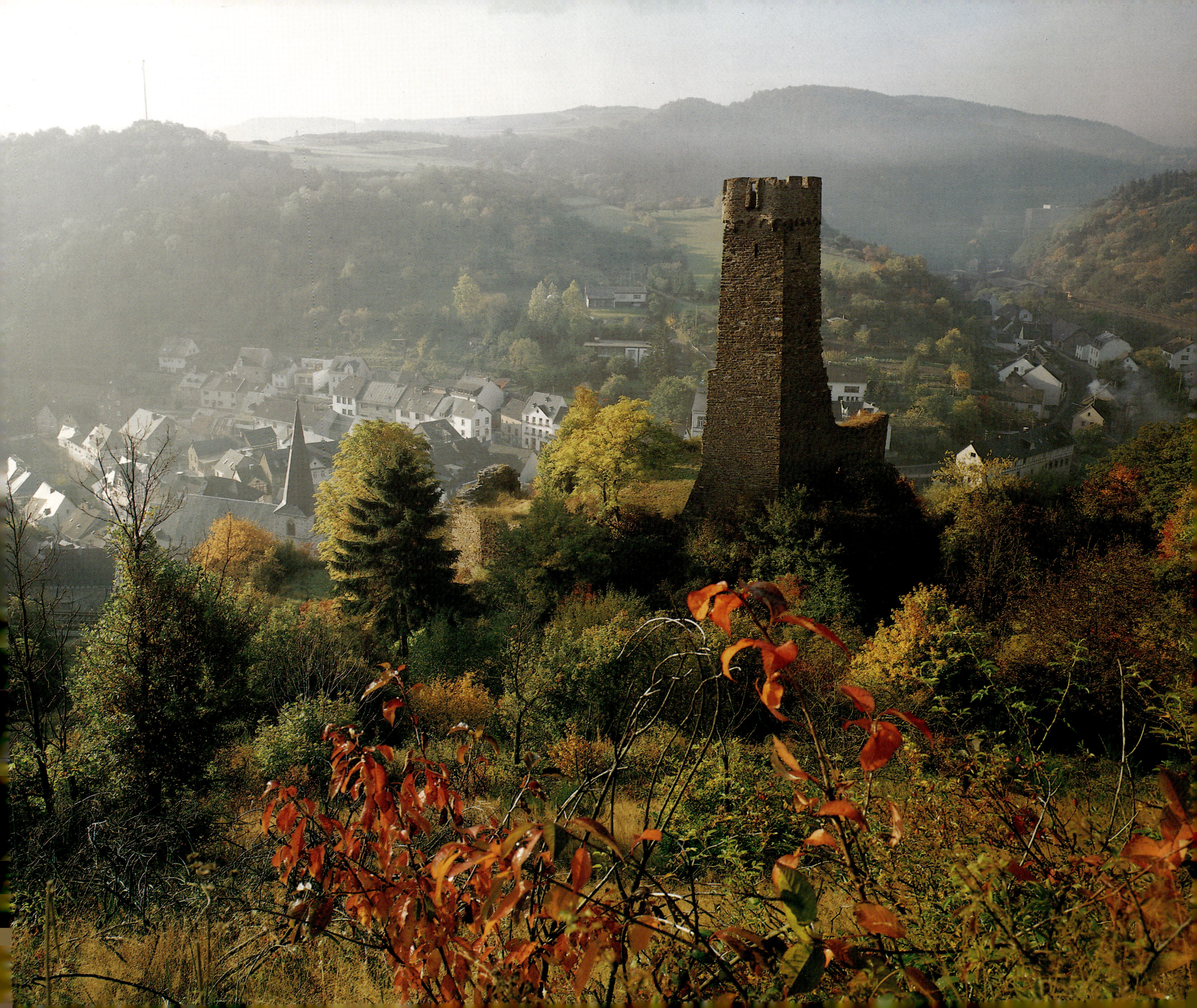

▽ **Herbststimmung im Ülfetal**

Dies ist ein Herbsttag, wie ich keinen sah!
Die Luft ist still, als atmete man kaum...
O stört sie nicht, die Feier der Natur!
Dies ist die Lese, die sie selber hält,
Denn heute löst sich von den Zweigen nur,
Was vor dem milden Strahl der Sonne fällt.

Friedrich Hebbel

▷ **Druidenstein bei Betzdorf**

Gewaltige, finstere Erinnerung an heidnische Zeit, der Druidenstein im Westerwald, inzwischen längst mit dem christlichen Kreuzsymbol gekrönt.

▽ **Autumn mood in the Ülfe Valley**

Season of mists and mellow fruitfulness,
Close bosom-friend of the maturing sun;
Conspiring with him how to load and bless
With fruit the vines...

John Keats

▷ **The Druids' Stone near Betzdorf**

A tremendous, grim reminder of heathen days: the Druids' Stone in the Westerwald region, which has long since been crowned with a cross.

▽ **Ambiance automnale dans la vallée de l'Ülfe**

C'est un jour d'automne à nul autre pareil!
L'air est paisible, il n'y passe aucun souffle...
Ne trouble pas la nature en fête!
La cueillette n'est pas encore faite,
Car des branches se détache seulement
Ce qu'en prend un tendre rayon de soleil.

Friedrich Hebbel

▷ **Pierre druidique près de Betzdorf**

Imposant souvenir d'une époque païenne, la pierre des druides dans le Westerwald est depuis longtemps couronnée de la croix chrétienne.

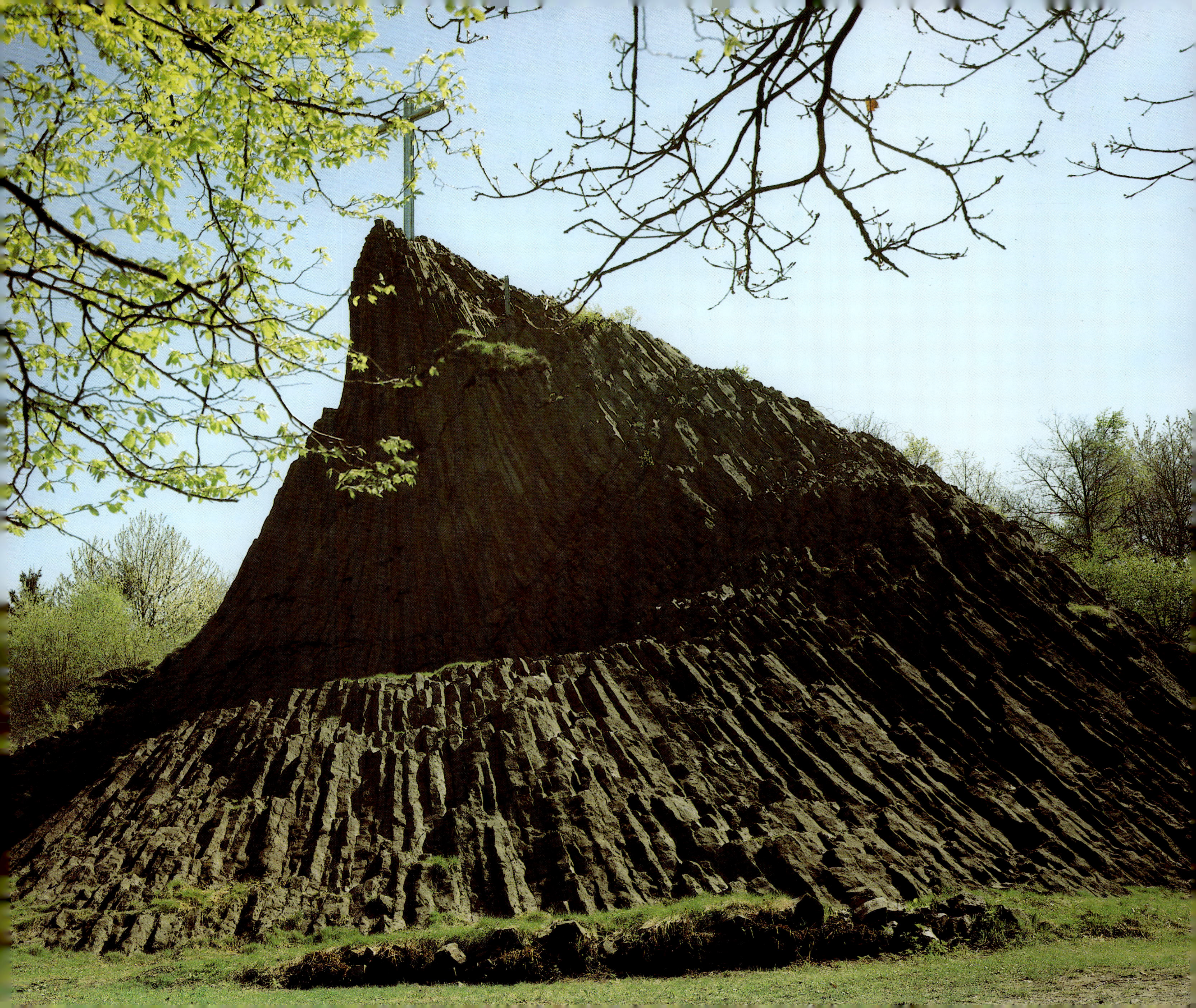

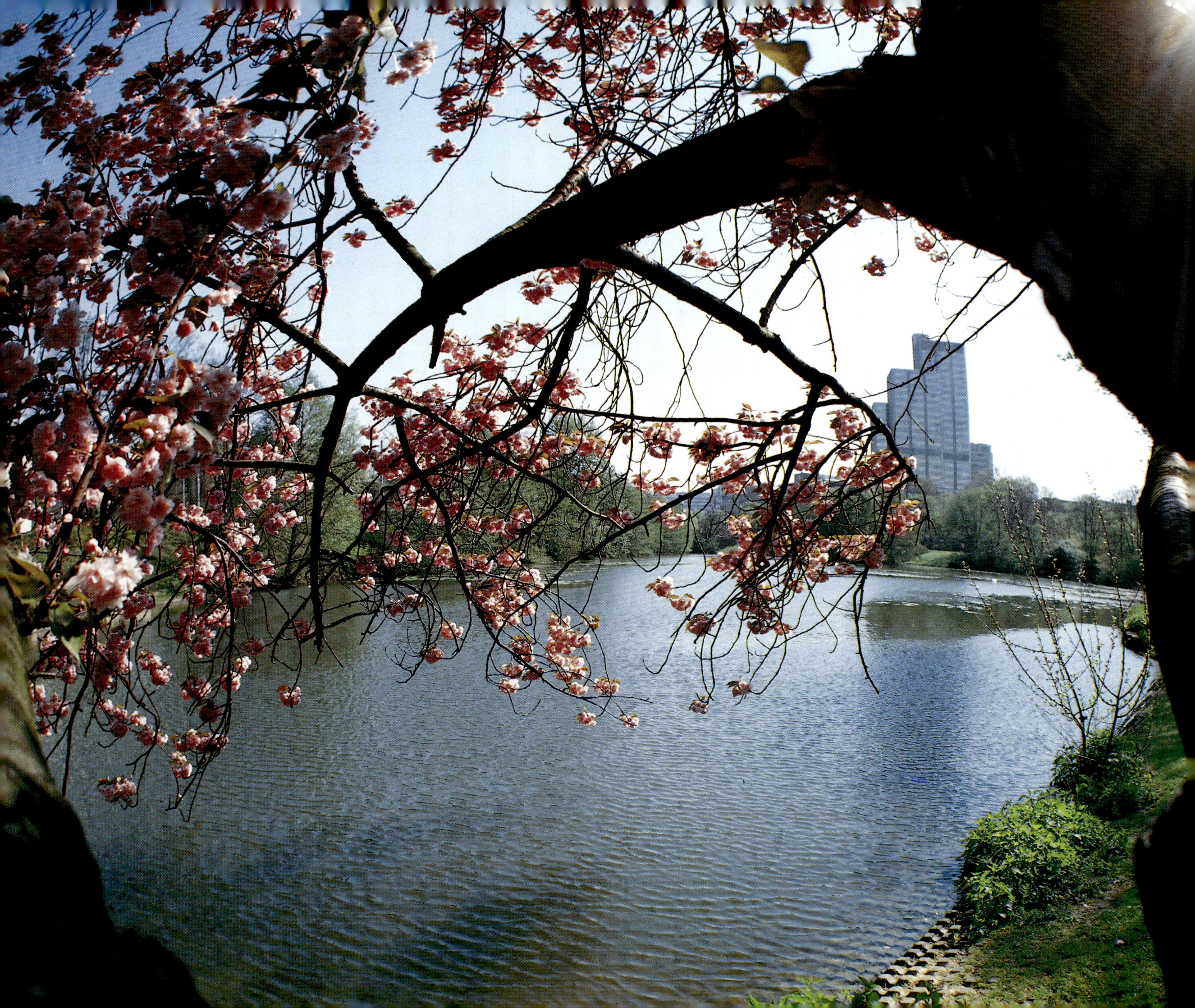

An Rhein und Ruhr

Die feinste Adresse unter den Einkaufsstraßen in Deutschland ist die Königsallee in Düsseldorf, liebevoll »Kö« genannt. Dort trifft sich die elegante Welt, kauft ein in exquisiten Läden, um anschließend in einem der eleganten Straßencafés bei Kaffee und Kuchen zu sehen und gesehen zu werden.
Und dabei verdankt diese Prachtstraße ihren Namen einem – Pferdeapfel. Im Jahre 1848, einem der politisch unruhigsten in der deutschen Geschichte, besuchte der Preußenkönig Friedrich Wilhelm IV. Düsseldorf. Er fuhr mit der Kutsche durch die Stadt. Am Straßenrand standen die Menschen und guckten. Und plötzlich kam ein Pferdeapfel geflogen und traf den Mantel des Königs. Dieser soll sich daraufhin in seinem Verdacht bestätigt gesehen haben, daß die Düsseldorfer keine besonders guten Preußen seien. Die Düsseldorfer Stadtoberen aber versuchten, den König vom Gegenteil zu überzeugen. Sie benannten die Straße des schmachvollen Vorganges im Jahre 1851 um – in Königsallee.
Treffpunkt im nächtlichen Düsseldorf ist die Altstadt mit ihren vielen gemütlichen Kneipen, in denen vor allem Altbier ausgeschenkt wird. Und vielleicht – wenn's noch nicht gar so spät ist – trifft man dort einen der berühmten Düsseldorfer Rad-

Along the Rhine and Ruhr

The most exclusive shopping street in Germany is Königsallee in Düsseldorf, affectionately called "Kö". There the beautiful people do their shopping in the right shops, retiring afterwards to one of the elegant cafés for coffee and cake and to see and be seen.
And yet this dazzling street arrived at its impressive name thanks to some horse dung! In 1848 – one of the politically most dramatic years in German history – the Prussian King, Frederick William IV, visited Düsseldorf. He drove through the town in a coach. The streets were lined with spectators. Suddenly a chunk of horse dung came flying through the air, and struck the King's cape. This incident is said to have convinced him of what he had already suspected: that the Düsseldorf population were not very good Prussians. The Düsseldorf city council tried to convince the King that he was mistaken: in 1851 they renamed the street in which the disgraceful incident had occurred, giving it its present name: Königsallee.
Nightlife in Düsseldorf centres on the old quarter of the town, with its many cosy pubs in which the main drink is local ale called *Altbier* (produced by top-fermentation).
And, if it is not too late at night, you might see one of the famous Düssel-

La région du Rhin et de la Ruhr

La Königsallee à Dusseldorf, familièrement appelée «Kö», est une rue où se trouvent les plus belles boutiques d'Allemagne. Le beau monde s'y côtoie dans les élégants magasins et se retrouve ensuite dans l'un des cafés pour déguster cafés et gâteaux et surtout pour voir et être vu.
Fait amusant, cette magnifique rue doit son nom à du crottin de cheval! En 1848, une des années les plus mouvementées de l'histoire allemande, le roi de Prusse Frédéric Guillaume IV se rendit à Dusseldorf. Il traversa la ville en calèche. La foule le regardait passer et soudain voilà qu'un crottin de cheval est lancé d'on ne sait où et s'en va frapper le manteau du roi. Cet incident aurait, dit-on, confirmé le roi dans ses soupçons, à savoir que la population n'avait pas des sentiments très prussiens. Mais le conseil municipal de la ville essaya de convaincre le roi du contraire et, en 1851, donna à la rue où s'était passé ce scandaleux incident le nom de Königsallee.
A Dusseldorf la vie nocturne se concentre dans la vieille ville avec ses bistrots sympathiques où l'on sert surtout de l'*Altbier*. Si la nuit n'est pas trop avancée, on pourra y rencontrer un de ces jeunes et célèbres acrobates de Dusseldorf en train de faire la roue pour gagner un peu d'argent de poche. De jeunes Napo-

◁ **Düsseldorf/Am Schwanenspiegel**
Düsseldorf gilt als die Stadt mit den schönsten Hochhäusern. Hier, wo der »Schreibtisch des Ruhrgebiets« steht, hat der Bau von Verwaltungsgebäuden eine große Tradition. Aber die lebensfrohen Rheinländer verstehen es nicht nur, sich architektonisch gelungene Häuser für die Arbeit hinzustellen, sondern auch hübsche Parks und Teiche für ihre Freizeit anzulegen.

◁ **Düsseldorf/On the "Schwanenspiegel"**
Düsseldorf is regarded as the German town with the finest high-rise buildings. In the town nicknamed the "Writing Desk of the Ruhr District", the construction of adminstrative buildings has a long tradition. But the Düsseldorfers, who know how to enjoy life as well as work, also have a penchant for attractive parks and lakes such as this one – called "The Swans' Mirror".

◁ **Dusseldorf/Le Schwanenspiegel**
Dusseldorf passe pour être la ville qui compte les plus beaux immeubles-tours. Ici, où se trouve le «bureau de la région de la Ruhr», la construction de bâtiments administratifs a une longue tradition. Mais les joyeux Rhénans savent non seulement édifier des immeubles d'une belle architecture pour le travail, mais aussi de ravissants parcs avec des étangs pour leurs loisirs.

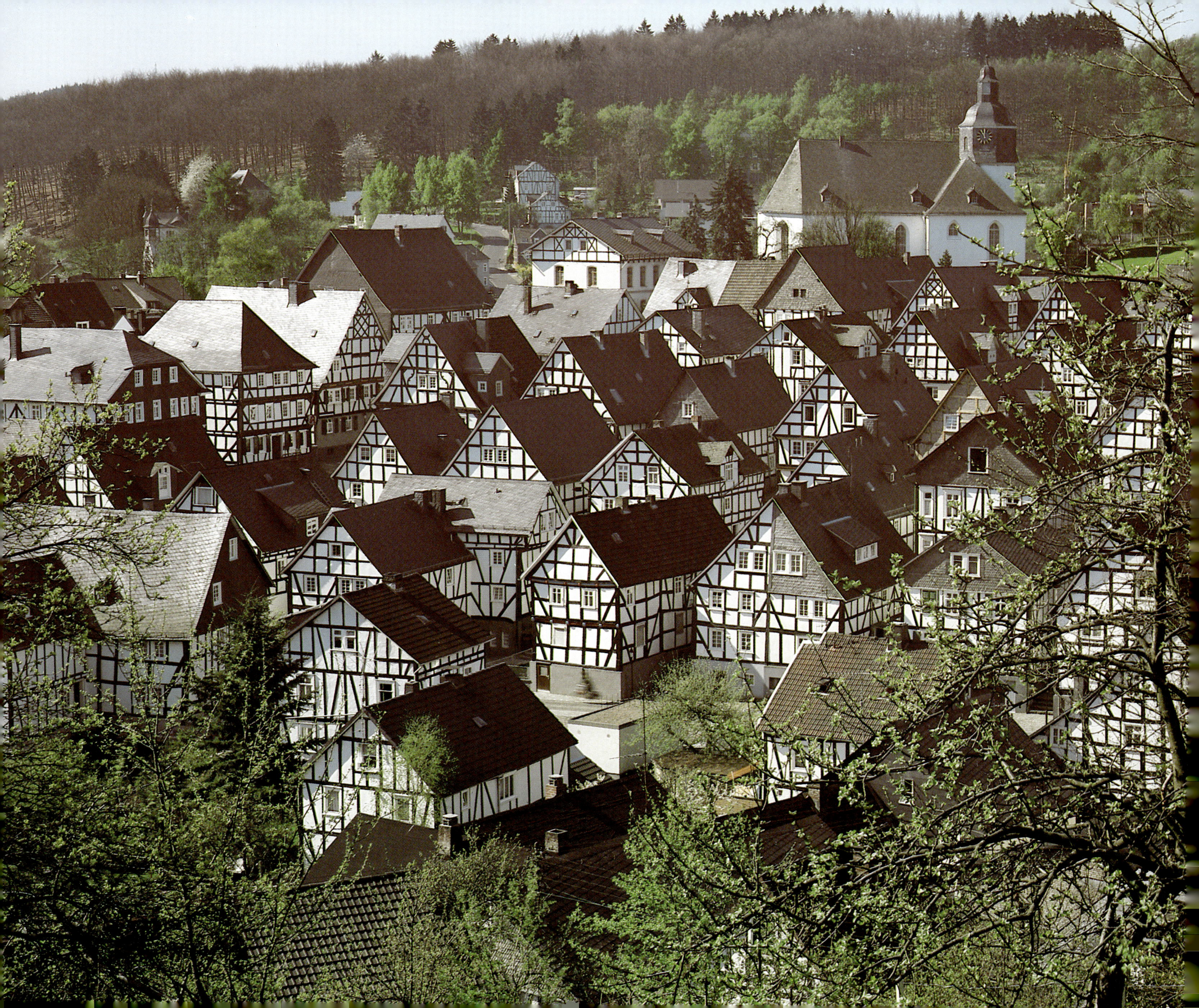

◁ **Freudenberg**
Das alte Städtchen war im 17. Jahrhundert durch eine Feuersbrunst fast völlig zerstört worden. Da erteilte Fürst Johann Moritz von Nassau-Siegen den Befehl, die niedergebrannte Ortschaft nach einem einheitlichen Plan wieder aufzubauen. Und so entstand die vielgerühmte Fachwerkschönheit Freudenbergs, die seit jener Zeit unverändert bewahrt wurde.

◁ **Freudenberg**
The old town was almost completely destroyed by fire in the 17th century. Afterwards, Prince Johann Moritz of Nassau-Siegen decreed that it should be rebuilt to a unified plan. And that was the origin of Freudenberg's famous half-timbered houses, which have been preserved unchanged since that time.

◁ **Freudenberg**
Après la destruction quasi totale de la petite ville par un incendie au XVIIe siècle, le prince Jean Maurice de Nassau-Siegen donna l'ordre de la reconstruire d'après un plan uniforme. Et c'est ainsi qu'est née la beauté si célèbre de Freudenberg, la ville aux maisons à colombages, une beauté restée intacte jusqu'à maintenant.

schläger. Das sind radschlagende Jungen, die sich mit dieser Geschicklichkeit ein kleines Taschengeld verdienen. Es heißt, Buben aus Neapel, die ihre Väter, Eis- und Maronenverkäufer, im vorigen Jahrhundert nach Düsseldorf begleiteten, hätten dieses akrobatische Kunststück mit an den Rhein gebracht.

Düsseldorf ist die Hauptstadt des Landes Nordrhein-Westfalen. Es liegt am Rande des Ruhrgebiets, das zu den großen Industriezentren Europas gehört. Und wer dort in der Nähe weilt, der sollte die Städte des Ruhrgebiets besuchen, Essen zum Beispiel, der sollte aber auch einen Abstecher ins Sauerland machen, einer schönen deutschen Mittelgebirgslandschaft, in der es noch viele stille Wälder gibt. Und wenn Schnee liegt, ist das Gebiet um Winterberg ein Ziel der Skiläufer von Rhein und Ruhr.

Reizvoll aber ist es auch, den alten Römern einen kurzen Besuch abzustatten. In der Nähe von Xanten, von wo aus im Jahre 9 n. Chr. die römischen Legionen unter Varus nach Germanien einmarschierten, um dort – in der Schlacht im Teutoburger Wald – eine furchtbare Niederlage einzustecken, ist eine alte römische Stadt ausgegraben und zum Teil rekonstruiert worden.

dorf cart-wheelers – boys who earn a bit of pocket money by displaying their acrobatic skill. It is said that this turn was brought to Düsseldorf in the last century by the sons of Neapolitan ice-cream and chestnut sellers.

Düsseldorf is the capital of Northrhine-Westphalia. It lies on the fringe of the Ruhr District, one of Europe's largest industrial conurbations. And while here in this region, it is well worth while visiting the cities of the Ruhr District – Essen, for example – and also taking a trip to the Sauerland, a charming area of quiet, forested hills. In winter the area round the Winterberg provides skiing for enthusiasts from the Rhine and Ruhr regions.

It is also a fascinating experience to "drop in on the ancient Romans" – in Xanten, for example, where a Roman town has been excavated and partly reconstructed. It was from there that the Roman legions marched into Germania in AD 9, only to suffer a crushing defeat in the battle of the Teutoburg Forest.

litains qui avaient accompagné leurs pères, marchands de glace et de marrons à Dusseldorf, le siècle dernier, auraient introduit ce genre d'acrobatie sur les bords du Rhin.

Dusseldorf est la capitale du Land de Rhénanie du Nord-Westphalie. Elle est située en bordure de la Ruhr, l'un des plus grands centres industriels d'Europe.

Lorsqu'on visite la région, il est bon de faire un tour dans les villes de la Ruhr, de voir Essen par exemple, et de faire aussi un crochet dans le Sauerland où il y a encore de belles forêts tranquilles. En hiver, le coin situé autour de Winterberg attire les skieurs des régions du Rhin et de la Ruhr.

Il est aussi intéressant de faire une petite visite aux anciens Romains. A Xanten, par exemple, où un ancien camp romain a été mis au jour et partiellement reconstitué. C'est de là que sont parties en l'an 9 après J.-C. les légions romaines pour aller subir en Germanie, dans la forêt de Teutoburg, une terrible défaite.

▷ **Blick vom Kahlen Asten auf Winterberg**
Zwischen Sieg und Ruhr erstreckt sich eines der nördlichsten deutschen Mittelgebirge, das Sauerland. Weit schweift der Blick vom höchsten Berg, dem Kahlen Asten, auf die sanft geschwungene, bewaldete Winterlandschaft.

▷ **View of Winterberg from Kahler Asten**
The hilly Sauerland region lies between the rivers Sieg and Ruhr. From its highest mountain, Kahler Asten, there are extensive views across the rolling, wooded hills.

▷ **Vue du Kahler Asten sur Winterberg**
Entre la Sieg et la Ruhr s'étend le Sauerland, une des chaînes de montagnes de hauteur moyenne les plus septentrionales d'Allemagne. Celle-ci culmine au Kahler Asten d'où l'on jouit d'un beau panorama sur le paysage hivernal tout en pentes douces et boisées.

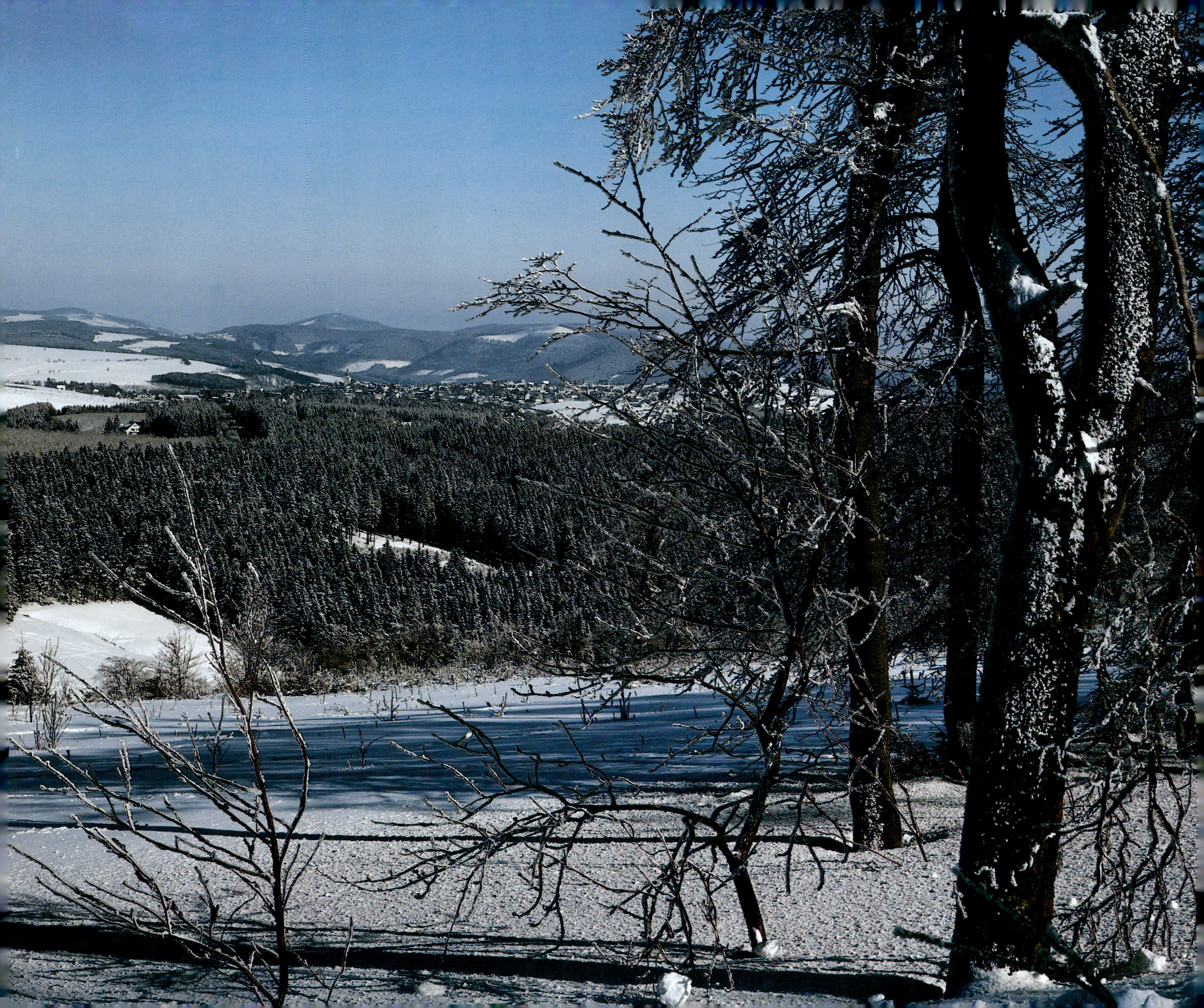

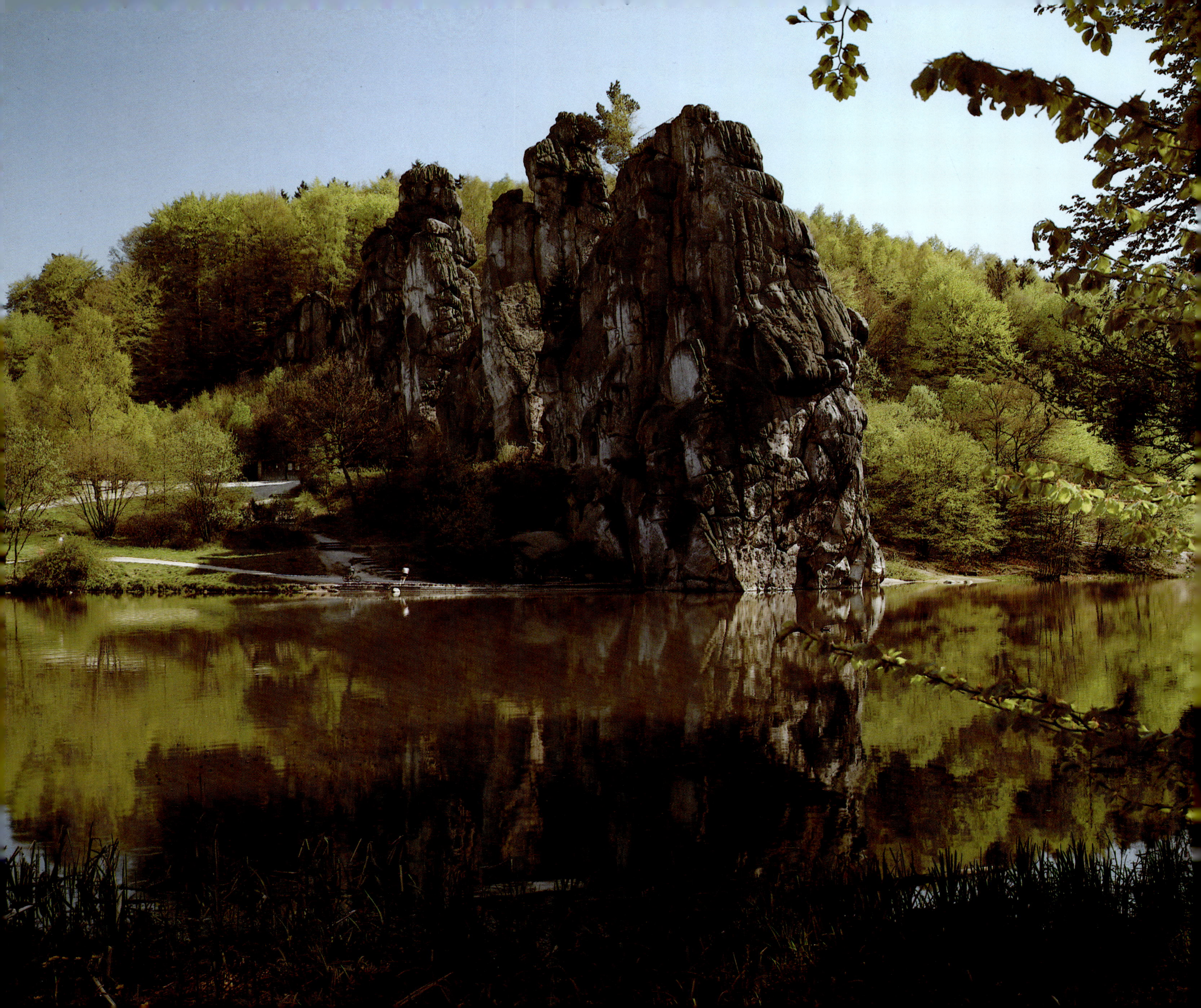

◁ **Externsteine bei Horn**
Die riesenhaften, geheimnisvollen Felsen am Teutoburger Wald waren in grauer Vorzeit wohl eine heidnische Kultstätte.

▽ **Niederrheinische Landschaft bei Xanten**
Spröde und melancholisch wird der Rhein, wenn er sich aus dem Burgenzauber herauswindet und zum Strom weitet. Für Heinrich Böll war dies der eigentliche, sein Rhein: »Er wechselt in Gelassenheit und Schwermut über… immer ernster wird er auf die Mündung zu, bis er in der Nordsee stirbt…«

◁ **The Externsteine near Horn**
This huge group of limestone rocks by the Teutoburg Forest was presumably a heathen cultic site in prehistoric times.

▽ **Landscape near Xanten on the Lower Rhine**
As the Rhine frees itself from the romantic, castle-crowned hills of its middle sections, it becomes wider, slower, and more melancholy. For the writer Heinrich Böll, a Rhinelander, this was his, was the true Rhine: "It changes, becoming more tranquil, sadder… becoming more and more solemn until it reaches the North Sea and dies…"

◁ **Externsteine près de Horn**
Dans la nuit des temps, les immenses rochers auréolés de mystère en bordure de la forêt de Teutoburg furent sans doute un lieu de culte païen.

▽ **Paysage du Rhin inférieur près de Xanten**
Lorsqu'il s'arrache au charme des châteaux et devient imposant, le Rhin se fait mélancolique. Pour l'écrivain rhénan, Heinrich Böll, c'était là le vrai Rhin: «Il passe nonchalant et triste… devient de plus en plus grave vers l'embouchure jusqu'à ce qu'il expire dans la mer du Nord…»

Xanten/Dom St. Viktor

Xanten ist reich an Geschichte und an Geschichten. Siegfried soll hier geboren worden sein. Kaiser Augustus ließ hier 15 v. Chr. ein Heerlager errichten. Wie die Legende berichtet, starb in Xanten auch der heilige Viktor den Märtyrertod. An der Stelle, wo er verstarb, soll heute der Dom stehen.

▷ Rheinischer Karneval

Dem Rheinländer genügen die vier Jahreszeiten nicht, er lechzt jedes Jahr von neuem nach der fünften: der Karnevalszeit. Diese erstreckt sich über mehrere Monate und erreicht ihren Höhepunkt erst kurz vor Aschermittwoch an der Weiberfastnacht und am Rosenmontag.

▽ Xanten/The Cathedral of St. Victor

Xanten is rich in legend. Siegfried, the archetypal Teuton and most famous German hero, is said to have been born here. According to legend, St. Victor and his followers died martyrs' deaths here in Xanten at the place where the Cathedral now stands.

▷ Carnival in the Rhineland

The Rhinelanders are not satisfied with four seasons: they introduce a fifth one every year called carnival. This lasts for several months, and reaches its climax before Lent.

▽ Xanten/Cathédrale St-Victor

Xanten est riche en histoires. Siegfried, l'incarnation des Germains et le plus célèbre des héros allemands, y serait né. Et d'après la légende, saint Victor serait mort en martyr avec ses compagnons à Xanten. La cathédrale serait située à l'emplacement où il mourut.

▷ Carnaval rhénan

Le Rhénan n'a pas assez de quatre saisons, chaque année il soupire après la cinquième: celle du carnaval. Celle-ci s'étend sur plusieurs mois et atteint son apogée à la veille du mercredi des Cendres.

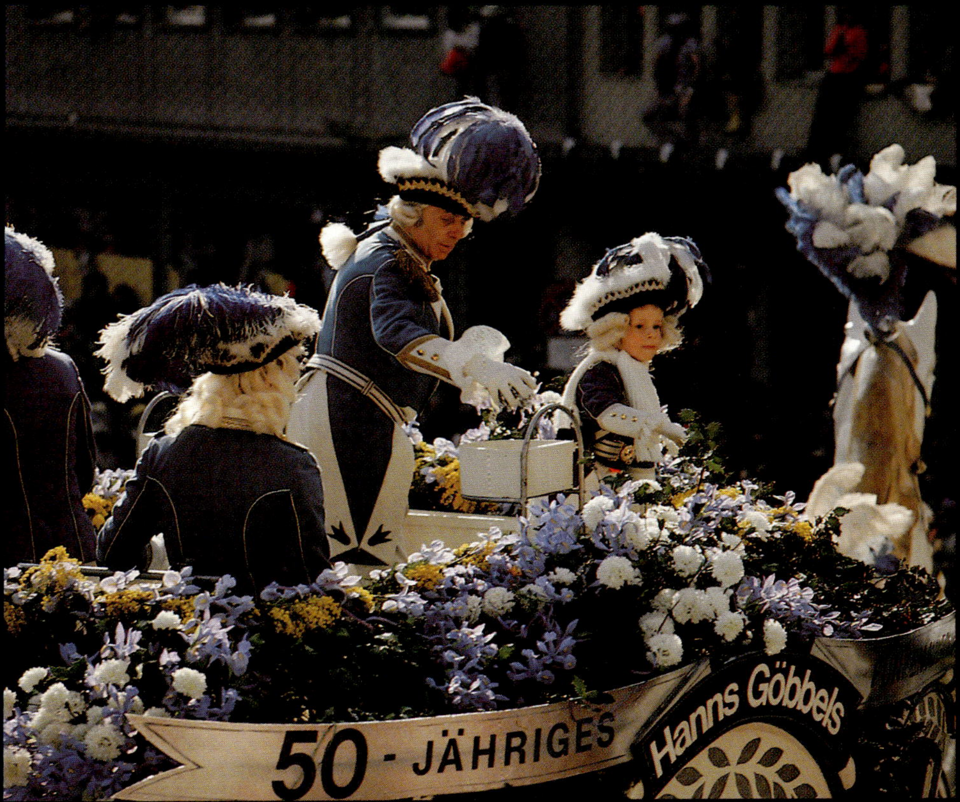
50 - JÄHRIGES
Hanns Göbbels

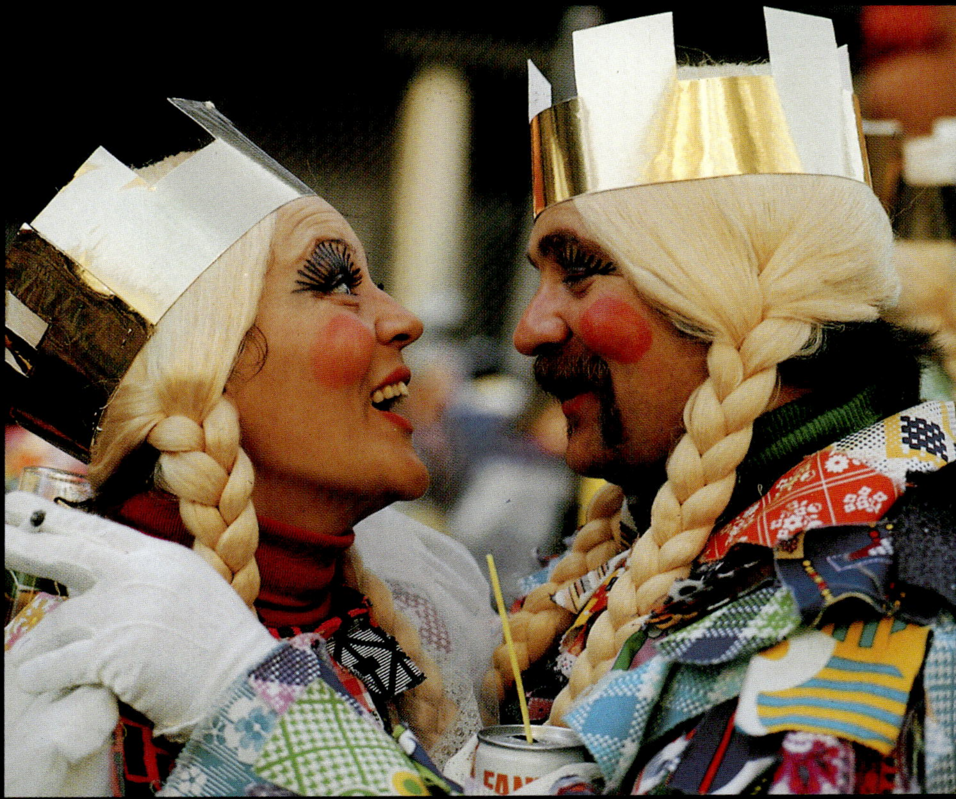

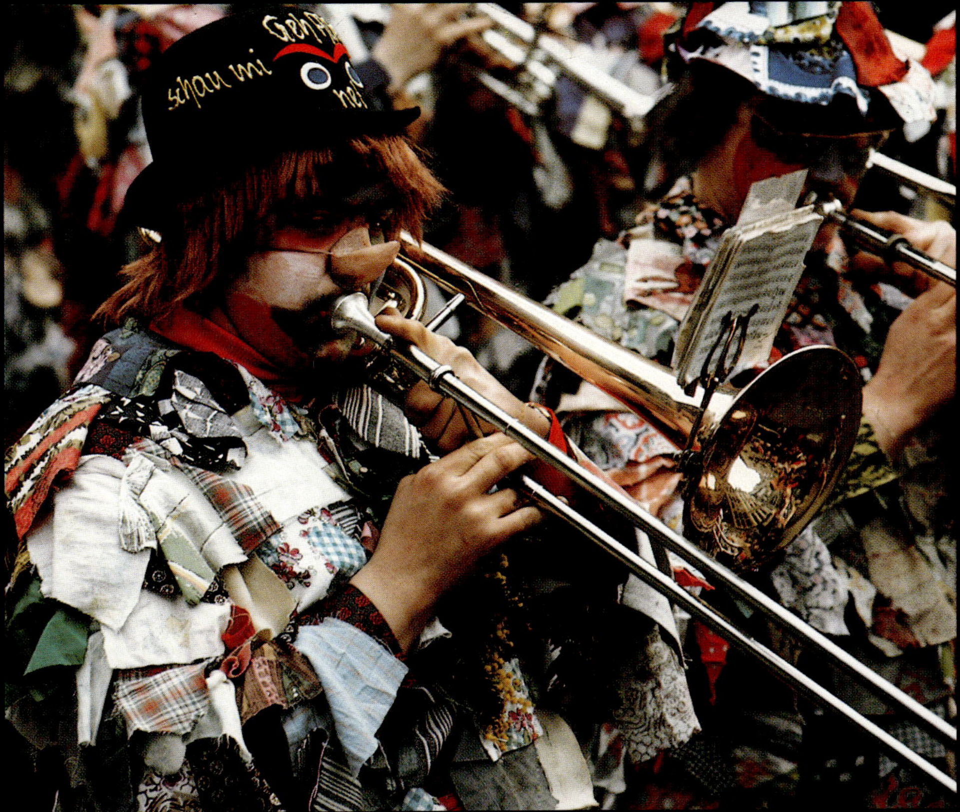

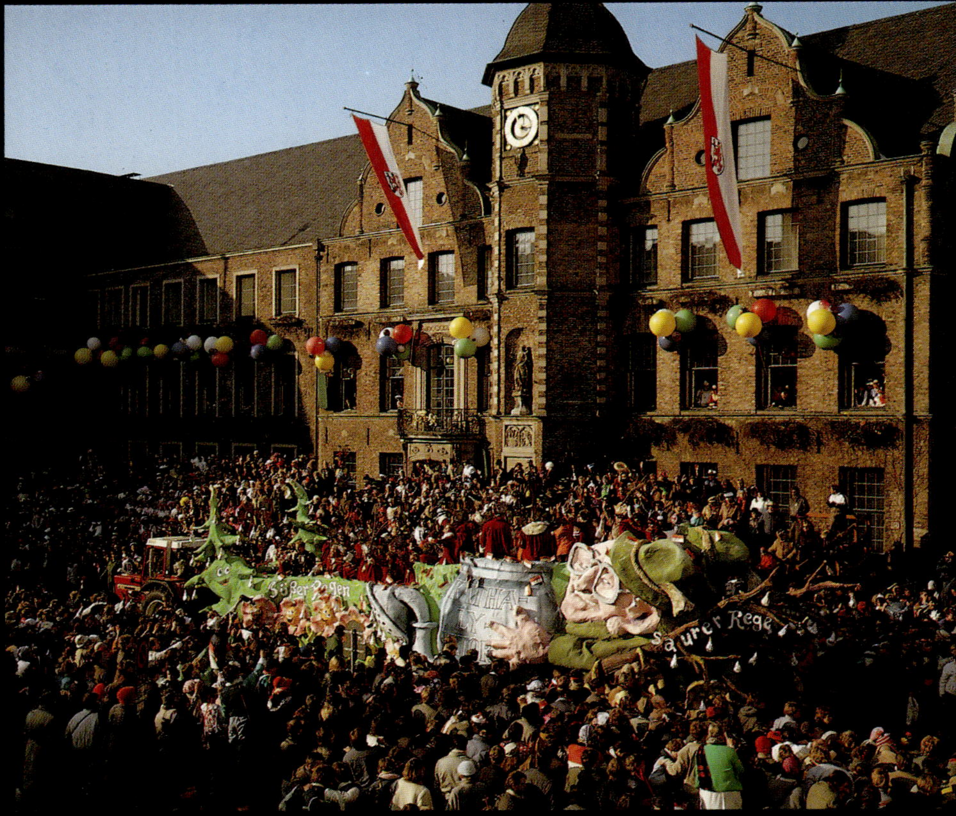

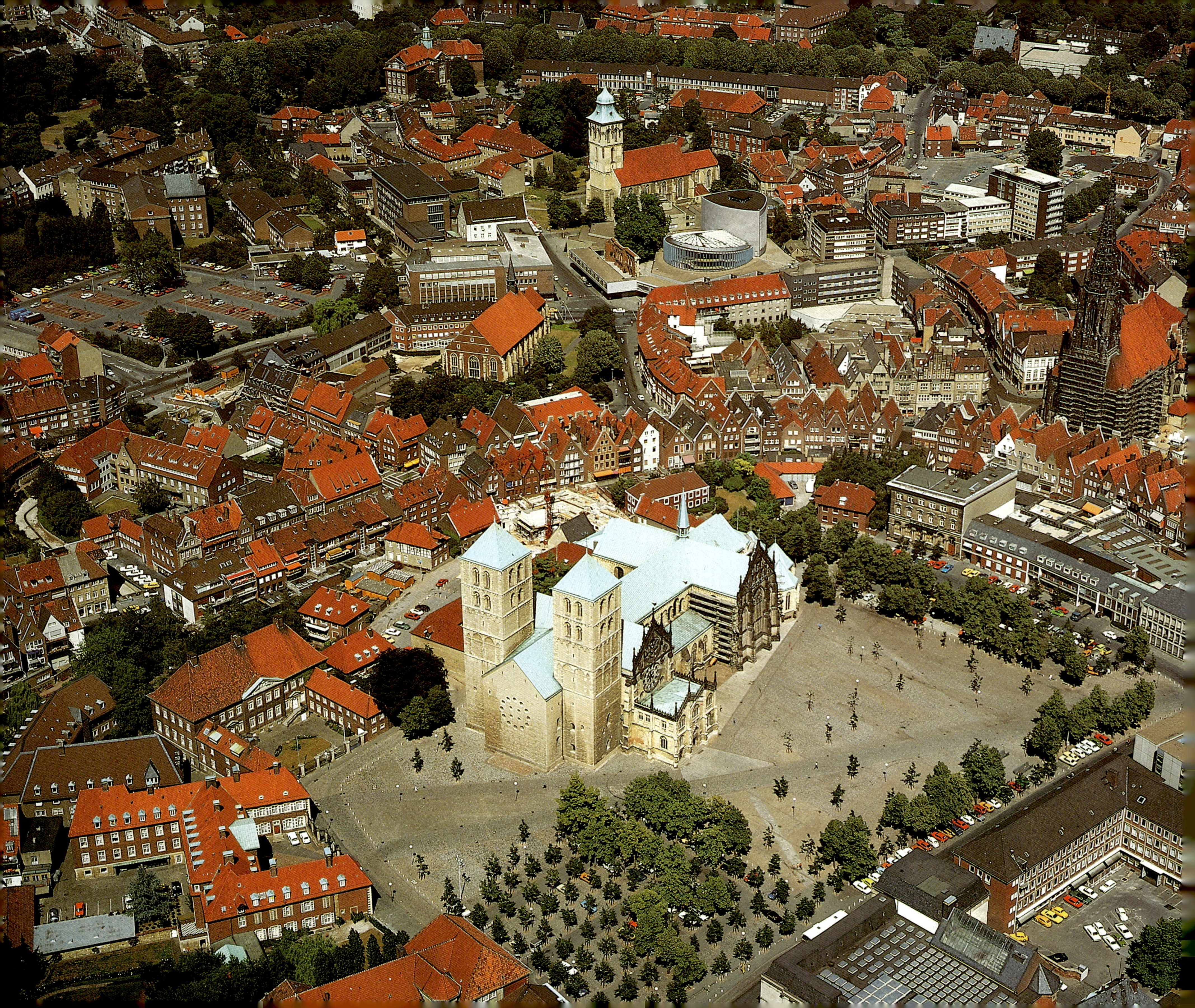

Das Münsterland

Westfalen ist das Land der Wasserburgen. Trutzige Gemäuer sind darunter, hinter denen man aufregende Geschichten vermutet und spukende Ahnen, die in weißen Laken durch die alten Gemächer schweben, mit ihren Ketten rasseln und schrecklich stöhnen.
Reich an Burgen ist vor allem das Münsterland. Zu den ganz alten zählt die Burg Vischering, die seit 1271 im Besitz der Familie von Droste ist. Ausgesucht schön ist das Schloß in Anholt, nahe der niederländischen Grenze gelegen, und die wohl bedeutendste Anlage ist das barocke Nordkirchen.
Eine bemerkenswerte Vergangenheit hat die Iburg in Bad Iburg südlich von Osnabrück. Dort lebte Sophie von der Pfalz, die als »Mutter der Könige« in die europäische Geschichte eingegangen ist. Ihre Tochter Sophie Charlotte wurde als Frau Friedrichs I. von Hohenzollern im Jahre 1701 die erste Preußenkönigin. Ihr Sohn bestieg später als Georg I. den Thron von England.
Die beiden herausragenden Städte in dieser Region sind Münster und Osnabrück. Sie nehmen in der deutschen Geschichte eine besondere Stellung ein. Denn in beiden Städten fanden die Verhandlungen zur Beendigung des Dreißigjährigen Krieges statt.

Münsterland

Westphalia is the country of moated castles. Some of them certainly have dramatic histories, and it is easy enough to imagine ancestral ghosts flitting through the ancient rooms with rattling chains and heart-rending groans.
Münsterland, in particular, has more than its share of great buildings. One of the oldest is Vischering Castle, which has been owned by the von Droste family since 1271.
And one of the most beautiful is Anholt Castle, close to the Dutch border, while probably the most important of them all is the baroque palace at Nordkirchen, called the "Versailles of Münsterland".
The castle in Bad Iburg, to the south of Osnabrück, has a particularly interesting history. It was the home of Sophie of the Palatinate, who has gone down in European history as the "mother of kings". As the wife of Frederick I of Hohenzollern her daughter Sophie Charlotte became the first Queen of Prussia in 1701. And her son became King George I of England.
The two most important towns in this region are Münster and Osnabrück. They take up a special position in German history: negotiations to end the Thirty Years' War were held in both places.
The peace treaty was signed in 1648

Le Münsterland

La Westphalie est la région des castels d'eau. Certains d'entre eux sont dotés d'imposantes murailles derrière lesquelles on peut imaginer de dramatiques histoires et des fantômes vêtus de draps blancs en train de glisser à travers les pièces en faisant cliqueter leurs chaînes avec force soupirs.
Le Münsterland, en particulier, abonde en châteaux. Parmi les plus anciens figure le castel d'eau de Vischering, depuis 1271 propriété de la famille von Droste. Un des plus beaux est le château d'Anholt, près de la frontière hollandaise, et le plus important est sans doute le château baroque de Nordkirchen. Le château d'Iburg, au sud d'Osnabruck, a lui un passé intéressant. C'est là que vécut Sophie, princesse palatine, celle qui est entrée dans l'histoire européenne comme la «mère des rois». Sa fille Sophie-Charlotte devint, comme épouse de Frédéric Ier de Hohenzollern, la première reine de Prusse. Leur fils devint le roi George Ier de Grande-Bretagne.
Les deux villes les plus importantes dans cette région sont Munster et Osnabruck. Elles occupent une place particulière dans l'histoire allemande. Car, dans les deux villes, se déroulèrent les pourparlers pour mettre fin à la guerre de Trente Ans. La paix fut signée en 1648 par la délégation

◁ **Münster/Domplatz**
Der Name der Stadt verweist auf ihren Ursprung: ein Kloster – Monasterium –, das der heilige Ludger um 800 gründete. Noch heute bildet der mächtige Dom das Zentrum der Stadt.

▷▷ **Lüdinghausen/Wasserburg Vischering**
Die älteste Wasserburg Westfalens ist uns in allen wesentlichen Bauteilen erhalten geblieben.

◁ **Münster/Cathedral Square**
The city's name reflects its origin: it began as a monastery founded by St. Ludger in about 800. The mighty Cathedral still forms the focal point of the town.

▷▷ **Lüdinghausen/Vischering Castle**
The oldest moated castle in Westphalia has preserved all its essential features intact.

◁ **Munster/Place de la cathédrale**
Le nom de la ville rappelle son origine: un couvent – monasterium – qui fut fondé vers l'an 800. Aujourd'hui encore, l'imposante cathédrale constitue le centre de la ville.

▷▷ **Lüdinghausen/Castel d'eau de Vischering**
Le plus ancien castel d'eau de Westphalie a pu être conservé jusqu'à ce jour dans ses parties essentielles.

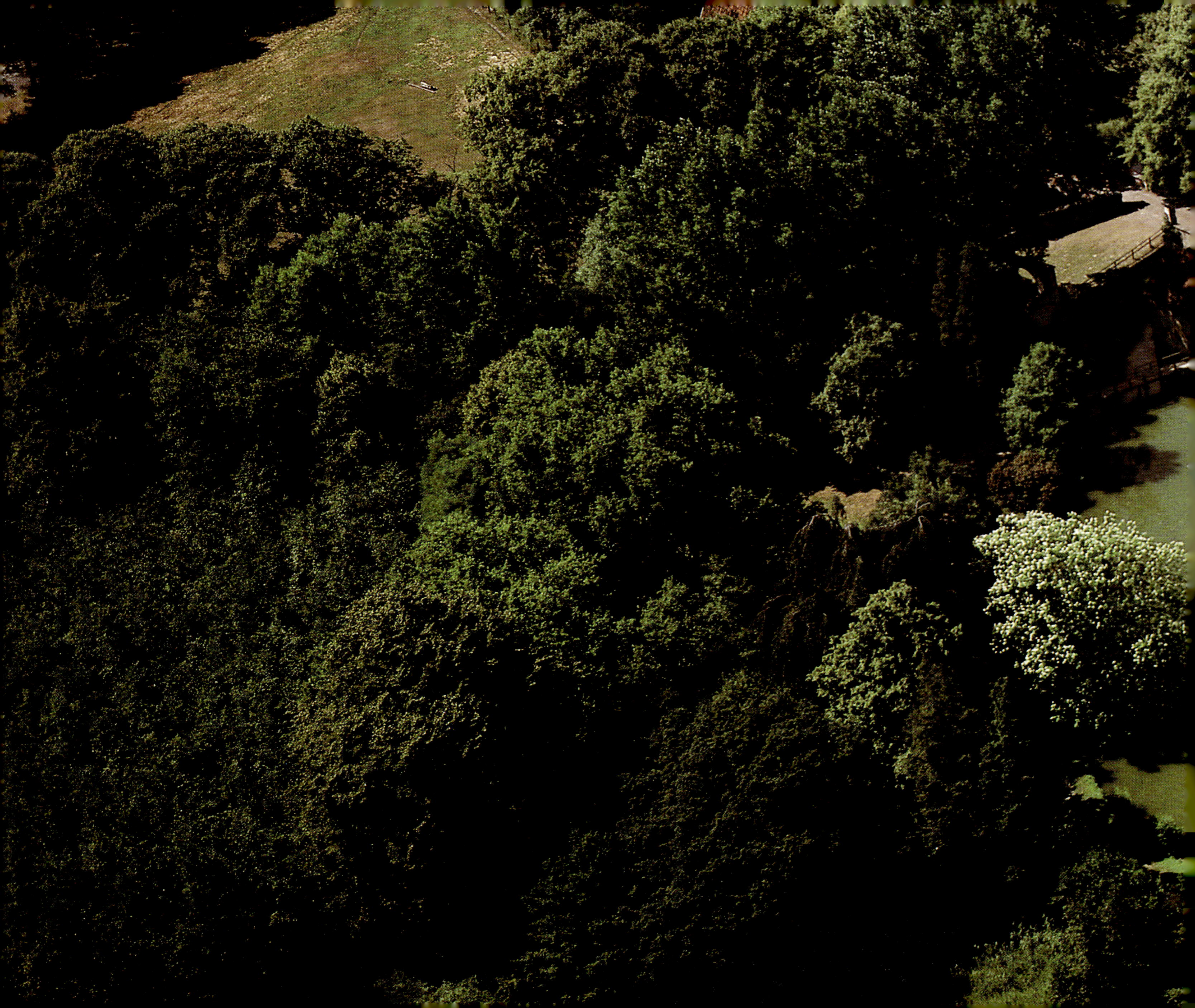

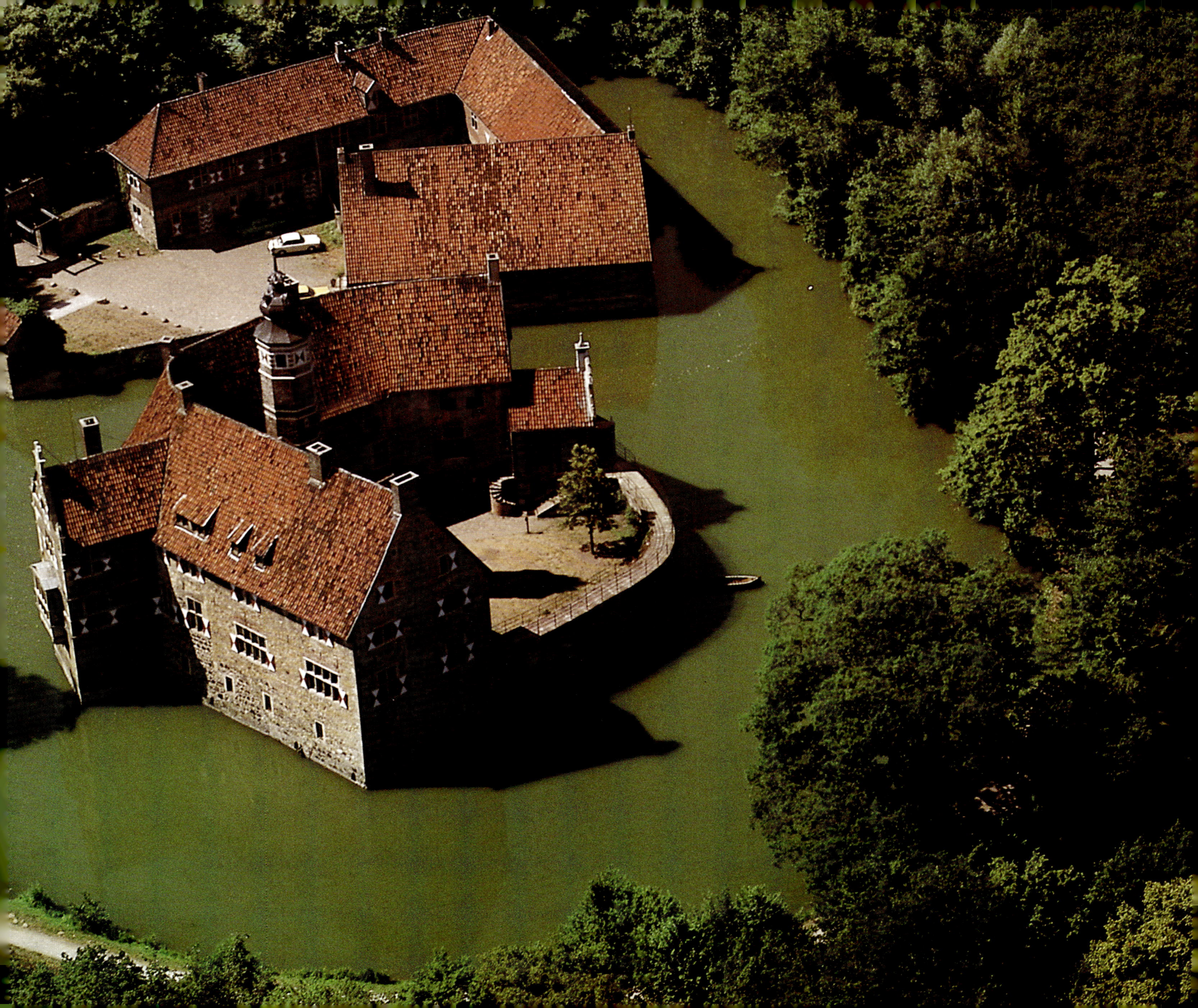

Der Frieden wurde im Jahre 1648 von den katholischen Unterhändlern in Münster und von den protestantischen in Osnabrück unterzeichnet. Als zwei Jahre später in Osnabrück die Wiederkehr des Tages der Unterzeichnung gefeiert wurde, vergaß man, dazu auch die Kinder einzuladen. Sie rückten daraufhin auf ihren Steckenpferden an und paradierten vor den Stadtoberen und dem Gesandten des Kaisers – eine Demonstration für den Frieden, die alljährlich am 25. Oktober wiederholt wird.

Nördlich von Münster und Osnabrück breitet sich ein reiches Bauernland aus, und wer sich einen Überblick verschaffen will über das Leben der Menschen in diesem Raum in vergangenen Zeiten, wer ihre Häuser kennenlernen will und ihre Kultur, der sollte das Museumsdorf in Cloppenburg besuchen, ein großes Freilichtmuseum mit Bauernhäusern und Mühlen, mit einer Kirche und einer winzigen Dorfschule. Kühe weiden dort auf der Wiese, eine Gänseherde zieht schnatternd über den Weg, in einem Backofen wird deftiges Landbrot gebacken, ein Töpfer sitzt an der Töpferscheibe, und im Dorfkrug gibt es ein kräftiges Essen, wie es die Leute dort mögen.

by the Catholic delegation in Münster and by the Protestant delegation in Osnabrück.
When the anniversary of the signing was celebrated in Osnabrück two years later, the town children were not invited. They turned up nevertheless on their hobby-horses, and paraded in front of the town councillors and the imperial envoy – a peace demonstration which is repeated every year on 25th October.
The area to the north of Münster and Osnabrück is fertile farming country, and anyone interested in how the people of this region used to live, and in their houses and culture, should visit the museum village in Cloppenburg – a large open-air museum with farmhouses and mills, a church, and a tiny village school. Cows graze in the meadows, a flock of geese goes cackling through the village, bread is baked in the village oven, and a potter can be seen at work. And, in the village inn, you can have a hearty meal of local specialities.

catholique à Munster et par la délégation protestante à Osnabruck.
Lorsque deux ans plus tard on célébra à Osnabruck l'anniversaire de la signature, on oublia d'inviter les enfants. Ceux-ci enfourchèrent alors leurs chevaux de bois et paradèrent devant les conseillers municipaux et l'envoyé de l'Empereur – une manifestation en faveur de la paix que l'on renouvelle chaque année le 25 octobre.
Au nord de Munster et d'Osnabruck s'étend une riche région agricole et celui qui s'intéresse au mode de vie des paysans d'autrefois, à leurs maisons et à leur culture, doit visiter le musée folklorique de plein air à Cloppenburg qui rassemble des fermes et des moulins, une église et une minuscule école de village. Les vaches y paissent dans les prés, un troupeau d'oies passe en cacardant, du bon pain paysan cuit dans le four et un potier est assis à son tour. Et dans l'auberge du village, on peut se régaler de plats consistants comme on les aime dans la région.

▷ **Sögel/Schloß Clemenswerth**
Tief im Wald ließ Fürstbischof Clemens August dieses Jagdschloß auf kreuzförmigem Grundriß errichten. Das kurfürstliche Schlößchen steht im Mittelpunkt eines achtstrahligen Sterns aus acht Waldalleen und acht Pavillons, die für die Unterbringung und Verköstigung der Jagdteilnehmer gedacht waren.

▷ **Sögel/Clemenswerth Palace**
This hunting lodge was built in the depths of the forest by Prince Bishop Clemens August. The cruciform house is at the centre of eight converging woodland rides with eight pavilions which served to accommodate the hunting parties.

▷ **Sögel/Château de Clemenswerth**
Le prince-évêque Clément Auguste fit construire ce château en pleine forêt d'après un plan cruciforme. Le petit château se trouve au centre d'une étoile à huit branches composée de huit allées tracées dans la forêt et de huit pavillons où étaient hébergés les invités aux parties de chasse.

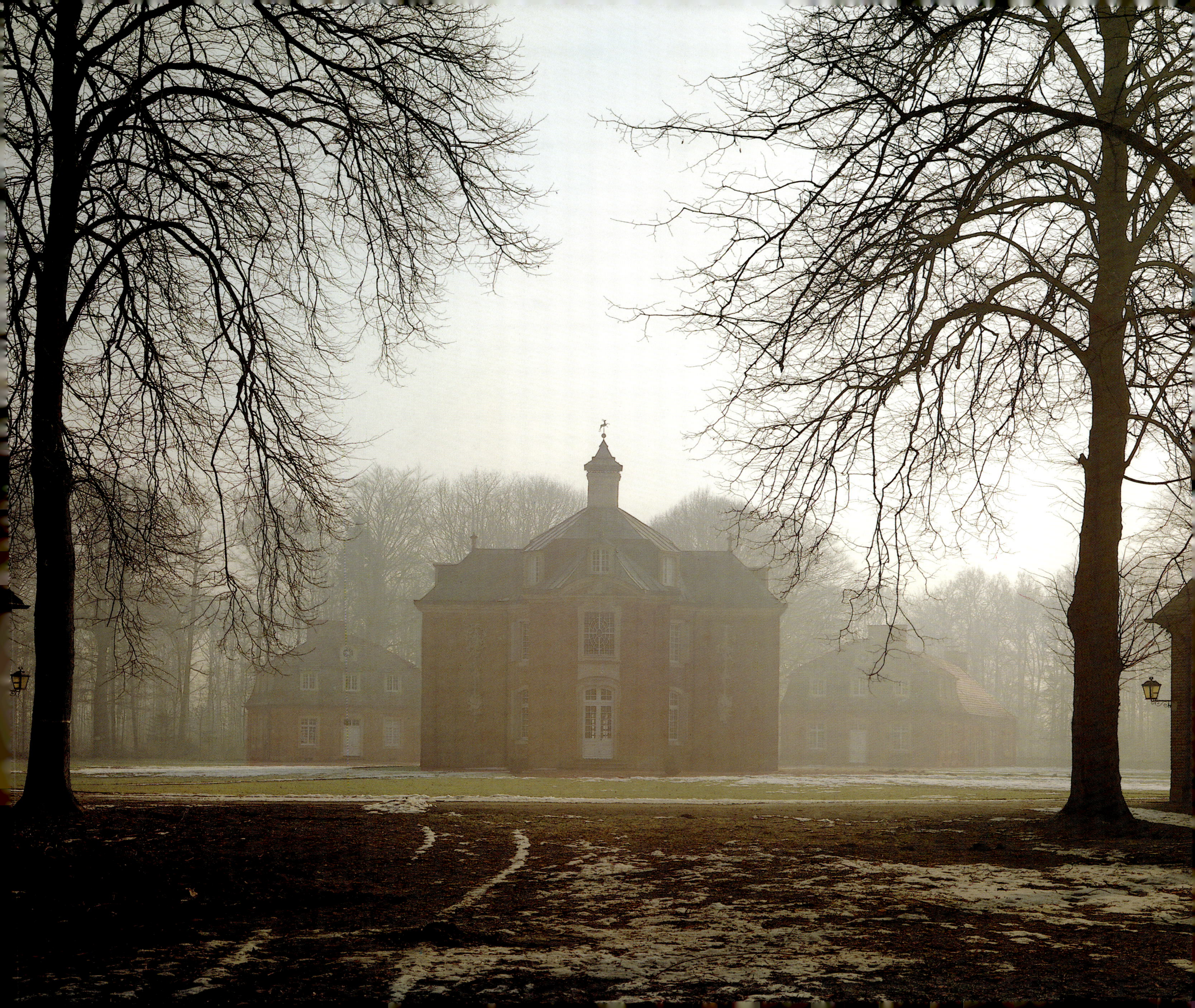

◁ **Ottbergen/Altes Fachwerkhaus**
Goldene Inschriften zieren die Querbalken dieses märchenhaft schönen Fachwerkhauses. Der Hausherr hat sich mit seiner Frau darauf verewigt. Es müssen gottesfürchtige Leute gewesen sein, da sie ihr Haus dem Schutz des Allerhöchsten anempfehlen.

◁ **Ottbergen/Old half-timbered house**
The owner and builder of this magnificent half-timbered house was rightly proud of his work, and was not shy of inserting his own and his wife's name among the golden inscriptions, which include a pious appeal for protection by the Almighty.

◁ **Ottbergen/Ancienne maison à colombages**
Des inscriptions en lettres d'or ornent les poutres transversales de cette merveilleuse maison à colombages. Le maître de maison s'y est immortalisé avec sa femme. Ce devaient être des gens très pieux, car ils avaient placé leur maison sous la protection du Tout-Puissant.

Die Deutsche Märchenstraße

Deutschland, das Land der Märchen und Sagen, hat auch – wie könnte es anders sein – eine Märchenstraße, die auf ihrer schönsten Strecke durch das schmale Wesertal führt, die ihren Namen aber vor allem den Brüdern Grimm verdankt.

Jacob und Wilhelm Grimm, geboren 1785 und 1786 in Hanau am Main, waren Germanisten und wirkten als Professoren in Göttingen, wo sie wegen ihrer liberalen Haltung beim Landesherrn in Ungnade fielen. Berühmt wurden die beiden Brüder durch ihre Märchensammlung, die als *Kinder- und Hausmärchen* längst zu einem festen Bestandteil der deutschen Literatur geworden sind. Zahlreiche dieser Märchen – und einige der populärsten – sammelten die Brüder Grimm in den kleinen Städten und Dörfern rund um Kassel und Göttingen.

Eines der beliebtesten Märchen, das vom *Dornröschen*, das – von einer bösen Hexe in einen hundertjährigen Schlaf versetzt – von einem schönen Prinzen erlöst wurde, siedelten sie in der Sababurg im Reinhardswald an.

Auf dieser Burg hatten die Brüder Grimm während ihrer Reisen zwischen Kassel und Göttingen häufig als Gäste des hessischen Kurfürsten übernachtet.

Die Sababurg steht noch heute. In

The German Fairytale Route

As might well be expected, Germany, the land of fairytales and sagas, has a Fairytale Route, the prettiest part of which runs through the narrow valley of the Weser. And it was around here that the Grimm brothers collected many of their folk tales.

Jacob and Wilhelm Grimm, born in 1785 and 1786 in Hanau on the Main, philologists and literary scholars, were appointed as professors in Göttingen – where they became unpopular with the authorities because of their liberal views.

They were made famous by their collection of fairytales, which, entitled *Kinder- und Hausmärchen* have long been an important element in German literature, and are known throughout the world.

Many of these folk-tales – and some of the most popular – were collected in the little towns and villages around Kassel and Göttingen. And they set one of the most beloved fairytales, *The Sleeping Beauty*, about the princess sent to sleep for a hundred years by a witch, but who is awakened by a kiss from a prince, in Sababurg Castle in the Reinhard Forest.

The Grimms had frequently stayed in this castle as the guest of the Elector of Kassel during their travels between Kassel and Göttingen. Sababurg Castle still exists.

La route allemande des Contes

L'Allemagne, pays de contes et de légendes, a également – comment pourrait-il en être autrement – une route des Contes qui, sur son plus joli parcours, passe par l'étroite vallée de la Weser et qui doit surtout son nom aux frères Grimm.

Jacob et Wilhelm Grimm, nés en 1785 et 1786 à Hanau sur le Main, étaient philologues et professeurs à Göttingen où, par la suite de leur attitude libérale, ils tombèrent en disgrâce auprès des autorités. Ils devinrent célèbres par leur recueil de contes, qui, sous le titre de *Kinder- und Hausmärchen* (Contes d'enfants et du foyer), est depuis longtemps un élément important de la littérature allemande.

Un grand nombre de ces contes – et certains parmi les plus populaires – ont été recueillis par les frères Grimm dans les petites villes et villages des alentours de Kassel et Göttingen. Et ils ont situé l'une de leurs plus belles histoires, celle de la *Belle au bois dormant* (qui – plongée dans un sommeil de cent ans par une méchante fée – est délivrée par le baiser d'un beau prince) dans le château de Sababurg au milieu de la forêt de Reinhard.

Lors de leurs voyages entre Kassel et Göttingen, les frères Grimm avaient souvent été, dans ce château, les hôtes du prince-électeur de Kassel.

▷▷ **Kloster Corvey**
Von Corveys Ruhm im Mittelalter kündet eine alte Quelle: Dieses Kloster sei das »Wunder Sachsens und des Erdkreises«. Ansgar, der Apostel des Nordens, hatte hier seine Wirkungsstätte. Widukind verfaßte seine große Sachsengeschichte. Die Schriften der römischen Klassiker Tacitus und Cicero wurden in der reichhaltigen Klosterbibliothek der Nachwelt bewahrt.

▷▷ **Corvey Monastery**
In the Middle Ages, Corvey was considered to be "the wonder of Saxony and of the whole globe". Anskar, "the Apostle of the North", lived here, and it was here that the monk Widukind wrote his famous history of the Saxons. Corvey was a centre of classical learning and its fine library included the writings of Tacitus and Cicero.

▷▷ **L'abbaye de Corvey**
La célébrité de Corvey au moyen âge est attestée par une source ancienne: l'abbaye est la «merveille de Saxe et du monde». Anschaire, l'apôtre du Nord, y fonda une école; Widukind y écrivit son histoire des Saxons. Les écrits des classiques romains, Tacite et Cicéron, furent gardés pour la postérité dans la riche bibliothèque.

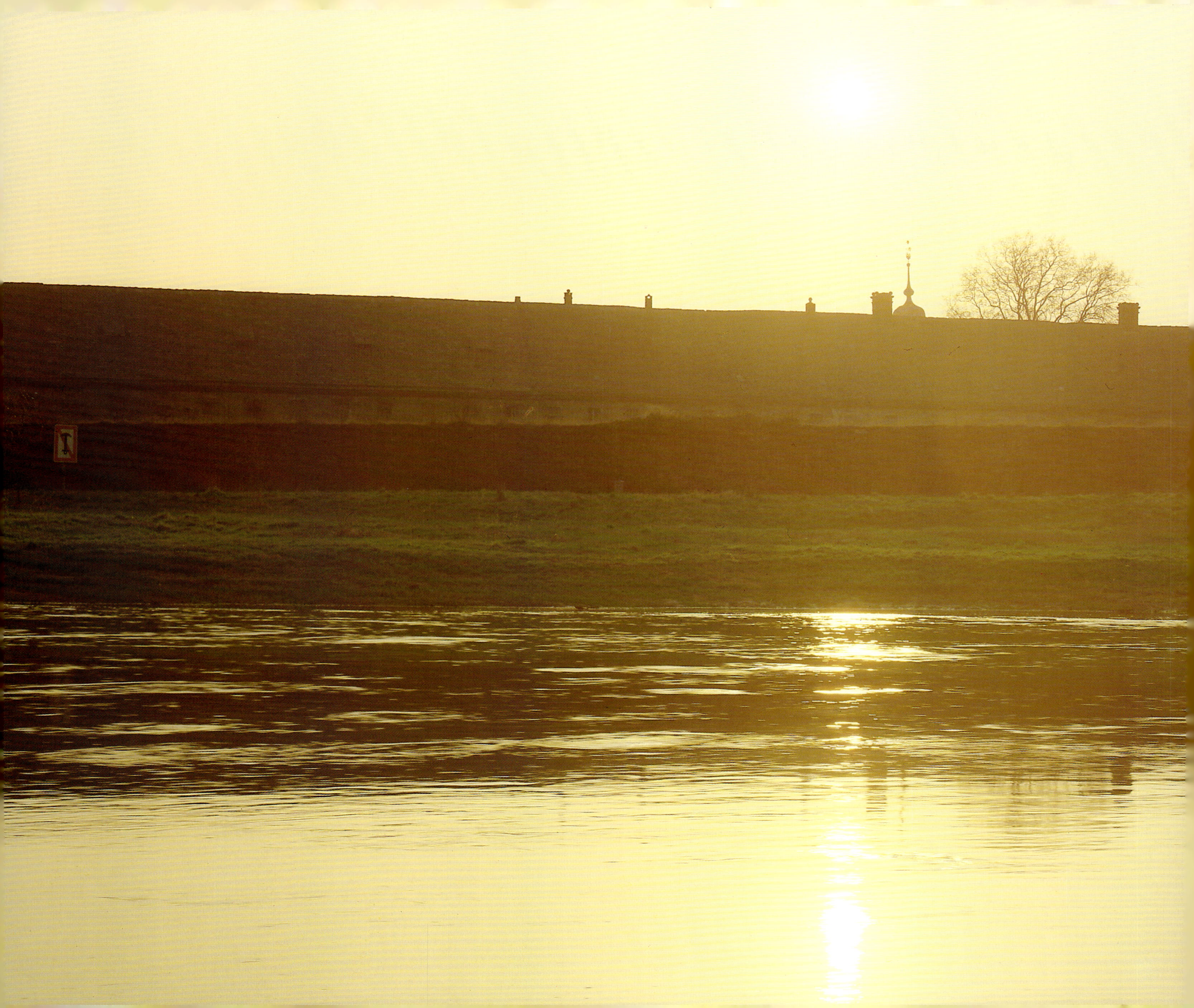

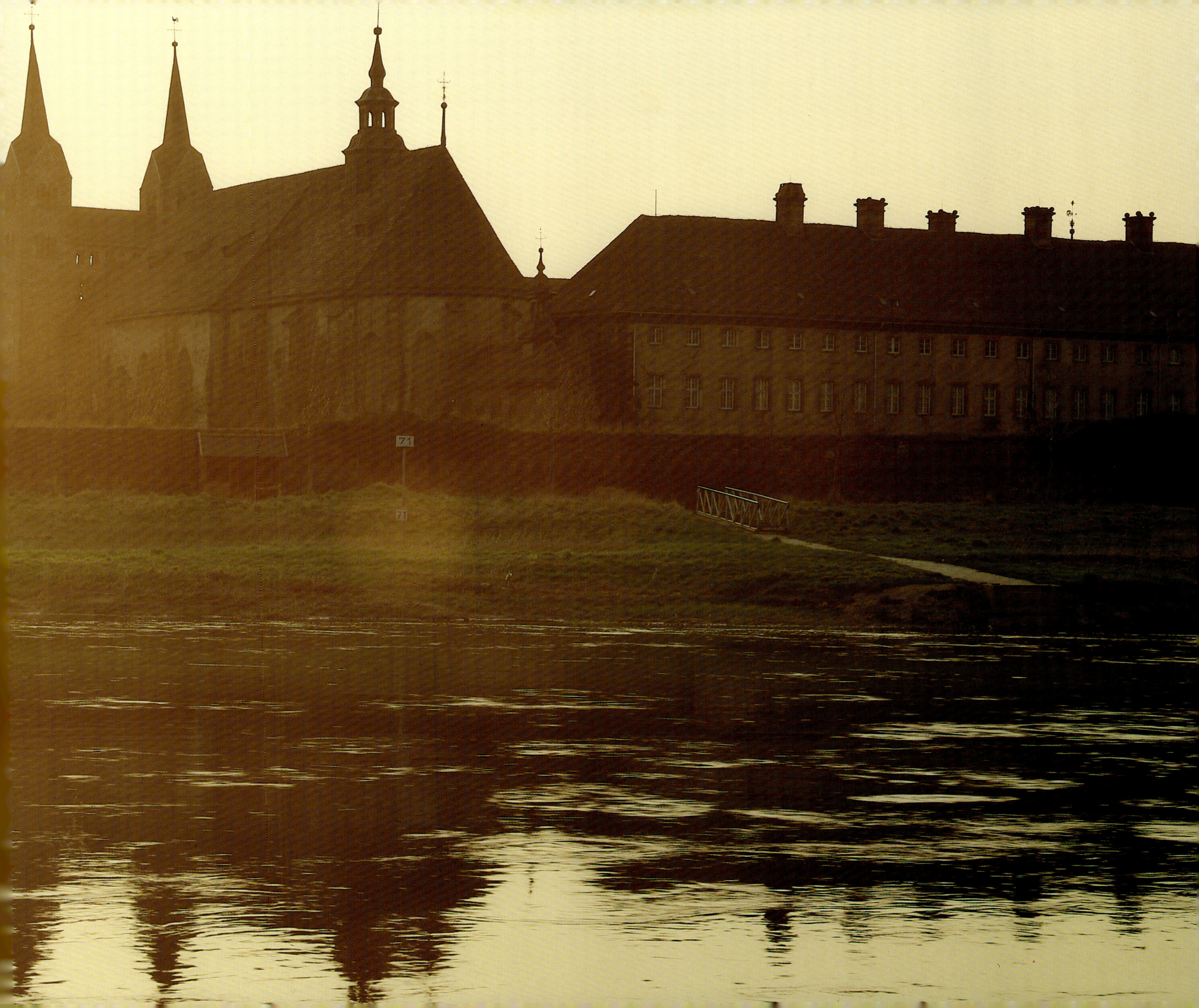

71
71

ihrer Nähe befindet sich der wohl älteste Tiergarten der Welt. Er wurde im Jahre 1571 von dem Landgrafen Wilhelm IV. gegründet. Großes Aufsehen erregten damals die Rentiere und Elche aus Schweden, die – wie es heißt – auf ihrer Reise nach Hessen begleitet wurden von einer jungen und hübschen Tierpflegerin aus Lappland. Dem Mädchen sei das Leben in der Fremde aber nicht gut bekommen. Das Heimweh habe es übermannt, so wird erzählt, und an gebrochenem Herzen sei es schließlich gestorben.

Die Deutsche Märchenstraße beginnt in Hanau, der Geburtsstadt von Jacob und Wilhelm Grimm. Sie führt durch die Schwalm, wo – in Ziegenhain – noch heute die *Rotkäppchen* zu Hause sind. Die Mädchen tragen dort – zumindest bei Trachtenveranstaltungen – ein rotes Käppchen, *Schnatz* genannt.

Und von Kassel aus, wo sich ein Grimm-Museum befindet, führt der Weg nach Hannoversch Münden, wo alljährlich im Sommer mit einem lustigen Spiel an Leben und Wirken des Doktor Eisenbarth erinnert wird.

Dieser Doktor Eisenbarth hat tatsächlich gelebt. In der Vorstellung der Menschen war er ein Scharlatan, der »die Leut' auf seine Art kurierte«. Und hinter ihm her sang man den

Near it is what surely must be the world's oldest zoo. It was founded in 1571 by Landgrave William IV. The reindeer and elks from Sweden attracted a good deal of interest at that time. They are said to have been accompanied on their trip to Hesse by a pretty young girl from Lapland. But, the story goes, the girl was unhappy in her strange surroundings, and, overcome with home-sickness, eventually died of a broken heart.

The German Fairytale Route begins in Hanau, where the Grimm brothers were born. It runs through Schwalm where – in Ziegenhain – *Little Red Riding Hoods* are still to be seen: the girls there really do wear little red caps, at least with their traditional folk costumes. Visitors can be reassured, however: there are no wolves in this region any more!

Further to the north, in the Kaufunger Forest, quite close to Kassel, is a hill called Hoher Meissner, where *Frau Holle* lives, and shakes out her bedding, the feathers falling to the earth in the form of snowflakes.

And from Kassel, where there is a Grimm Museum, the Route continues to Münden, where an annual pageant that recalls the life of *Doctor Eisenbarth*, another Grimm fairytale character, takes place.

There was also a real Dr. Eisenbarth. He was looked upon as a charlatan

Le château de Sababurg existe encore aujourd'hui et dans ses environs se trouve ce qui est certainement le plus ancien jardin zoologique du monde. Il fut créé en 1571 par le landgrave Guillaume IV. A l'époque, les rennes et les élans de Suède avaient suscité un très vif intérêt. Ils auraient été accompagnés dans leur voyage par une jeune et jolie Lapone. Mais celle-ci, dit-on, prise du mal du pays, serait morte le cœur brisé de chagrin.

La route allemande des Contes commence à Hanau, la ville natale de Jacob et Wilhelm Grimm. Elle passe dans la région de la Schwalm où – à Ziegenhain – on peut encore voir des *Petits chaperons rouges*. Les petites filles en effet arborent – du moins lors des fêtes folkloriques – un petit bonnet rouge. Mais que l'on se rassure, les loups eux ont disparu!

Plus au nord, dans la forêt de Kaufungen, tout près de Kassel, sur le Hoher Meissner, Dame Holle secoue tant et si bien son édredon que les plumes en tombent sur la terre comme des flocons de neige. Et de Kassel, où se trouve un musée des frères Grimm, la route va à Hannoversch Münden où, chaque été, un spectacle rappelle la vie du fameux Dr Eisenbarth.

Ce docteur Eisenbarth a vraiment existé. On le considérait comme un charlatan qui «guérissait les gens à

▷ **Schwalenberg/Rathaus**
Zahlreiche Fachwerkhäuser schmücken die Bürgerstadt Schwalenberg. Wie es sich geziemt, ist das schönste von allen das Rathaus, das mit seinen reichen Fassadenschnitzereien und plattdeutschen Inschriften besonders ins Auge fällt. Ins Hochdeutsche übertragen, lautet eine der Lebensweisheiten: »Mensch, bedenke, was du bedeutest, denn Ehrlichkeit und Recht dauern am längsten, wirst du als Schelm und Schinder unrecht handeln, so mußt du zum Schluß in die Hölle wandern.«

▷ **Schwalenberg/Town Hall**
Schwalenberg, in the north-east of North Rhineland-Westphalia, is rich in half-timbered houses, and the Town Hall is, befittingly, the finest of them. The inscriptions are in Low German dialect. One of them translates as: "Man, think of your position, for honesty and justice are most long-lasting; if you behave as knave and oppressor, you will end up in hell.«

▷ **Schwalenberg/Hôtel de ville**
De nombreuses maisons à colombages ornent la ville bourgeoise de Schwalenberg et, comme il convient, la plus belle de toutes est l'hôtel de ville. Celui-ci se remarque tout particulièrement à cause des riches sculptures qui ornent sa façade et de ses inscriptions en bas allemand pleines de sagesse. L'une d'entre elles dit ceci: «Homme, songe à ce que tu es, car l'honnêteté et la justice durent le plus longtemps, mais si tu agis comme un coquin et un exploiteur, tu finiras par aller en enfer.»

Spottvers: »Ich mach', daß Blinde wieder gehn und daß die Lahmen wieder sehn.«
In Wirklichkeit soll dieser Doktor Eisenbarth aber ein tüchtiger Arzt und Helfer der Menschen gewesen sein, der sich allerdings wegen seiner marktschreierischen Werbemittel bei seinen Kollegen unbeliebt machte.
Eines der bekanntesten Märchen der Welt, das von den *Bremer Stadtmusikanten*, hat seinen Schauplatz ebenfalls im Wesertal. Möglich, daß der Esel von jener Mühle am Fuße der trutzigen Trendelburg, die am Rande des Reinhardswaldes liegt, auf die Wanderschaft gegangen ist.
Den Hund, so heißt es, habe er bei der Krukenburg getroffen. Denn dort oben hauste ein grausamer Herr, der zwei wunderschöne Töchter hatte, die ihm aber das Leben zur Hölle machten. Gegen die Frauen kam er nicht an. So suchte sich sein Zorn ein anderes Opfer. Das war der Hofhund, der – alt geworden – sich nicht mehr recht zu wehren wußte.
Auf die Katze trafen Esel und Hund in der Nähe von Fürstenberg, wo noch heute sehr feines Porzellan hergestellt wird. Zu jener Zeit waren die Menschen dort aber so arm, daß selbst die Mäuse das Land verließen und Katzen infolgedessen nichts mehr zu beißen hatten.

who "cured people in his own way", and a verse children sang behind his back ran: "When I've done, the lame can see, the blind can run."
In fact, however, this Dr. Eisenbarth must have been a good doctor who really did help people. But he made himself unpopular among his colleagues with his cheap-jack way of advertising his skills.
The gravestone of this "Miracle Doctor", who died on 11th November 1727, can be seen in the graveyard on the north side of St. Aegidius' Church in Münden.
One of the most famous fairytales – concerning the *Bremen Town Musicians* – also has its origins in the Weser Valley. Four animals are the heroes of the tale. It is possible that the donkey set out on its adventures from the mill below the defiant-looking castle of Trendelburg on the fringe of the Reinhard Forest.
The second animal in the story, the dog, is supposed to have come from Krukenburg, which he left because his life was made a misery by his master. The donkey and dog joined forces, and met the cat near Fürstenberg, where fine porcelain is still manufactured, as it was then. The cat left because the people there were so poor that even the mice had fled, leaving the cat itself with no source of nourishment.

sa manière». «Je fais marcher les aveugles et voir les paralytiques» fait dire une chanson populaire à ce docteur qu'elle a ainsi immortalisé.
En réalité cependant le docteur Eisenbarth avait été un bon médecin, secourable, mais son battage publicitaire l'aurait rendu impopulaire auprès de ses confrères. Le tombeau du «thaumaturge», décédé le 11 novembre 1727, se trouve sur le côté nord de l'église St-Aegidius à Münden.
Un des contes les plus célèbres, celui des *Musiciens de la fanfare de Brême*, se passe également dans la vallée de la Weser. Et il est possible que l'âne de l'histoire soit parti du moulin situé au pied du château de Trendelburg, en bordure de la forêt de Reinhard.
Il aurait rencontré le chien près de la Krukenburg. Celui-ci s'était enfui parce que, vieux et faible et incapable d'aller à la chasse, son maître avait voulu le tuer.
L'âne et le chien durent trouver le chat près de Fürstenberg où l'on fabrique toujours de la belle porcelaine. Mais la fois-là, les gens y étaient si pauvres que même les souris avaient quitté le pays et que les chats n'avaient ainsi plus rien à se mettre sous la dent.
Le coq a dû se trouver sur le portail d'une maison à Höxter. Il chantait

▷ **Wald bei Kassel**
Rotkäppchentracht
Das könnte er sein, der Wald, in dem Hänsel und Gretel sich verirrten. Und vielleicht war das Fachwerkhäuschen einmal die Behausung der bösen Hexe, die die beiden Kinder mästen und verzehren wollte. Ganz bestimmt aber sind das hier Rotkäppchen: Noch heute verlangt die Tracht der Schwälmerinnen die roten Häubchen für unverheiratete Mädchen.

▷ **The woods near Kassel**
"Little Red Riding Hoods"
This might or might not be the forest in which Hansel and Gretel got lost, but these are certainly genuine Little red riding hoods: the regional costume here in the Schwalm region still prescribes red caps for unmarried girls.

▷ **La forêt près de Kassel**
Costume de Petit chaperon rouge
Ce pourrait être la forêt où se sont perdus Hans et Gretel. Mais ce sont bien là en tout cas des Petits chaperons rouges: aujourd'hui encore le costume régional des habitantes de la région de la Schwalm prescrit les coiffes rouges pour les jeunes filles.

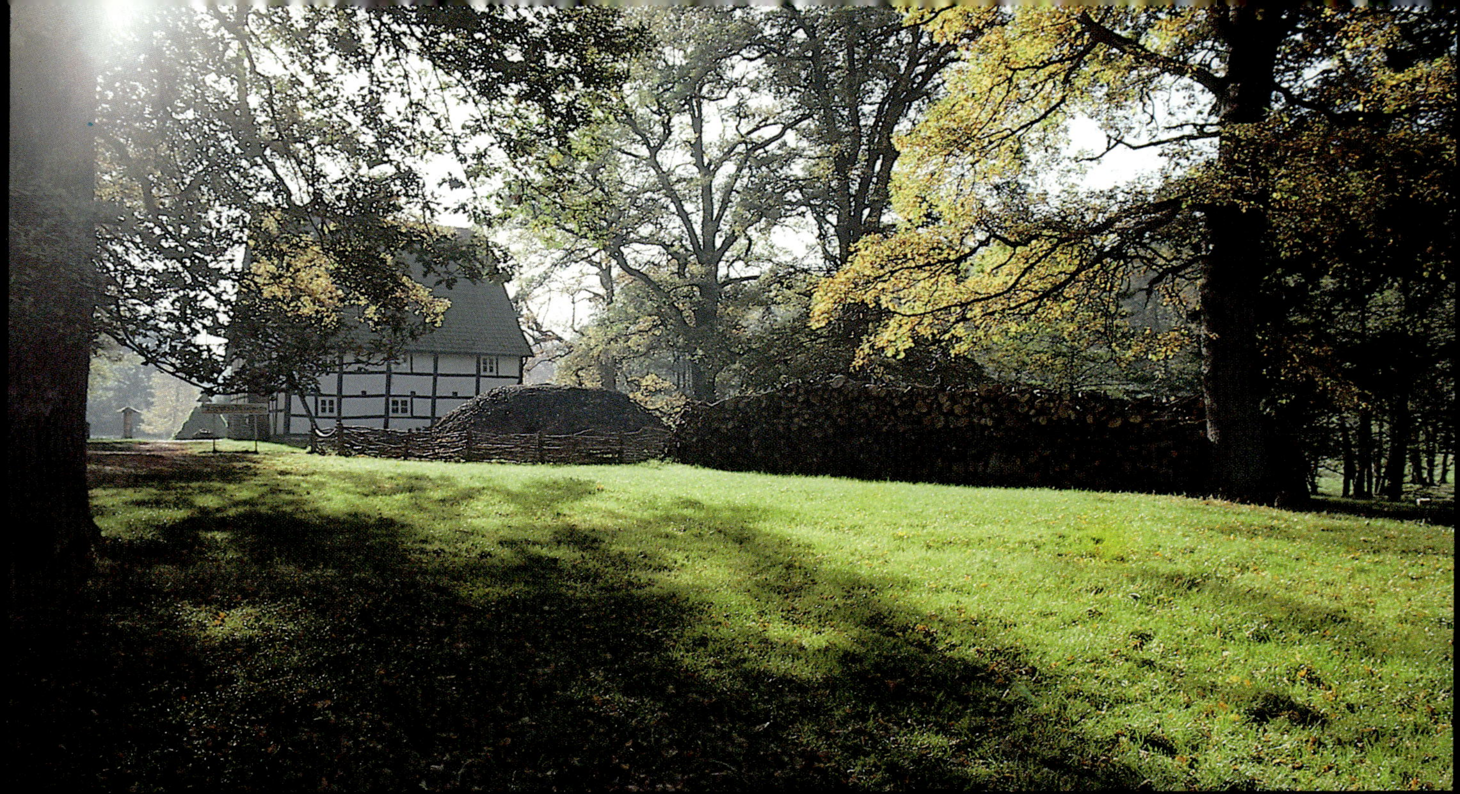
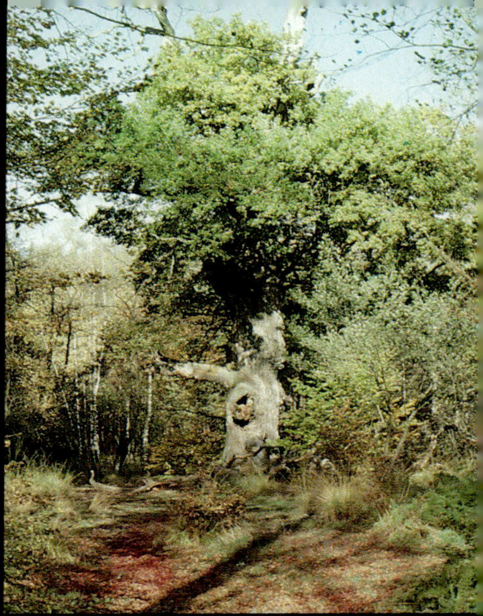
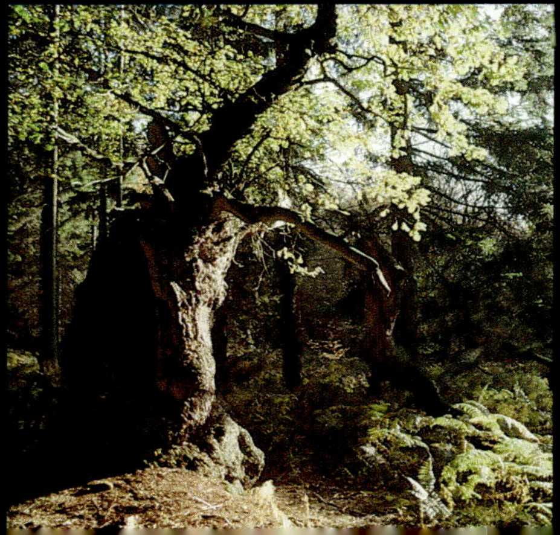
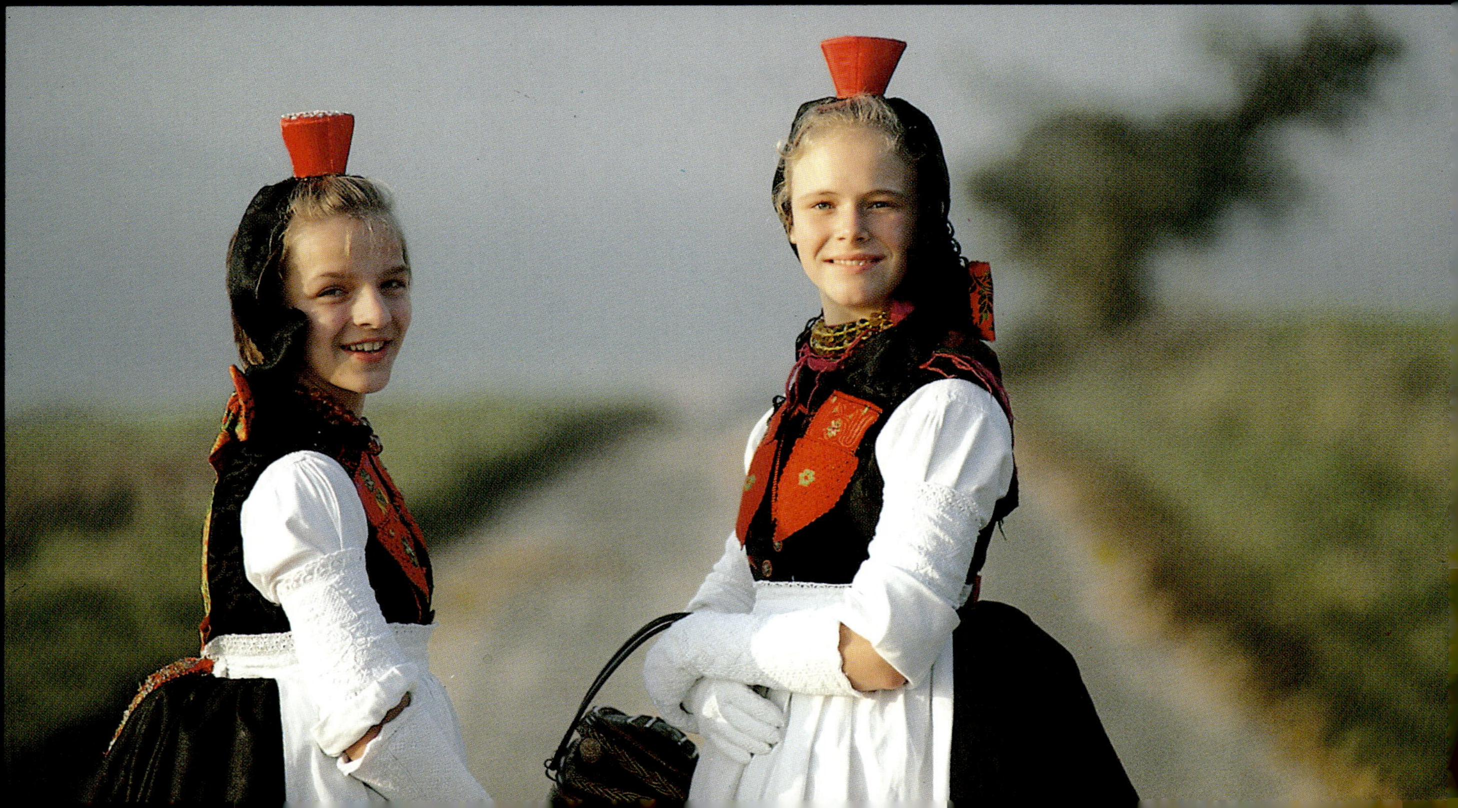

Der Hahn aber muß auf dem Dachbalken eines Hauses in Höxter gesessen haben. Er krähte sein Leid in die Welt, daß er zu Maria Lichtmeß in den Kochtopf gesteckt werden solle.

Maria Lichtmeß wird – wie man weiß – nur in katholischen Gebieten gefeiert. Und eben in einer solchen Gegend liegt Höxter, in dessen Nähe sich auch das Kloster Corvey befindet, einst eines der großen geistigen Zentren der Christenheit im deutschen Norden.

Fast alle anderen Gebiete an der Weser sind protestantisch. Und die Stadt Karlshafen ist sogar eigens für Protestanten angelegt worden, gleich zu Beginn des 18. Jahrhunderts: Sie wurde zu einer zweiten Heimat für die aus Frankreich geflüchteten Hugenotten. Karlshafen besitzt eine nahezu unversehrt gebliebene barocke Innenstadt.

Eine der interessantesten Gestalten an der Weser ist Karl Friedrich Hieronymus Freiherr von Münchhausen. Er lebte von 1720 bis 1797, war Jäger und Offizier und kehrte nach einem abenteuerlichen Leben, in dessen Verlauf er auch an zwei Türkenkriegen teilgenommen hatte, in seinen Heimatort Bodenwerder zurück. Dort erzählte er seinen Freunden abends am Kamin die wildesten Geschichten. Einer von diesen, der Pro-

The fourth animal, the cock, probably came from Höxter, and he wanted to get away because he was frightened of landing in the pot at Candlemas.

Candlemas is, of course, only celebrated in Catholic areas, and Höxter is situated in one of these. Nearby is Corvey Monastery, which was once one of the great spiritual centres of Christianity in the German north.

Nearly all the other districts along the Weser are Protestant. And the town of Karlshafen was, in fact, especially designed to provide a home for Protestants at the beginning of the 18th century: Huguenots who had fled from France. The centre of Karlshafen is still almost entirely pure baroque.

One of the most interesting personalities who had his home on the Weser was Baron Karl Friedrich Hieronymus von Münchhausen. He lived from 1720 to 1797, was officer and huntsman, and, after an adventurous life, in the course of which he took part in two wars against the Turks, returned to his home in Bodenwerder. There it was his practice to tell tall stories to his friends as they sat round the fire in the evenings.

One of these friends, Professor Rudolf Raspe, who was forced to flee

de toutes ses forces avant qu'on lui coupe le cou, car on devait le servir au souper de la Chandeleur. La Chandeleur n'est célébrée que dans les régions catholiques et Höxter est précisément située dans l'une d'elles. A proximité se trouve l'abbaye de Corvey qui fut jadis un des grands centres spirituels de la chrétienté dans le Nord de l'Allemagne.

Presque toutes les régions en bordure de la Weser sont protestantes. Et la ville de Karlshafen a même été fondée tout spécialement pour les protestants au début du XVIIIe siècle: elle est devenue la deuxième patrie des Huguenots qui avaient fui la France. Le centre baroque de la ville est pratiquement resté intact.

Une des figures les plus intéressantes de la région de la Weser est Karl Friedrich Hieronymus baron de Münchhausen, devenu en France le baron de Crac. Il vécut de 1720 à 1797, avait été chasseur et officier et après une vie aventureuse au cours de laquelle il avait également pris part à deux guerres contre les Turcs, il rentra à Bodenwerder, sa ville natale. C'est là qu'au coin du feu il racontait à ses amis les histoires les plus fantastiques. L'un d'entre eux, le professeur Raspe qui, par suite de certaines indélicatesses, avait dû fuir en Angleterre, réunit les histoires et les publia à Oxford sous le titre: *Baron M.'s*

▷ **Göttingen/Gänseliselbrunnen**
Das Gänseliesel ist der unbestrittene Liebling der Göttinger – und das seit Generationen. Die Bürger mochten es, weil diese Figur – im Gegensatz zu anderen Denkmälern der Stadt – aus ihrem Leben gegriffen war. Denn früher war es allgemein üblich, daß Göttinger im Frühling junge Gänse kauften, um sie übers Jahr aufzupäppeln und an Weihnachten als »Chöttinger Mastchänse, die aane chute Chabe Chottes sind«, zu verkaufen. Auch das Herz der Studenten eroberte das Mädchen im Sturm. Wer sich neu einschrieb, der hatte die Pflicht, auf den Brunnen zu klettern und es zu küssen. Zunächst wurde das anstandslos geduldet. Als jedoch die Studentenzahl stark anstieg und auf dem Marktplatz in manchen Nächten ein allzu reges Treiben herrschte, erließ die Polizei am 31. März 1926 ein offizielles Kußverbot, das natürlich nicht befolgt wurde.

▷ **Göttingen/The Goosegirl's Fountain**
The Goosegirl is the most popular figure in Göttingen – and has been for generations. The local people love it because, in contrast to other monuments in the town, it represents a part of their own life: in earlier times it was common for the people to buy goslings in the spring and fatten them up for Christmas, when they were sold as "one of God's good

gifts". The statue of the girl is also a favourite with the town's university students. It was a custom for each first-year student to climb the fountain and kiss her. This was at first tolerated, but then the number of students rapidly increased and there was simply too much activity on the Market Square on some nights, and, on 31st March 1926, the police issued an official kissing ban; it was, of course, ignored.

▷ **Göttingen/Gänselieselbrunnen**
Les habitants de Göttingen adorent, et ceci depuis des générations, la gardeuse d'oies qui orne leur fontaine. Car contrairement aux autres monuments de la ville, cette sculpture a été inspirée par leur vie. Autrefois, il était en effet courant d'acheter au printemps de jeunes oies, de les engraisser l'année durant pour les vendre à Noël. La jeune gardeuse d'oies a également conquis le cœur des étudiants. Tout nouvel étudiant était obligé de grimper sur la fontaine et de l'embrasser. Au début, cette pratique fut tolérée sans problème. Mais lorsque le nombre d'étudiants augmenta fortement et que certaines nuits l'agitation fut à son comble, la police décida d'intervenir et émit, le 31 mars 1926, une interdiction officielle d'embrasser la statue, qui ne fut évidemment pas suivie.

fessor Rudolf Raspe, der wegen einiger Unregelmäßigkeiten nach England hatte flüchten müssen, stellte die Geschichten zusammen und veröffentlichte sie im Jahre 1786 unter dem Titel *Baron M.'s Narrative of His Marvellous Travels and Campaigns in Russia* in Oxford.

Sie wurden ein großer Erfolg und sind ein Jahr später von Gottfried August Bürger ins Deutsche übersetzt worden. Bis auf den heutigen Tag werden die Abenteuer des »Lügenbarons« von Münchhausen immer wieder gern gelesen.

Hameln, die Rattenfängerstadt, Minden, wo in stürmischen Nächten der Sachsenherzog Widukind mit seinem wilden Heer durch die Lüfte braust, Wiedensahl, wo Wilhelm Busch, der Vater von *Max und Moritz*, zu Hause war, das alles sind Stationen an der Märchenstraße wie auch das tausendjährige Verden und die alte Freie Hansestadt Bremen, deren Marktplatz mit dem Roland von 1404, dem alten Rathaus mit seiner eindrucksvollen Renaissancefassade, dem Dom und dem *Schütting* (Haus der Kaufleute) weltbekannt ist.

Eine Sehenswürdigkeit in dieser zweitgrößten deutschen Hafenstadt ist aber auch die Böttcherstraße, die in den zwanziger und dreißiger Jahren unseres Jahrhunderts ihr heutiges Aussehen erhielt.

to England to escape charges of embezzlement, compiled the stories and published them in Oxford in 1786 as *Baron M.'s Narrative of His Marvellous Travels and Campaigns in Russia.*

The book was a great success, and only a year later was translated into German by Gottfried August Bürger. The adventures of the "lying baron" are still popular reading today.

Hameln, the Pied Piper's town; Minden, where the Saxon king, Widukind, rides through the air with his wild hordes on stormy nights; and Wiedensahl, where Wilhelm Busch, the "father" of *Max and Moritz* lived, are all places on the Fairytale Route, as is the thousand-year-old town of Verden, and the Hanseatic city of Bremen, whose market-place with the statue of Roland of 1404, the old town hall with its Renaissance façade, the Cathedral, and the Merchant's Hall, is known throughout the world.

Another place of interest in this second largest German port is Böttcherstrasse, which was built in the twenties and thirties of our century, and which, to the people of Bremen, has become a symbol of their close ties with the New World.

An art collection of first importance is also to be found in Böttcherstrasse: paintings by Paula Moder-

Narrative of His Marvellous Travels and Campaigns in Russia. Le livre obtint un grand succès et, un an plus tard, il fut traduit en allemand par Gottfried August Bürger. Les aventures du fameux baron de Crac sont toujours aussi populaires aujourd'hui.

Hameln, la ville du «Charmeur de rats», Minden où le chef saxon Widukind file à travers les airs avec ses hordes sauvages les nuits d'orage, Wiedensahl, patrie de Wilhelm Busch, le «père» de *Max et Moritz*, sont autant d'étapes sur la route des Contes au même titre que la cité millénaire de Verden et la vieille ville hanséatique libre de Brême dont la place du Marché avec sa statue de Roland dressée en 1404, l'hôtel de ville à la façade Renaissance, la cathédrale et le *Schütting* (l'ancienne maison de la Guilde des Négociants) est connue dans le monde entier.

Ce deuxième port de commerce international en Allemagne a encore une autre curiosité. C'est la Böttcherstrasse qui fut aménagée dans les années vingt et trente de notre siècle et qui, pour les habitants de Brême, est devenu le symbole de leurs liens avec le Nouveau Monde.

Une des maisons de la Böttcherstrasse renferme une collection très importante sur le plan artistique: la collection Paula Modersohn-Becker

▷ **Worpswede**
Ende des 19. Jahrhunderts wurde das kleine Dorf am Teufelsmoor weltbekannt. Bedeutende Maler hatten sich hier niedergelassen, darunter Mackensen, Overbeck, Vogeler, Otto Modersohn und dessen berühmtere Frau, Paula Modersohn-Becker. Die Künstlerkolonie lockte auch den Poeten Rainer Maria Rilke nach Norddeutschland.

▷ **Worpswede**
The little village of Worpswede on the edge of the Teufelsmoor in Lower Saxony became world famous at the end of the last century when a number of important painters settled here. They included Mackensen, Overbeck, Vogeler, Otto Modersohn, and his wife Paula Modersohn-Becker, who became more famous than her husband.

▷ **Worpswede**
Le petit village situé en bordure du marais du Diable est devenu mondialement connu à la fin du XIXᵉ siècle. Des peintres étaient venus s'y installer, entre autres Mackensen, Overbeck, Vogeler, Otto Modersohn et sa femme plus célèbre encore, Paula Modersohn-Becker. La colonie d'artistes attira également le poète Rainer Maria Rilke en Allemagne du Nord.

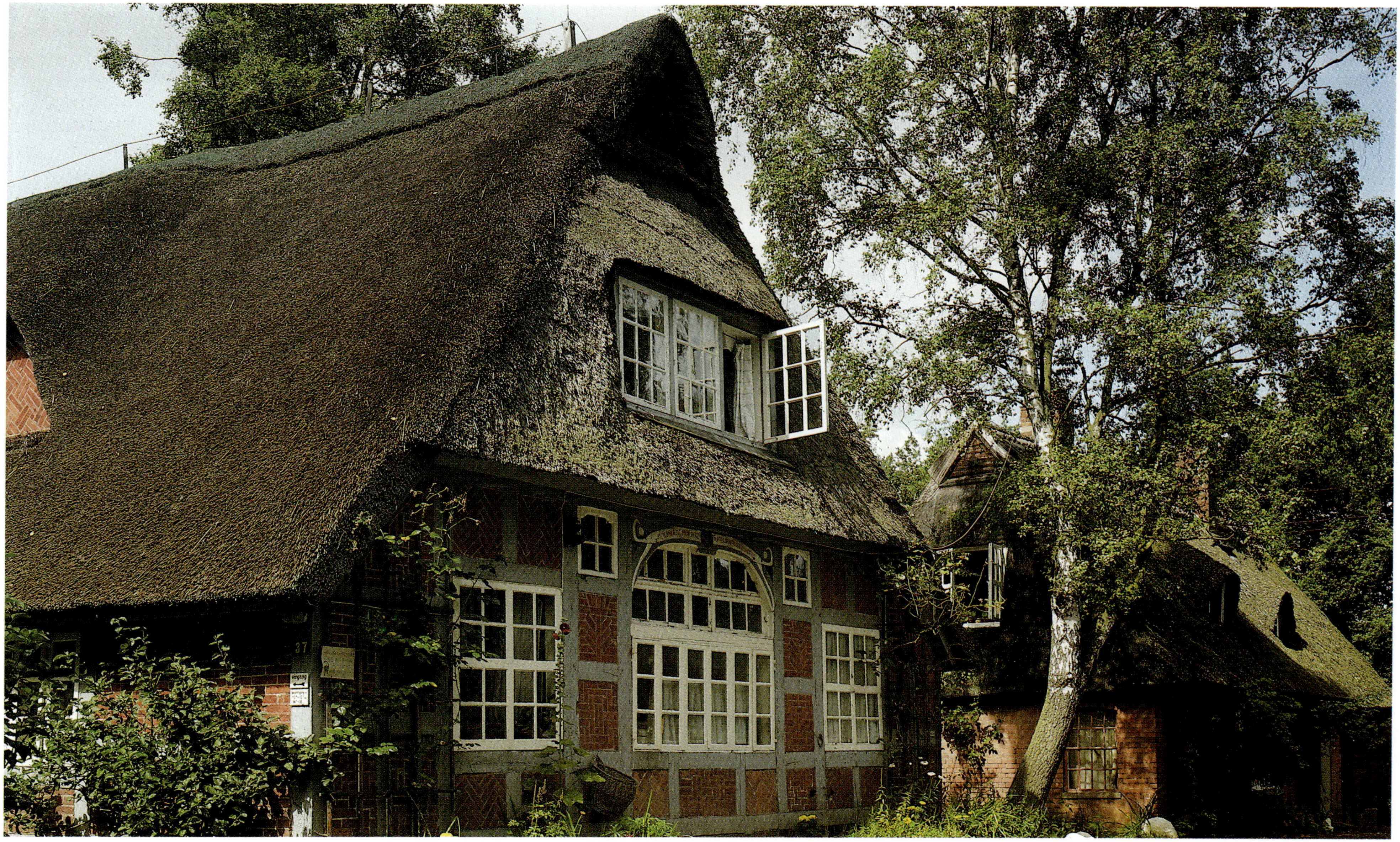

Höchsten künstlerischen Rang hat die in der Böttcherstraße befindliche Sammlung von Werken der Worpsweder Malerin Paula Modersohn-Becker. Worpswede, das traditionsreiche Künstlerdorf, unweit von Bremen gelegen, ist Mittelpunkt des sagenumwobenen Teufelsmoores.
So richtig idyllisch ist es in Bremen im alten Schnoorviertel mit seinen engen Gassen und seinen winzigen Häusern.
Wer aber nach Seefahrtsromantik sucht, der muß nach Bremerhaven fahren. In der unmittelbar an der Wesermündung liegenden Hafenstadt befindet sich das Deutsche Schiffahrtsmuseum, wo man eine Hansekogge von 1380 sehen und im Schiffsbauch einer alten Dreimastbark *Labskaus* essen kann, ein typisches Seemannsgericht.
In Bremerhaven gibt es auch noch die weltberühmte Columbuskaje, in den dreißiger Jahren der große Abfertigungsplatz für Reisen über den Atlantik nach Amerika, wie überhaupt Bremerhaven – bereits im vorigen Jahrhundert und dann wieder nach 1945 – der wichtigste Auswandererhafen in Mitteleuropa war.

sohn-Becker, who worked at Worpswede, a traditional artists' village not far from Bremen in the middle of the "Teufelsmoor", a moor landscape rich in legends.
The Schnoor, the old fishermen's quarter, with its narrow streets and tiny cottages, is perhaps the most picturesque part of town, but anyone seeking the romance of the sea would do better to go to Bremerhaven.
At Bremerhaven, Bremen's deep-sea port at the mouth of the Weser estuary, the visitor will enjoy the National Maritime Museum, where the exhibits include a Hanseatic cog, a sailing boat dating back to 1380, and an old threemaster containing a restaurant serving *lobscouse*, a typical sailor's dish.
In Bremerhaven there is also the famous Columbuskaje, the ship's terminal for the great transatlantic luxury liners of the 1930's. In the 19th century – and again after 1945 – Bremerhaven was the most important emigration port in central Europe.

avec des œuvres de l'artiste initiatrice de la colonie de peintres de Worpswede, un village situé non loin de Brême, au milieu du *Teufelsmoor*, un paysage de tourbières auréolé de légendes. Le Schnoor, le vieux quartier de pêcheurs, est des plus pittoresques avec ses ruelles étroites et ses minuscules maisons.
Mais ceux qui ont la nostalgie des voyages en bateau feront bien de se rendre à Bremerhaven. Dans ce port de mer situé directement à l'embouchure de la Weser se trouve le musée de la Navigation où l'on peut voir un trois-mâts hanséatique datant de 1380. Et, dans la cale d'un autre trois-mâts aménagé en restaurant, on peut déguster le *Labskaus*, un plat typique de matelots.
Enfin à Bremerhaven, il y a la célèbre Columbuskaje, le quai d'où partaient les grands paquebots transatlantiques dans les années trente. Au XIXe siècle, puis à nouveau après 1945, Bremerhaven a été le port d'émigration le plus important en Europe centrale.

▷ **Schulschiff »Deutschland« in Bremen**
Die alte Hansestadt an der Weser kann auf eine lange Tradition als Zentrum der christlichen Seefahrt zurückblicken. Die Waren werden zwar heute mit modernen Frachtschiffen transportiert und im Containerhafen computergesteuert entladen, doch ist auch in unserer Zeit die alte Windjammerromantik noch nicht völlig verschwunden.

▷ **The training ship "Deutschland" in Bremen**
The ancient Hanseatic town on the River Weser can look back on a long history as a Christian seafaring centre. Goods are now transported in modern freighters and unloaded in the computer-controlled container port, but romantic touches are still to be found here and there.

▷ **Le navire-école «Deutschland» à Brême**
La vieille cité hanséatique sur les bords de la Weser est dotée d'une longue tradition comme centre de navigation. Les marchandises sont certes transportées aujourd'hui sur des cargos modernes, mais le romantisme des voiliers n'a pas disparu pour autant complètement à notre époque.

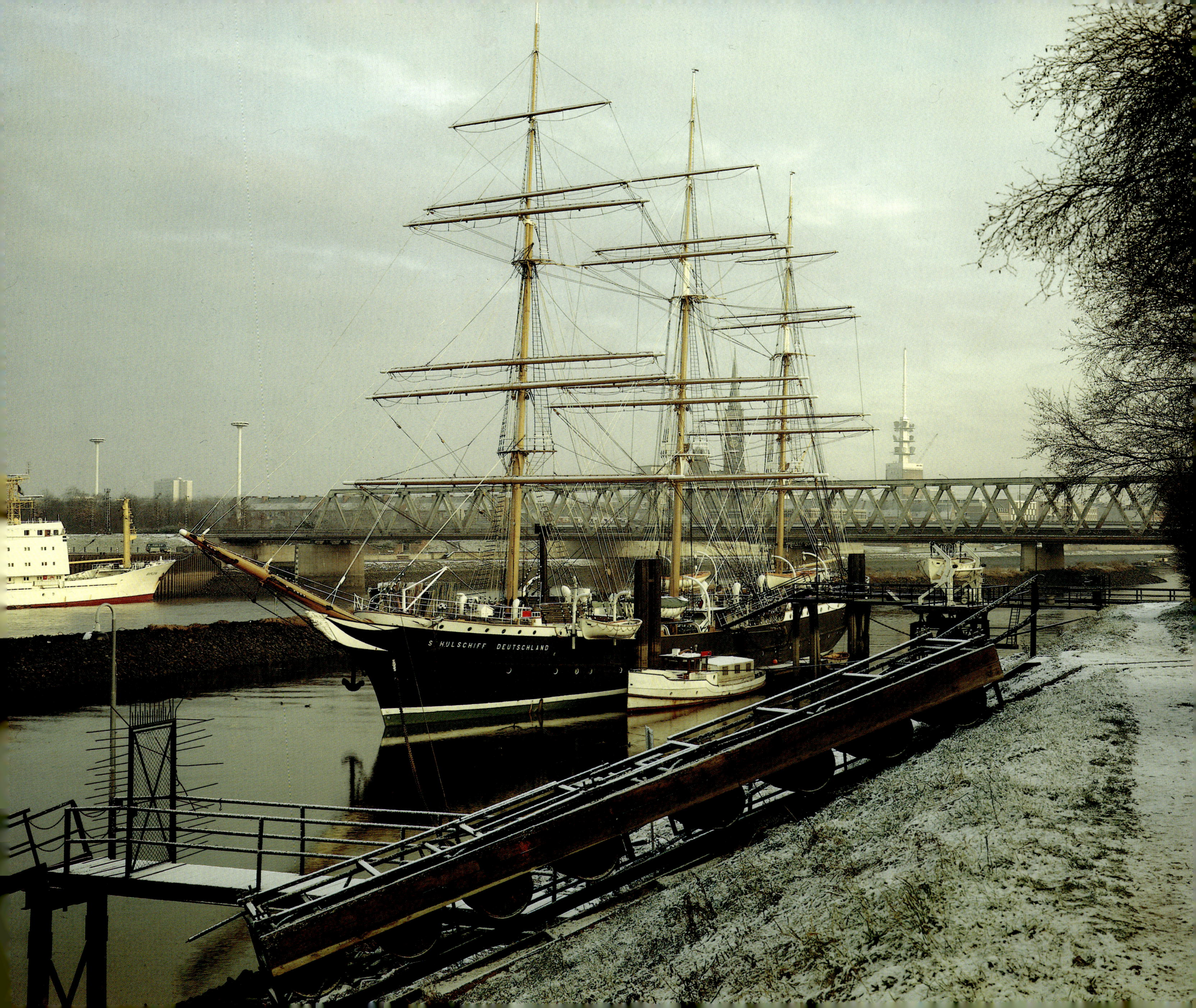
SCHULSCHIFF DEUTSCHLAND

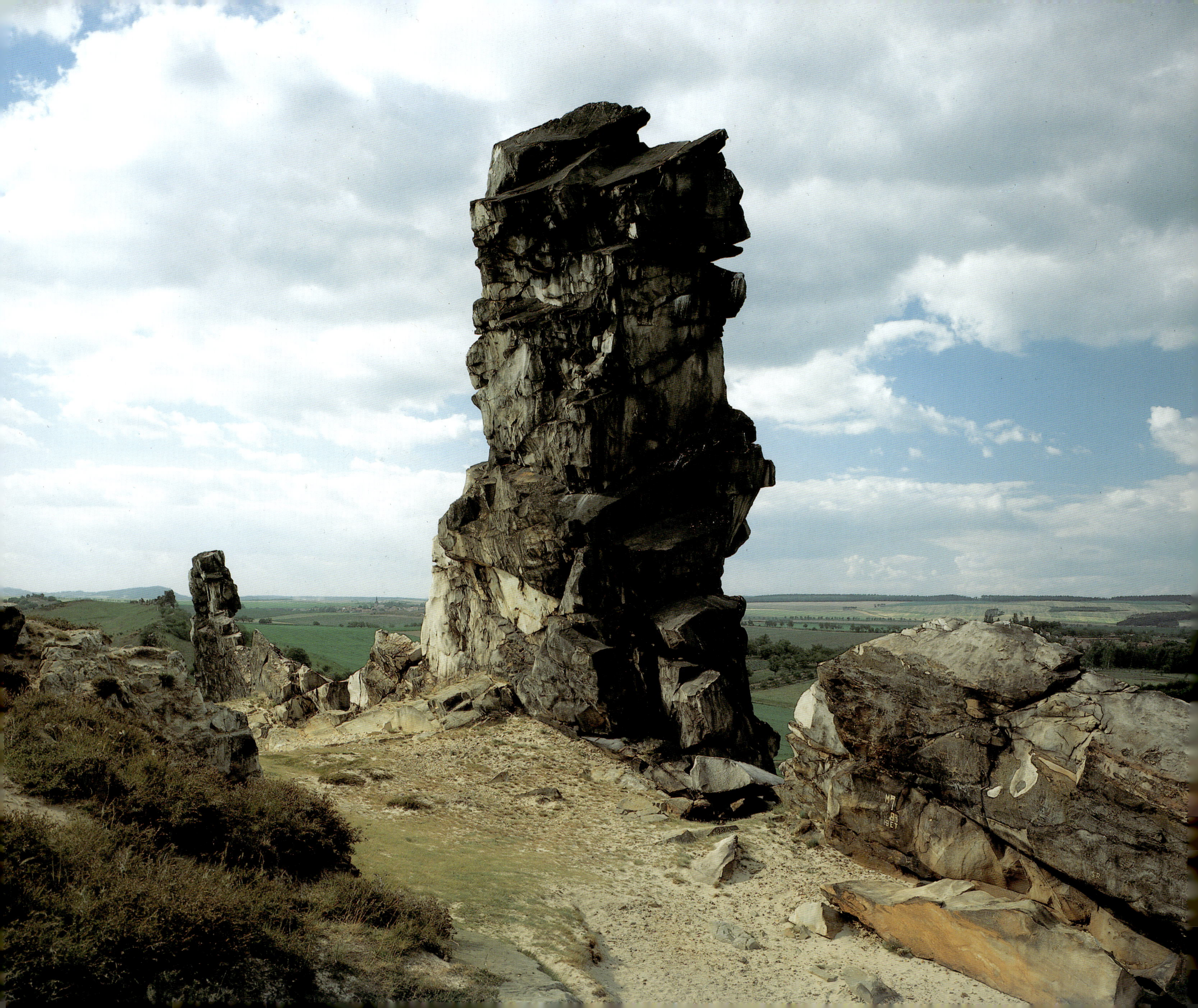

Harz und Heide

Die Nacht vor dem 1. Mai ist von gespenstischen Umtrieben erfüllt, und im Harz reiten die Hexen auf ihren Reisigbesen durch die Luft zum Blocksberg hinauf, wo sie mit dem Teufel tanzen. Die Menschen heften Kräuterbüschel an die Stalltüren, um das Vieh vor den Hexen zu schützen.

Um aber die bösen Geister vollends zu vertreiben, werden im Harz Walpurgisfeiern veranstaltet. Da wird fröhlich gelärmt; denn es heißt, daß man das geisterhafte Volk auch mit Peitschenknallen, Glockenläuten und mit dem Abbrennen von Walpurgisfeuern von den menschlichen Ansiedlungen fernhalten könne.

Der Harz ist ein deutsches Mittelgebirge. Der höchste Berg ist der 1 142 Meter hohe Brocken, der heute wieder zu den beliebtesten Ausflugszielen des Harzes gehört. Er wird im Volksmund auch Blocksberg genannt. Hohe Niederschläge lassen auf dem Berg Hochmoore gedeihen – besonders gut aber auf dem Brockenfeld, einer Hochfläche im Südwesten des Berges.

Der zu Sachsen-Anhalt gehörende Ostteil des Harzes wird von Kennern wegen seiner besonderen Schönheit gepriesen. Auch hier sind – natürlich – die Hexen zu Hause. Sie tummeln sich auf ihrem Tanzplatz bei Thale, hoch über dem Ort und über

The Harz and Lüneburg Heath

The eve of 1st May is associated with ghostly happenings, and that evening the Harz Mountains are said to be a meeting place for witches who ride on their brooms up onto Mt. Blocksberg to dance with the devil. On that night people fix posies of herbs on their barn doors to protect their animals from the witches.

But in order to drive the evil spirits away altogether, the people of the Harz region organize Walpurgis festivities, which are associated with a lot of noise, for it is believed that evil spirits can be kept away from human settlements by the sound of whips and bells, and the burning of Walpurgis fires.

The Harz Mountains are not very high by Alpine standards, but their highest peak, Mt Brocken (3,747 ft), also popularly called the Blocksberg, is nevertheless a favourite excursion point. Thanks to the high level of precipitation, raised bogs flourish on the mountain, particularly on its southwest flank.

The eastern part of the Harz, which belongs to the State of Saxony-Anhalt, is particularly noted for its scenic beauty. And here, too, of course, the witches are at home. They disport themselves on their "dance floor" near Thale, high above the Bodetal, which is regarded as one of Germany's most delightful

Le Harz et la lande de Lunebourg

La nuit du premier mai est une nuit de sabbat et dans les montagnes du Harz les sorcières s'en vont par les airs, à cheval sur leur balai, jusqu'au Blocksberg pour y danser avec le diable. Cette nuit-là, les gens suspendent des bouquets d'herbes aux portes des étables pour protéger les bêtes des sorcières.

Mais, pour bien écarter tous les mauvais esprits, on organise dans la région du Harz des fêtes de Walpurgis. On s'y livre à un joyeux tapage, car, dit-on, le claquement des fouets, le son des cloches et les feux de Walpurgis que l'on fait brûler éloignent les esprits des habitations.

Le Harz est un massif montagneux d'Allemagne centrale dont le sommet le plus élevé est le Brocken qui culmine à 1 142 mètres et est redevenu aujourd'hui un des buts d'excursion favoris dans le Harz. Dans le langage populaire, on l'appelle également Blocksberg. Grâce aux précipitations abondantes, il y a des fagnes sur la montagne et surtout sur le Brockenfeld, un haut plateau dans la partie sud-ouest du massif.

La région orientale du Harz, qui fait partie du Land de Saxe-Anhalt, est appréciée des connaisseurs en raison de sa beauté particulière. Ici aussi, bien évidemment, les sorcières sont chez elles. Elles s'ébattent sur leur place de Danse près de Thale, bien

◁ **Die Teufelsmauer bei Blankenburg**
▷▷ **Ausblick beim Torfhaus zum Brocken**
Viele Dichter haben den Harz bereist, um sich an der Schönheit der Natur zu berauschen. Von Heine etwa stammen diese Verse: »Auf die Berge will ich steigen, wo die dunklen Tannen ragen, Bäche rauschen, Vögel singen und die stolzen Wolken jagen.« Und Goethe brach am 10. Dezember 1777 bei herrlich klarem Wetter vom Torfhaus zur Besteigung des Brockens auf.

◁ **The Devil's Wall, near Blankenburg, in the Harz Mountains**
▷▷ **View of Brocken from the Torfhaus**
The beauties of the Harz region have always attracted artists and writers. Heine, for example, and Goethe, too, who was delighted by the "wonderful clarity" of the cold winter's day when he set out from this spot to climb the Brocken.

◁ **Le mur du Diable près de Blankenburg**
▷▷ **Vue du «Torfhaus» sur le Brocken**
Nombre de poètes ont visité le Harz pour s'enivrer de la beauté de la nature. Heine, par exemple, ou Gœthe qui, le 10 décembre 1777, partit audacieusement du «Torfhaus» pour gravir le Brocken.

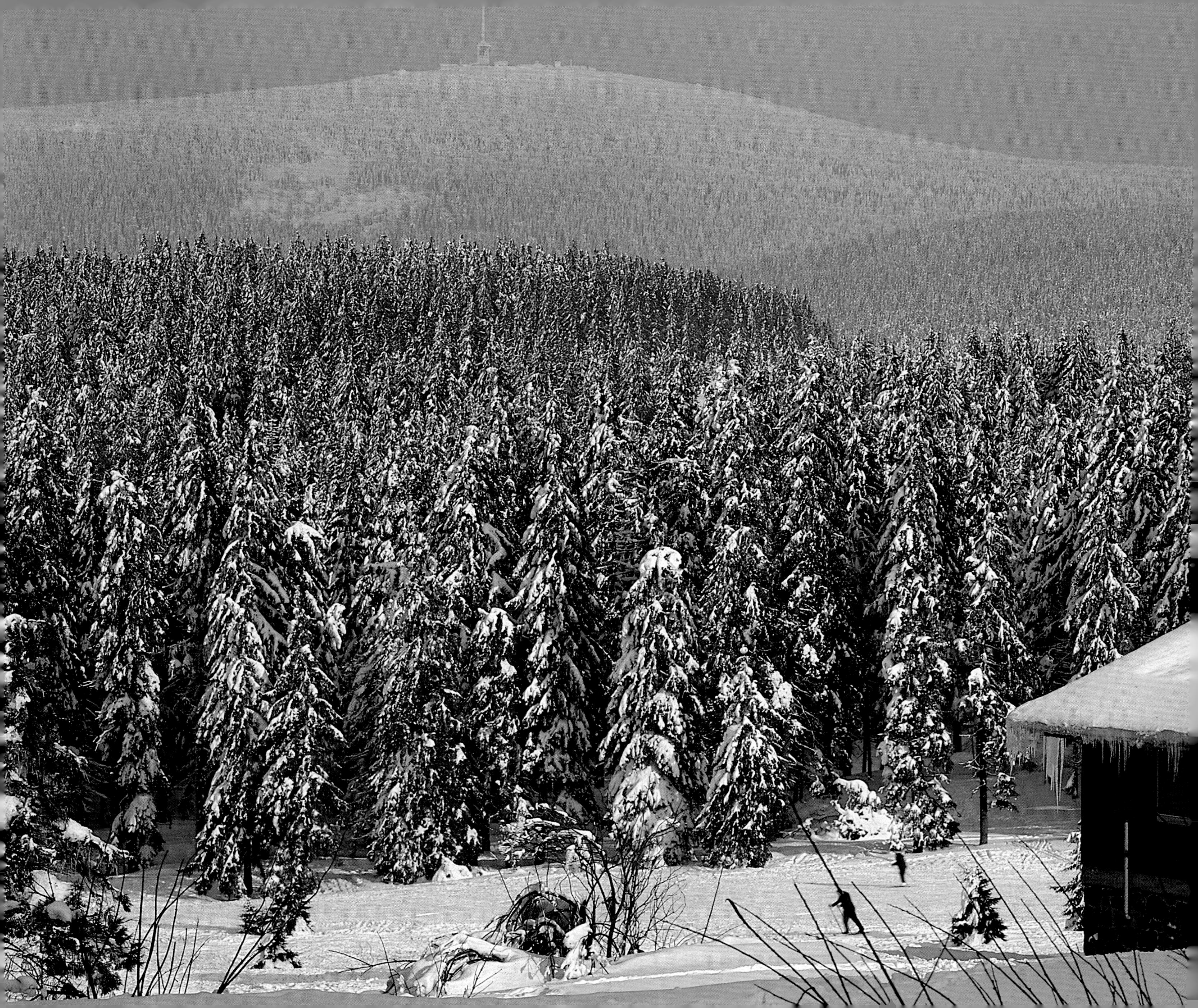

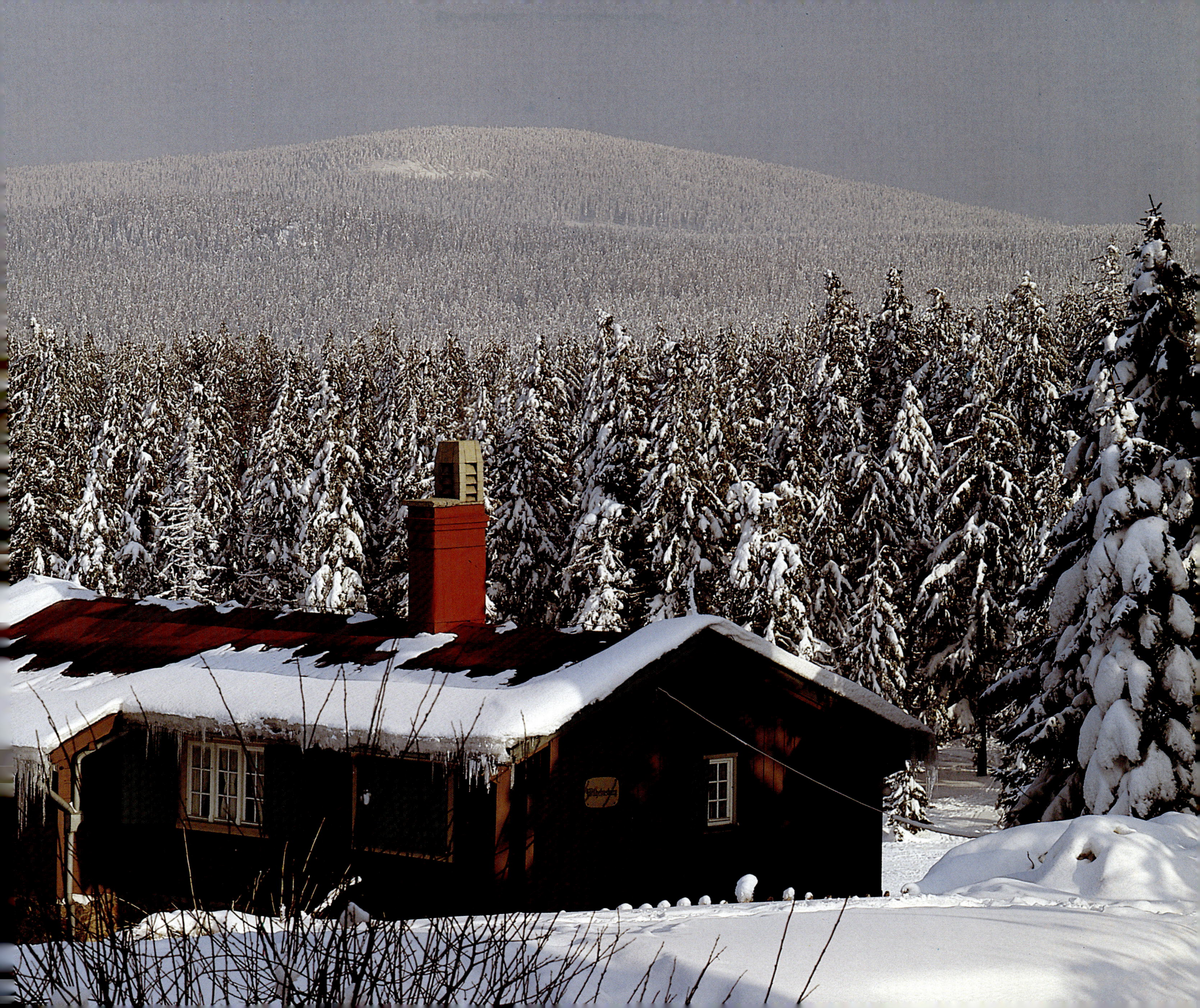

dem Bodetal, das als eines der reizvollsten Täler in Deutschland gilt. Auf dem Hexentanzplatz soll sich schon in der Steinzeit ein Kultplatz befunden haben. Dem Volksglauben nach beginnen die Hexen von hier aus ihren wilden Ritt zum Brocken hinauf.

Noch eine andere Geschichte rankt sich um den Hexentanzplatz: Vor langer Zeit soll einem Riesenfräulein, das sich mit seinem Pferd auf der Flucht vor einem Unhold namens Bodo befand, von dort der Sprung über das Tal gelungen sein. Der Beweis ist noch heute zu besichtigen: ein Hufabdruck auf der dem Hexentanzplatz gegenüberliegenden Roßtrappe.

Wernigerode, die »bunte Stadt am Harz«, wie Hermann Löns sie einst nannte, gehört zu den Besonderheiten der Region ebenso wie die alte Hansestadt Quedlinburg mit dem Schloßberg, der ein Wahrzeichen der Stadt geworden ist. Quedlinburg ist reich an gut erhaltenen Fachwerkhäusern. In einem besonders schönen wurde 1724 der Dichter Friedrich Gottlieb Klopstock geboren. Eines der ältesten Fachwerkhäuser Deutschlands steht in der Wordgasse. Es wurde in der ersten Hälfte des 14. Jahrhunderts erbaut.

Zu den romantischen Sehenswürdigkeiten des Harzes gehören die Rübe-

valleys. The witches' gathering place is believed to have been cultic ground already in the Stone Age. It is said that the witches set off from here on their wild ride to Mt Brocken. Another story connected with the witches' dance floor tells us that long ago a giant maiden who was fleeing from a villain called Bodo, succeeded in leaping on horseback from there across the valley. The proof is still to be seen in the shape of a hoofprint near the witches' dance floor.

Wernigerode, the "colourful town at the foot of the Harz Mountains", as Hermann Löns described it, is one of the region's attractions, as is the old Hanseatic town of Quedlinburg, with its Castle Hill, which has become one of the town's emblems. Quedlinburg has many well-preserved half-timbered houses. The poet Friedrich Gottlieb Klopstock was born in one of the most beautiful of them, and another, built in the first half of the 14th century, is one of the oldest half-timbered houses in Germany.

A romantic sight in the Harz Mountains are the Rübeland caves, with their stalactites and stalagmites, discovered in 1536 by a miner called Friedrich Baumann. Formed about 500,000 years ago by carbonation-solution, they are the most important

au-dessus de la localité et de la vallée de la Bode, qui passe pour être l'une des plus charmantes vallées d'Allemagne. Sur la place de Danse des sorcières, il y aurait déjà eu à l'âge de pierre une place de culte. Selon la croyance populaire, c'est de là que partent les sorcières pour leur chevauchée sauvage en direction du Brocken.

Cette place de Danse des sorcières est encore entourée d'une autre légende: il y a bien longtemps, la fille d'un géant qui s'enfuyait à cheval pour échapper à un bandit du nom de Bodo aurait réussi d'un seul bond à franchir la vallée. La preuve de cet exploit est encore visible aujourd'hui: l'empreinte du pied du cheval sur la Rosstrappe en face de la place de Danse des sorcières.

Wernigerode, la «ville des mille couleurs dans le Harz» comme l'appelait autrefois Hermann Löns, fait partie des curiosités de la région tout comme l'ancienne ville hanséatique de Quedlinburg avec la colline du Château qui est devenu un symbole de la ville. Quedlinburg s'enorgueillit de nombreuses maisons à colombages bien conservées. L'une d'entre elles, particulièrement belle, a vu naître, en 1724, le poète Friedrich Gottlieb Klopstock. Une des plus anciennes maisons à colombages d'Allemagne se trouve dans la Wordgasse. Elle a

▷ **Quedlinburg/Schloßberg mit Stiftskirche St. Servatius**
Hier lag zu Beginn des 11. Jahrhunderts einer der Mittelpunkte des Deutschen Reiches. Denn die ottonischen Kaiser hatten die Quitilingaburg *zu ihrer Lieblingsresidenz erwählt. Danach bestimmten die Äbtissinnen des 936 von Otto dem Großen gegründeten Stiftes 867 Jahre über die Geschicke der Stadt.*

▷ **Quedlinburg/Castle Hill with the Collegiate Church of St. Servatius**
This was one of the focal points of the German Empire in the Middle Ages, because Quitilinga Castle *was the favourite residence of the Ottonian emperors. Subsequently the abbesses of the convent, which was founded by Otto the Great in 936, held sway over the town for 867 years.*

▷ **Quedlinburg/La colline du Château avec l'abbatiale St-Servais**
Au début du XIe siècle, ce fut un des centres de l'empire allemand, car les empereurs ottoniens avaient fait de la Quitilingaburg *leur résidence favorite. Par la suite, les abbesses du couvent fondé en 936 par Otton le Grand présidèrent aux destinées de la ville pendant 867 ans.*

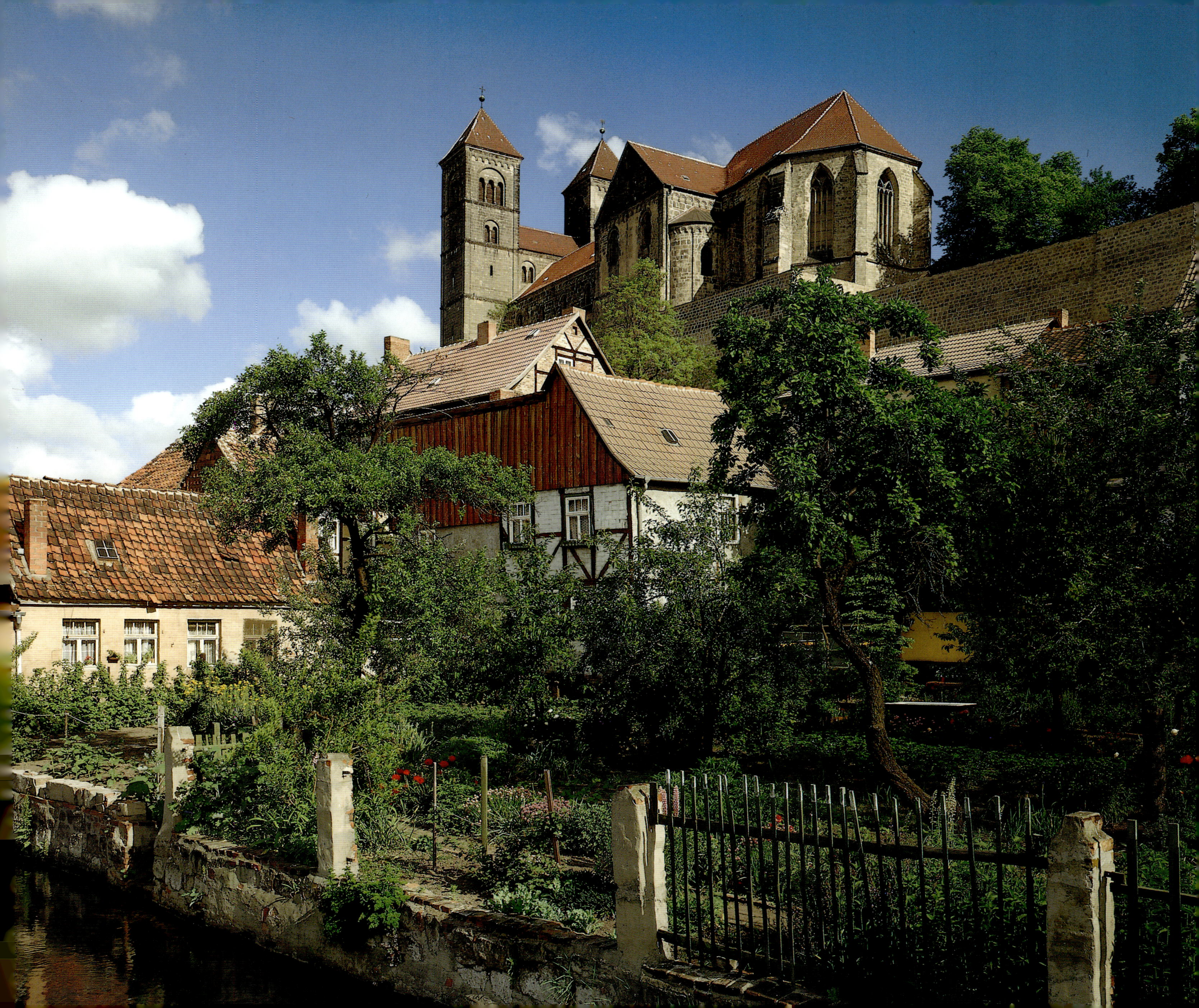

länder Tropfsteinhöhlen: die 1536 vom Knappen Friedrich Baumann entdeckte Baumannshöhle und die Hermannshöhle. Beide sind die bedeutendsten Tropfsteinhöhlen in Deutschland. Sie entstanden vor rund 500 000 Jahren durch die Verkarstung des Kalkgesteins. Am östlichen Südharz befindet sich darüber hinaus die mit 1700 Metern längste Höhle Deutschlands: die Gipshöhle Heimkehle.

Aber auch der Westteil des Harzes ist reich an landschaftlichen Schönheiten, wobei besonders das wildromantische Okertal hervorzuheben ist. Unter den Städten des westlichen Harzes sind vor allem Bad Sachsa mit dem Märchengrund, Bad Lauterberg, Braunlage mit seinem Kurpark, Altenau und das elegante Bad Harzburg zu nennen.

Von großer historischer Bedeutung aber ist Goslar, dessen Erzvorkommen im Mittelalter deutsche Kaiser veranlaßte, zumindest vorübergehend dort zu residieren. Die Kaiserpfalz erinnert daran. Die alte Stadt hat ihr mittelalterliches Bild über die Zeiten hinweg bewahrt.

Im Umfeld des Harzes sollte man Göttingen besuchen, wo auf dem Marktplatz der Brunnen mit dem Gänseliesel steht. Es ist das meistgeküßte Mädchen der Welt. Seine Verehrer sind zumeist Studenten.

caves of their kind in Germany. At the east end of the southern Harz Mountains is the gypsum cave called Heimkehle, which, extending for more than a mile, is Germany's longest.

But the western part of the Harz Mountains is also scenically superb, especially – to name just one example – the unspoilt, romantic Oker Valley. Among the country towns in the western part of the Harz, Bad Sachsa, with its Fairytale Park, Bad Lauterberg, Braunlage with its spa gardens, Altenau, and the elegant Bad Harzburg, should be mentioned.

One of the most historical places in the region is Goslar, whose ore resources were large enough to persuade German emperors to reside there, at least temporarily, in the Middle Ages. The imperial palace is a reminder of those times, and large parts of the town have retained their medieval substance.

Not far from the Harz Mountains is Göttingen, where the Goosegirl Liesel is honoured with a statue on the market square. She is the most kissed girl in the world. Her admirers are mostly students from Göttingen University.

Anyone travelling from the Harz towards Lüneburg Heath should not miss Hildesheim, the town with the thousand-year-old rose tree by the

été construite dans la première partie du XIVe siècle.

Au nombre des curiosités romantiques du Harz figurent les grottes à stalactites et à stalagmites de Rübeland: la Baumannshöhle et la Hermannshöhle découvertes en 1536 par le mineur Friedrich Baumann. Ce sont les plus importantes grottes de ce genre en Allemagne. Elles ont été formées il y a environ 500 000 ans par la transformation en karst des roches calcaires. Dans le sud-est du Harz se trouve par ailleurs la plus longue grotte d'Allemagne – 1700 mètres de long – : la Heimkehle, une grotte de gypse.

Mais la partie occidentale du Harz est également très pittoresque, en particulier la vallée de l'Oker au romantisme sauvage. Parmi les villes du Harz occidental, il faut surtout citer Bad Sachsa avec son parc féerique, Bad Lauterberg, Braunlage avec ses installations de cure et son beau parc, Altenau et l'élégant Bad Harzburg.

Toutefois, c'est Goslar qui, dans cette région, a une grande importance historique. Ses gisements de minerai avaient, au moyen âge, amené les empereurs allemands à y résider, du moins temporairement. Le palais impérial témoigne de cette époque dans une ville qui a conservé ses traits médiévaux à travers les siècles.

▷ **Fachwerkhäuser**
Drei Fachwerkhäuser aus drei schönen Städten am Harz: Die Bäckerei mit den schwungvollen Ornamenten steht in Osterwieck. Wie es sich für das »bunte« Wernigerode gehört, haben die Bewohner ihr Haus mit Geranien farbenfroh geschmückt. Und im Fachwerkhaus rechts, am Fuße des Quedlinburger Schloßbergs gelegen, kam 1724 Friedrich Gottlieb Klopstock zur Welt.

▷ **Half-timbered houses**
Three half-timbered houses from three of the beautiful towns near the Harz Mountains. The baker's house with the ornamental panels is in Osterwieck. The house with the geraniums is appropriately in "colourful" Wernigerode, and the third – in which Friedrich Gottlieb Klopstock was born in 1724 – is at the foot of Castle Hill in Quedlinburg.

▷ **Maisons à colombage**
Trois maisons à colombage de trois belles villes en bordure du Harz: la boulangerie à l'abondante ornementation se trouve à Osterwieck. Comme il se doit pour la «multicolore» Wernigerode, les habitants ont orné leur maison de géraniums aux couleurs vives. Dans la maison à colombage à droite, au pied de la colline du Château, Friedrich Gottlieb Klopstock a vu le jour en 1724.

207

Wer zwischen Harz und Heide unterwegs ist, der sollte sich Hildesheim nicht entgehen lassen, die Stadt des tausendjährigen Rosenstocks am Dom. Wie so vieles in Hildesheim, so schien auch er sein Ende mit den Zerstörungen im Zweiten Weltkrieg gefunden zu haben. Doch wie durch ein Wunder fing er im Sommer 1945 zu blühen an, was die Hildesheimer als gutes Omen werteten.

Hannover, die Hauptstadt Niedersachsens, ebenfalls schwer getroffen im Zweiten Weltkrieg, gehört zu den großen Einkaufsstädten des Landes. Die Altstadt wurde – soweit möglich – wieder aufgebaut, Vorhandenes mit großer Sorgfalt restauriert. Nahezu unversehrt blieben vor allem auch die königlichen Gärten in Herrenhausen. Der Große Garten wurde im Jahre 1666 angelegt. Er ist eine der bedeutendsten historischen Gartenanlagen in Europa.

Braunschweig, die Stadt des Herzogs Heinrich des Löwen, mit der Burg Dankwarderode zählt ebenso zu den sehenswerten Städten des Landes wie das romantische Wolfenbüttel, wo der deutsche Dichter Gotthold Ephraim Lessing wichtige Jahre seines Lebens verbrachte, und wie die alte Herzogenstadt Celle, in deren Schloß sich das älteste noch bespielte deutsche Theater befindet.

Bekannt ist Celle für seine gut erhaltene Cathedral. It seemed that the rose – like so much else in Hildesheim – had been destroyed in the Second World War. But it started to blossom again in the summer of 1945 after all, an event that was taken by the Hildesheimers as a good omen.

Hanover, the capital of Lower Saxony, severely damaged in the Second World War, is one of the region's main shopping centres. The old part of the city was rebuilt as far as possible, and what had survived has been carefully restored. The Royal Gardens in Herrenhausen survived the war almost unscathed. Laid out in 1666, the Grosse Garten is one of the most important historical gardens in Europe.

Braunschweig (Brunswick), the town of Duke Henry the Lion, with Dankwarderode Castle, is another place worth seeing, as is romantic Wolfenbüttel, where the German writer Gotthold Ephraim Lessing spent important years of his life, and the old ducal town of Celle, whose palace houses the oldest German theatre still in use. Celle is known for its well-preserved half-timbered houses.

Celle lies in the southern part of Lüneburg Heath, one of the most interesting regions in Germany. The heath, with its juniper groves and picturesque villages is a man-made

Dans les environs du Harz, il faudrait visiter Göttingen où, sur la place du Marché, s'élève une fontaine ornée d'une gardeuse d'oies. Cette Liesel est la jeune fille la plus embrassée au monde. Ses admirateurs sont pour la plupart des étudiants de l'université de Göttingen.

Quiconque se rend du Harz vers la lande de Lunebourg doit s'arrêter à Hildesheim, la ville au rosier millénaire au chevet de la cathédrale. On avait cru un moment que le rosier avait péri – comme tant d'autres choses à Hildesheim – dans les destructions de la Deuxième Guerre mondiale. Mais, comme par miracle, il a refleuri pendant l'été 1945, ce qui a été considéré comme un bon présage par les habitants de la ville.

Hanovre, la capitale de la Basse-Saxe, également gravement touchée pendant la dernière guerre, est une des plus grandes villes commerçantes de la région. La vieille ville a été reconstruite dans la mesure du possible et ce qui avait survécu aux destructions soigneusement restauré. Les jardins royaux de Herrenhausen sont presque restés intacts. Le Grand Jardin a été aménagé en 1666. C'est l'un des jardins historiques les plus importants d'Europe.

Brunswick, la ville de Henri le Lion, avec son vieux château, Burg Dankwarderode, compte parmi les villes

▷ **Lüneburger Heide**
»Vier hohe Zeiten hat die Heide, einmal im Jahr blüht sie«, so umschrieb der Heimatdichter Hermann Löns die Tatsache, daß die Lüneburger Heide alljährlich im Spätsommer ihren ganzen Charme entfaltet. Dann bedeckt das Heidekraut mit kräftiger violetter Blüte die weiten Flächen, aufgehalten nur hier und da von schlanken Birkengruppen, die einem Heidschnuckenstall Schutz gewähren.

▷ **Lüneburg Heath**
Lüneburg Heath, the largest heathland region in Germany, is at its best in late summer when the heather is in bloom. The flat surface is interrupted here and there by groups of birch trees, which often provide protection for sheds for the typical Lüneburg sheep called "Heidschnucken".

▷ **La lande de Lunebourg**
A la fin de l'été, la lande de Lunebourg déploie tout son charme. Elle est alors recouverte d'un tapis de bruyère qui étale ses fleurs violettes, entrecoupé çà et là d'un groupe de bouleaux abritant une bergerie.

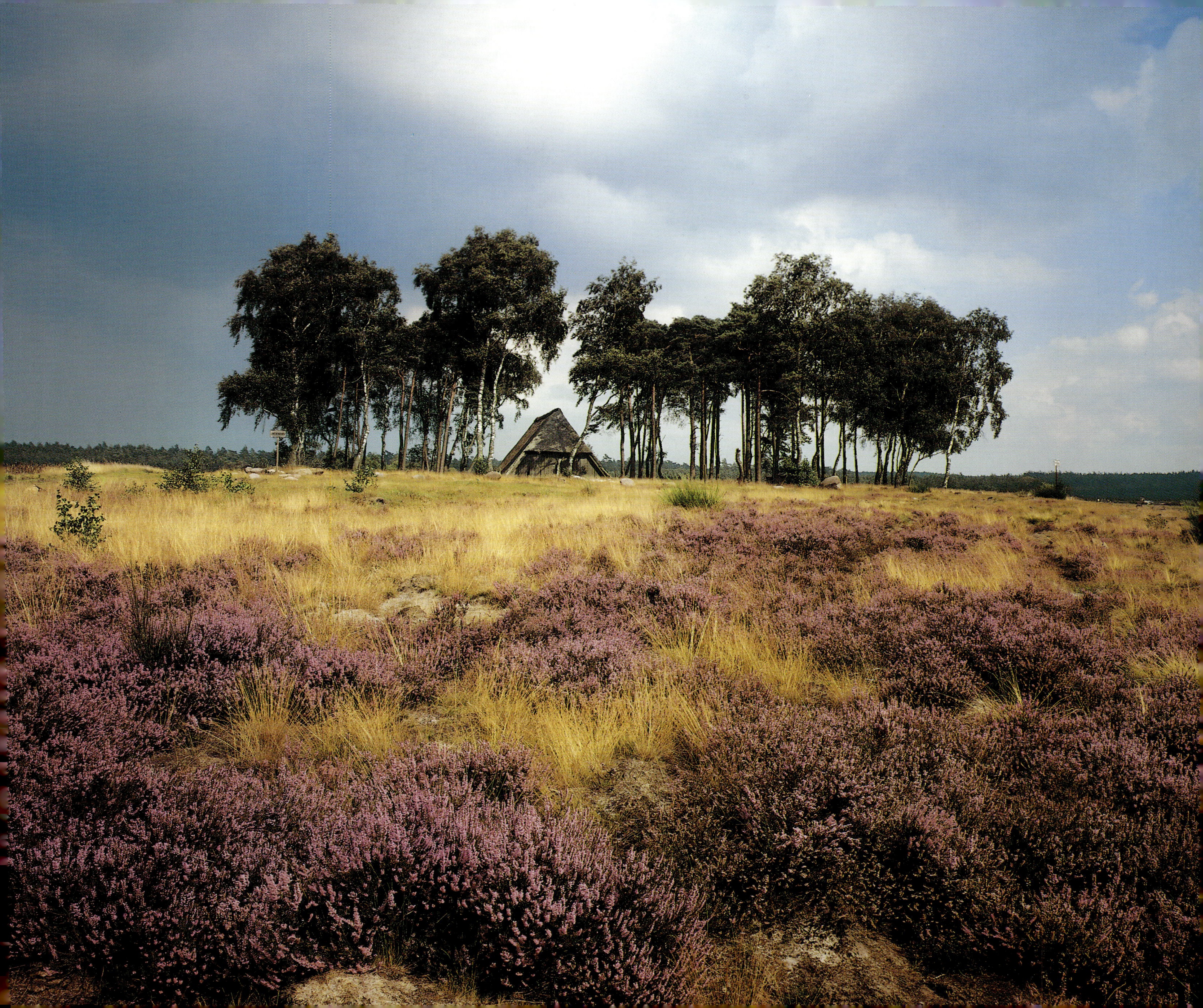

ten gebliebenen Fachwerkbauten. Die alte Stadt liegt im südlichen Teil der Lüneburger Heide, die eines der interessantesten Gebiete in Deutschland ist. Die Heide mit ihren Wacholderhainen und beschaulichen Dörfern ist eine Kulturlandschaft.
Um sie zu erhalten, um zu verhindern, daß dort wieder Laub- und Nadelhölzer wachsen, werden Heidschnuckenherden über die Heide getrieben. Heidschnucken, die zur Familie der Schafe gehören, stehen in der Obhut eines Schäfers und seines Hundes.
Ein besonders eindrucksvolles Bild bietet die Heide zur Zeit ihrer Blüte im August. Dann sind in der sonst so stillen Landschaft Tausende von Wanderern unterwegs, die meistens ein Ziel haben: das winzige Heidedorf Wilsede am Wilseder Berg. Es ist nur zu Fuß oder mit Pferdekutschen zu erreichen.
Hauptort der Heide ist Lüneburg, das seinen Wohlstand in erster Linie der Salzgewinnung verdankt. Salz ging im Mittelalter von Lüneburg aus unter anderem nach Lübeck, wo es zur Konservierung von Heringen verwendet wurde. Es gab zu dieser Zeit massenhaft Heringe in der Ostsee. Der Fisch war eine beliebte Fastenspeise und trug wesentlich zum Aufstieg der deutschen Hanse bei.
In Lüneburg stehen viele Häuser aus

landscape. In order to preserve it, and prevent the re-establishment of mixed forestland, flocks of moorland sheep are maintained to graze there. They make a pleasant sight as they wander across the heath, guarded by shepherd and dogs.
The heath looks particularly splendid when it is in full bloom in August. Then, the otherwise so quiet countryside is a favourite goal for thousands of walkers, most of whom aim at walking to the tiny hamlet called Wilsede on Mt. Wilsede, which can only be reached on foot or by horse and carriage.
The main centre of the heath is Lüneburg, whose prosperity was based on salt works. Salt was sent to Lübeck, for example, in the Middle Ages, where it was used for curing herrings. At that time there were plenty herrings in the Baltic. It was a popular Lent dish, and made a not inconsiderable contribution towards the growth of the Hanseatic towns. Lüneburg still has many beautiful examples of medieval brick architecture. An absolute gem is the town hall, with its Court Room.
To the east of Lüneburg Heath is the Hanoverian Wendland, which was once Slav territory (the Wends were a Slavonic people). Its proximity to the former internal German border had the advantage that the

pittoresques de la région au même titre que la romantique cité de Wolfenbüttel, où le poète allemand Gotthold Ephraim Lessing a passé des années importantes de sa vie, et que l'ancienne ville ducale de Celle dont le théâtre du château est le plus ancien théâtre d'Allemagne.
La vieille ville est située dans la partie sud de la lande de Lunebourg, une des régions les plus intéressantes d'Allemagne. La lande avec ses bouquets de genévriers et ses villages pittoresques est un paysage civilisé. Pour le garder en cet état, pour empêcher que les forêts d'arbres à feuilles caduques et de conifères ne s'y réinstallent, on y fait paître des troupeaux de mouton d'une race particulière.
La lande est particulièrement belle au moment de la floraison au mois d'août. C'est l'époque où des milliers de randonneurs parcourent la région habituellement si tranquille. Pour la plupart, ils se dirigent vers le village de Wilsede dans un site classé où est situé le Wilseder Berg, le point culminant de la région. On n'y accède qu'à pied ou en calèche.
La principale localité de la lande est Lunebourg qui doit sa prospérité à l'exploitation de salines. Au moyen âge, le sel était acheminé vers Lubeck notamment où il était utilisé pour la conservation des harengs. A l'époque,

▷ **Einbeck**
Weit über hundert gut erhaltene, bisweilen reich verzierte Fachwerkhäuser künden vom Wohlstand der alten Bierbrauerstadt. Bereits im 14. Jahrhundert wurde Einbecker Bier in großen Trecks nach Bremen, Hamburg und Lübeck gebracht und auf hanseatischen Koggen bis nach Amsterdam und Reval verschifft. Mit Einbecker Bier soll sich auch Martin Luther gestärkt haben, bevor er auf dem Reichstag zu Worms Kaiser Karl V. gegenübertrat.

▷ **Einbeck**
Well over a hundred well-preserved half-timbered houses reflect the long-standing prosperity of the old beer-brewing town of Einbeck. Einbeck beer used to be transported all the way to Bremen, Hamburg, and Lübeck as early as the 14th century, and was shipped on Hanseatic vessels as far as Amsterdam and Reval (now Tallinn).

▷ **Einbeck**
Plus d'une centaine de maisons à colombages attestent de la prospérité de l'ancienne ville de brasseurs. Dès le XIVe siècle, la bière d'Einbeck était acheminée par convois vers Brême, Hambourg et Lubeck et transportée ensuite jusqu'à Amsterdam et Tallin.

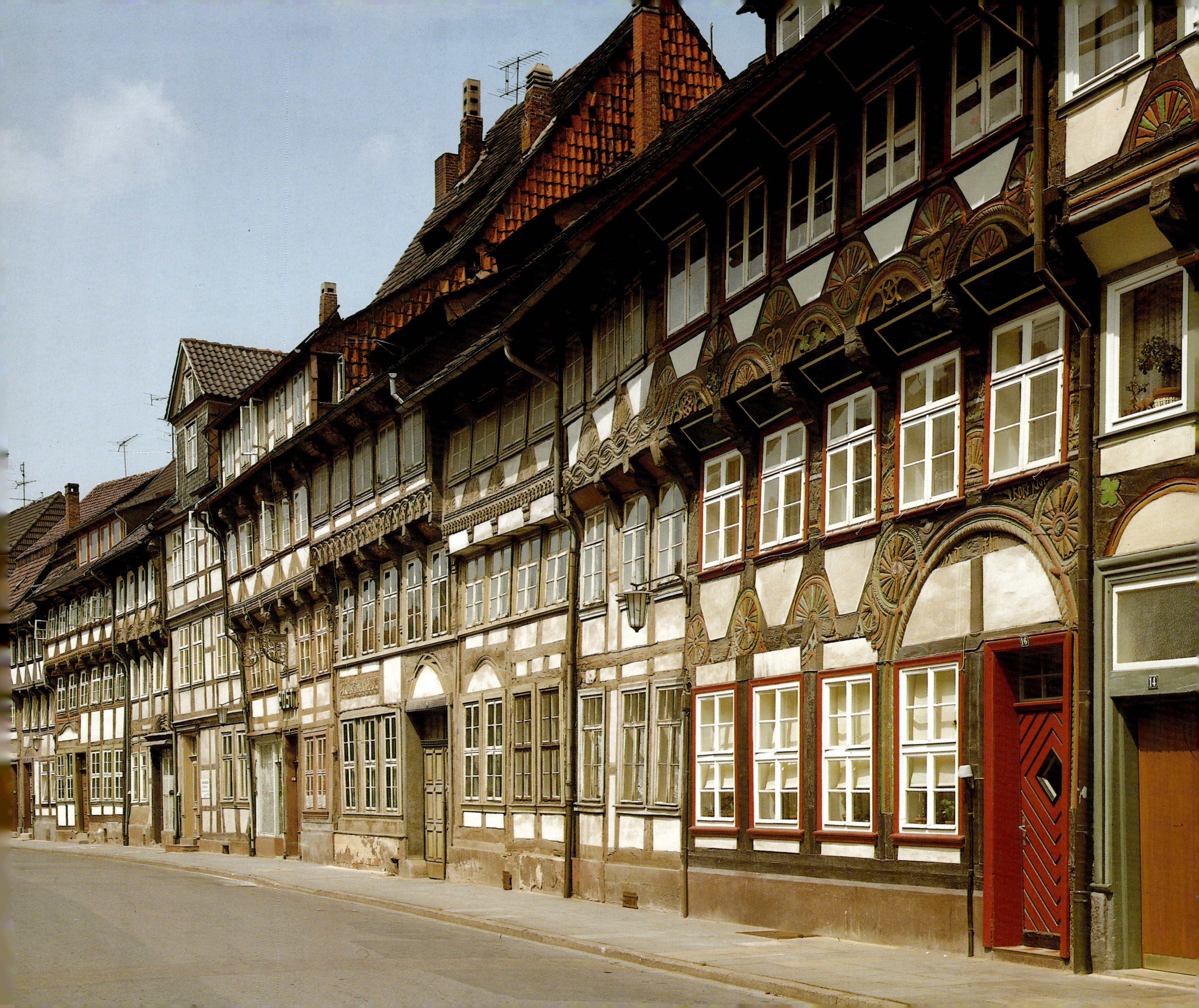

der Zeit der Backsteingotik. Ein architektonisches Juwel ist das Rathaus mit der im Jahre 1331 feierlich eingeweihten Gerichtslaube. Östlich der Lüneburger Heide erstreckt sich das Hannoversche Wendland, einst slawisches Gebiet, das durch seine Lage an der früheren deutsch-deutschen Grenze eine stille und einzigartige Naturlandschaft geworden ist – und es hoffentlich auch bleibt. Hier leben Kraniche, Schwäne, Störche und Gänsesäger. Charakteristisch für das Wendland, wo man noch vor einigen Jahrzehnten eine eigene Sprache gesprochen hat, sind die Rundlingsdörfer.

countryside remained peaceful and unspoilt – and hopefully will continue so in the future. It is a refuge for cranes, swans, storks, and goosanders. In this region, where the people still preserved their own language until a few decades ago, the villages are characteristically laid out in a circular pattern, the houses being ranged around a village green.

ceux-ci se trouvaient en abondance dans la mer Baltique. Le hareng était une nourriture de Carême populaire et il joua un rôle important dans l'expansion des villes de la Hanse. Lunebourg offre encore de nombreuses constructions en brique médiévales. L'hôtel de ville est un véritable joyau avec sa salle de justice. A l'est de la lande de Lunebourg s'étend le pays des Wendes, autrefois un territoire slave, qui du fait de sa situation à l'ancienne frontière interallemande est devenue – et restera esperons-le – une région tranquille et unique en son genre. Au milieu de cette nature vivent des grues, des cygnes, des cigognes et des mergules. Dans cette contrée où, voici quelques décennies encore, la population avait son parler régional, il y a des villages circulaires, caractéristiques du pays des Wendes.

▷ **Lüneburg/Am Stintmarkt**
Salz und Lüneburg waren früher fast identische Begriffe. Ein altes Sprichwort lautet denn auch: »De sülte dat is Lüneburg«, was soviel heißt wie: Wer Salz sagt, muß auch Lüneburg sagen. Der Handel mit dem »weißen Gold« förderte den Wohlstand der Bürger, der Wohlstand wiederum die Schönheit der Heidestadt.

▷ **Lüneburg/Am Stintmarkt**
Salt and Lüneburg were at one time almost interchangeable terms. An old saying goes: "Salt – that is Lüneburg." Trading with the "white gold" brought prosperity to the town, and this is reflected in its fine houses.

▷ **Lunebourg/Am Stintmarkt**
Lunebourg était autrefois presque synonyme de sel. Selon un vieux dicton: «Qui dit sel doit aussi dire Lunebourg.» Le commerce de «l'or blanc» fit la prospérité des habitants et cette prospérité amena à son tour la beauté de la ville de la lande.

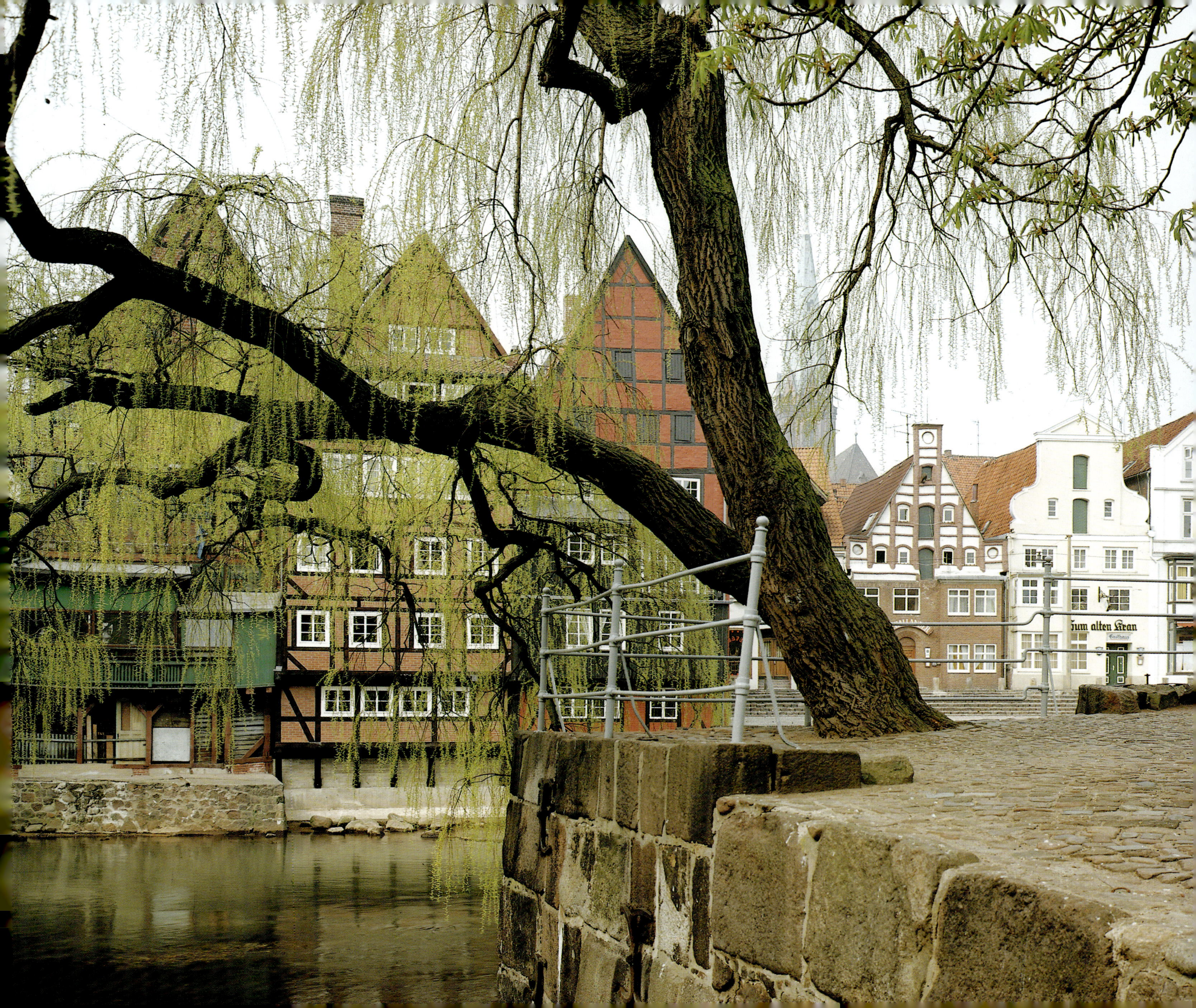
Zum alten Kran
Gasthaus

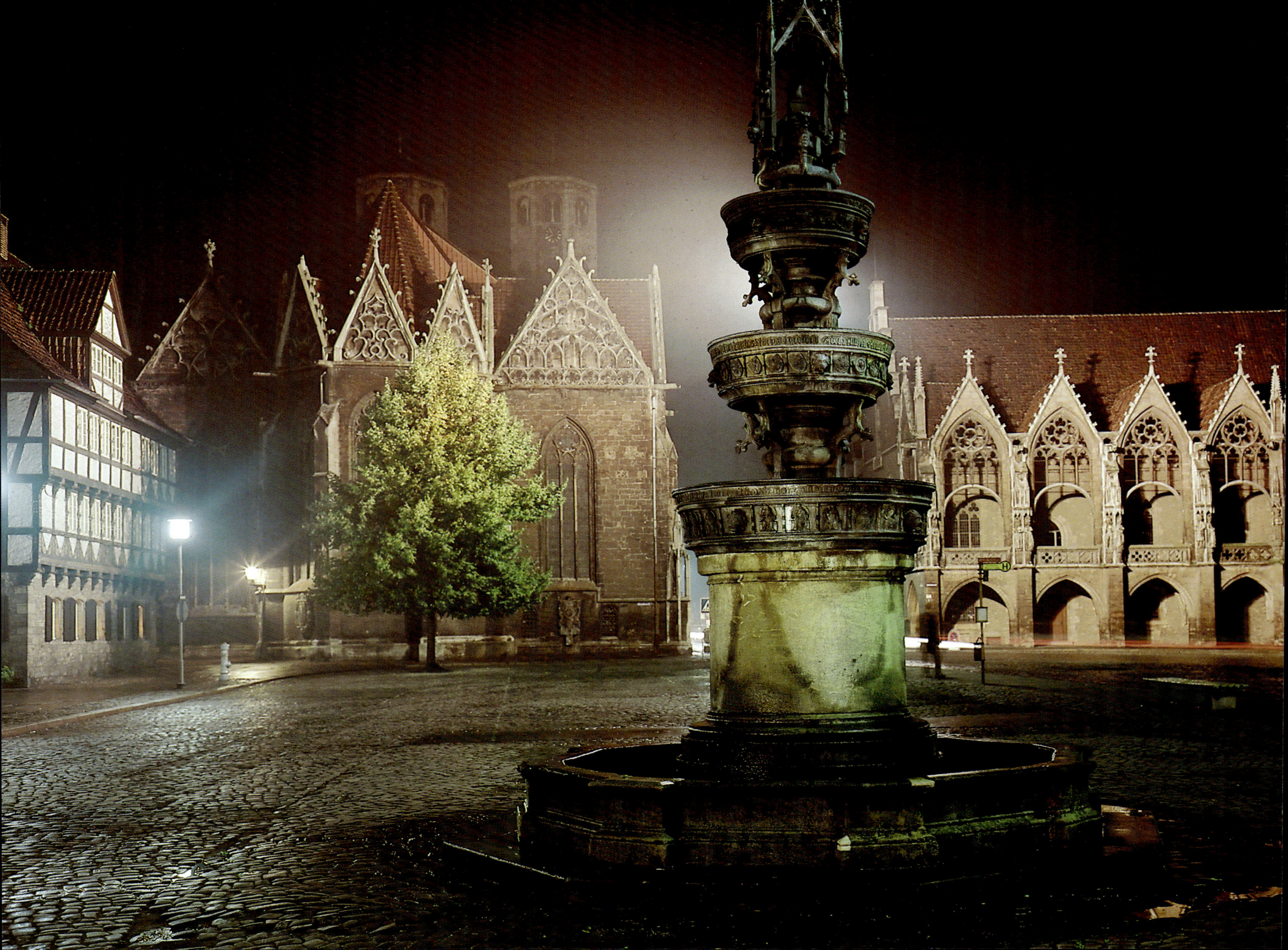

◁ **Braunschweig/Der Alte Rathausmarkt**
Das Mittelalter ist noch lebendig in der alten Stadt Heinrichs des Löwen. Kühn behauptet sich Weltliches neben Kirchlichem, das spätgotische Rathaus (r.) mit reichem Schmuck neben der Martinikirche und dem zierlichen Marienbrunnen.

▽ **Hannover/Das Neue Rathaus**
Den zurückhaltenden Hannoveranern ist es heute kaum noch zuzutrauen, daß sie sich zu Beginn des 20. Jahrhunderts so ein gewaltiges Rathaus geleistet haben. Die Maße sprechen für sich: Die Breite beträgt 126 Meter, die Tiefe 78 Meter.

◁ **Brunswick/The Old Town Hall Market**
The Middle Ages are still alive in the city of Henry the Lion. Secular and ecclesiastical elements join here to form a fine ensemble: the late-Gothic Town Hall (r.), with its rich ornamentation, and St. Martin's Church; in the foreground is the graceful St. Mary's fountain.

▽ **Hanover/The New Town Hall**
It is scarcely conceivable that the restrained Hanoverians treated themselves to such a lavish town hall. The dimensions speak for themselves: the building (early 20th century) measures approximately 140 by 85 yards.

◁ **Brunswick/Alter Rathausmarkt**
Le moyen âge est encore vivant dans l'ancienne ville de Henri le Lion. Le temporel s'affirme audacieusement à côté du spirituel, l'hôtel de ville de style gothique tardif (à dr.) richement décoré à côté de la Martinikirche, l'église St-Martin, et de la gracieuse fontaine Notre-Dame.

▽ **Hanovre/Le nouvel hôtel de ville**
Aujourd'hui, on a du mal à croire que les habitants de Hanovre, d'un naturel si réservé, se soient dotés d'un hôtel de ville si imposant au début du XXe siècle. Ses dimensions sont éloquentes: la largeur est de 126 mètres, la profondeur de 78 mètres.

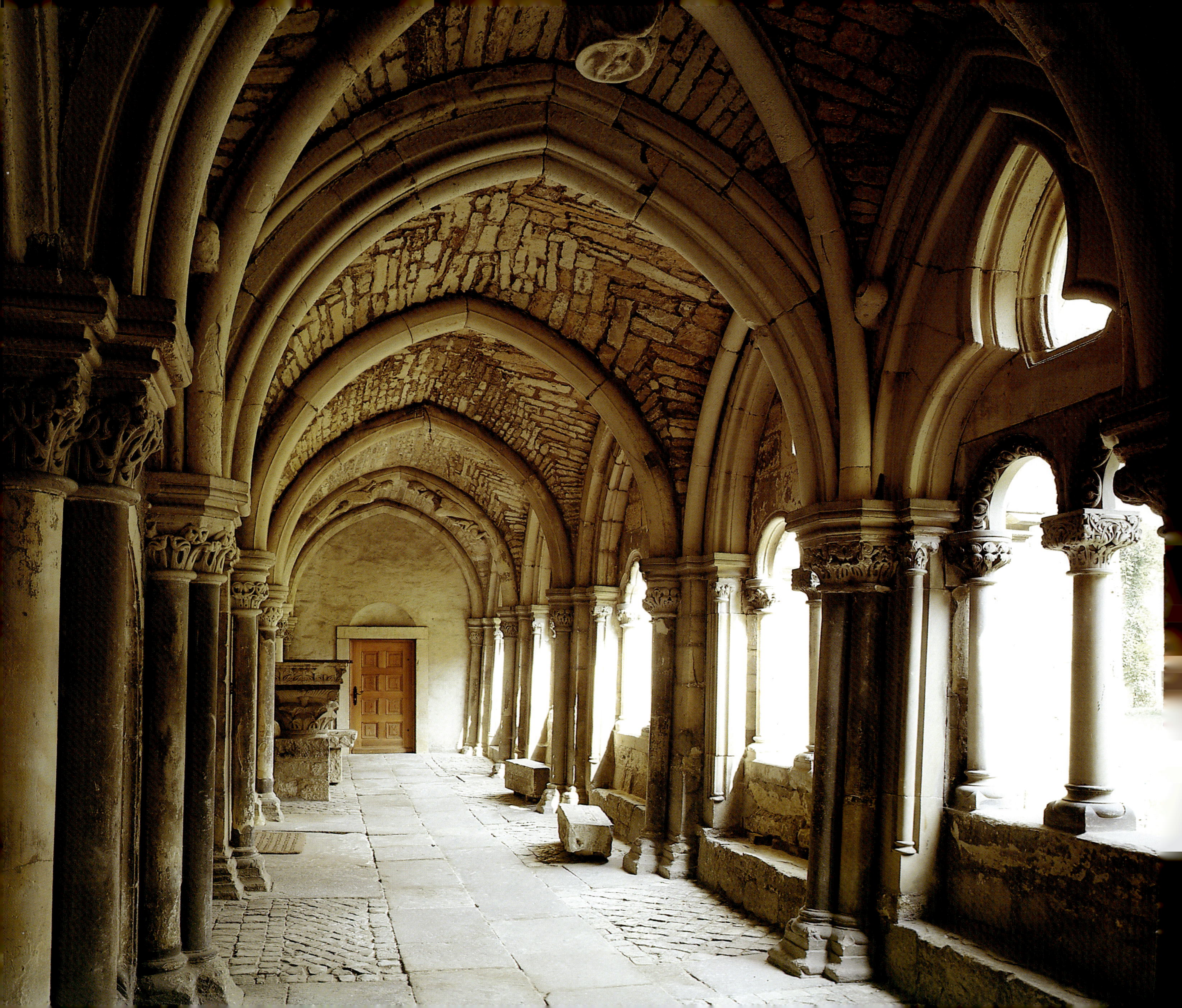

◁ **Hildesheim/Kreuzgang von St. Michael**
Die evangelische Hauptkirche Hildesheims war der Inbegriff einer »Gottesburg«, wie man sie an der Ostgrenze des ottonischen Reiches als Symbol gegen die anstürmenden Heiden errichtete. Sie wurde von Bischof Bernward im Jahre 1010 errichtet.

▷ **Goslar/Huldigungssaal im Rathaus**
Im Grunde ist das spätgotische Ratsherrenzimmer eine enge und niedrige Stube. Zur Kostbarkeit wird es aber durch die einzigartigen Decken- und Wandmalereien.

◁ **Hildesheim/St. Michael's Cloisters**
The main Protestant church of Hildesheim was an archetypal "fortress of God" of the kind erected on the eastern border of the Ottonian Empire.

▷ **Goslar/Hall of Homage in the Town Hall**
Fundamentally, this late-Gothic council chamber is little more than a rather small, low-ceilinged room, but it is transformed into an architectural gem by its unique Gothic wall and ceiling paintings.

◁ **Hildesheim/Cloître de St-Michel**
La principale église protestante de Hildesheim était l'incarnation d'une «forteresse de Dieu» telle qu'on en élevait à la frontière orientale de l'Empire ottonien.

▷ **Goslar/Salle de l'Hommage dans l'hôtel de ville**
La salle du conseil de style gothique tardif n'est au fond qu'une pièce étroite et basse. Mais les panneaux peints des murs et du plafond tout à fait uniques lui confèrent une grande valeur.

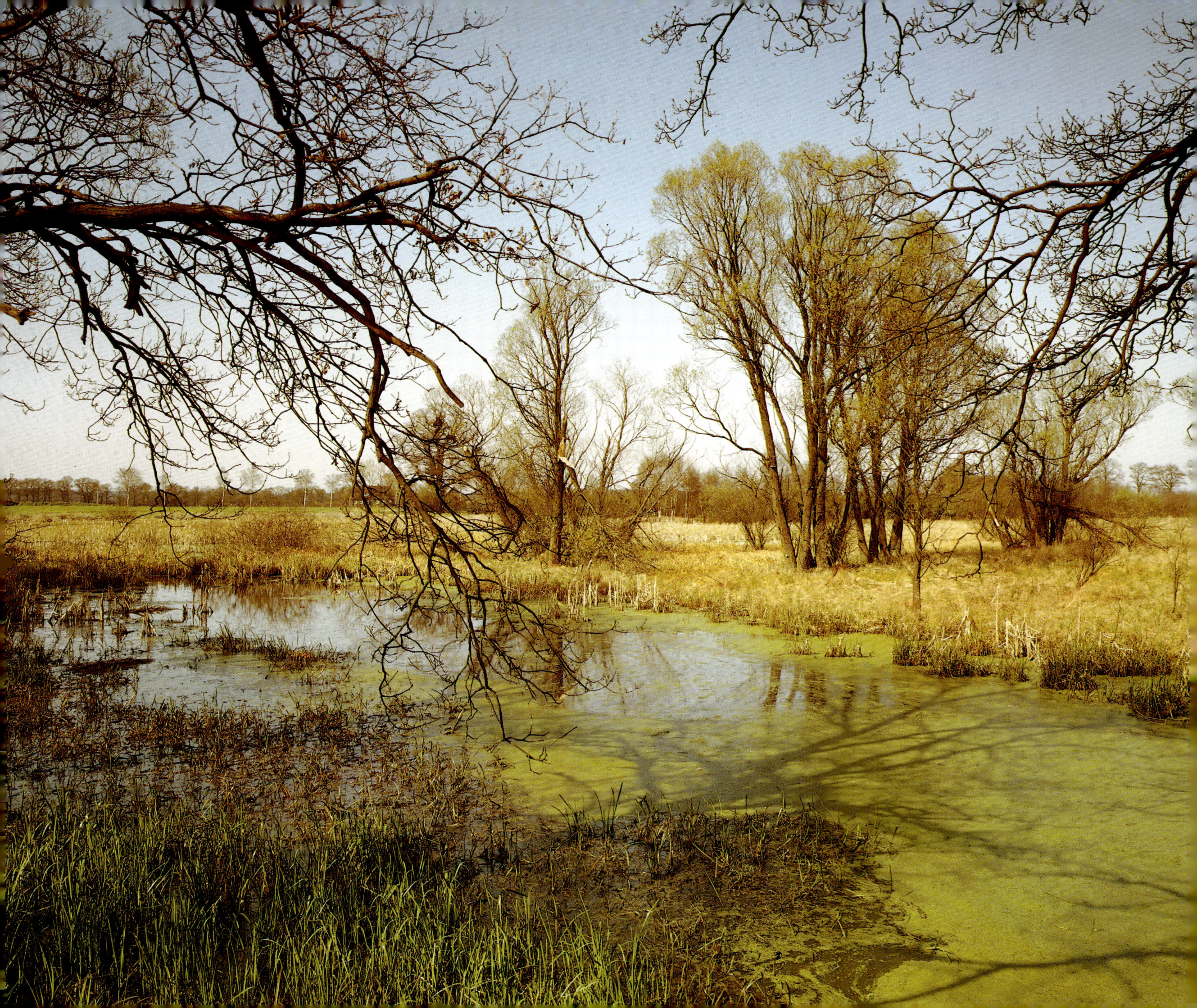

◁ **Moorlandschaft an der Wümme**
Wer könnte den Reiz dieser Landschaft besser wiedergeben als ein Dichter? Rilke etwa nannte sie ein »seltsames Land«: »Flach liegt es da, fast ohne Falte, und die Wege und Wasserläufe führen weit in den Horizont hinein. Dort beginnt ein Himmel von unbeschreiblicher Veränderlichkeit und Größe.«

▽ **Güstritz im Wendland**
Im alten deutsch-slawischen Grenzraum hat sich eine besondere Form der Dorfgestaltung erhalten: das Rundlingsdorf. Die einzelnen Gehöfte gruppieren sich um einen Rundplatz, der nur nach einer Seite hin offen ist. Als eines der schönsten Rundlingsdörfer gilt Güstritz.

◁ **Moorland by the River Wümme**
Who could better describe the charm of this landscape than a poet? Rilke, for example, called it a "strange land": "It lies flat, almost without a wrinkle, and the paths and waterways lead to the horizon. And there begins a sky of indescribable variability and extent."

▽ **Güstritz in Wendland**
A special kind of village shape has survived in what was once the border area between German and Slav territories: the circular village. The houses are grouped around a village green which is only open to one side.

◁ **Paysage au bord de la Wümme**
Qui mieux qu'un poète pourrait rendre le charme de ce paysage? Rilke, par exemple, l'appelait un «étrange pays»: «Il s'étend à plat, presque sans ride, et les chemins et les cours d'eau se perdent à l'horizon. Là commence un ciel d'une grandeur indescriptible.»

▽ **Güstritz dans le pays des Wendes**
Dans l'ancienne région frontalière germano-slave, une forme particulière de village a été conservée: le village circulaire. Les différentes fermes sont groupées autour d'une place ouverte uniquement d'un côté.

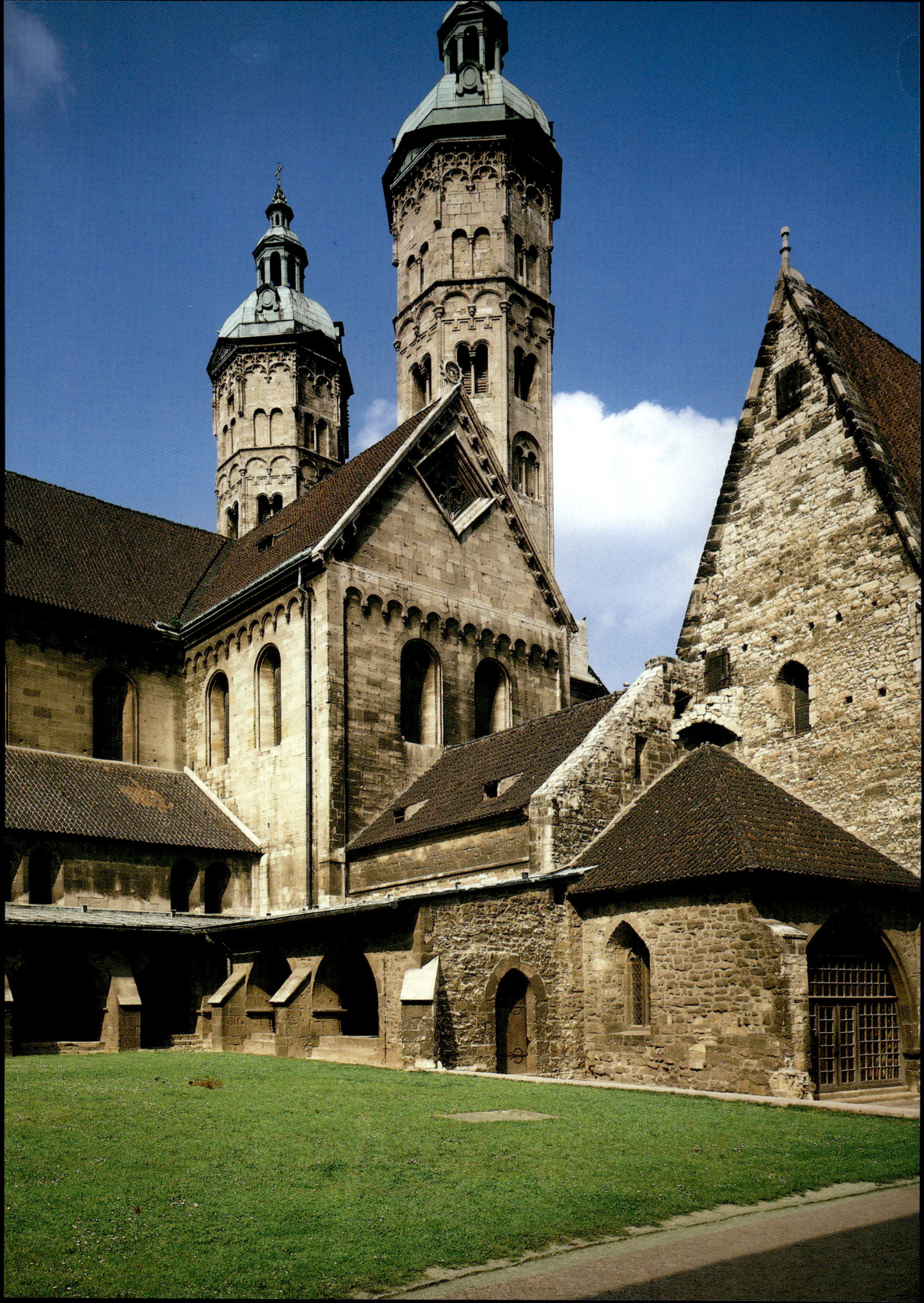

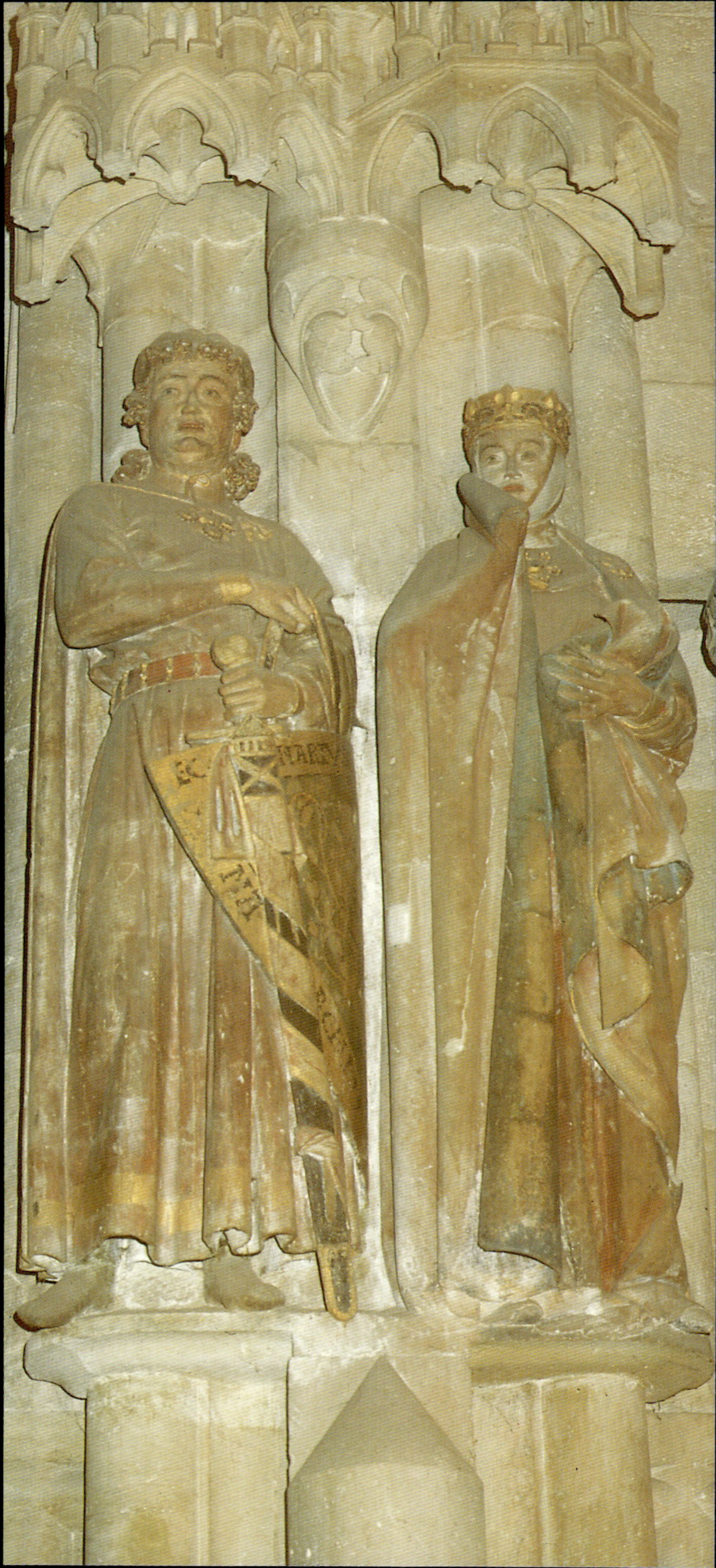

Sachsen-Anhalt

»Dort Saaleck, hier die Rudelsburg,/Und unten tief im Tale,/Da rauschet zwischen Felsen durch/Die alte, liebe Saale.« Ja, sagte die Buchhändlerin in der kleinen Seitenstraße in Naumburg, Hermann Allmers und sein Lied seien hier unvergessen, wenn sich der Platz auf der Rudelsburg auch in einem unwürdigen Zustand befinde.
Der norddeutsche Marschendichter Hermann Allmers schrieb im vorigen Jahrhundert das vielgesungene Studentenlied *Auf der Rudelsburg*. Er selbst erzählt, wie er sich einmal in einem Kreis junger Leute, die das Lied gesungen hatten, als Autor zu erkennen gegeben habe und über die Maßen gefeiert worden sei. Die Rudelsburg aber ist noch durch eine andere Komposition bekannt geworden. Franz Kugler dichtete dort oben im Jahre 1822 das Lied *An der Saale hellem Strande stehen Burgen stolz und kühn*.
Naumburg liegt nicht weit von der Rudelsburg. Es ist eine alte Stadt, in der die Kirchtürme immer noch höher sind als Bürogebäude und Industrieschlote. Weltberühmt ist der Naumburger Dom St. Peter und Paul, allerdings weniger wegen der Kirchtürme, sondern wegen der zwölf lebensgroßen Stifterfiguren aus der Zeit um 1250 im Westchor.
Naumburg ist eine romantische Stadt

Saxony-Anhalt

The 19th century North German poet Hermann Allmers wrote a student song entitled *Up in Rudelsburg Castle*, which is still remembered with pride in the nearby town of Naumburg, although Rudelsburg itself is now badly in need of restoration, as a bookseller in Naumburg told us.
Allmers wrote that he was once present when a group of young people sang the song, and when he confessed that he was the author he was given a rousing welcome. But Rudelsburg has also become known thanks to another poem: in 1822, when visiting the castle, Franz Kugler wrote the well-known piece entitled *On the bright banks of the Saale, castles stand both proud and bold*.
Naumburg, not far from Rudelsburg, is an ancient city in which the church towers still rise above the office blocks and factory chimneys. But Naumburg's Cathedral of St. Peter and St. Paul is famous not so much for its towers as for its splendid 13th century sculptures.
Naumburg is a romantic city with fine houses, with town walls which still encircle a large part of the Old Town, with an interesting town gate dating from 1456, and a bailey occasionally used for staging puppet plays. Perhaps the best way of getting to know the wines that grow along the

Saxe-Anhalt

«Là Saaleck, ici le Rudelsburg/Et là en bas dans la vallée/Mugit entre les rochers/La vieille et charmante Saale.» Oui, dit la libraire dans une des petites rues latérales à Naumburg, Hermann Allmers et sa chanson n'ont pas été oubliés ici même si la place sur le Rudelsburg se trouve dans un état pitoyable.
Hermann Allmers, un poète d'Allemagne du Nord, a écrit au siècle dernier *Auf der Rudelsburg* (Sur le Rudelsburg), une chanson pour étudiants très populaire. Lui-même raconte comment, alors qu'il se trouvait au milieu de jeunes gens, qui avaient chanté sa chanson, il s'était fait reconnaître comme en étant l'auteur et avait été fêté outre mesure. Une autre composition a également fait la célébrité du Rudelsburg. En 1822, Franz Kugler y a composé la chanson *An der Saale hellem Strande stehen Burgen stolz und kühn* (Sur les rives claires de la Saale se dressent des châteaux hardis et fiers).
Naumburg n'est pas loin du Rudelsburg. C'est une vieille ville où les clochers dépassent encore les immeubles administratifs et les cheminées d'usines. La cathédrale St-Pierre-et-St-Paul de Naumburg est mondialement connue, toutefois moins par ses tours que par ses belles sculptures du XIIIᵉ siècle.
Naumburg est une ville romantique

◁ **Naumburg/Dom St. Peter und Paul**
Der Naumburger Dom gehört zu den bedeutendsten deutschen Kirchenbauten. Weltberühmt sind die zwölf Stifterfiguren, hier Ekkehard II. von Meißen und seine Gemahlin Uta von Ballenstedt-Askanien, die entgegen der Tradition im ansonsten allein dem Klerus vorbehaltenen Domchor aufgestellt wurden.

◁ **Naumburg/Cathedral of St. Peter and St. Paul**
This is one of Germany's most important churches. The twelve figures of the founders, here Ekkehard II of Meissen and his spouse Uta of Ballenstedt-Askanien, – positioned in the cathedral choir, which is usually reserved solely for the clergy – are world-famous.

◁ **Naumburg/La cathédrale St-Pierre-et-Paul**
La cathédrale de Naumburg fait partie des églises les plus importantes d'Allemagne. Les douze figures des fondateurs, ici Ekkehard II de Meissen et son épouse Uta de Ballenstedt-Ascanie, qui à l'encontre de la tradition ont été disposées dans le chœur normalement réservé au clergé, sont mondialement célèbres.

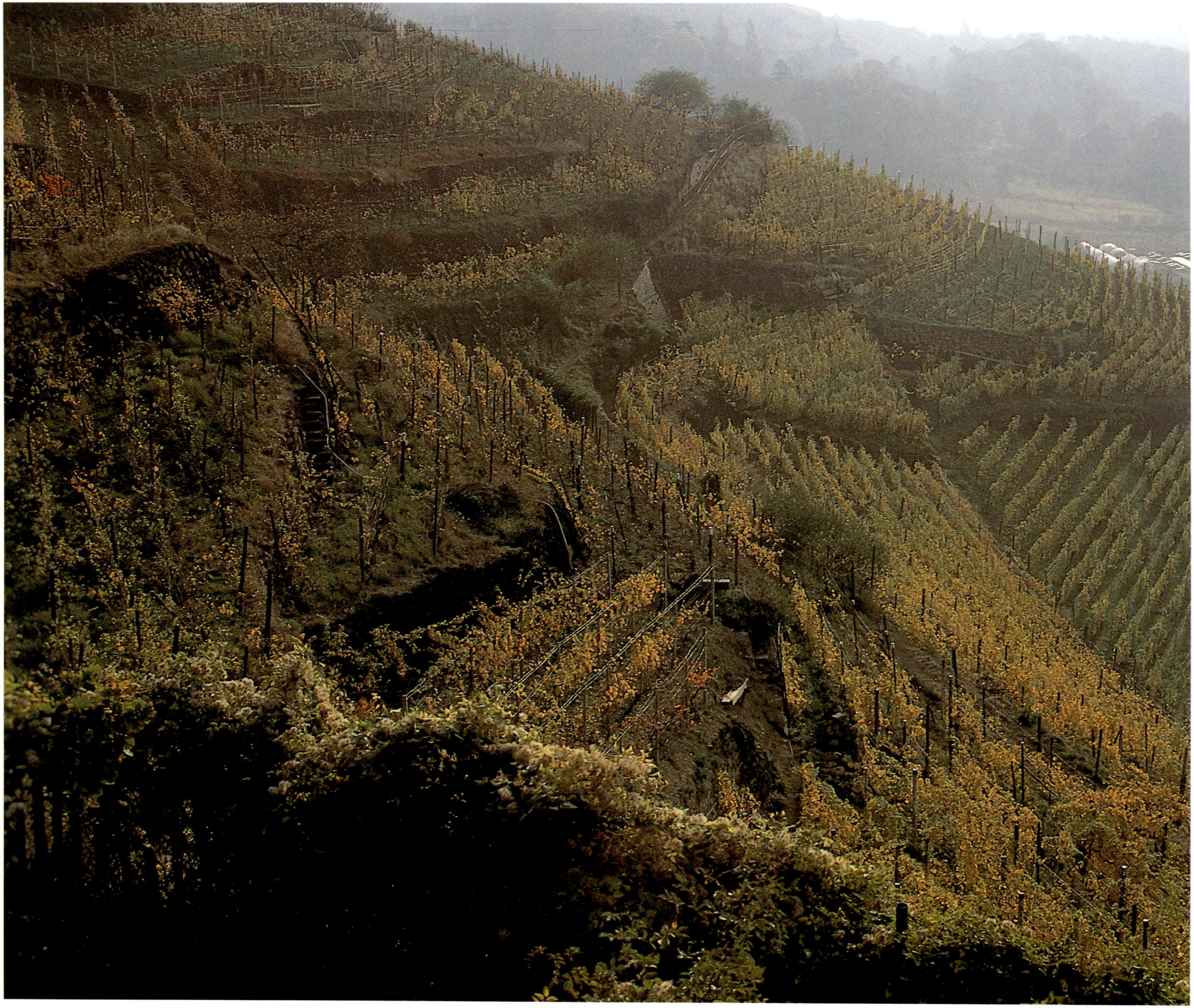

mit schmucken Bürgerhäusern aus mehreren Jahrhunderten, mit einem Mauerring, der sich um einen großen Teil der Innenstadt legt, mit dem Marientor von 1456, in dessen Zwinger gelegentlich Puppenspiele aufgeführt werden.

Freundschaft mit den Weinen an Unstrut und Saale schließt man wohl am besten in einem kleinen Weinlokal in Freyburg. In dieser idyllischen Stadt mit dem ursprünglich spätgotischen Rathaus hat der Turnvater Friedrich Ludwig Jahn von 1825 bis zu seinem Tod im Jahre 1852 gelebt. Die Weine sind sauber, werden in Eichenholzfässern trocken ausgebaut. Sie heißen *Freyburger Schweigenberg, Freyburger Haineberg* und *Naumburger Blütengrund*. Sie regen an zu guten Gesprächen und zu einer Wanderung durch die Weinberge, terrassierte Lagen, in denen – typisch für das Land – kleine Weinberghäuser stehen, die wie spätbarocke und klassizistische Pavillons wirken.

Am Fuße der Weingärten, am Ufer der Unstrut, befindet sich das »Steinere Bilderbuch« mit Weinbauszenen aus dem *Neuen Testament*.

Hoch über Freyburg liegt das Schloß Neuenburg – das Gegenstück zur Wartburg. Mit diesen beiden Burgen sicherte das Geschlecht der Ludowinger seine Herrschaft über Thü-

rivers Unstrut and Saale is to try them in one of Freyburg's little wine taverns. Friedrich Ludwig Jahn – the founder of the German gymnastics movement – lived in Freyburg from 1825 until his death in 1852.

The wines, called *Freyburger Schweigenberg, Freyburger Haineberg*, and *Naumburger Blütengrund*, matured in oak casks, are clean and dry. They are stimulating companions, and the area in which they grow is pleasant walking country, with its terraced vineyards in which small "vineyard houses" stand which have the appearance of late-Baroque or Classicist pavilions.

At the foot of the vineyards, along the bank of the Unstrut, is the "Stone Picture-Book", with viticultural scenes based on the *New Testament*.

High above Freyburg rises Neuenburg – pendant to the Wartburg. These two castles were used by the Ludowing family to strengthen their hold on Thuringia. Neuenburg has a fine late-Romanesque double chapel dating back to 1220, and a castle museum in "Fat Willy" – a Romanesque keep.

Halberstadt can boast one of Germany's most impressive Gothic cathedrals. Then there are Salzwedel, Stendal, the well-preserved Stolberg, and Tangermünde, where Emperor

avec de ravissantes maisons bourgeoises, avec des murs d'enceinte entourant une grande partie du centre de la ville, avec la Marientor datant de 1456 dans le donjon de laquelle on donne parfois des spectacles de marionnettes.

Pour faire la connaissance des vins de l'Unstrut et de la Saale, on se rendra de préférence dans une petite taverne à Freyburg. C'est dans cette ville idyllique avec son hôtel de ville à l'origine de style gothique tardif que le *Turnvater*, le père de la gymnastique moderne, Friedrich Ludwig Jahn a vécu de 1825 jusqu'à sa mort en 1852. Les vins sont équilibrés, ils vieillissent dans des fûts en chêne. Ils ont pour nom *Freyburger Schweigenberg, Freyburger Haineberg* et *Naumburger Blütengrund*. Ils délient les langues et incitent à une randonnée à travers les vignobles en terrasses où se trouvent des maisonnettes – tout à fait caractéristiques de la région – qui ressemblent à des pavillons de la fin du baroque et de la période néoclassique.

Au pied des vignobles, sur les bords de l'Unstrut, se trouve le «livre d'images en pierre» avec des scènes ayant trait à la culture de la vigne et tirées du *Nouveau Testament*.

Au-dessus de Freyburg trône le château de Neuenburg – le pendant de la Wartburg. Avec ces deux châteaux,

◁ **Rebhänge im Tal der Unstrut**
Der Weinbau im Unstruttal hat eine lange Tradition. Bereits im 8. Jahrhundert wurden die ersten Rebkulturen von der Hersfelder Abtei angelegt. Unter dem Einfluß weiterer Klöster nahm der Weinbau ständig zu und erreichte im 16. Jahrhundert seine größte Ausdehnung. Die Reben gedeihen im Tal der Unstrut in einem günstigen Klima auf Sandstein- und Kalkhängen.

◁ **Vineyards in the Unstrut Valley**
Wine-making has a long tradition in the Unstrut Valley, the first vines having been planted in the 8th century by Hersfeld Abbey. Thanks to the influence of other monasteries, the number of vineyards steadily increased, attaining their greatest extent in the 16th century. The vines flourish on sandstone and limestone slopes in the favourable climate of the Unstrut Valley.

◁ **Vignobles dans la vallée de l'Unstrut**
La viticulture a une longue tradition dans la vallée de l'Unstrut. Dès le VIIIe siècle, les premières vignes furent plantées par l'abbaye d'Hersfeld. Sous l'influence d'autres monastères, la viticulture s'étendit et atteignit sa plus grande surperficie au XVIe siècle. La culture de la vigne sur les versants de grès et de calcaire de la vallée de l'Unstrut bénéficie d'un climat favorable.

ringen. Sehenswert auf Schloß Neuenburg sind die spätromanische Doppelkapelle von 1220 und das Schloßmuseum im »Dicken Wilhelm« – einem romanischen Bergfried.
In Halberstadt steht eine der bedeutendsten gotischen Kathedralen in Deutschland. Salzwedel, Stendal, das gut erhaltene Stolberg, Tangermünde, wo Kaiser Karl IV. von 1373 bis 1378 eine Nebenresidenz unterhielt, – alles sehenswerte Städte in Sachsen-Anhalt. Schließlich Wittenberg, die Luther-Stadt. Dort nagelte der Reformator am 31. Oktober 1517 seine 95 Thesen an die Kirchentür. Die Tür ging leider verloren.

Charles IV resided at times between 1373 and 1378 – all interesting towns in Saxony-Anhalt.
And, finally, there is Wittenberg, the Luther town, where the Reformer nailed his 95 theses on the church door on 31st October 1517. The door unfortunately no longer exists.

la lignée des «Ludovisiens» avait assuré sa domination sur la Thuringe.
Il faut voir au château de Neuenburg la double chapelle de la fin de l'époque romane (1220) et le musée du château dans le *Dicker Wilhelm* (le gros Guillaume) – un donjon roman. Halberstadt a l'une des cathédrales gothiques les plus importantes d'Allemagne. Salzwedel, Stendal, Stolberg – une localité bien conservée –, Tangermünde où l'empereur Charles IV eut une résidence secondaire de 1373 à 1378, toutes sont des villes dignes d'être visitées en Saxe-Anhalt. Il y a enfin Wittenberg, la ville de Luther. C'est là que, le 31 octobre 1517, le réformateur cloua ses 95 thèses sur la porte de l'église. La porte a malheureusement été perdue.

▷ **Wittenberg/Luther-Stube**
Als im Zuge der Reformation die Mönche das Wittenberger Augustinerkloster verlassen hatten, erhielt Martin Luther das gesamte Grundstück als Eigentum. Der Reformator bewohnte mit Frau und Kindern nur einige Räume im ersten Stock, darunter auch diese Stube, die im großen und ganzen einen guten Eindruck davon vermittelt, wie Luther mit seiner Familie und seinen Freunden gelebt haben mag.

▷ **Wittenberg/Luther's Parlour**
When the monks had left the Wittenberg Augustinian congregation in the course of the Reformation, the whole of the premises became Martin Luther's private property. Together with his wife and children Luther lived in a few rooms on the first floor – including this parlour, which gives a good idea of the kind of surroundings in which Luther and his family and friends lived.

▷ **Wittenberg/Le cabinet de Luther**
Lorsque, dans la foulée de la Réformation, les moines eurent quitté l'abbaye des augustins de Wittenberg, Martin Luther devint propriétaire de tout le terrain. Le réformateur n'occupait avec sa femme et ses enfants que quelques pièces au premier étage, dont ce cabinet, qui donne une bonne impression de la manière dont Luther a pu vivre avec sa famille et ses amis.

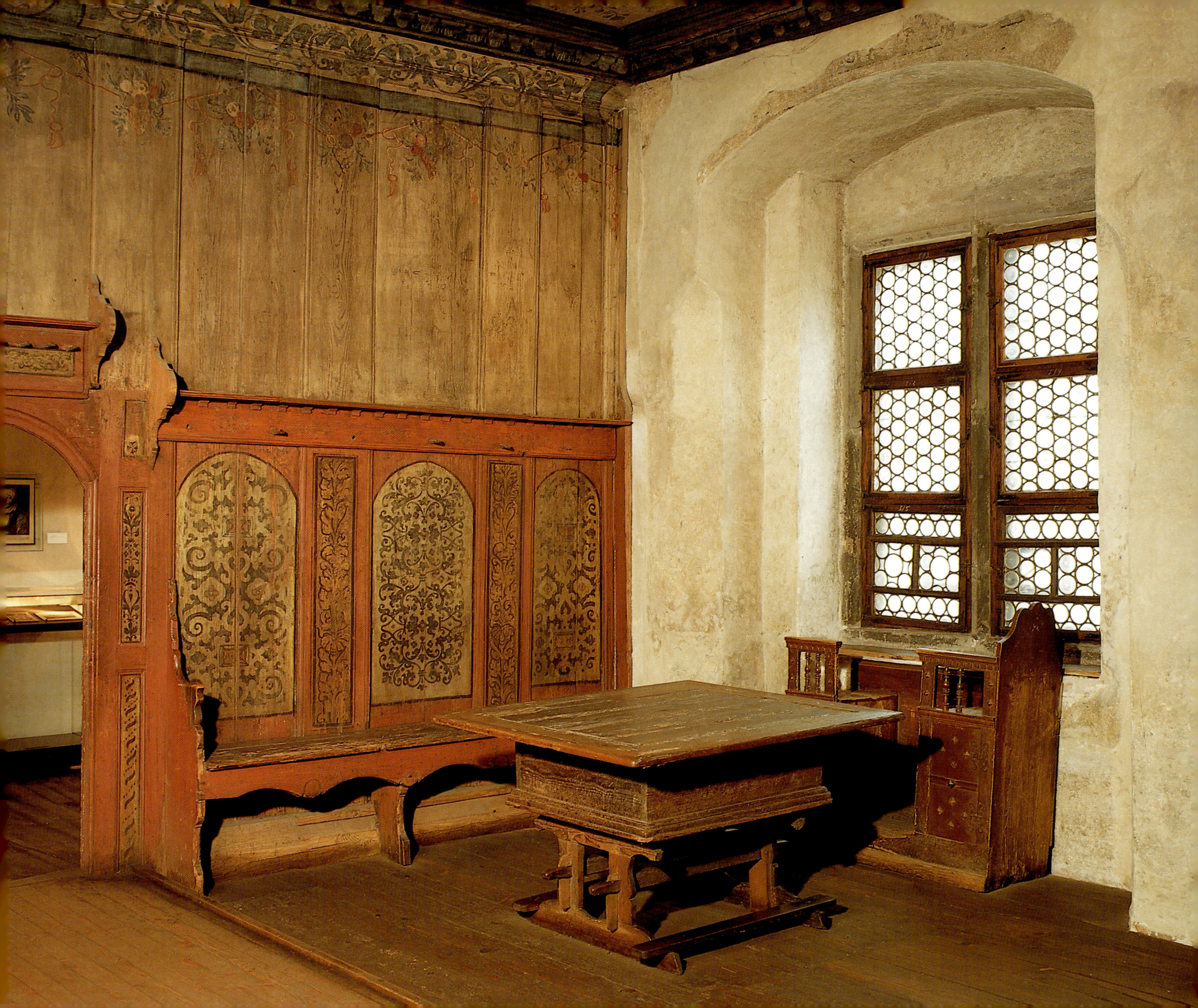

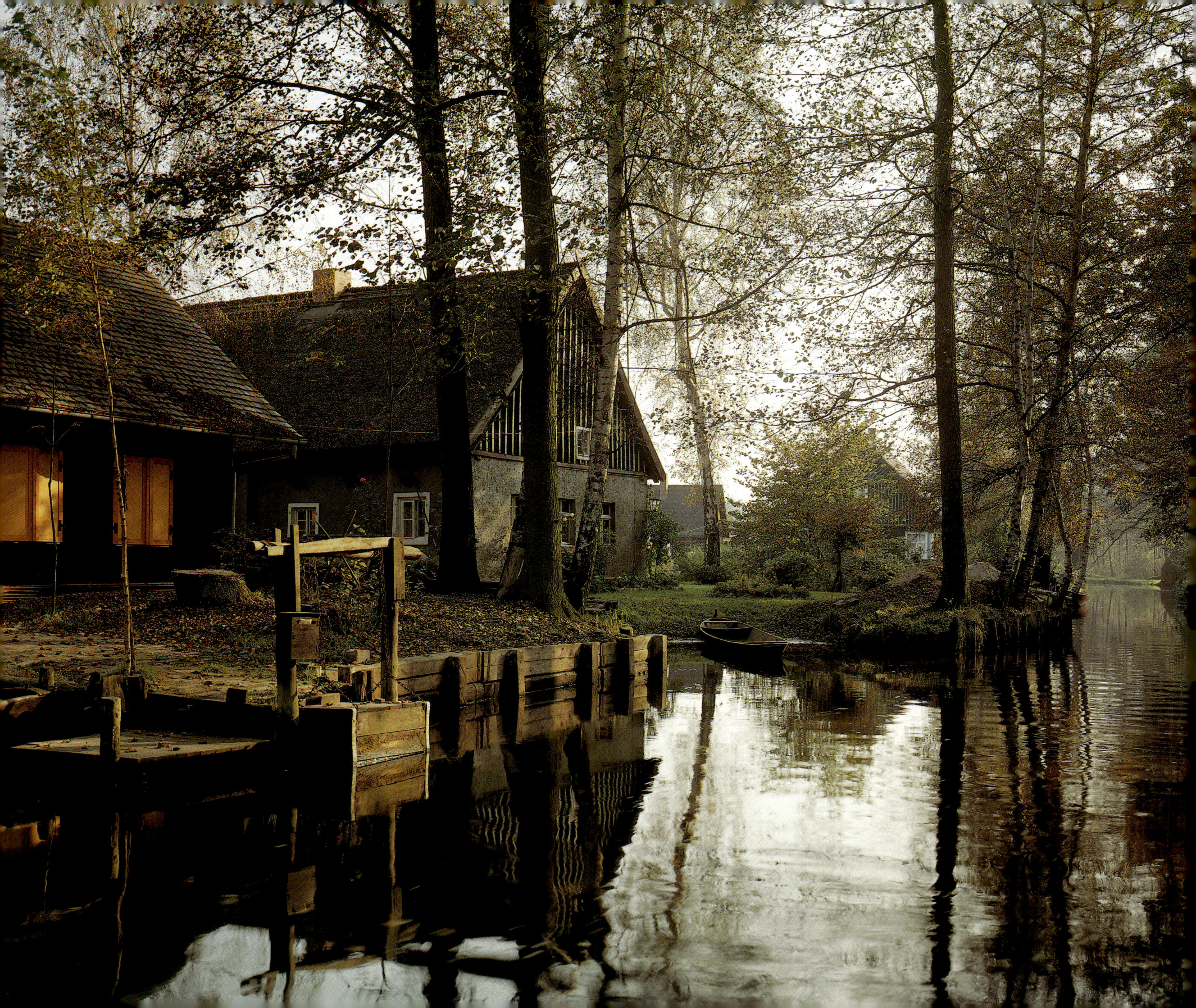

Die Mark

War es in Lübben oder in Lübbenau, wo wir den Kahn bestiegen, um uns durch das Labyrinth der Kanäle staken zu lassen? Es kann auch in Burg gewesen sein. Es war jedenfalls im Spreewald in der Niederlausitz, in der südlichsten Region des Landes Brandenburg.
Die Stille dieser Landschaft, das Schweigen des Schiffers hinten im Kahn, das Erlebnis, auf einem Wasserweg wie auf einer Allee unter Bäumen dahinzugleiten, das ist Romantik in ihrer tiefsten Form.
Doch das Land Brandenburg besteht ja nicht nur aus dem Spreewald. Des »Heiligen Römischen Reiches Streusandbüchse«, wie die Mark Brandenburg einst wegen ihres unfruchtbaren Sandbodens abfällig genannt wurde, besitzt eine Fülle von Schönheiten, die wir heute, da so vieles der Zivilisation geopfert worden ist, doppelt schön finden.
»Wer in die Mark reisen will«, so schrieb Theodor Fontane in seiner Vorrede zu den *Wanderungen durch die Mark Brandenburg*, »der muß Liebe zu Land und Leuten mitbringen, mindestens keine Voreingenommenheit.« Und ein bißchen weiter heißt es: »Es gibt gröbliche Augen, die gleich einen Gletscher oder Meeressturm verlangen, um befriedigt zu sein. Diese mögen zu Hause bleiben. Es ist mit der märkischen

Brandenburg

Was it in Lübben or in Lübbenau where we got into the punt in order to explore the labyrinth of canals that give the Spreewald its special character? It might also have been in Burg – but in any case it was in Niederlausitz, the most southerly region of the State of Brandenburg.
The tranquillity of this countryside, the silence of the boatman at the back of the punt, the experience of gliding along a watercourse lined on either side by trees like an avenue – there can surely be nothing more romantic!
But the State of Brandenburg has a lot more to offer than the Spreewald. Brandenburg, called "the Mark" (Border Territory) in German – and once looked down upon because of its infertile, sandy soil – has a great deal to offer in the way of scenic beauty which is doubly attractive in an age where so much has been sacrificed to the "march of progress".
"Anyone wanting to travel in the Mark", wrote Theodor Fontane in the introduction to his *Rambles through Mark Brandenburg*, "must have an affection for the country and the people, or at least be unprejudiced." And a little later he goes on: "There are coarse eyes which demand at least a glacier or a storm at sea before they are satisfied. They should stay at home. Brandenburg's countryside

La Marche

Est-ce à Lübben ou à Lübbenau que nous avons pris la barque pour nous laisser conduire à travers le labyrinthe des canaux? C'était peut-être également à Burg. C'était en tout cas dans la forêt de la Spree en Basse-Lusace, dans la région la plus au sud du Land de Brandebourg.
Le paysage calme, le batelier silencieux à l'arrière de la barque, le sentiment de glisser sur un cours d'eau comme sur une allée sous les arbres, tout cela, c'est du romantisme à l'état pur. Mais la forêt de la Spree n'est pas tout le Land de Brandebourg. «Le sablier du Saint-Empire romain», comme on appelait autrefois de façon dénigrante la Marche de Brandebourg à cause de ses terres sablonneuses improductives, possède de nombreux coins charmants qu'aujourd'hui, à l'heure où tant de choses ont été sacrifiées à la civilisation, nous trouvons doublement beaux.
«Celui qui veut visiter la Marche», écrivait Theodor Fontane dans son avant-propos à ses *Pérégrinations à travers la Marche de Brandebourg*, «doit aimer le pays et les gens, à tout le moins ne pas avoir de parti pris.» Et un peu plus loin, il dit: «Il y a des yeux grossiers qui exigent aussitôt un glacier ou une tempête sur la mer pour être satisfaits. Ceux-là doivent rester chez eux. Il en est de la région

◁ **Lehde im Spreewald**
Seit der zweiten Hälfte des 19. Jahrhunderts besuchen immer mehr Menschen den Spreewald. Kahnfahrten auf verwunschenen Wasserwegen gehören dabei unbedingt zum Ausflugsprogramm. Auf den Kanälen tummeln sich jedoch nicht nur Touristenboote, auch der Briefträger stellt den Spreewaldbewohnern ihre Post auf dem Wasserweg zu.

◁ **Lehde in the Spreewald**
The Spreewald has become increasingly popular with tourists since the second half of the 19th century. Trips by punt along the quiet, tree-lined waterways are a favourite with all visitors. But the use of the waterways is not restricted to tourists: the postman, too, delivers the mail to the Spreewald dwellers by boat.

◁ **Lehde dans la forêt de la Spree**
Depuis la moitié du XIXe siècle, de plus en plus de gens visitent la forêt de la Spree. Des promenades en barque sur les charmants canaux font obligatoirement partie du programme des excursions. Mais les barques chargées de touristes ne sont pas les seules à emprunter les canaux, le facteur également amène le courrier aux habitants de cette façon.

Natur wie mit manchen Frauen: ›Auch die häßlichste‹, sagt das Sprichwort, ›hat immer noch sieben Schönheiten.‹ Ganz so ist es mit dem Land zwischen Oder und Elbe; wenige Punkte sind so arm, daß sie nicht auch ihre sieben Schönheiten hätten. Man muß sie nur zu finden verstehn.«
Theodor Fontane stammte aus Neuruppin. Seine Wanderungen begann er im Ruppiner Land mit seiner endlosen Seenkette. Perle dieser Kette ist der sagenumwobene Große Stechlinsee, an dem das Alterswerk Fontanes spielt, der Roman um den alten Major und Gutsbesitzer Stechlin.
In seinen Wanderungen macht uns Fontane mit Wustrau bekannt, wo der General von Zieten lebte, einer der populären Kriegshelden aus der Zeit Friedrichs des Großen. Er führt uns nach Paretz, wo Königin Luise ihre glücklichsten Tage verlebte, und zurück nach Neuruppin, wo er uns die Klosterkirche zeigt. Er geht mit uns in das Rheinsberger Schloß. Es war, schreibt er, »in alten Tagen ein gotischer Bau mit Turm und Giebeldach«. Er erinnert an den zweiten Friedrich, der später »der Große« wurde und als junger Kronprinz auf Rheinsberg Voltaire las, mit Freunden diskutierte und Flötenkonzerte gab. »Das Schloß! – Das Schloß muß besichtigt werden!« ruft Kurt

can be likened to some women: 'Even the ugliest', says the proverb, 'possesses seven points of beauty.' And that is the way it is with the country between the rivers Oder and Elbe; there are few places which are so poor that they do not have their seven points of beauty. One simply has to know how to find them."
Theodor Fontane was born in Neuruppin. He began his rambles in the Ruppin area with its many interconnected lakes. The most attractive of them is the Great Stechlin Lake, the subject of many legends, which was the setting for Fontane's late work, a novel about the retired major and estate-owner Stechlin.
In his rambles Fontane introduces us to Wustrau, where General von Zieten, one of the popular war heroes of Frederick the Great's period, lived. He also takes us to Paretz, where Queen Luise of Prussia spent the happiest days of her life, and back to Neuruppin, where he shows us the Monastery Church. He goes with us to Rheinsberg Palace, which, he tells us, was "once a Gothic structure with tower and saddleback roof". He recalls the second Frederick, who later became "the Great", and who, when still the young crown prince, lived at Rheinsberg, where he read Voltaire, philosophized with friends,

de la Marche comme de certaines femmes: «Même la plus laide», dit un dicton, «a toujours sept beautés.» Il en est de même pour le pays situé entre l'Oder et l'Elbe; peu d'endroits sont si pauvres qu'ils n'aient leurs sept beautés. Il suffit de savoir les découvrir.»
Theodor Fontane était originaire de Neuruppin. Il commença ses pérégrinations dans la région de Ruppin avec sa chaîne infinie de lacs. La perle de cette chaîne est le Grand Stechlinsee où se déroule l'action de son dernier roman, *Stechlin*, l'histoire du vieux commandant et propriétaire terrien Stechlin. Dans ses pérégrinations, Fontane nous fait découvrir Wustrau, où vécut le général von Zieten, un des héros militaires populaires de l'époque de Frédéric le Grand. Il nous conduit à Paretz, où la reine Louise vécut les jours les plus heureux de son existence, et il nous ramène à Neuruppin où il nous montre l'abbatiale. Il visite avec nous le château de Rheinsberg. C'était, écrit-il, «autrefois un édifice gothique avec tour et toit à pignon». Il nous parle du futur Frédéric II, qui allait devenir «le Grand» et qui, dans sa jeunesse, lisait Voltaire au Rheinsberg, y discutait avec des amis et donnait des concerts de flûtes. «Le château! – Le château doit être visité!», s'écrie Kurt Tucholsky dans son charmant roman

▷ **Der Wutzsee bei Lindow**
Nordöstlich von Neuruppin, Theodor Fontanes Vaterstadt, liegt Lindow. Auch von hier aus kann man dem Beispiel des Dichters folgen und erholsame Wanderungen in die Wald- und Seenlandschaft der Umgebung unternehmen. Dabei muß es aber nicht bleiben: Wenn das Wasser so schön blau ist wie am Wutzsee, sollte man es den Enten gleichtun und ein erfrischendes Bad nehmen.

▷ **Lake Wutz near Lindow**
Lindow lies to the north-east of Neuruppin, where Theodor Fontane was born, and who became famous, for, among other things, his Rambles through Mark Brandenburg. *Lindow, too, can be used as a base for following in Fontane's footsteps, and exploring the surrounding countryside. And nowadays the tired rambler can always take a dip in one of the many lakes – a pleasure largely unknown in Fontane's days.*

▷ **Le Wutzsee près de Lindow**
Au nord-est de Neuruppin, la ville natale de Theodor Fontane, se trouve Lindow. D'ici également, on peut suivre l'exemple du poète et entreprendre de délassantes randonnées dans la région de forêts et de lacs des environs. Mais il n'est pas nécessaire d'en rester là: lorsque l'eau est d'un aussi beau bleu qu'au Wutzsee, on peut s'adonner aux plaisirs de la baignade.

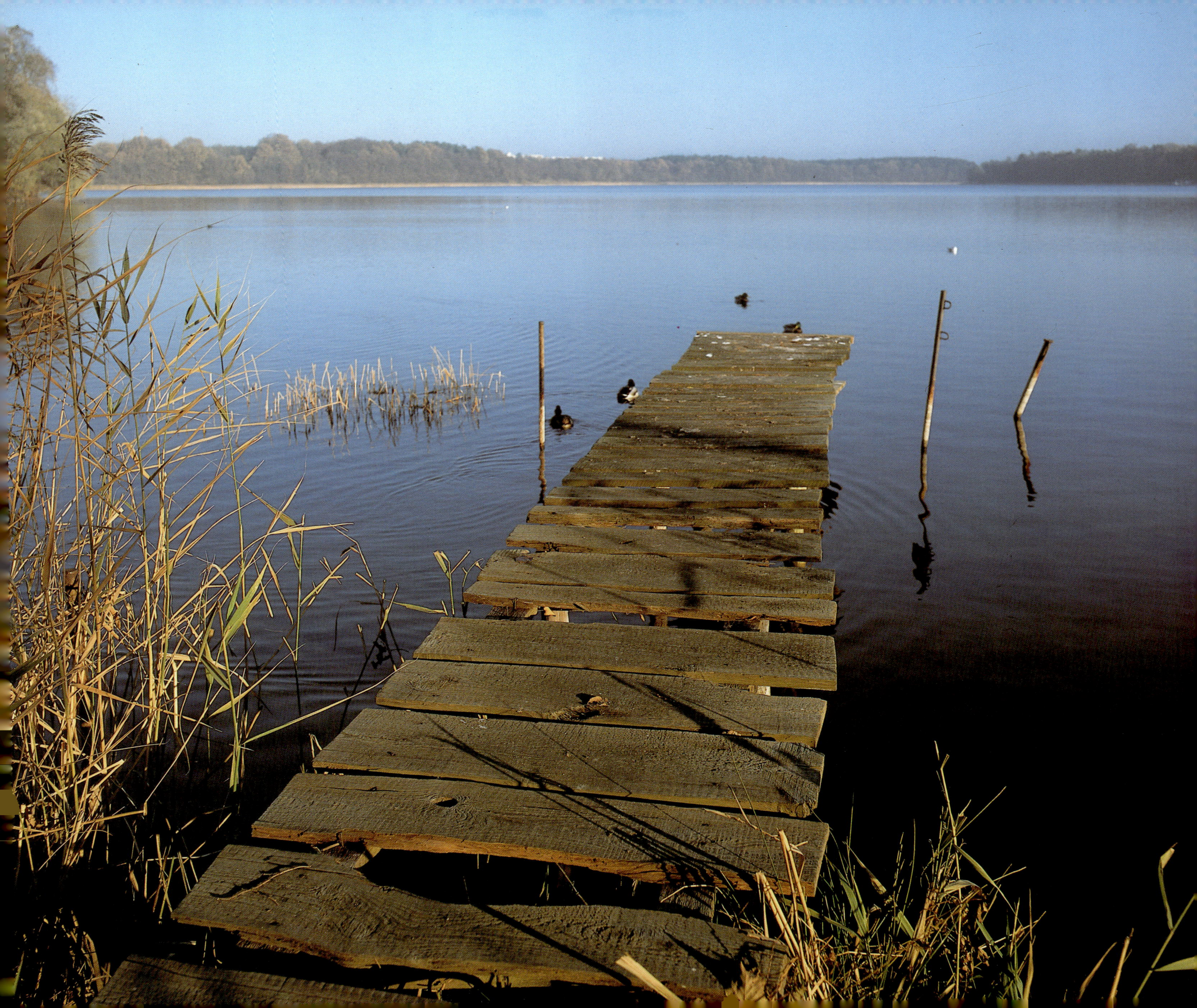

Tucholsky in seinem liebenswerten Roman über Claire und Wolfgang aus, der in Rheinsberg spielt.

Doch Romantik ist nicht nur in den Schlössern zu Hause. Der Wanderer erlebt sie auch in den verwinkelten Gassen des tausendjährigen Lenzen, zwischen den Fachwerkhäusern von Kyritz und in Kampehl, wo seit dem Jahre 1702 die Mumie des Ritters Kahlbutz zu bestaunen ist.

Der Werbellinsee ist heute ebenso sehenswert wie zur Zeit Fontanes, der ihn als einen Märchenplatz bezeichnete. Und unvermittelt stehen wir auf einem richtigen »Berg«, auf dem 201 Meter hohen Hagelberg zwischen Belzig und Wiesenburg im Hohen Fläming, der von kiefernbewachsenen Bergkuppen gebildet wird, die im allgemeinen ungefähr 150 Meter hoch sind. Fläming – der Name kommt von den Flamen, die der Askanier Albrecht, Markgraf von Brandenburg, im 12. Jahrhundert in dieser Gegend ansiedelte. Und wem fiele nicht der Herr von Ribbeck auf Ribbeck im Havelland ein, wenn er an die Mark Brandenburg denkt: »Herr von Ribbeck auf Ribbeck im Havelland,/Ein Birnbaum in seinem Garten stand...« – auch das ist Theodor Fontane.

Aber vergessen wir Potsdam nicht, das im Jahre 993 zum ersten Male als *Poztupimi* erwähnt wurde, als and gave flute concerts. "The palace! – One simply must view the palace!", exclaims Kurt Tucholsky in his delightful story about Claire and Wolfgang, which is set in Rheinsberg.

But romantic atmosphere is not limited to the palaces and castles. The visitor will also find it in the crooked lanes of the ancient little town of Lenzen, among the half-timbered houses in Kyritz, or in Kampehl, where an unusual curiosity has been on display since 1702: the mummy of a knight called Kahlbutz.

Lake Werbellin is still just as much a "fairytale place" as Fontane found it. And then suddenly we are on a real "mountain", the 663-feet-high Hagelberg between Belzig and Wiesenburg in the Hohe Fläming region, a fir-clad range of low hills. Fläming – the name comes from the Flemings who were settled here in the 12th century by the then Margrave of Brandenburg. And we cannot help recalling Herr von Ribbeck at Ribbeck in the Havelland region: "Herr von Ribbeck at Ribbeck in Havelland/Had a pear-tree in his garden, you understand..." – Fontane once again.

But we must not forget Potsdam, which first entered the pages of history in 993 as *Poztupimi*, or Village under the Oak-Trees. So Potsdam, sur Claire et Wolfgang qui se passe dans le Rheinsberg.

Mais le romantisme ne se trouve pas seulement dans les châteaux. Le promeneur le découvre également dans les ruelles tortueuses de Lenzen, une cité millénaire, entre les maisons à colombages de Kyritz et à Kampehl, où depuis 1702 on peut admirer la momie du chevalier de Kahlbutz.

Le Werbellinsee est aujourd'hui un endroit tout aussi charmant qu'à l'époque de Fontane qui l'estimait digne d'un conte de fées. Et, soudain, nous nous trouvons sur une véritable «montagne», le Hagelberg, de 201 mètres de haut, entre Belzig et Wiesenburg dans le Haut Fläming qui est constitué de sommets arrondis couverts de pins et qui ont en général 150 mètres de hauteur environ. Fläming – le nom vient des Flamands que l'Ascanien Albert l'Ours, margrave de Brandebourg, installa au XIIe siècle dans cette région. Et qui ne songe pas, lorsqu'on parle de la Marche de Brandebourg, au Monsieur von Ribbeck de Theodor Fontane.

Mais n'oublions pas Potsdam, mentionné pour la première fois en 993 sous le nom de *Poztupimi*, comme village sous les chênes, peuplé de Slaves. Ce n'est que sous le Grand Electeur, qui régna pendant la se-

▷ **Schloß Rheinsberg**
Auf Schloß Rheinsberg verlebte Kronprinz Friedrich, der spätere große König, seine schönsten Jahre. In einem Brief bekannte er: »Ich bin glücklich, diese Stätte zu besitzen, wo man nur Ruhe kennt, die Blumen des Lebens pflückt und die kurze Zeit genießt, die uns auf Erden geschenkt ist.«

▷ **Rheinsberg Palace**
Crown Prince Frederick (later King Frederick the Great), spent his happiest years in Rheinsberg Palace. In a letter he wrote: "I am happy to have this place where one is always peaceful, where one can pluck the flowers of life, and enjoy the short time given to one on earth."

▷ **Château de Rheinsberg**
C'est ici que le prince héritier, le futur Frédéric II le Grand, passa ses plus belles années. Il reconnaissait dans une lettre: «Je suis heureux de posséder cet endroit où l'on ne connaît que le calme, où l'on cueille les fleurs de la vie et savoure le peu de temps qui nous est donné sur terre.»

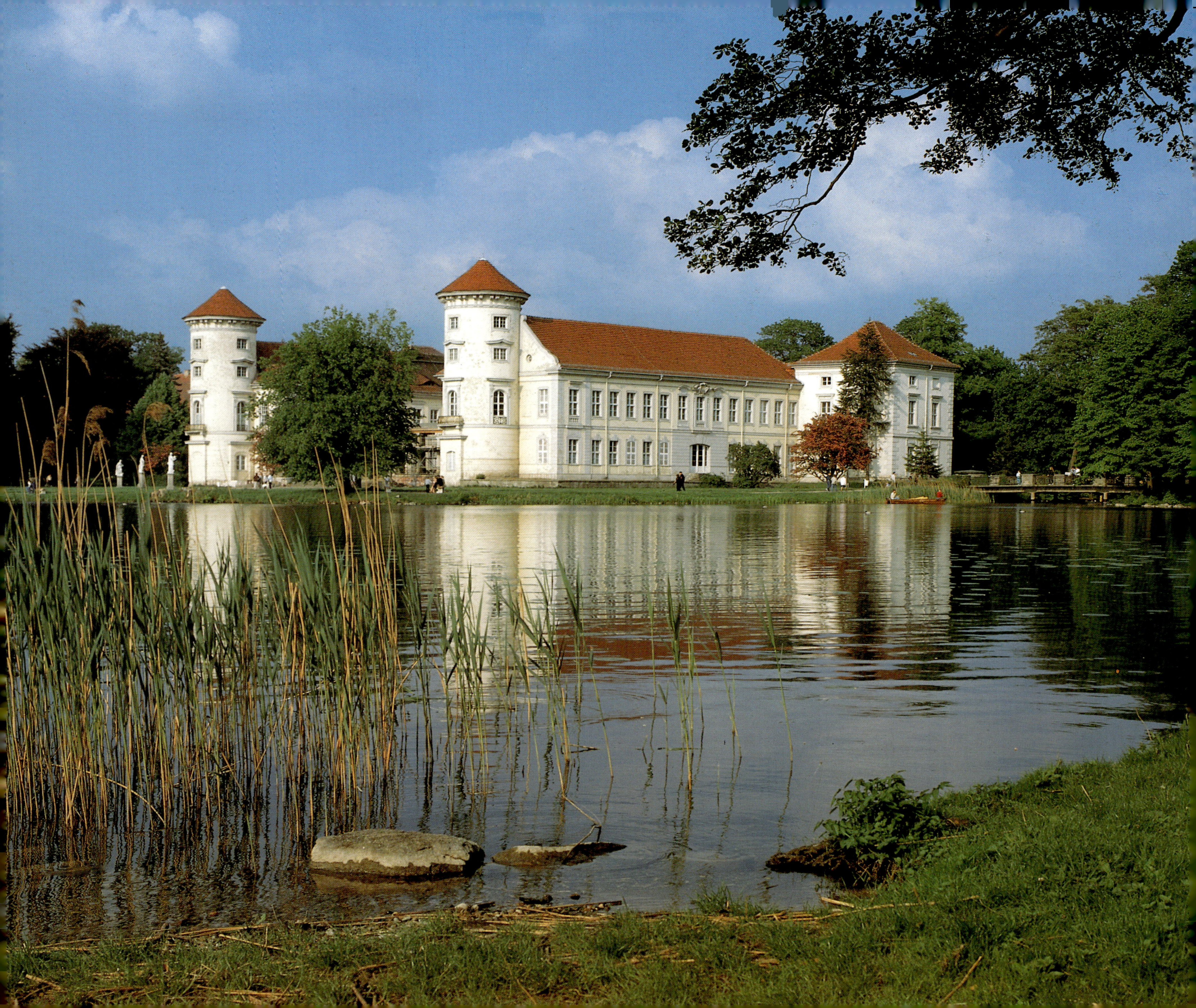

Dorf unter den Eichen, von Slawen bewohnt. Erst der Große Kurfürst, der in der zweiten Hälfte des 17. Jahrhunderts regierte, verlieh Potsdam eine besondere Bedeutung, baute sich hier ein Schloß, in dem sein Sohn, der erste preußische König, die Monarchen von Dänemark und Polen bewirtete.

Potsdam wurde zum Exerzierplatz des Königs Friedrich Wilhelm I., der später Soldatenkönig genannt wurde. Es war eine Marotte von ihm, Soldaten zu »sammeln«, die größer waren als 1,90 Meter – seine »langen Kerls«. Die Sache war nicht ohne Sinn. Die »langen Kerls« dienten als Grenadiere, und Aufgabe der Grenadiere war es, Granaten in die feindlichen Reihen zu werfen. Je länger einer war, desto weiter konnte er nach den Vorstellungen des Königs werfen.

Den Höhepunkt seiner Geschichte erlebte Potsdam während der Zeit Friedrichs II., den schon die Zeitgenossen »den Großen« nannten. Friedrich, der von 1712 bis 1786 lebte, liebte die Hauptstadt Berlin nicht sonderlich. In Potsdam ließ er sich das Schloß »Sanssouci« erbauen – nach eigenen Entwürfen. Dort lebte er in den Sommermonaten, und wenn er nicht von Regierungsgeschäften in Anspruch genommen wurde, gab er Flötenkonzerte, in denen er selber die Flöte spielte, und versammelte

too, like many other places in this northern part of Germany, was originally a Slav settlement.

Potsdam's special importance was only established in the second half of the 17th century, when the Great Elector built himself a palace there; it was there that his son, who became the first King of Prussia, entertained the kings of Denmark and Poland.

Potsdam became the parade-ground of King Frederick William I, who later became known as the "soldier king". He had a penchant for "collecting" soldiers who were over six feet tall – his "tall lads". There was some point to this. The "tall lads" served as grenadiers; the job of grenadiers was to throw grenades at the enemy ranks, and the king believed that the taller they were the further they would be able to throw the grenades.

Potsdam experienced its historical climax during the age of Frederick II, who was called "the Great" even in his own lifetime. Frederick, who lived from 1712 to 1786, was not particularly fond of the capital, Berlin. In Potsdam he built "Sanssouci" Palace to his own design. He spent the summer months there, and when he was not busy with affairs of state gave flute concerts at which he himself played the flute, or philosophized

conde moitié du XVIIe siècle, que Potsdam acquit une importance particulière. Celui-ci s'y fit construire un château dans lequel son fils, le premier roi de Prusse, accueillit les rois du Danemark et de Pologne.

Potsdam devint le champ de manœuvres du roi Frédéric-Guillaume Ier, que l'on surnomma par la suite le roi Sergent ou le roi soldat. Il avait pour marotte de «collectionner» les soldats qui mesuraient plus d'un mètre quatre-vingt-dix – c'étaient ses *langen Kerls* (garçons de haute taille). Cela n'était pas dépourvu de sens. Ces colosses servaient comme grenadiers et la tâche des grenadiers était de lancer des grenades dans les rangs ennemis. Plus le grenadier était grand et plus il pouvait lancer loin les grenades, selon les idées du roi.

Potsdam connut sa période de gloire du temps de Frédéric II que ses contemporains appelaient déjà «le Grand». Frédéric II, qui vécut de 1712 à 1786, n'aimait pas particulièrement la capitale Berlin. Il fit construire à Potsdam le château de «Sanssouci» d'après ses esquisses. Il y passait les mois d'été et, quand il n'était pas retenu par les affaires gouvernementales, il donnait des concerts de flûtes où il jouait lui-même de la flûte ou réunissait un cercle de philosophes autour de lui.

Le château de Sanssouci a résisté aux

▷ **Potsdam/Schloß Sanssouci, Konzertzimmer**
Potsdam zeigt die beiden Gesichter der friderizianischen Epoche: das nüchtern-militärische und das phantasievoll-künstlerische. Das Konzertzimmer in Schloß Sanssouci, einer der schönsten Räume des deutschen Rokokos, gehört eindeutig dem Bereich der Kunst an.

▷ **Potsdam/Sanssouci Palace, concert room**
Potsdam reveals the two faces of the period of Frederick the Great: the austere military aspect, and – as here – the imaginative, artistic aspect.

▷ **Potsdam/Château de Sanssouci, la salle de concert**
Potsdam montre les deux visages de l'époque de Frédéric le Grand: l'aspect austère et martial et le côté fantaisiste et artistique. La salle de concert au château de Sanssouci, une des plus belles pièces du rococo allemand, fait partie incontestablement du domaine de l'art.

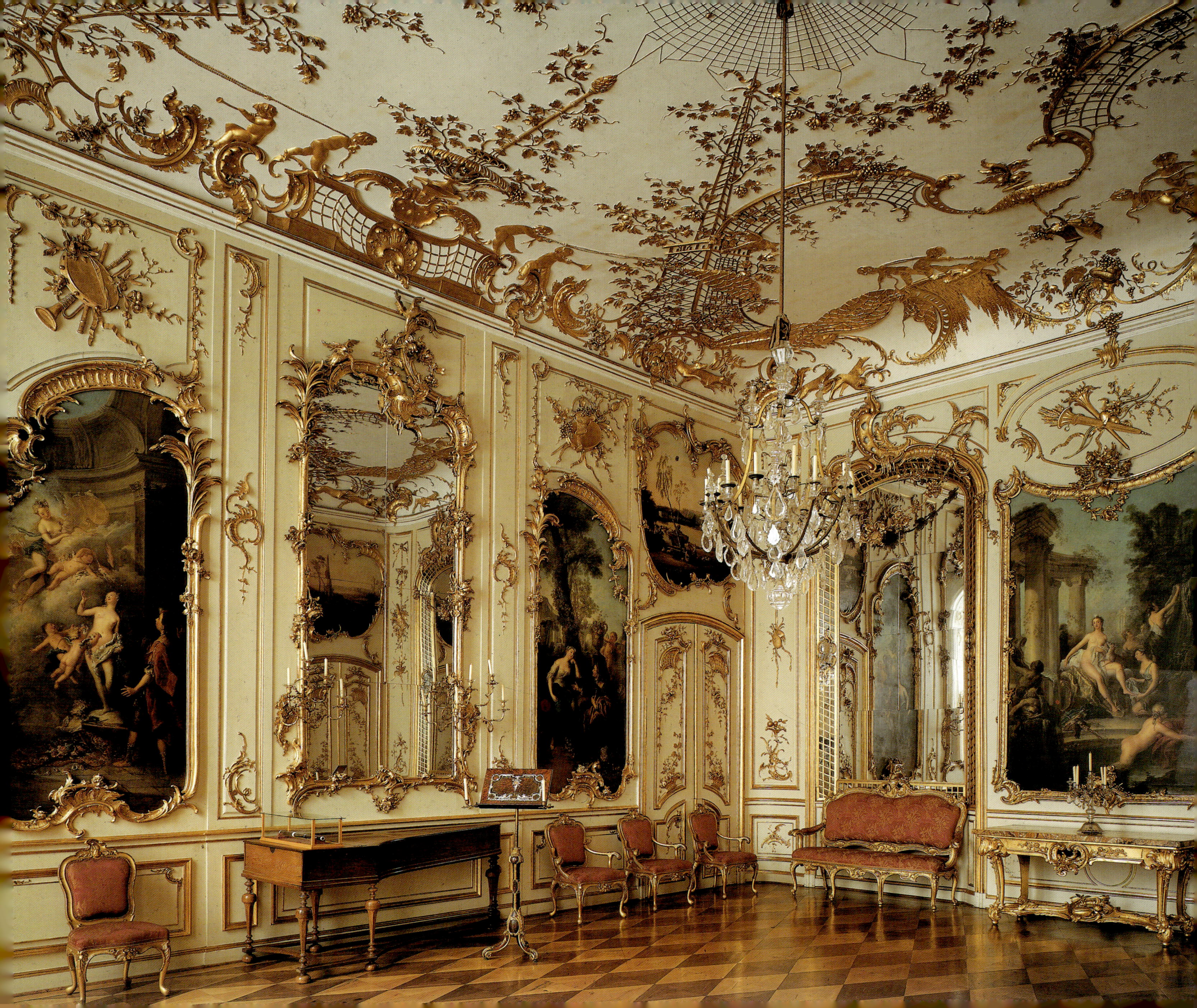

eine Philosophenrunde um sich. Das Schloß Sanssouci hat die Jahrhunderte überstanden. Wie zu Friedrichs Lebzeiten ist es eine vielbesuchte Sehenswürdigkeit; denn bereits damals kamen Touristen nach Potsdam, um sich den König nach »ächt englischer Manier« ungeniert anzusehen. Er ließ es im allgemeinen auch geschehen. Mochten sie gaffen, was störte es ihn?

with the intellectuals he welcomed at his court. Sanssouci Palace has survived the ages.
It is still a popular "sight" as it was in Frederick's own time, when people crowded to Potsdam to see the king in "the true English manner". He was generally quite prepared to show himself, and evidently did not mind being stared at.

épreuves du temps. Comme à l'époque de Frédéric II, c'est un endroit très visité; car de son vivant déjà les touristes venaient à Potsdam pour voir le roi sans façon, «tout à fait à la manière anglaise», ce qu'il autorisait généralement. Le regardaient-ils bouche bée, que lui importait.

▷ **Potsdam/Schloß Sanssouci**
Das Schloß ist als Bekrönung eines Weinbergs 1745–47 errichtet worden, Terrassen geleiten zu dem von einer Kuppel beherrschten Gebäude hinauf. Die Skulpturen auf der Gartenseite, die Satyrn und Nymphen aus dem Gefolge des Bacchus darstellen, illustrieren die Idee des Baus als eines Tempels für den Weingott. Im Park findet sich das 1754–57 erbaute Chinesische Teehaus (Detail r.o.).

▷ **Potsdam/Sanssouci Palace**
The Palace was erected in 1745–47 at the top of a vineyard. Terraces lead up to the building crowned by a cupola. The sculptures on the garden side, satyrs and nymphs from Bacchus's entourage, illustrate the concept of the building as a temple for the god of wine. In the park there is a Chinese Tea Pavilion, built in 1754–57 (detail, top r.).

▷ **Potsdam/Château de Sanssouci**
Le château a été érigé en 1745–47 pour couronner une colline occupée par des vignobles, des terrasses mènent au bâtiment surmonté d'une coupole. Les sculptures de la façade-jardin, qui représentent les satyres et les nymphes de la suite de Bacchus, illustrent l'idée que l'édifice a été conçu comme un temple pour le dieu de la Vigne et du Vin. Dans le parc se trouve la maison de Thé chinoise (détail, en haut à dr.).

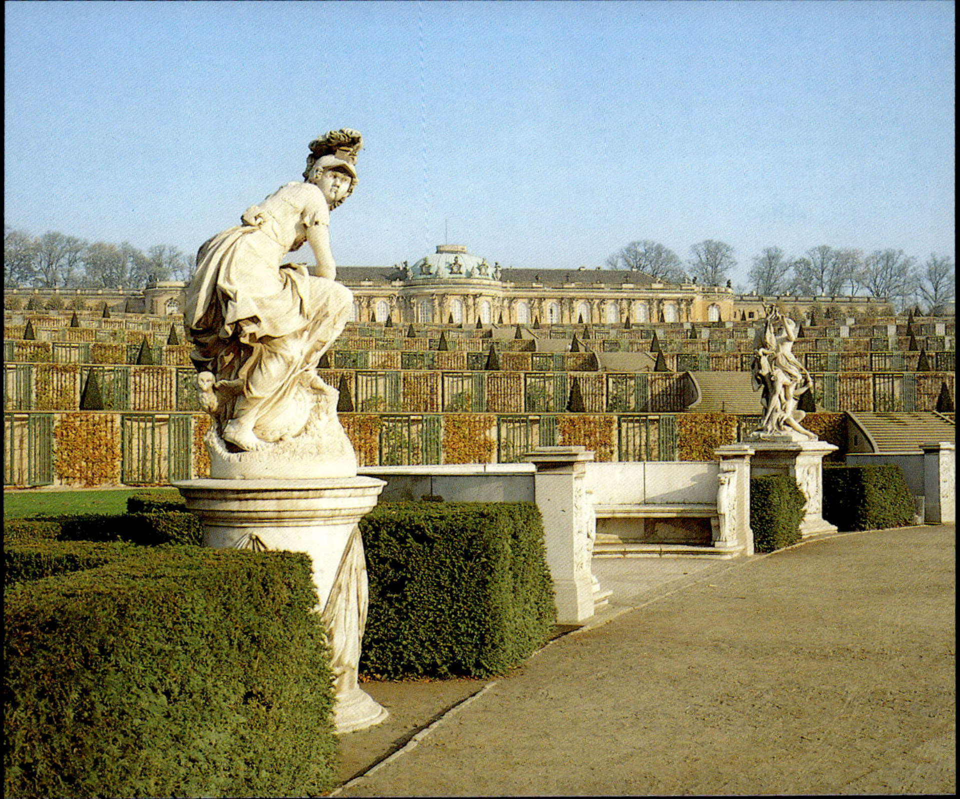

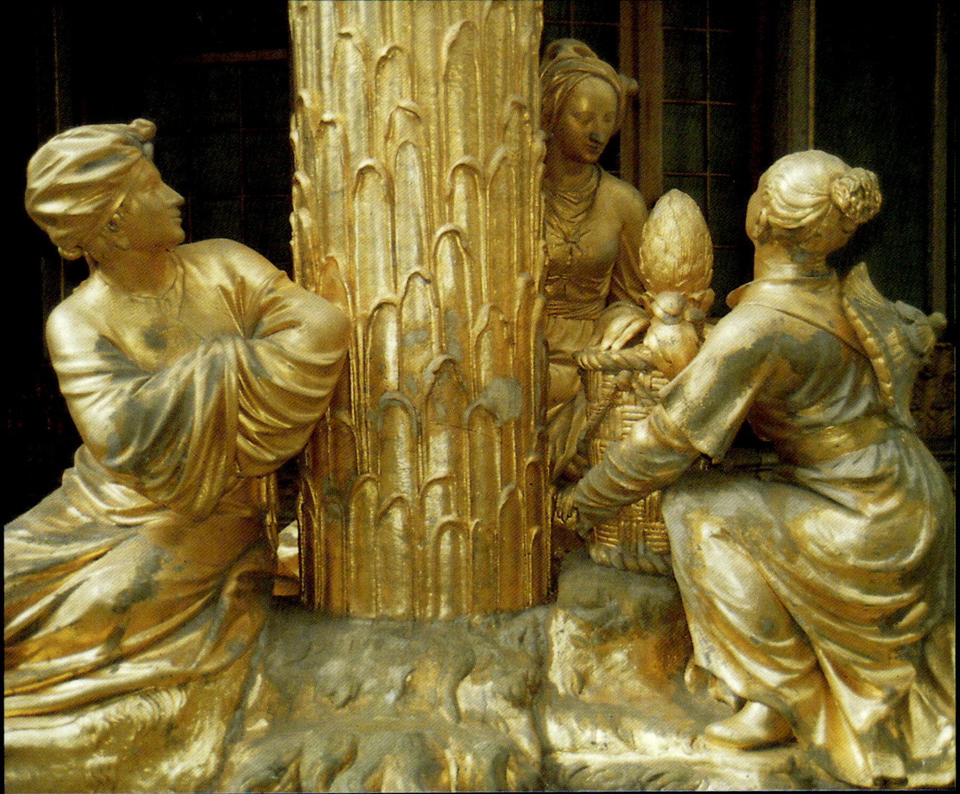

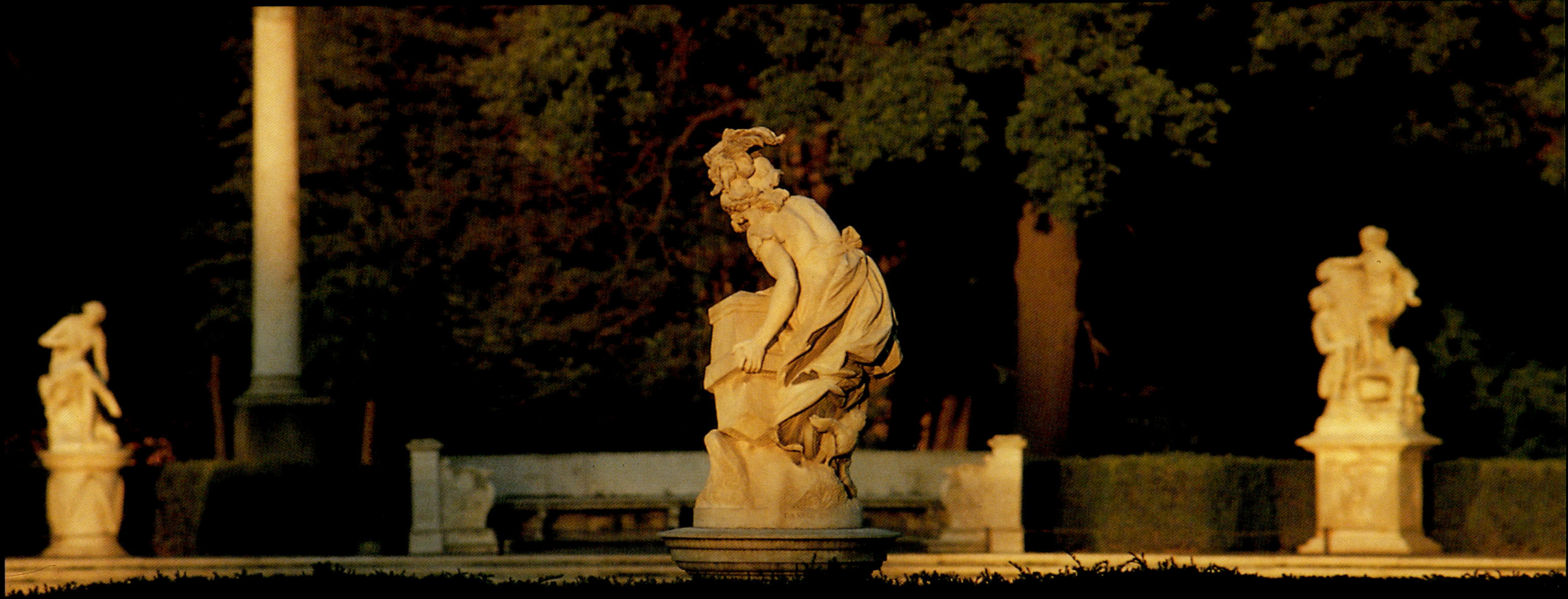

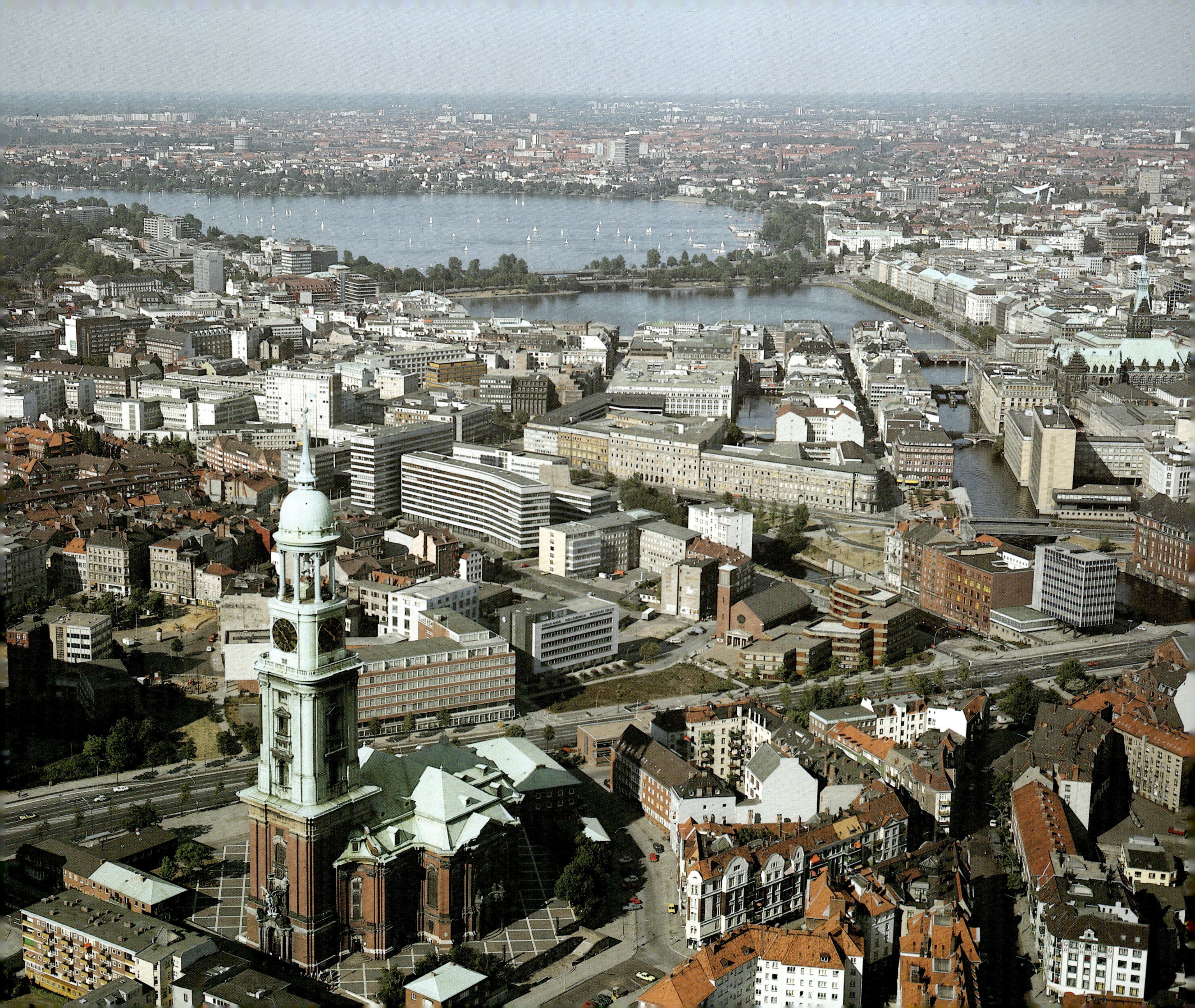

Hamburg und das Alte Land

Der Fischmarkt, der jeden Sonntagmorgen eine geradezu magische Anziehungskraft auf die verrücktesten Typen ausübt, ist ebenso charakteristisch für Hamburg wie die weltberühmte Reeperbahn, das Vergnügungsviertel der Seeleute. Beides sollte man sich unbedingt in der alten Hansestadt an der Elbe anschauen.
Hamburg, das große norddeutsche Handels- und Industriezentrum, hat aber auch andere Sehenswürdigkeiten zu bieten – vor allem rund um den Jungfernstieg. Hier gibt es Einkaufsviertel, Passagen mit Cafés, Kneipen und Edelrestaurants. Die Theater der Stadt gehören zur deutschen Spitze, die Museen – darunter die Kunsthalle und das Museum für Kunst und Gewerbe – genießen internationalen Ruf.
Wer die Idylle sucht, der findet sie im Freizeit- und Erholungspark Planten un Blomen, nur wenige Minuten vom Zentrum der Stadt entfernt, bei einer Dampferfahrt auf der Außenalster oder bei einem Bummel durch Pöseldorf.
Weltberühmt ist auch Hagenbecks Tierpark, der größte Privatzoo in Deutschland.
Wahrzeichen der Stadt aber ist der *Michel*, die St.-Michaelis-Kirche. Sie wurde von 1751 bis 1762 erbaut und ist mit ihrem markanten, 132 Meter

Hamburg and the Altes Land Region

The Sunday morning Fish Market, which seems to exercise an almost magnetic attraction for an extraordinarily mixed crowd of people, is just as characteristic of Hamburg as the Reeperbahn, in St. Pauli, the world-famous seamen's amusement quarter. Neither should be missed on a visit to the old Hanseatic city on the River Elbe.
But Hamburg, one of the great north European commercial and industrial centres, has plenty more to offer – especially in the vicinity of the Jungfernstieg – a road fronting on the basin called Binnenalster. It is the main area for shops, cafés, pubs, and exclusive restaurants.
Hamburg's theatres rank among the best in Germany, and the museums – among them the *Kunsthalle* (Art Gallery) and *Museum für Kunst und Gewerbe* (Decorative Arts and Crafts) – are internationally renowned.
The Planten un Blomen Park, only a few minutes from the city centre, a boat trip on the Outer Alster, or a stroll through Pöseldorf provide idyllic alternatives. Hamburg also boasts Germany's largest private zoo: the world-famous Hagenbecks Tierpark.
"Michel", or St. Michael's Church, is the city's emblem. It was built between 1751 and 1762, and, with its striking tower (432 ft), is the highest

Hambourg et l'Altes Land

Le marché aux poissons qui, chaque dimanche, exerce un attrait quasi magnétique sur une foule bigarrée est tout aussi caractéristique de Hambourg que la célèbre Reeperbahn, le quartier des établissements de nuit fréquentés par les marins. Ni l'un ni l'autre ne doivent manquer au programme d'une visite de la vieille cité hanséatique sur l'Elbe.
Hambourg, le grand centre industriel et commercial de l'Europe du Nord, a cependant encore d'autres curiosités à offrir – et notamment tout autour du Jungfernstieg. On y trouve des quartiers commerçants, des passages avec des cafés, des bistrots et des restaurants élégants. Les théâtres de Hambourg sont parmi les meilleurs d'Allemagne; les musées – dont la *Kunsthalle* (Palais des Beaux-Arts) et le *Museum für Kunst und Gewerbe* (Musée des Arts et Métiers) – ont une renommée internationale.
Le parc de «Planten un Blomen», à quelques minutes seulement du centre de la ville, un trajet en bateau sur l'Alster extérieure ou une promenade à travers Pöseldorf sont autant d'expériences idylliques. Hambourg s'enorgueillit également de posséder le plus grand jardin zoologique privé d'Allemagne, le célèbre Hagenbecks Tierpark.
«Michel» ou l'église St-Michel est

◁ **Hamburg**
Die ehrwürdige Hansestadt zeigt hier ihr blankes Postkartengesicht: im Vordergrund der »Michel«, Wahrzeichen Hamburgs und bedeutendster protestantischer Kirchenbau in Norddeutschland, rechts am oberen Bildrand das prunkvolle Rathaus, heute Sitz der Landesregierung, und dann natürlich die seit dem 13. Jahrhundert zum See aufgestaute Alster mit ihren eleganten Uferstraßen und Promenaden.

◁ **Hamburg**
The venerable city of Hamburg from a seagull's-eye view. In the foreground: St. Michael's Church, or "Michel", the city's emblem; upper right: the magnificent Town Hall; and, of course, the Alster basin, which was man-made in the 13th century, with its elegant promenades and avenues.

◁ **Hambourg**
La respectable ville hanséatique montre ici son aspect étincelant de carte postale: au premier plan, le «Michel», l'emblème de Hambourg, à droite près du bord supérieur de la photo le magnifique hôtel de ville, siège aujourd'hui du gouvernement du Land, et évidemment l'Alster devenu bassin depuis le XIIIe siècle avec ses élégantes promenades.

hohen Turm die größte und höchste norddeutsche Barockkirche.
Von der Plattform des Turmes hat man einen weiten Blick über das Häusermeer der Weltstadt und das flache Land vor ihren Toren.
Zu den eindrucksvollsten Anlagen in Hamburg zählt der Rathausmarkt mit dem Rathaus, das Ende des vorigen Jahrhunderts erbaut wurde. Das im Stil der deutschen Renaissance errichtete Bauwerk ruht auf rund 40 000 Pfählen.
Eines der großen deutschen Volksfeste ist der *Hamburger Dom*, der alljährlich von Anfang November bis Anfang Dezember auf dem Heiligengeistfeld stattfindet.
Nördlichster Punkt der Freien und Hansestadt Hamburg ist die Insel Neuwerk, die Cuxhaven vorgelagert ist und von dort bei Ebbe zu Fuß erreicht werden kann. Auch verkehren dann Pferdefuhrwerke auf dem Watt zwischen dem Festland und der Insel.
Auf dem linken Ufer der Elbe ragt die Stadt Hamburg ins Alte Land hinein, eines der größten Obstanbaugebiete in Deutschland. Berühmt sind vor allem die Altenländer Kirschen.
Während der Blütezeit fahren Millionen von Touristen ins Alte Land, um sich an der Pracht der weißen und rosaroten Blüten zu erfreuen, die

and largest north German baroque church. 450 steps or a lift take you to a platform in the tower which provides a panoramic view of the city and the surrounding countryside.
One of Hamburg's most impressive buildings is the town hall, built in the Renaissance style at the end of the last century. It rests on 4,000 piles.
Another Hamburg attraction is the *Hamburger Dom*, one of the greatest German fairs, which takes place annually from the beginning of November to the beginning of December on Heiligengeistfeld, an open space north of St. Pauli.
The most northerly point of the Free and Hanseatic City of Hamburg (which is one of Germany's sixteen *Länder*, or federated states) is the island of Neuwerk, off the coast near Cuxhaven. It can be reached on foot from Cuxhaven during low tide. Horses and carts can also cross the mud flats between the mainland and the island.
On the left bank of the River Elbe, Hamburg spreads into the Altes Land, one of Germany's largest fruit-growing regions. It is especially famous for its cherries.
When the trees are in bloom, millions of tourists visit Altes Land to enjoy the sight of the white and pink blossoms interspersed with fine

l'emblème de la ville. Edifiée de 1751 à 1762, elle est avec sa tour de 132 mètres de haut la plus grande et la plus haute église baroque du Nord de l'Allemagne.
De la plate-forme de la tour on jouit d'un beau panorama sur la ville et ses environs.
L'hôtel de ville, construit à la fin du siècle dernier, compte parmi les édifices les plus impressionnants de Hambourg. Erigé dans le style de la Renaissance allemande, il repose sur 4 000 pilotis.
Une des plus grandes fêtes populaires d'Allemagne est le *Hamburger Dom* qui se tient chaque année du début novembre au début décembre sur le Heiligengeistfeld, un vaste champ près de St-Pauli.
Le point le plus septentrional de la ville libre et hanséatique de Hambourg est l'île de Neuwerk, devant Cuxhaven, que l'on peut atteindre à pied à marée basse. Des chevaux et des voitures peuvent également traverser l'estran vaseux entre le continent et l'île.
Sur la rive gauche de l'Elbe, Hambourg avance dans l'Altes Land, une des plus grandes régions d'arboriculture fruitière en Allemagne. Les cerises de cette région sont particulièrement renommées.
Au moment de la floraison, des millions de touristes viennent dans l'Al-

▷ **Im Hamburger Hafen**
Hamburg nennt sich gern »Deutschlands Tor zur Welt«. Mit Recht, denn hier liegt der wichtigste deutsche Seehafen mit einer Gesamtfläche von 75 Quadratkilometern. Das hätte sich wohl Kaiser Friedrich Barbarossa nicht träumen lassen, als er am 7. Mai 1189 »Hammaburg« Handels-, Zoll- und Schiffahrtsprivilegien gewährte und damit die Entwicklung des Hafens einleitete. Einige Miesepeter behaupten zwar, der Freibrief sei eine plumpe Fälschung aus dem 13. Jahrhundert, doch hält das die Hamburger nicht davon ab, den 7. Mai alljährlich als Überseetag zu feiern.

▷ **Hamburg Port**
Hamburg people like to call their city "Germany's gateway to the world", and indeed it boasts Germany's largest seaport with a total area of over 29 square miles.

▷ **Dans le port de Hambourg**
Hambourg se nomme volontiers «la porte de l'Allemagne sur le monde». A juste titre, car la ville a le port maritime le plus important d'Allemagne avec ses 75 kilomètres carrés de superficie.

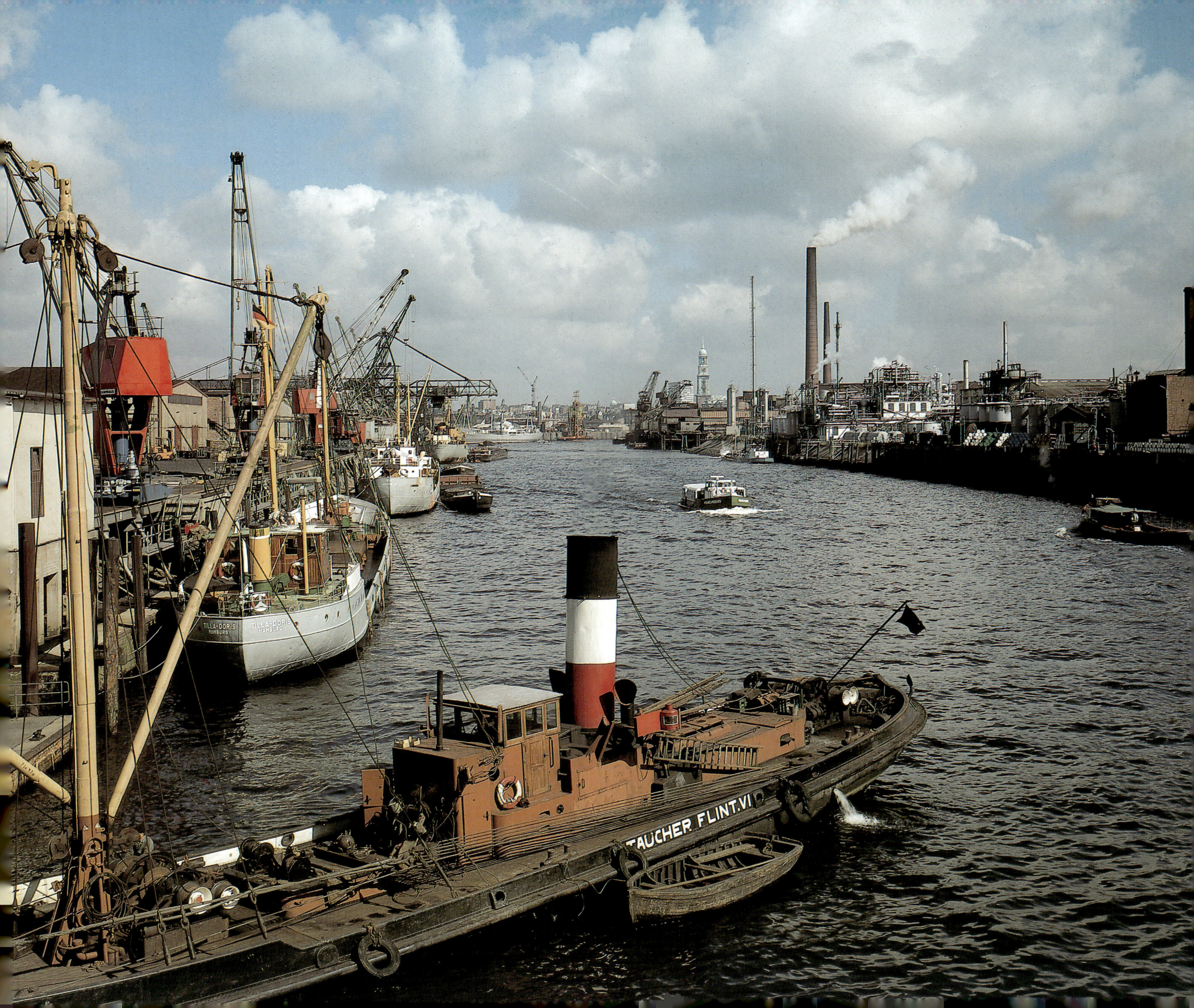
TAUCHER FLINT.VI
TILLA-DORIS

beeindruckend aussieht vor der Kulisse der mit reichen Fachwerkfassaden ausgestatteten Bauernhäuser. Sie gehören zu den schönsten in Norddeutschland. Viele dieser Häuser stehen noch in Hofanlagen, die durch eine sogenannte Prunkpforte zu betreten sind. Diese reich verzierten Pforten stammen aus einer Zeit, da die Höfe – Wasserburgen gleich – von Gräben umgeben waren.

Zu einem Schmuckstück hat sich in den vergangenen Jahren die ehemalige Hansestadt und Schwedenfestung Stade entwickelt. Die alte Stadt mit ihrem nahezu intakten mittelalterlichen Kern ist liebevoll restauriert worden. Der Schwedenspeicher, in dem einst das schwedische Militär seine Lebensmittel aufbewahrte, birgt heute ein Museum. In seiner Nachbarschaft stehen die Stadtwaage und ein Kran aus dem 14. Jahrhundert.

Ein Bummel durch die Stadt und ihre gemütlichen Gassen lohnt immer. In der Bäckerstraße, zum Beispiel, steht das älteste Haus von Stade. Es stammt aus dem 16. Jahrhundert. Und im historischen Gasthof »Knechthausen« sollte man nach dem berühmten *Eierbier* fragen. Dies ist eine Erfindung der Stader Brauknechte, die zugleich – und bis auf den heutigen Tag – auch Totengräber sind – eine Funktion,

half-timbered farmhouses, which are among the most beautiful in north Germany. Many of these houses are set in yards which are entered by richly decorated portals: relics of an age when the farmhouses were surrounded by moatlike ditches.

Near the Elbe in the Altes Land region is Stade, a former Hanseatic town which was under Swedish rule in the 17th century and was used as a base for the Swedish army. The old town with its almost intact medieval centre has become a real gem in recent years, thanks to careful restoration. The *Schwedenspeicher*, a Swedish military storehouse, is now used as a museum. Nearby are the town weighbridge and a 14th century crane.

A stroll through the town is an enchanting experience. Stade's oldest house – 16th century – is in Bäckerstrasse, one of the many pleasant streets. Such gentle exercise is well rounded off by a draught of the famous *egg beer* in the historic inn called Gasthof Knechthausen.

This drink was invented by the brewery workers of Stade who are at the same time gravediggers – a function they took over during the pest in the Middle Ages and which they have retained as a privilege ever since. Stade egg beer is a sticky, hot drink made of dark beer and beaten egg,

tes Land se régaler à la vue des fleurs blanches et roses qui éclatent devant les maisons paysannes à colombages qui sont parmi les plus belles en Allemagne du Nord. Un grand nombre d'entre elles sont encore entourées d'une cour à laquelle on accède par un portail richement décoré. Ces portails datent d'une époque où les fermes étaient cernées d'un fossé.

Stade, l'ancienne ville hanséatique et place forte suédoise, est devenue un véritable joyau au cours de ces dernières années. La vieille ville avec son centre médiéval a été soigneusement restaurée. Le *Schwedenspeicher*, un entrepôt militaire suédois, abrite aujourd'hui un musée. A proximité se trouvent le pont-bascule municipal et une grue du XIVᵉ siècle.

Une promenade à travers la ville et ses charmantes ruelles est des plus agréables. Dans la Bäckerstrasse, par exemple, on peut voir la plus ancienne maison de Stade – elle date du XVIᵉ siècle. Et, dans l'auberge historique de Knechthausen, il ne faut pas manquer de commander la fameuse *bière à l'œuf*. C'est une boisson chaude, épaisse, faite de bière brune et d'œufs battus assaisonnée d'un peu de cannelle et de citron. Les habitants de Stade affirment qu'il n'existe rien de meilleur, ce que l'on croit volontiers lorsqu'on la boit.

Un voyage dont l'itinéraire descend

▷ **Stade/Am Fischmarkt**
Stade ist stets eine stattliche Hansestadt geblieben, auch wenn zahlreiche Bürgerhäuser einem großen Brand im Jahre 1659 zum Opfer gefallen sind. Was die Jarhunderte überdauerte, wurde und wird einfühlsam restauriert, wie hier das Fachwerkidyll am Fischmarkt.

▷ **Stade/The Fish Market**
Stade has remained an impressive Hanseatic town, despite the fact that numerous burghers' houses were destroyed in the fire of 1659. What has survived the centuries – the half-timbering along the Fish Market, for example – has been sensitively kept up and restored.

▷ **Stade/Le marché aux Poissons**
Stade est restée une imposante ville hanséatique, même si un grand nombre de maisons bourgeoises ont été détruites par un terrible incendie en 1659. Les édifices qui ont résisté aux siècles ont été et sont restaurés avec soin, comme ici au marché aux Poissons.

Die Reinigung
STEMPEL-SCHILDER SEIDEL LICHTPAUSEN
REINHARD BOROSKE
Antiquariat & Gebrauchsgrafik
DIE ALTEN WORPSWEDER MEISTER

die aus der Zeit der Pest im Mittelalter als besonderes Privileg übriggeblieben ist.

Das Stader Eierbier ist ein dickflüssiges und heißes Getränk aus dunklem Bier und geschlagenen Eiern. Es wird gewürzt mit etwas Kaneel und Zitrone. Die Stader behaupten, es gebe überhaupt nichts Besseres. Und wer es gerade trinkt, der glaubt das auch.

Bei einer Reise elbabwärts sollte eine kurze Rast auch in Glückstadt eingelegt werden. Allein schon wegen des Marktplatzes, an dem ein im Stil der Renaissance erbautes Rathaus steht. Auf der Spitze des Kirchturms aber dreht sich kein Wetterhahn nach dem Wind, sondern eine Nachbildung der Göttin Fortuna, eine Warnung für jeden, der sich allzusehr auf sein Glück verläßt.

spiced with a little cinnamon and lemon. The people of Stade maintain there is nothing better – a sentiment one can believe when actually drinking it.

When travelling down the Elbe it is well worth while stopping in Glückstadt for a break – if only to see the market place, with its town hall in Renaissance style.

The weather vane on the church is not in the shape of a cock, but represents the goddess of Fortune: a warning to all and sundry not to rely too much on their luck.

l'Elbe doit comporter un petit arrêt à Glückstadt rien que pour voir, par exemple, la place du Marché avec son hôtel de ville Renaissance. La girouette du clocher n'a pas la forme d'un coq, mais représente la déesse de la fortune, un avertissement à tous ceux qui sont trop tentés de s'en remettre à la chance.

▷ **Frühling im Alten Land**
Eine strahlende Frühlingslandschaft wie diese muß Goethe vor Augen gehabt haben, als er jubilierend sein Mailied *verfaßte:* »... *Wie glänzt die Sonne! Wie lacht die Flur! Es dringen Blüten aus jedem Zweig und tausend Stimmen aus dem Gesträuch und Freud und Wonne aus jeder Brust...*«

▷ **Spring in the "Altes Land"**
With its splendid farmhouses, the Altes Land – "Old Land" –, not far from Hamburg, is worth a visit any time, but especially in spring, when all the many fruit trees are in full bloom.

▷ **Le printemps dans l'Altes Land**
Un splendide paysage printanier tel que Gœthe a dû avoir devant les yeux lorsque, plein d'allégresse, il écrivit son Chant de mai: «... *Combien le soleil brille! Combien la campagne est riante! Des fleurs sortent de chaque branche et mille voix des buissons et la joie et l'extase de chaque poitrine...*»

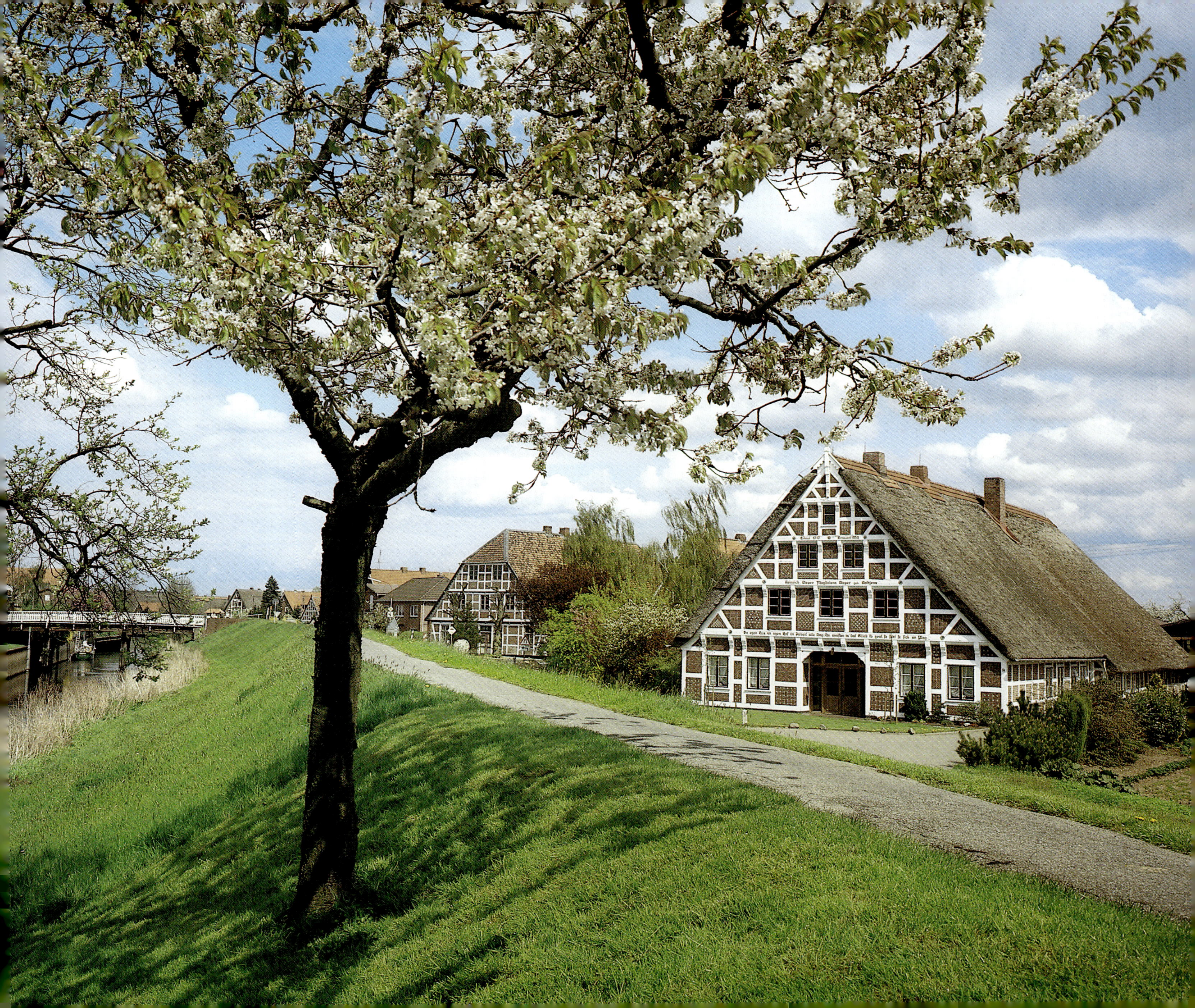

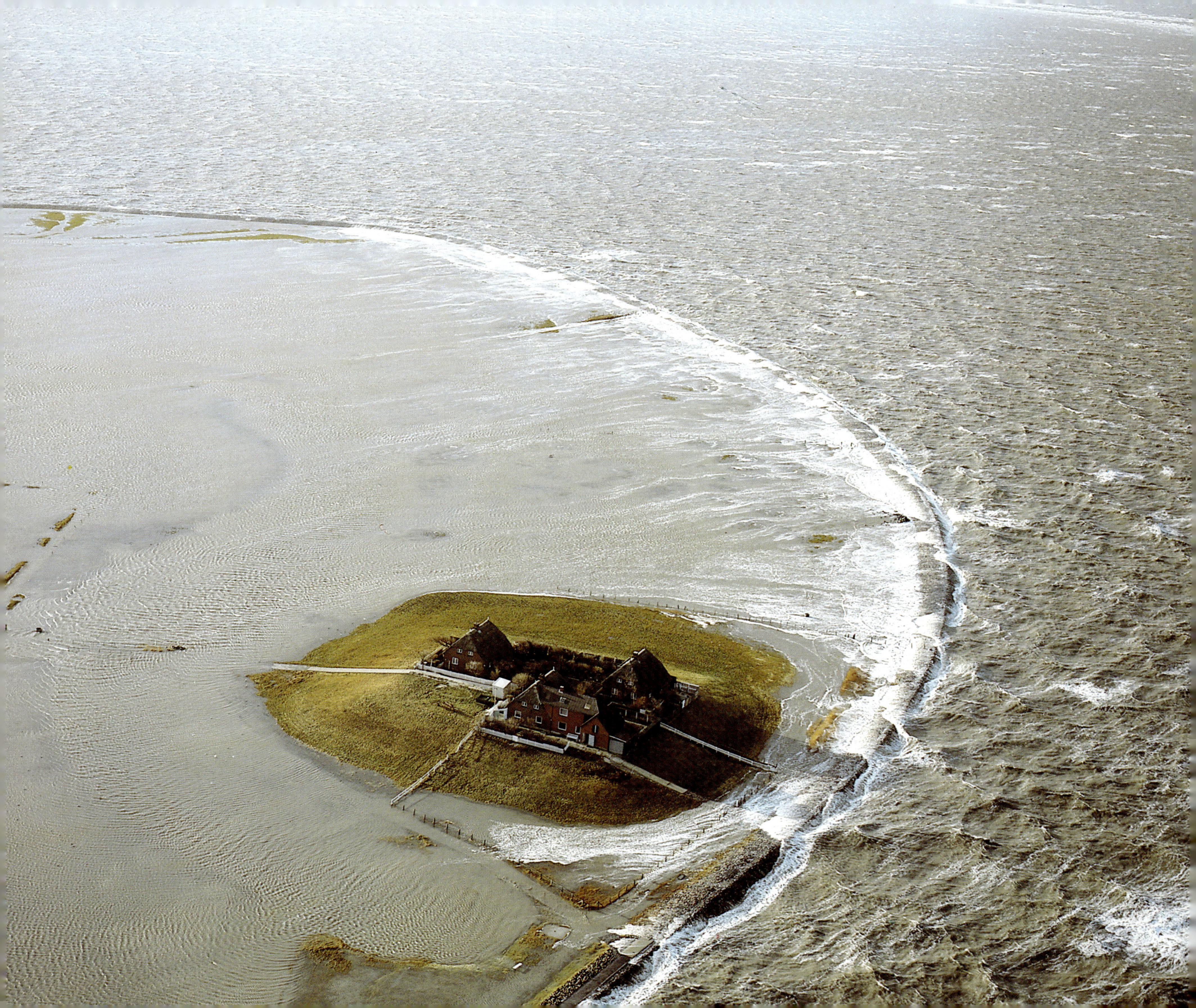

Die deutsche Nordseeküste

Die Zeiten der Piraterie sind in der Erinnerung der Ostfriesen noch heute lebendig, und Gästen wird gern jener wuchtige Kirchturm in Marienhafe gezeigt, in dem der ebenso trinkfeste wie rauflustige Klaus Störtebeker Unterschlupf suchte, wenn er wieder einmal auf der Flucht vor den Hansekaufleuten aus Bremen und Hamburg war. Am Ende ging's ihm aber dann doch an den Kragen. Im Jahre 1401 wurde er auf dem Schindacker in Hamburg geköpft.
Jahrhundertelang waren die Ostfriesen freie Bauern, die sich ihre Häuptlinge selbst wählten. Wuchtige Backsteinburgen überall im Land geben Kunde von jenen Zeiten. Zwei der bedeutsamsten Burgen stehen in der Ostfriesengemeinde Dornum.
Ostfriesland ist das Land der Windmühlen, das Land auch der wehrhaften Kirchen und der idyllischen Kutterhäfen.
Eines der besonders malerischen Fischerdörfer ist Greetsiel, wo die »Zwillinge« stehen. Das sind zwei Windmühlen am Ortseingang. Unbedingt ansehen sollte man sich die alte Stadt Norden, die Häuptlingsstadt Esens mit dem Badeort Bensersiel, das Fischer- und Feriendorf Neuharlingersiel und Carolinensiel. Ebenso Hooksiel, einst der Hafenplatz von Jever, das – landeinwärts –

The North Sea Coast

East Frisians can still recall the days of piracy, and visitors are usually shown the rugged church tower at Marienhafe where Klaus Störtebeker, locally famous for his capacity for fighting and drinking, took refuge when he was once again fleeing from the wrath of the merchants from Bremen and Hamburg. They got him in the end, however: he was beheaded in Hamburg in 1401.
For centuries the East Frisians were a free peasant people who elected their own chiefs. Powerful-looking brick-built castles scattered throughout the region are relics of those days. Two of the most impressive of these castles are in Dornum.
East Friesland is also a country of windmills, fortified churches – and of idyllic fishing villages, one of the prettiest of which is Greetsiel, where the "Twins" are to be seen – two windmills at the entrance to the village.
Visitors should certainly look at the old town of Norden, the old tribal capital, Esens, with the seaside resort Bensersiel, the fishing village and holiday resort Neuharlingersiel, and Carolinensiel. Then there is Hooksiel, once the port for Jever, which lies further inland and is an interesting old town.
The seven East Frisian Islands lie just off the coast: Borkum, Juist, Norder-

La côte de la mer du Nord

En Frise orientale, on n'a pas oublié l'époque des pirates et les visiteurs sont invités à contempler l'imposante tour de l'église à Marienhafe où Klaus Störtebeker, un personnage aussi célèbre pour ses excès de boisson que pour son tempérament bagarreur, venait chercher refuge lorsqu'une fois de plus il avait à ses trousses les marchands de Brême et de Hambourg. Ceux-ci finirent toutefois par mettre la main sur lui et, en 1401, il fut décapité à Hambourg.
Pendant des siècles, les Frisons furent un peuple libre de paysans qui pouvait choisir lui-même ses chefs. D'imposants châteaux en brique disséminés dans le pays témoignent de cette période. Deux des plus importants se trouvent à Dornum.
La Frise orientale est le pays des moulins à vent, des églises fortifiées et des pittoresques ports de pêche dont un des plus beaux est Greetsiel où se trouvent les «jumeaux». Ce sont deux moulins à vent à l'entrée de la localité.
On doit absolument voir la vieille ville de Norden, l'ancienne résidence princière d'Esens avec la station balnéaire de Bensersiel, le village de pêcheurs et petite station balnéaire de Neuharlingersiel et Carolinensiel. De même que Hooksiel qui fut jadis le port de Jever, une ancienne cité avec un château remarquable.

◁ **Hallig Hooge**
Ebbe und Flut, Wind und Wellen bestimmen den Lebensrhythmus der Halligbewohner. An schönen Sommertagen bieten die Inseln ein Bild des Friedens, liegen nach einem Wort Theodor Storms wie »Träume auf dem Meer«. Ganz anders in der stürmischen Herbst- und Winterzeit, wenn der Regen unablässig auf die Eilande prasselt und die Fluten erbarmungslos steigen. Dann pocht der »blanke Hans«, das Meer, unversehens an die Tür.

◁ **The Isle of Hooge**
The wind, waves, and tides govern the life-rhythm of the inhabitants of these little isles called "Halligen". On fine summer days they present a picture of peace. But this changes dramatically in the stormy periods during autumn and winter when the rain pours down incessantly and the tides rise unmercifully.

◁ **Hallig Hooge**
Les habitants des Halligen vivent au rythme de la marée, du vent et des vagues. Les beaux jours d'été, les îles offrent une image pacifique. Il en est tout autrement en automne et en hiver par temps orageux, lorsque la pluie tombe inlassablement sur l'île et que les flots grossissent sans pitié.

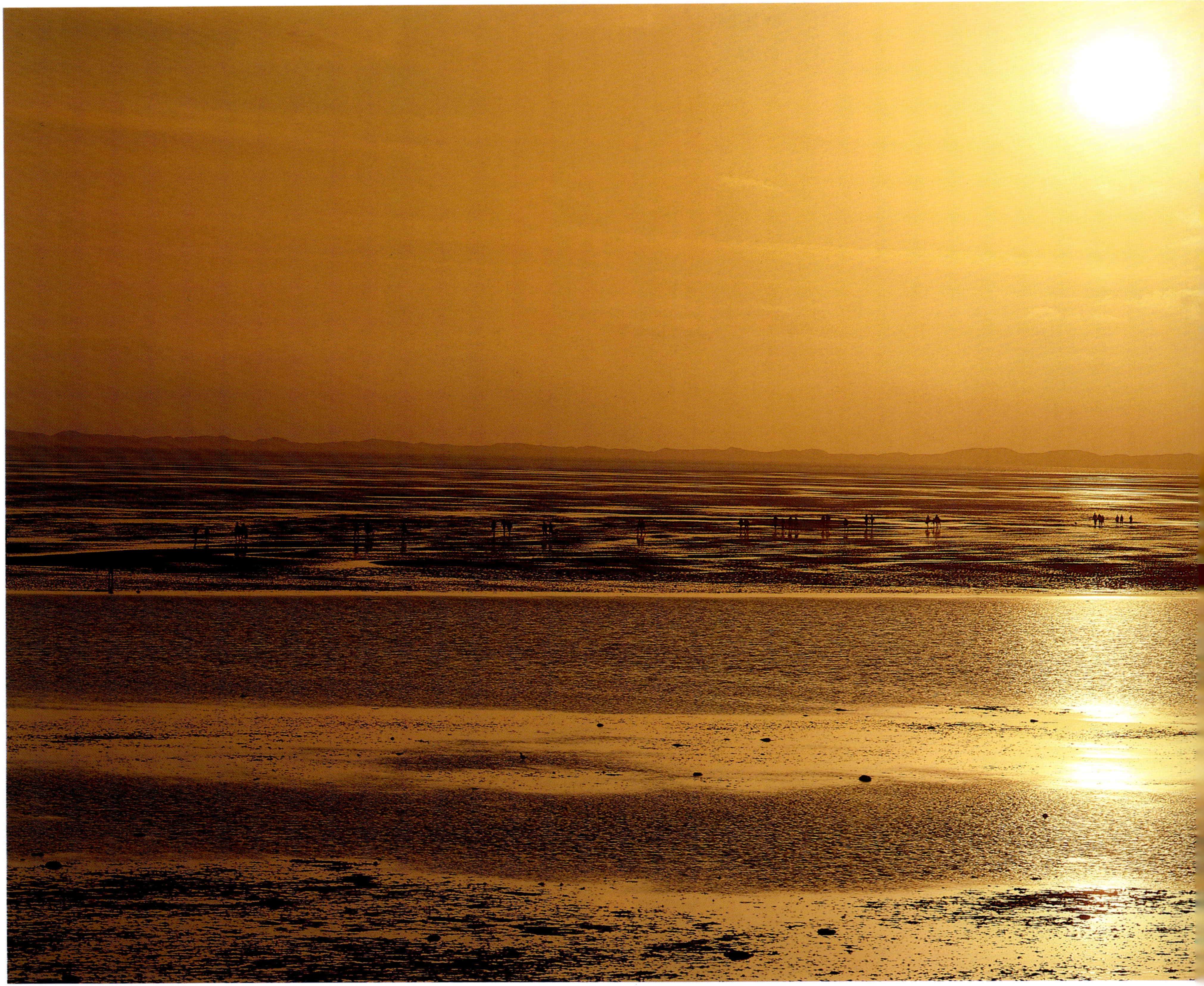

◁ **Sonnenuntergang auf der Insel Föhr**
Wattwanderungen bleiben vielen Menschen lange Zeit im Gedächtnis haften. Wegen der Naturschönheit, gewiß, aber da ist noch etwas anderes: »Der Mensch sieht sich auf einmal ins richtige Verhältnis gesetzt zu Himmel und Erde. Was ist er da? Ein Muschelabdruck, eins dieser Wassertröpfchen, die hier überall herumfliegen« (Horst Mönnich).

◁ **Sunset on the Island of Föhr**
Walks across the Wattenmeer, *the tidal marshes, are an unforgettable experience – partly because of the natural beauty of the landscape, but there is also something else: "Man suddenly sees himself placed in a proper relationship to heaven and earth. What does he amount to then? An impression of a shell in the sand, one of the tiny drops of water that are ever-present in the air here" (Horst Mönnich).*

◁ **Coucher de soleil sur l'île de Föhr**
Pour beaucoup de gens, une promenade sur le Watt, *la côte boueuse, est un événement qu'ils gardent longtemps en mémoire. A cause de la beauté de la nature, certes, mais aussi pour autre chose: «L'homme se voit tout à coup ramené à de justes proportions par rapport au ciel et à la terre. Qu'est-il là? Une empreinte de coquillage, une de ces gouttes d'eau qui volent ici alentour» (Horst Mönnich).*

im Friesischen liegt. Es ist eine Stadt mit einem alten Ortsbild und einem beachtenswerten Schloß.

Der Nordseeküste vorgelagert liegen die sieben Ostfriesischen Inseln. Von Westen nach Osten sind es Borkum, Juist, Norderney, Baltrum, Langeoog, Spiekeroog und Wangerooge. Norderney war im vorigen Jahrhundert vorübergehend Sommerresidenz des Königs von Hannover. Ein sehr schönes altes Inseldorf mit einer Kirche von 1696 liegt auf Spiekeroog. Die in der Kirche befindlichen Altarbilder und Kanzelteile stammen von einem im Jahre 1588 gestrandeten Schiff der spanischen Armada, die in jenem Jahr von der englischen Flotte besiegt wurde – es war der Beginn des Niedergangs der spanischen Weltmacht und des Aufstiegs von England zum mächtigsten Reich der Erde.

Kleine Kutterhäfen findet man auch im Lande Wursten an der Wesermündung zwischen Bremerhaven und Cuxhaven, und wer in diesem Land zwischen Weser und Elbe auf der Suche ist nach romantischen Winkeln, der findet sie in dem kleinen Ferienort Bederkesa mit seiner stattlichen Burg, in dem behaglichen Elbstädtchen Otterndorf und in der waldreichen Wingst.

Mit Häfen gesäumt ist aber auch die schleswig-holsteinische Nordsee-

ney, Baltrum, Langeoog, Spiekeroog, and Wangerooge.

Norderney was temporarily used as a summer residence by the king of Hanover in the last century. On Spiekeroog there is a fine old village with a church dating from 1696. The altar paintings and parts of the pulpit came from a stranded ship from the Spanish armada of 1588 which was defeated in that year by the English fleet, an event which marked the beginning of the decline of Spanish power and of the rise of England.

There are pleasant small fishing ports in the district called Wursten, which lies along the Weser estuary between Bremerhaven and Cuxhaven, and there are picturesque spots such as the small resort Bederkesa, with its formidable castle, the appealing little town of Otterndorf on the Elbe, and the wooded area of Wingst.

But the North Sea coastline of Schleswig-Holstein, too, is dotted with pretty harbours. Inland one is reminded of Holland. In fact, the little town of Friedrichstadt was actually founded by Duke Frederick III of Gottorf in 1621 to provide a home for refugee Dutch Protestants. Craftsmen from south and central Germany were also brought to Friedrichstadt which, with its tree-lined canals, and brick-built gables, could

Devant la côte se trouvent les sept îles de la Frise orientale. D'ouest en est: Borkum, Juist, Norderney, Baltrum, Langeoog, Spiekeroog et Wangerooge. Au siècle dernier, Norderney fut provisoirement la résidence d'été du roi de Hanovre.

Spiekeroog porte un charmant vieux village avec une église de 1696. La pietà et des parties de la chaire qui se trouvent dans l'église proviennent d'un navire échoué en 1588 appartenant à l'Armada espagnole qui avait été vaincue cette année-là par la flotte anglaise – ce fut le début du déclin de la puissance espagnole et de l'expansion de l'Angleterre.

On trouve également des petits ports de pêche dans le pays de Wursten, à l'embouchure de la Weser, entre Bremerhaven et Cuxhaven. La petite station climatique de Bederkesa, dotée d'un imposant château, la pittoresque petite ville d'Otterndorf sur l'Elbe et la région boisée de Wingst sont des endroits particulièrement charmants.

La côte de la mer du Nord du Schleswig-Holstein est également parsemée de ports et l'intérieur du pays rappelle la Hollande. La ville de Friedrichstadt a d'ailleurs été fondée par le duc Frédéric III de Gottorf pour accueillir les réfugiés protestants hollandais. Des artisans d'Allemagne du Sud et d'Allemagne centrale furent

▷ **Windmühlen in Greetsiel**
Wind und Sturm sind gefürchtete Naturgewalten in Norddeutschland. Die gewitzten Menschen dort haben allerdings schon früh versucht, diese ungeheuren Kräfte zu bändigen und für ihre Zwecke zu nutzen. Wenn das, wie hier in Greetsiel, auf so malerische Weise geschieht, wird gegen diese Art der Energiegewinnung wohl niemand etwas einzuwenden haben.

▷ **Windmills in Greetsiel**
Wind and storm are always potential enemies to people in the north of Germany, but intelligent use can nevertheless be made of them, converting their uncontrolled force into controlled power. Surely no one can object, when this is achieved with the aid of such picturesque buildings.

▷ **Moulins à vent à Greetsiel**
Le vent et la tempête sont des éléments de la nature fort redoutés en Allemagne du Nord. Mais les hommes avisés de cette région ont très tôt cherché à dompter ces forces incroyables pour les utiliser à leurs fins. Et lorsque cela se fait d'une manière aussi pittoresque, il n'y aura certainement personne pour s'élever contre cette sorte d'exploitation de l'énergie.

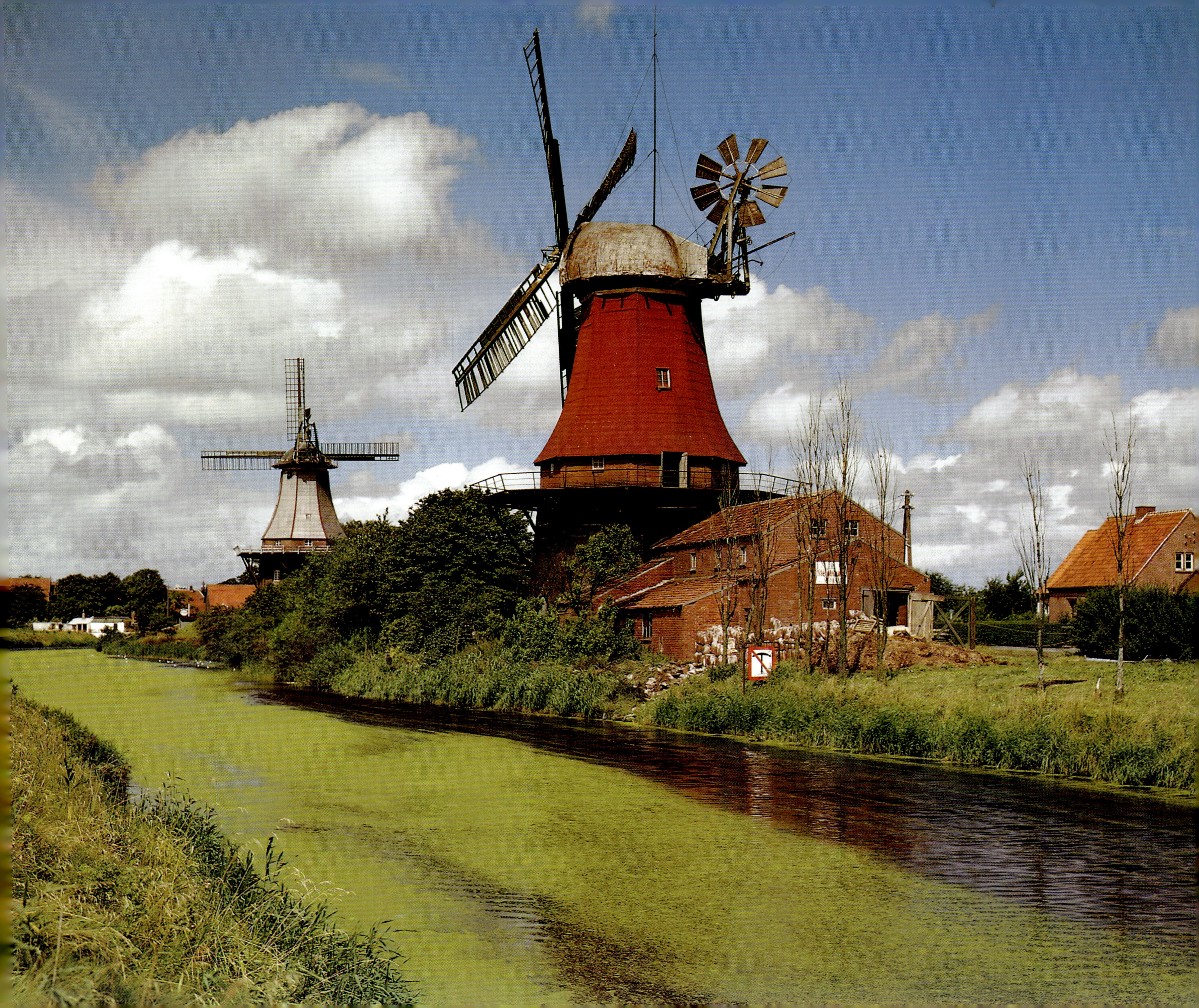

küste, an der man – ein wenig landeinwärts – an Holland erinnert wird. Da ist der Ort Friedrichstadt, der 1621 von Herzog Friedrich III. von Gottorf gegründet wurde – und zwar eigens für die Ansiedlung heimatvertriebener niederländischer Remonstranten. Außerdem wurden süd- und mitteldeutsche Handwerker nach Friedrichstadt geholt, das mit seinen Backsteingiebeln und baumumstandenen Grachten wie ein nordholländisches Landstädtchen wirkt. Friedrichstadt war die erste Stadt Deutschlands, in der Menschen uneingeschränkte religiöse Toleranz geboten wurde. Während des Dreißigjährigen Krieges, als sich Angehörige der beiden großen christlichen Religionsgemeinschaften auf deutschem Boden ein schreckliches Gemetzel lieferten, gab es in Friedrichstadt zeitweilig sieben Glaubensgemeinschaften nebeneinander.

Bunt ist die Inselwelt im Norden Deutschlands. Ganz oben liegt Sylt, die wohl bekannteste Insel, mit dem städtisch-mondänen Westerland, dem dörflichen Keitum, mit den mächtigen Dünen im Norden und mit der Steilküste im Westen, von der die wilden Stürme Jahr für Jahr gewaltige Stücke losreißen, so daß die Sorgen um die Zukunft der Insel kein Ende nehmen.

easily be taken for a country town somewhere in north Holland. Friedrichstadt was the first town in Germany to grant complete religious freedom. During the Thirty Years' War, when the two main religious groups were fighting a bloody war on German territory, there were at times as many as seven different sects living side by side in Friedrichstadt.

The North Frisian Islands, off the west coast of Schleswig-Holstein, are very varied in character. The most northerly, and best-known is Sylt, with fashionable Westerland, the typical Friesland village of Keitum, the immense dunes in the north, and the cliffs in the west. Every year huge chunks of the cliffs are torn away by storms, so that there is considerable local concern about the future of the island.

Further south lies Amrum, a pleasant island with particularly fine dunes. Föhr, the second largest island, provides good bathing and walks. And we must not forget the *Halligen*, fenland islands sometimes so tiny that they can accommodate only one house.

But surely the most romantic of the islands is Heligoland whose red sandstone cliffs rise abruptly out of the sea far out in the German Bay. With its bathing beach, which is ac-

appelés à Friedrichstadt qui, avec ses canaux bordés d'arbres et ses pignons en brique, ressemble à une petite ville du Nord de la Hollande. Friedrichstadt fut la première ville d'Allemagne à garantir la liberté totale de religion. Pendant la guerre de Trente Ans, lorsque les deux grandes communautés religieuses se livrèrent un combat sans merci, il y eut par moments sept communautés religieuses à Friedrichstadt.

Les îles de la Frise septentrionale sont très variées. Tout en haut se trouve Sylt, certainement l'île la plus connue, avec son centre mondain, Westerland, le village frison typique de Keitum, avec les immenses dunes au nord et les falaises à l'ouest auxquelles les violentes tempêtes arrachent des blocs de roche de sorte que l'avenir de l'île est un sujet de préoccupation.

Au sud est située Amrum, une île agréable avec un très beau paysage de dunes. Il ne faut pas oublier non plus l'île de Föhr et les *Halligen*, de minuscules îles qui s'égrènent dans la mer et qui ne portent que quelques maisons blotties l'une contre l'autre.

Mais la plus romantique des îles est certainement Heligoland constituée d'un immense bloc de roche rouge qui se dresse dans la mer très loin dans la baie Allemande. Avec sa dune

▷ **Greetsiel/Kleiner Hafen**
Die Friesen sind stets wackere Seefahrer gewesen. Alle naselang finden sich daher an der Nordseeküste malerische Kutterhäfen. Hier ankern am Tage die Boote, mit denen zu nachtschlafender Zeit der Fisch- und Krabbenfang betrieben wird.

▷ **Greetsiel/Small Harbour**
The Frisians have always been intrepid sailors, and the whole of the North Sea coastline is dotted with picturesque fishing harbours. Here the boats lie during the day, venturing forth mainly at night in quest of fish and prawns.

▷ **Greetsiel/Le petit port**
Les Frisons ont toujours été de vaillants marins. Aussi la côte de la mer du Nord abonde-t-elle en pittoresques petits ports de pêche. Les bateaux qui partiront la nuit pour la pêche aux poissons et aux crevettes sont ancrés ici le jour.

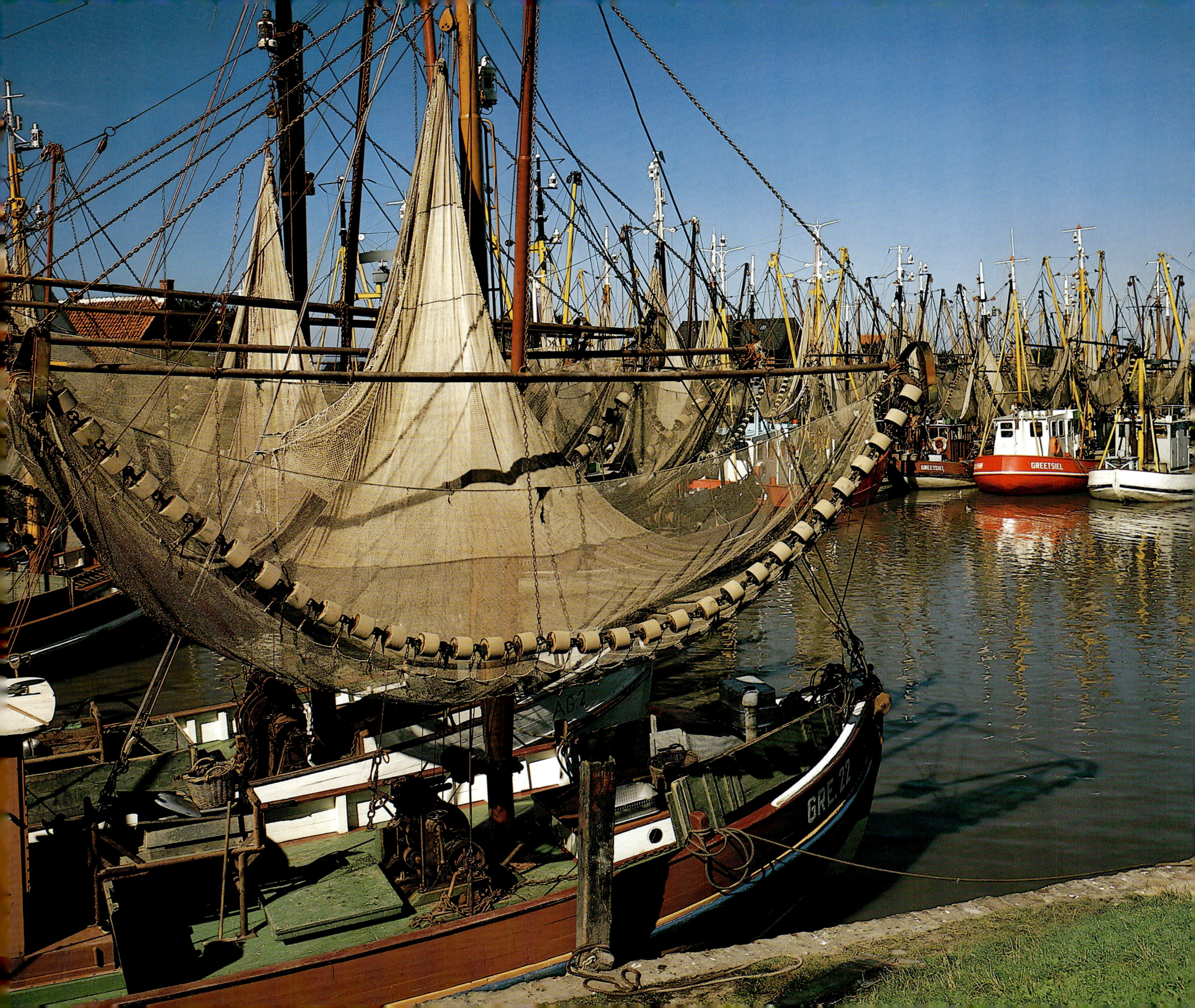
GREETSIEL
GREETSIEL
AG 2
GRE 22

Südlich liegt Amrum, eine gemütliche Insel mit einer besonders schönen Dünenlandschaft. Und nicht vergessen sollte man die Insel Föhr und vor allem die Halligen, winzige Inseln in der See, auf denen nur einige wenige Häuser eng beieinanderstehen.

Am romantischsten ist's aber sicher auf Helgoland. Der rote Felsen liegt ganz weit draußen in der Deutschen Bucht. Mit seiner Badedüne, die nur mit dem Schiff zu erreichen ist, gehört er zu den bevorzugten Kur- und Badeorten in Norddeutschland.

Zu einem unvergeßlichen Erlebnis wird ein Aufenthalt auf der Insel an stürmischen Tagen, wenn sich haushohe Wellen an den Uferbefestigungen brechen. Eine Überfahrt nach Helgoland – von Cuxhaven, Bremerhaven oder Wilhelmshaven aus – gehört einfach dazu, wenn man schon einmal an der Küste ist.

cessible only by boat, it is one of Germany's most popular health and bathing resorts.

Stormy days on the island, when waves dash house-high against the breakwaters, are an unforgettable experience. No visit to the coast would be complete without a boat trip to Heligoland, for which services are provided from Cuxhaven, Bremerhaven, and Wilhelmshaven.

dotée de belles plages de sable, accessible uniquement par bateau, c'est une des stations balnéaires les plus populaires d'Allemagne.

Les jours de tempête dans l'île, lorsque les vagues aussi hautes qu'une maison viennent se briser contre la digue, sont des moments inoubliables. Une visite de la côte doit absolument inclure dans son programme Heligoland où l'on peut se rendre en bateau à partir de Cuxhaven, Bremerhaven ou Wilhelmshaven.

▷ **Insel Föhr/Nikolaikirche in Boldixum**
Aus dem Gottesacker reckt sich die gewaltige, spätromanisch-frühgotische Backsteinkirche.

▷ **The Island of Föhr/St. Nicholas' Church in Boldixum**
The great late-Romanesque/early-Gothic brick-built church rises from the churchyard as if determined to defy the elements for many more centuries.

▷ **Ile de Föhr/Eglise St-Nicolas à Boldixum**
L'imposante église en brique, qui date de la fin de l'art roman et du début de l'art gothique, se dresse au milieu du cimetière.

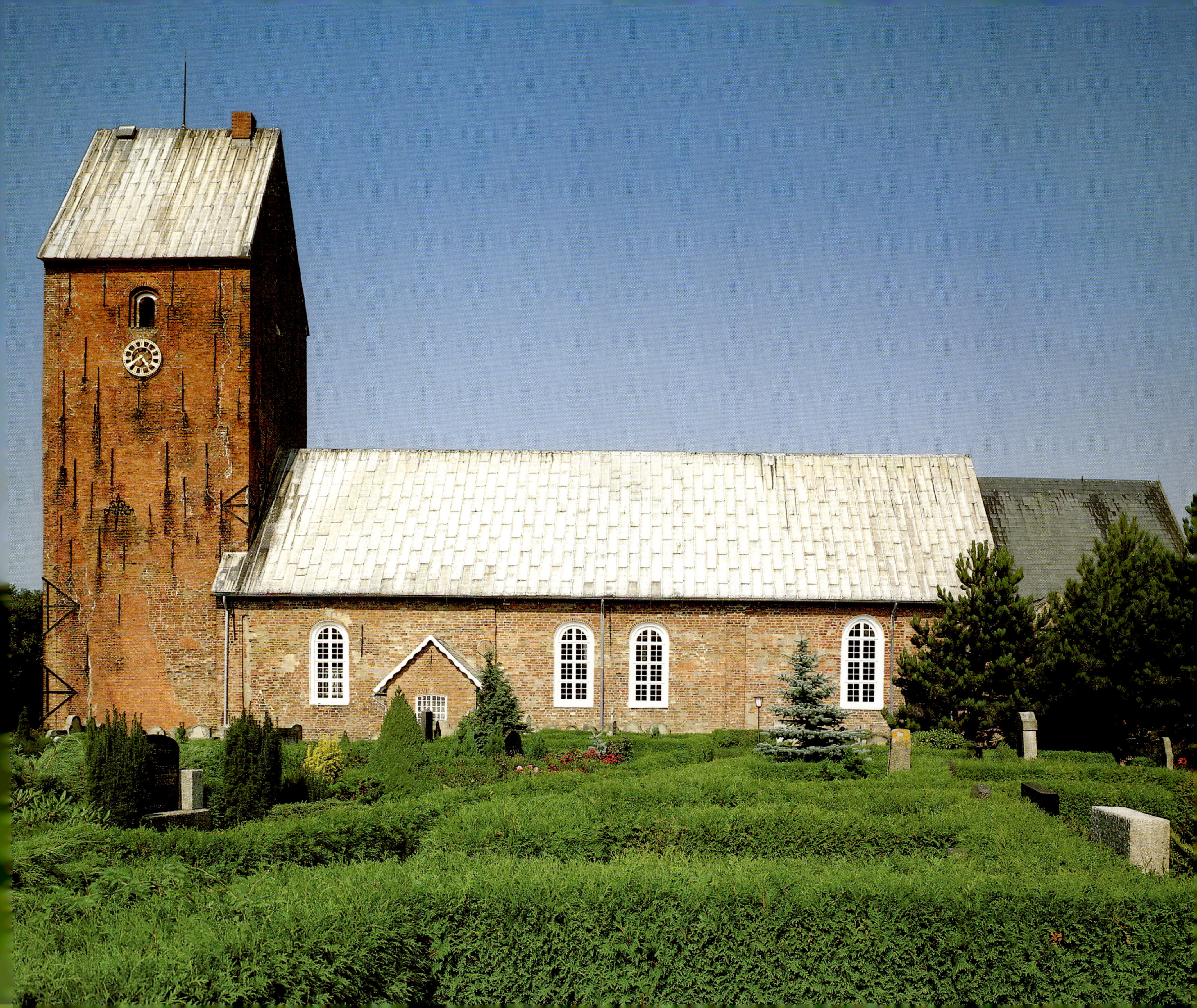

▽ **Vareler Hafen**
Varel liegt dicht am Jadebusen, einem Küstenstreifen, an dem die Welt noch weitgehend intakt ist. Ein ausgedehntes Vogelschutzgebiet gewährt zahllosen Seevögeln einen natürlichen Lebensraum.

▷ **Winterabend am Wattenmeer**
Gefrorene Nacht an Meer und Küste. Der Fischfang ruht.

▽ **Varel Harbour**
Varel is close to a strip of coastline called "Jade Bay", where the world and nature are still intact. An extensive bird sanctuary provides a natural environment for countless seabirds.

▷ **Winter evening on the coast**
The tidal marshes are frozen. Fishing is over for a while.

▽ **Le port de Varel**
Varel est situé dans la baie de Jade, une bande côtière où la nature est encore intacte en grande partie. Une vaste zone de protection constitue pour d'innombrables oiseaux aquatiques un véritable biotope.

▷ **Soir d'hiver sur la mer**
Nuit glacée sur la mer et la côte. Les bateaux de pêche sont au repos.

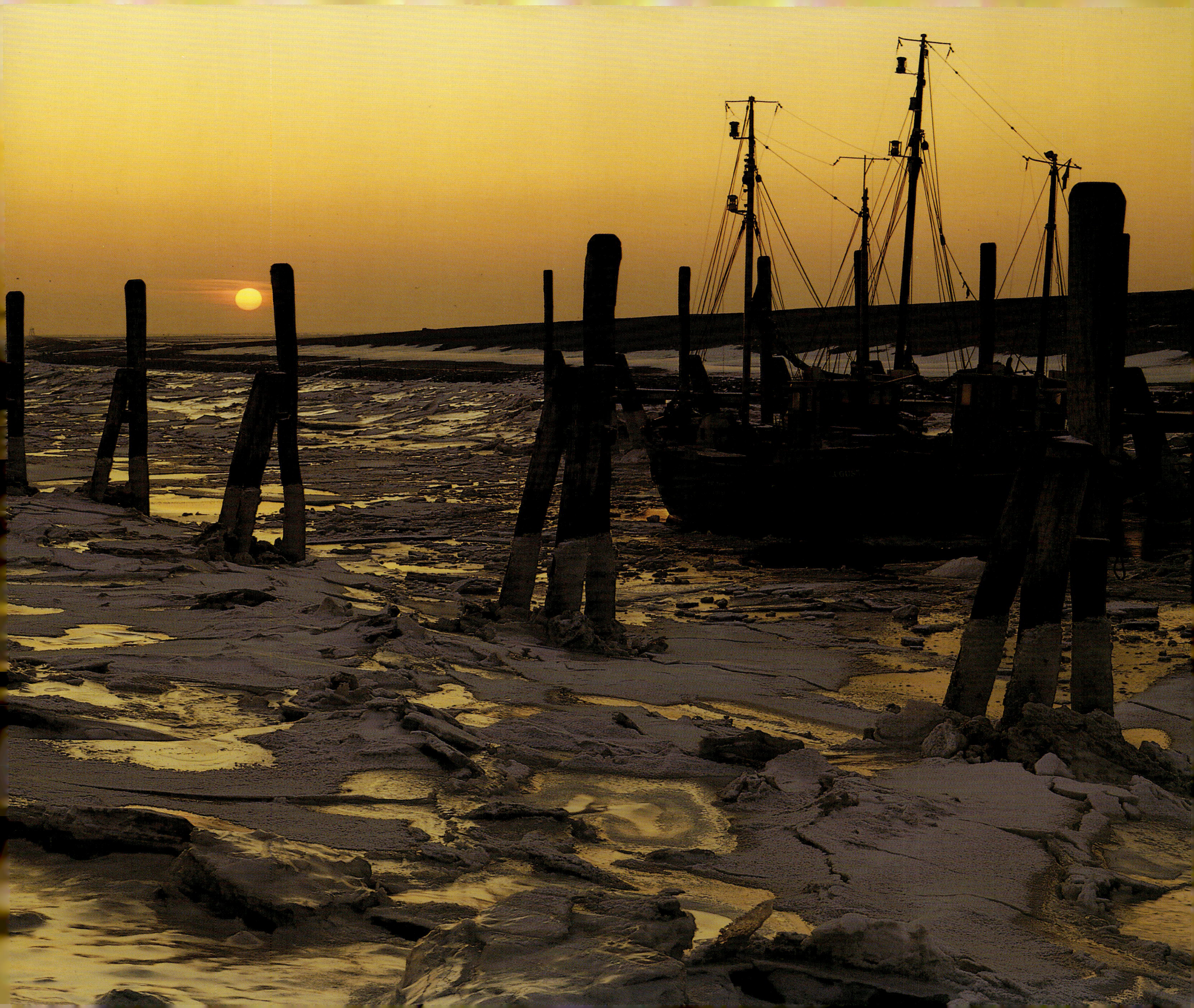

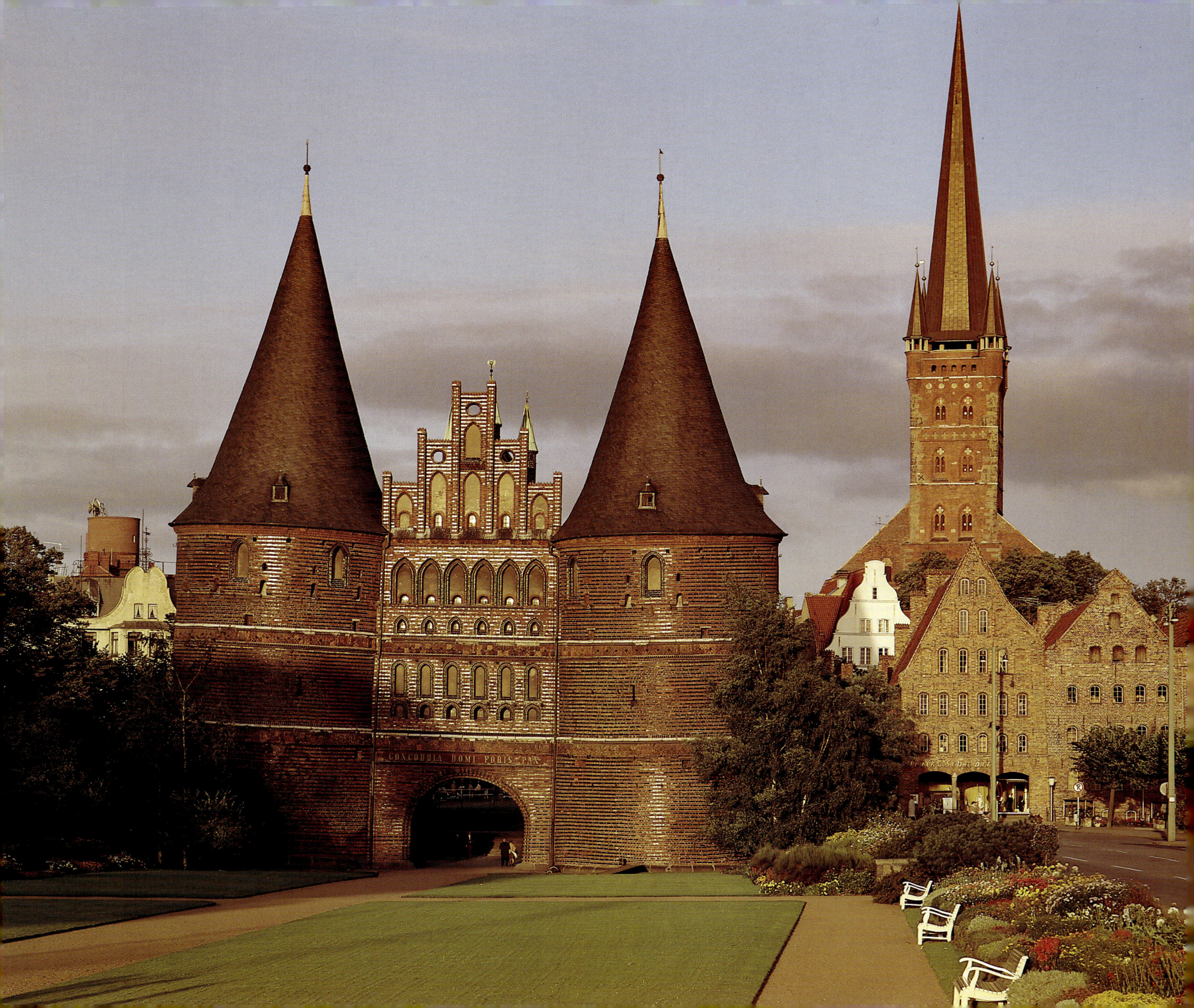
CONCORDIA DOMI FORIS PAX

Holstein

Allabendlich um neun läuten die Glocken von St. Petri in Ratzeburg. Und damit verbunden ist eine alte Geschichte. Denn einmal, vor vielen, vielen Jahren, als das Schloß von Ratzeburg noch stand, lebte dort ein Fräulein, das sich beim Pilzesammeln im Walde verirrt hatte. Lange wußte es nicht, wohin es sich wenden sollte, und schon glaubte es sich in der Wildnis verloren, da vernahm es die Glocken von St. Petri. Das Fräulein folgte dem Klang und kehrte wohlbehalten ins Schloß zurück. Aus Dankbarkeit aber verfügte es, daß künftig an jedem Abend die Glocken läuten sollten. Und so geschieht es noch heute.
Ratzeburg, auf einer Insel im Ratzeburger See gelegen, ist Mittelpunkt des Naturparks Lauenburgische Seen, von dessen 400 Quadratkilometern allein 40 auf 35 Seen entfallen und 80 auf Wälder.
In Ratzeburg sollte man nicht nur den Dom besuchen, sondern vor allem auch das Barlach-Haus. Der bedeutende deutsche Bildhauer Ernst Barlach (1870–1938) hat in Ratzeburg seine Kindheit verlebt.
Zu den Ferienlandschaften im nördlichsten deutschen Bundesland Schleswig-Holstein gehört auch die von großen Seen durchzogene Holsteinische Schweiz.
Wenn aber von dem besonderen

Holstein

The bells of St. Peter's Church in Ratzeburg are rung every night at 9 p.m. There is an old story connected with this custom.
For many years ago, when Ratzeburg Castle still stood, a young lady who lived there lost her way while collecting mushrooms in the woods. She had been lost for some time, and was in despair when she heard the bells of St. Peter's. She followed the sound of the bells, and thus found her way back to the castle. In gratitude, she decreed that the bells should be rung every evening, and the custom is still adhered to.
Ratzeburg, which lies on an island in the Ratzeburger See, is the centre of Lauenburg Nature Park, of whose 250 square miles, no less than 25 are taken up by 35 lakes, and 50 by woodland.
In Ratzeburg itself not only the Cathedral is worth a visit, but also Barlach House, which commemorates the fact that the leading German expressionist sculptor Ernst Barlach (1870–1938) spent his childhood in Ratzeburg.
Another delightful "lake district" for holiday-makers is the region called *Holsteinische Schweiz* (the Switzerland of Holstein) in the most northern of the Federal Republic's federated states, Schleswig-Holstein.
The "queen" of this region is un-

Holstein

Tous les soirs à neuf heures, les cloches de St-Pierre sonnent à Ratzeburg. Il s'agit là d'une coutume à laquelle se rattache une légende. Il y a bien, bien longtemps, à l'époque où le château de Ratzeburg existait encore, une jeune fille qui vivait en ces lieux s'était perdue dans la forêt en ramassant des champignons. Elle désespérait de ne jamais pouvoir retrouver son chemin lorsqu'elle entendit les cloches de St-Pierre. Guidée par leur son, elle rentra saine et sauve au château. En signe de reconnaissance, elle décréta que les cloches sonneraient désormais chaque soir, ce qu'elles font encore aujourd'hui.
Ratzeburg, situé sur une île dans le lac de Ratzeburg, est au centre du parc naturel des lacs de Lauenburg. Sur ses 400 kilomètres carrés de superficie, 40 sont occupés par 35 lacs et 80 par des forêts. A Ratzeburg, il ne faut pas se contenter de visiter la cathédrale. Il faut aussi voir la maison d'Ernst Barlach où le grand sculpteur allemand (1870–1938) a passé son enfance et qui est à présent aménagée en musée.
Au nombre des régions de vacances du Land de Schleswig-Holstein, il y a celle que l'on appelle la *Holsteinische Schweiz* (la Suisse du Holstein) parsemée de grands lacs. Mais la perle de cette région est incontestablement

◁ **Lübeck/Blick auf das Holstentor**
Die lateinischen Worte CONCORDIA DOMI FORIS PAX (Eintracht im Innern, Friede nach außen) stehen einladend über der Durchfahrt des Holstentores.
▷▷ **Der Ratzeburger Dom**
»*Der Charakter des Domes ist romanisch, in sicherer Übereinstimmung ist er mit der Erde verbunden, nur mit maßvoller Gebärde weist er nach dem Himmel*« (Ricarda Huch).

◁ **Lübeck/View of the Holstentor**
The Latin inscription CONCORDIA DOMI FORIS PAX (Concord at home, peace abroad) invitingly stands above the entrance through the gateway.
▷▷ **Ratzeburg Cathedral**
"The character of the cathedral is Romanesque, it is close to the earth, making only a modest gesture towards the heavens" (Ricarda Huch).

◁ **Lubeck/Vue sur le Holstentor**
L'inscription accueillante CONCORDIA DOMI FORIS PAX (La concorde à l'intérieur, la paix à l'extérieur) se trouve au-dessus du passage de la porte.
▷▷ **La cathédrale de Ratzeburg**
«*Le caractère de la cathédrale est roman, elle est étroitement liée à la terre, et c'est uniquement d'un geste discret qu'elle indique le ciel*» (Ricarda Huch).

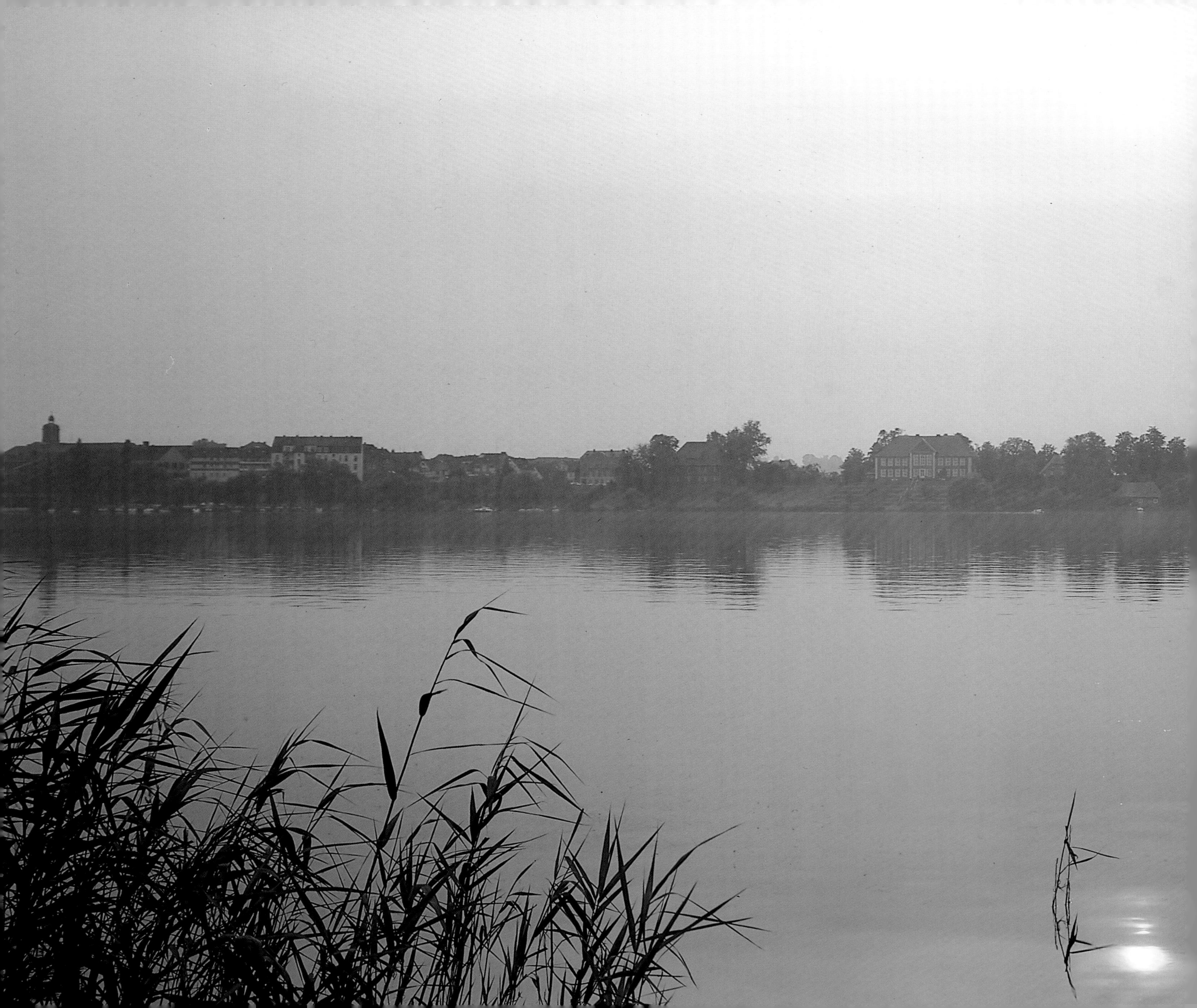

Juwel in dieser Region die Rede ist, dann kann nur Lübeck gemeint sein, einst die Königin der deutschen Hanse, dessen Altstadt zu den eindrucksvollsten mittelalterlichen Denkmälern in der nördlichen Hälfte Deutschlands gehört.
Wahrzeichen der Stadt ist das Holstentor, das im Jahre 1478 als Bollwerk der Stadtbefestigung erbaut wurde. Das Rathaus von 1226 sucht seinesgleichen in Deutschland – großartig die gotische Schaugiebelwand, die Renaissancelaube und die Prunktreppe.
Besondere Aufmerksamkeit verdienen außerdem die kleinen Höfe im Gängeviertel, die beschaulichen Quartiere an der Trave, die mächtigen Speicher und nicht zuletzt auch das Haus der Schiffergesellschaft, in dem der Graf Luckner Stammgast war. Noch heute trifft man in dem uralten Gemäuer pensionierte Kapitäne beim Dämmerschoppen.
Anziehungspunkt in der Nähe der St.-Marien-Kirche ist das Buddenbrook-Haus in der Mengstraße 4. Darin hat Thomas Mann seine Kindheit verlebt. Es ist Schauplatz seines weltberühmten Romans *Die Buddenbrooks*, für den der Schriftsteller im Jahre 1929 den Nobelpreis erhielt.

doubtedly the city of Lübeck, once the capital of the Hanseatic League, the old part of which is one of the most impressive medieval monuments surviving in the northern half of the Federal Republic of Germany.
The town's emblem is the great twin-towered fortified gate called Holstentor, built in 1478. The town hall of 1226, with its Gothic gabled front, Renaissance arcading and great staircase, is superb.
Particularly attractive, too, are the small courtyards in the "Gänge" quarter, the picturesque area along the Trave, the huge granaries, and the Seamen's Guild House, now a restaurant, where Graf Luckner (of First World War fame) was a regular customer. Pensioned captains still like to gather within these ancient walls for an evening drink.
Another great attraction is the Buddenbrook House, Nr. 4 Mengstrasse. Thomas Mann spent his childhood there, and it is the setting for his novel *Buddenbrooks*, depicting the decline of a Lübeck patrician family. He was awarded the Nobel Prize for it in 1929.

Lubeck, jadis reine de la Hanse germanique et dont la vieille ville fait partie des monuments médiévaux les plus importants de la moitié nord de la République allemande.
L'emblème de la ville est le Holstentor, une porte fortifiée datant de 1478. L'hôtel de ville de 1226 est splendide avec sa façade gothique surmontée de tourelles, sa loggia Renaissance et son escalier richement décoré.
A voir également les petites cours dans le quartier du Gänge, les coins pittoresques au bord de la Trave, les imposants greniers ainsi que la maison de la corporation des armateurs à l'intérieur de laquelle se trouve une brasserie-restaurant dont le comte Luckner était un habitué. Aujourd'hui encore, on rencontre dans ses vieux murs des capitaines en retraite qui se retrouvent le soir pour boire une chope.
Près de l'église Ste-Marie, au numéro 4 de la Mengstrasse, se trouve la maison Buddenbrook où Thomas Mann a passé son enfance. Il y a situé son célèbre roman *Les Buddenbrook* pour lequel il a obtenu le prix Nobel en 1929.

▷ **Halbinsel Beveroe**
Beveroe war einst eine Insel, dem Menschen gelang es jedoch in zäher, unermüdlicher Arbeit, die »Biberinsel« ans Festland zu binden. Die Mühle half dabei, denn sie diente zur Entwässerung der Niederungsgebiete. Heute haben auf der Halbinsel seltene Pflanzen und Vögel einen Zufluchtsort gefunden.

▷ **Beveroe Peninsula**
Beveroe was once an island, but by dint of hard work, "Beaver Island" was finally joined to the mainland. The mill served to pump the flats dry. Today the peninsula is a haven for rare plants and birds.

▷ **La presqu'île de Beveroe**
Beveroe était autrefois une île, mais les hommes parvinrent, grâce à un travail acharné et inlassable, à rattacher «l'île des castors» au continent. Le moulin les aida dans cette tâche, car il servit à drainer les basses terres. Aujourd'hui, des plantes et des oiseaux rares ont trouvé refuge dans la presqu'île.

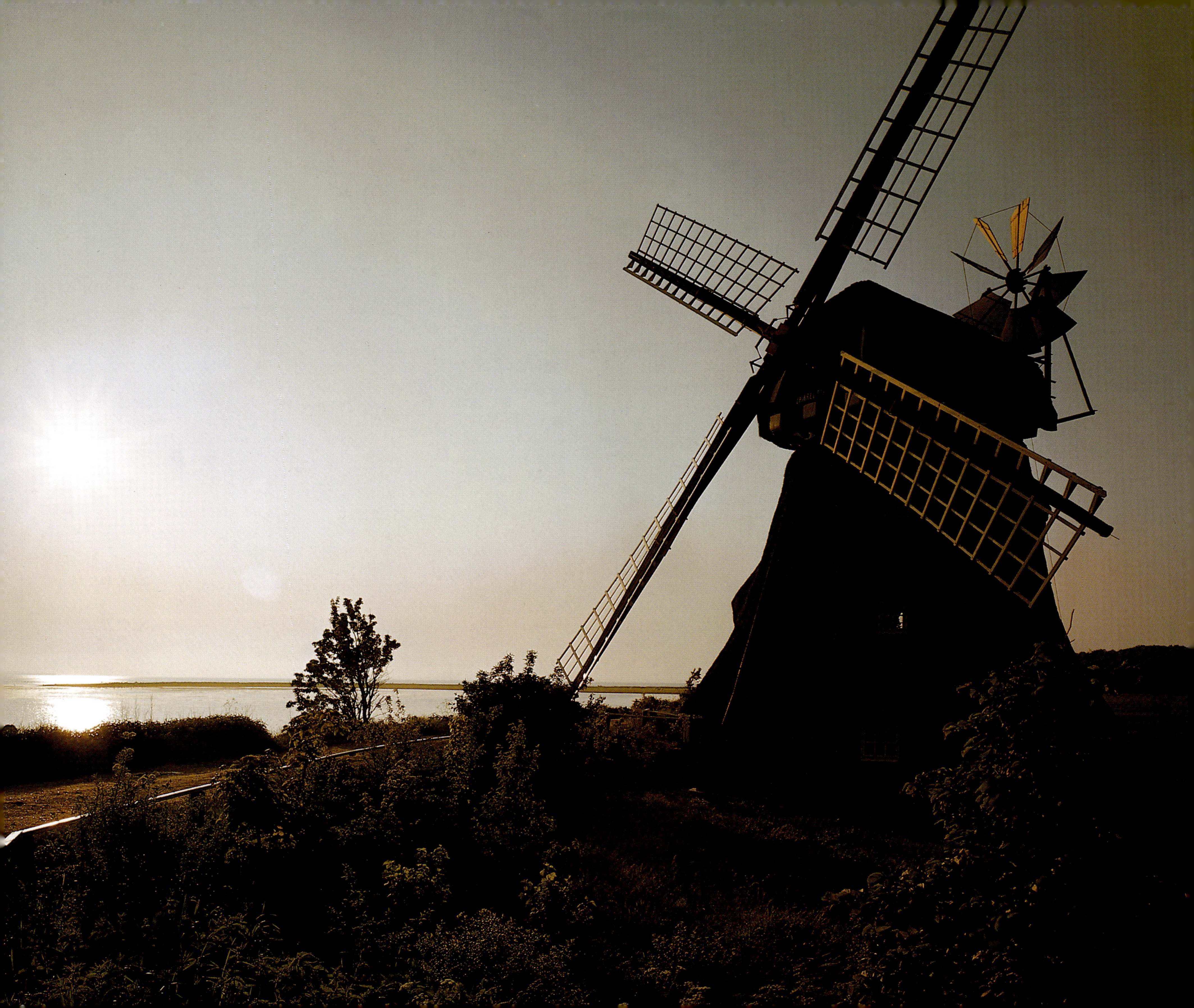

Die schleswig-holsteinische Ostseeküste

Von Travemünde, am südlichsten Punkt der schleswig-holsteinischen Ostseeküste gelegen, bis nach Flensburg im äußersten Norden, unweit der dänischen Grenze, erstreckt sich eine der am meisten frequentierten Ferienregionen Deutschlands. Überall an der Küste finden sich gepflegte Kur- und Badeorte: Timmendorfer Strand, Grömitz, Scharbeutz, Damp 2 000, um nur einige wenige zu nennen. Kilometerlang sind die Strände, an denen sich Sandburgen und Strandkörbe aneinanderreihen. Und draußen auf der Ostsee tummeln sich Windsurfer auf ihren Brettern, Segler mit ihren Booten, fahren Freizeitkapitäne in ihren schnittigen Motorjachten spazieren.
Hauptstadt des Landes Schleswig-Holstein ist Kiel, gelegen an einer 17 Kilometer langen Förde, eines der großen deutschen Wassersportzentren. Im Jahre 1972 fanden hier die olympischen Wettbewerbe im Segeln statt. Sehenswürdigkeiten in Kiel sind das Marine-Ehrenmal in Laboe und das schleswig-holsteinische Freilichtmuseum in Molfsee, in dem Dokumente der Kulturgeschichte und alte Bauernhäuser gezeigt werden.
Kiel liegt am östlichen Ende des Nord-Ostsee-Kanals, der von der Nordsee in die Ostsee führt und die meistbefahrene künstliche Wasserstraße der Welt ist.

The Schleswig-Holstein Baltic Coastline

One of West Germany's most popular holiday regions is the Baltic coast. It extends from Travemünde, the most southern point of the Schleswig-Holstein Baltic coastline, right up to Flensburg in the far north, on the border to Denmark.
The whole of this coastline is dotted with elegant bathing resorts such as Timmendorfer Strand, Scharbeutz, Grömitz, and Damp 2,000, to mention only a few. The beaches, lined with sand castles and the traditional wickerwork beach chairs, extend for miles. And out at sea, wind surfers, yachtsmen, and motor-boat enthusiasts find ideal conditions for their sports.
The capital of Schleswig-Holstein is Kiel, situated on a 10-mile-long fjord, and one of the main centres of water sports in Germany. The Olympic sailing events took place there in 1972.
Sights worth seeing in Kiel are the Naval Memorial at Laboe, and the Schleswig-Holstein Open Air Museum at Molfsee, where a collection of old farmhouses and implements provides a survey of the region's rural crafts and culture.
Kiel, which was the most important German naval base during the First World War, is situated at the eastern end of the canal linking the North Sea with the Baltic – the busiest arti-

La côte baltique du Schleswig-Holstein

Une des régions de villégiature les plus fréquentées d'Allemagne est celle qui s'étend de Travemünde, le point le plus au sud de la côte baltique du Schleswig-Holstein, jusqu'à Flensburg tout au nord, à la frontière du Danemark.
Sur toute la côte, on trouve d'élégantes stations balnéaires comme Timmendorfer Strand, Grömitz, Scharbeutz, Damp 2 000, pour n'en citer que quelques-unes. Les plages sur lesquelles s'alignent les châteaux de sable et les fauteuils de plage s'étirent sur des kilomètres. La mer, elle, est le paradis des surfeurs, des fervents de la voile et des canots à moteur.
La capitale du Schleswig-Holstein est Kiel, situé sur une baie de 17 kilomètres de long, un des grands centres de sports nautiques allemands. Les épreuves de yachting des jeux Olympiques ont eu lieu à Kiel en l'an 1972.
Il ne faut pas manquer de voir à Kiel le monument élevé à la mémoire des marins allemands tombés pendant les deux guerres mondiales et le musée en plein air à Molfsee qui rassemble d'anciennes maisons paysannes et du matériel qui retrace l'histoire de la civilisation de cette région.
Kiel est situé à l'extrémité est du canal qui relie la mer du Nord à la Baltique, la voie navigable artificielle la plus fréquentée du monde.

▷ **An der Kieler Förde**
»Jetzt liegt mir Kiel in schönem Lichte, auch des zwanglosen, vermischten Umgangs, der schönen Gegend und Nachbarschaft wegen.« Johann Gottfried Herder, der Autor dieser Zeilen, dachte hierbei sicher auch an die Kieler Förde mit ihren ausgedehnten Sandstränden, »mit lebendigen Hecken durchflochten, das Meer nicht fern…«

▷ **Kiel Roadstead**
"I like Kiel also because of the easy-going manners at all social levels, its lovely surroundings, and the pleasant social contact with the neighbours." J. G. Herder, the author of these lines, was surely also thinking of Kiel Roadstead, with its extensive sandy beaches "lined with hedges, and not far from the sea…"

▷ **Dans la baie de Kiel**
«A présent Kiel me plaît dans la belle lumière, à cause aussi des fréquentations sans façon et diverses, de la belle région et du voisinage.» Johann Gottfried Herder, l'auteur de ces lignes, songeait certainement ici également à la baie de Kiel avec ses longues plages de sable «entrelacées de buissons vivants, la mer pas très loin…»

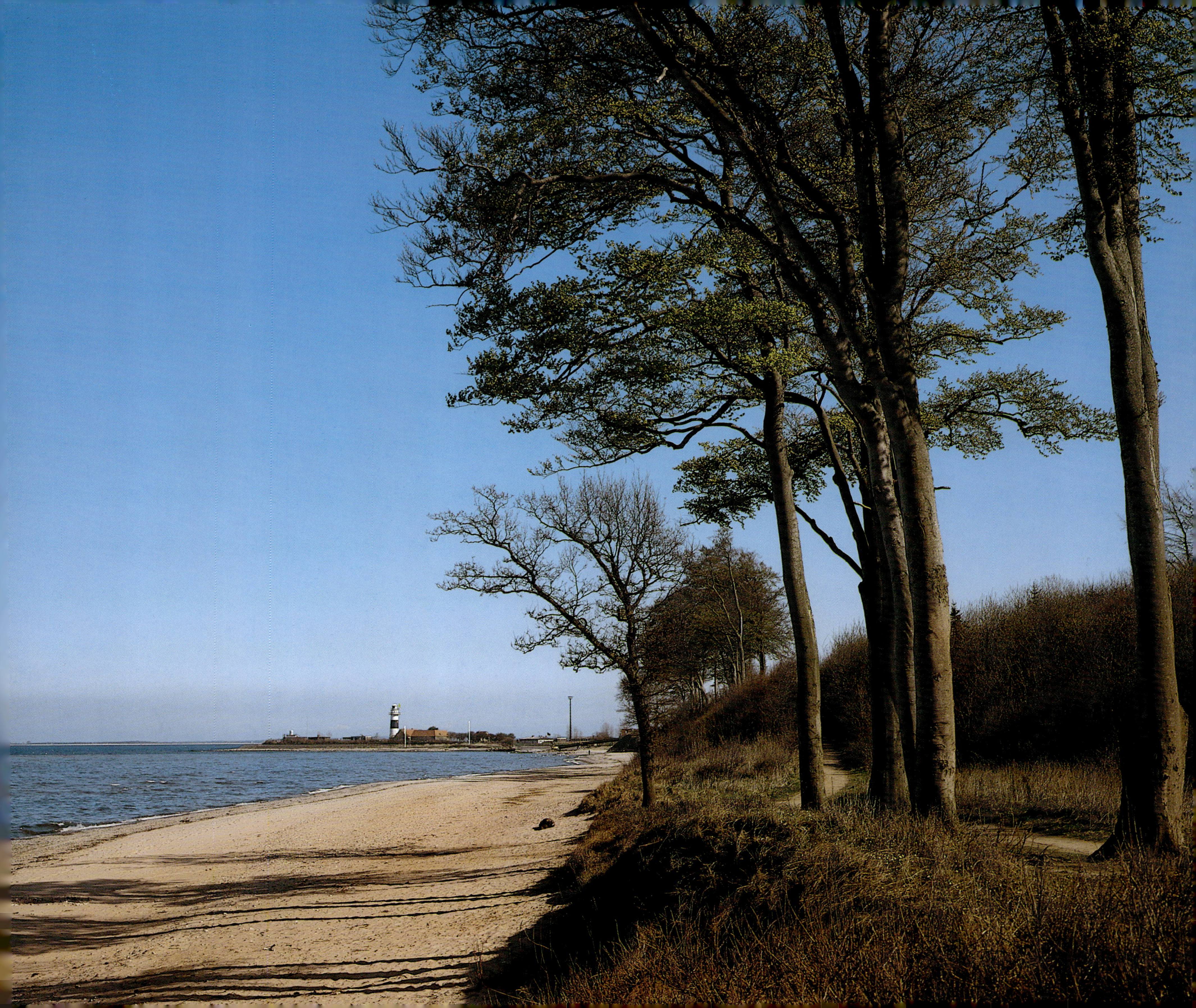

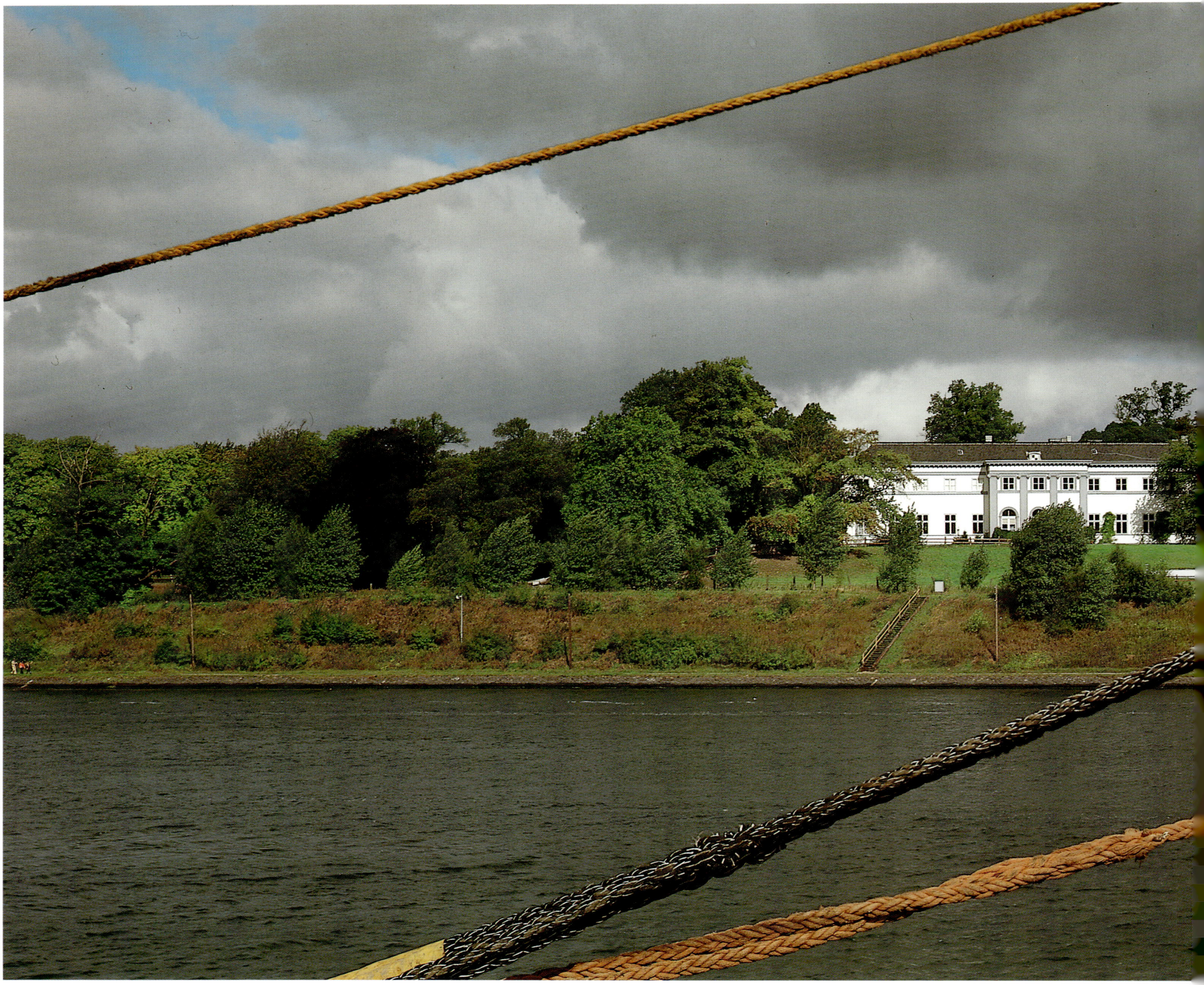

◁ **Altenholz bei Kiel/Herrenhaus Knoop**
Bei Kiel liegt das elegante Herrenhaus Knoop, eine der Meisterleistungen des deutschen Klassizismus. Schon bald war es ein beliebtes Ziel der Wanderer aus der nahen Großstadt. Im Spätsommer 1805 schwärmte der Schriftsteller Johann Gottfried Seume: »Ein Morgenspaziergang durch Düsternbrook nach der Mündung des Kanals und an diesem hinauf bis Knoop ist ein Genuß, den zehn Seestädte nicht gewähren.«

◁ **Altenholz near Kiel/Knoop House**
Knoop House is one of the finest products of German classicism. It has long been a popular excursion point. The writer J. G. Seume enthusiastically described such an excursion in the late summer of 1805: "A morning walk through Düsternbrook to the end of the canal, and then along the canal up to Knoop is a pleasure that ten other seaside towns cannot provide."

◁ **Altenholz près de Kiel/ La gentilhommière de Knoop**
L'élégante gentilhommière de Knoop, une merveille de l'architecture néo-classique allemande, se trouve près de Kiel. Elle devint très vite un lieu d'excursion privilégié pour les citadins. A la fin de l'été 1805, l'écrivain Johann Gottfried Seume s'enthousiasmait: «Une promenade matinale à travers Düsternbrook en direction de l'embouchure du canal et de là jusqu'à Knoop est un régal que ne donnent pas dix villes maritimes.»

Fährt man von Kiel aus weiter nach Norden, erreicht man Schleswig, die alte Handelsstadt an der Schlei, deren Dom man unbedingt besuchen sollte – allein schon wegen des Bordesholmer Altars von 1521. Er wurde berühmt durch die rund 400 Figuren, die Szenen aus der Heilsgeschichte darstellen und von ungewöhnlicher Schönheit sind.

Auf einer Insel liegt Schloß Gottorf, das größte in Schleswig-Holstein. Es beherbergt heute ein Museum.

An der Mündung der Schlei befindet sich die einstige Insel Maasholm. Sie ist heute mit dem Festland verbunden, was aber an der Idylle des Fischerhafens und des Dorfes mit seinen reetgedeckten Häusern nichts geändert hat.

Die nördlichste Stadt Deutschlands ist Flensburg, das viel von seinen mittelalterlichen Bauten bewahrte, darunter die Kaufmannshöfe. Von Flensburg beziehen die Deutschen ihren Rum.

Das nahe Schloß Glücksburg, ein in einem tiefblauen See liegendes Wasserschloß, wird heute wegen seiner kostbaren kunst- und kulturhistorischen Schätze gerühmt. Errichtet wurde es im Jahre 1587 im Auftrag von Herzog Johann d. J. von Sonderburg.

ficial waterway in the world. Further north from Kiel is Schleswig, the old trading city on the Schlei, whose Cathedral is a must for any visitor – if only for the famous *Bordesholm Altar* of 1521. The altar is renowned for its 400 finely carved figures representing biblical scenes. Nearby, on an island, is Gottorf Palace, the largest in Schleswig-Holstein, which now houses a museum.

Maasholm, at the mouth of the Schlei, was formerly an island. It is now connected with the mainland, but this does nothing to detract from the charm of the old fishing harbour and the village with its thatched houses.

West Germany's most northerly town is Flensburg, centre of the German rum trade. It has retained many of its medieval buildings, including the characteristic merchants' houses.

Not far away is Glücksburg Castle, built in 1587 in the deep blue waters of a lake for Duke John the Younger of Sonderburg, whose motto was "May God Give Us Happiness And Peace". The castle was used as a summer palace in the last century by the Danish King Frederick VII, who died there in 1863. It is renowned for its collection of paintings and cultural artefacts.

Plus au nord de Kiel se trouve Schleswig, la vieille ville marchande sur la Schlei dont il faut à tout prix visiter la cathédrale qui renferme le retable de Bordesholm de 1521. D'une incomparable beauté, il compte environ 400 statues sculptées sur bois représentant des scènes de la *Bible*. A proximité, situé sur une île, le château de Gottorf, le plus grand du Schleswig-Holstein et qui abrite aujourd'hui un musée.

Maasholm, à l'embouchure de la Schlei, est une ancienne île. Reliée aujourd'hui au continent, elle n'a rien perdu du charme que lui confèrent un port de pêche et un village aux maisons couvertes de chaume.

La ville la plus septentrionale de l'Allemagne est Flensburg, centre du commerce du rhum. La ville a gardé de nombreux édifices médiévaux dont des maisons de négociants typiques de la région.

Non loin de là, le château de Glücksburg, un castel d'eau au milieu d'un lac d'un bleu intense, est célèbre pour ses trésors artistiques et historiques. Il fut construit en 1587 à la demande du duc Jean le Jeune de Sonderburg.

▷ **Schloß Glücksburg**
Zu den eigenwilligsten Schloßbauten im Norden Deutschlands gehört Glücksburg im gleichnamigen Ostseeheilbad an der Flensburger Förde. Das Schloß wurde in den Jahren 1582 bis 1586 im Stil der Renaissance erbaut. Es ist ein weiß verputzter, quadratischer Baublock mit vier achteckigen Türmen an den Ecken.

▷ **Glücksburg Palace**
Glücksburg, in the Baltic resort of the same name on the Flensburger Förde, is one of the most remarkable buildings in the north of Germany. It was built in the Renaissance style in 1582–86. Each corner of the rectangular central block is guarded by an octagonal tower.

▷ **Château de Glücksburg**
Le château de Glücksburg dans la station balnéaire du même nom sur la baie de la mer Baltique est un des châteaux les plus originaux dans le nord de l'Allemagne. Il a été édifié de 1582 à 1586 dans le style de la Renaissance. C'est une construction carrée flanquée aux quatre coins de tours octogonales.

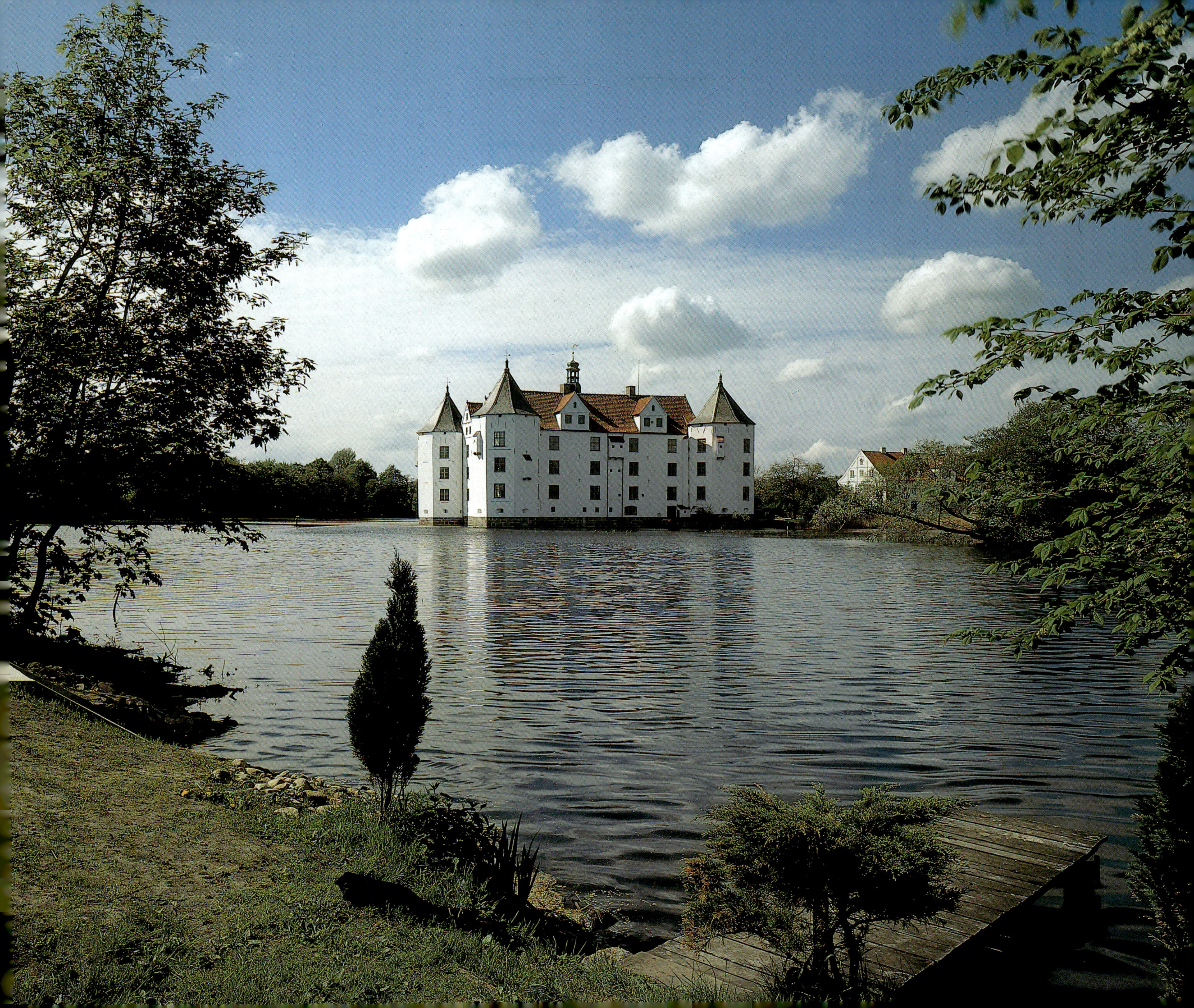

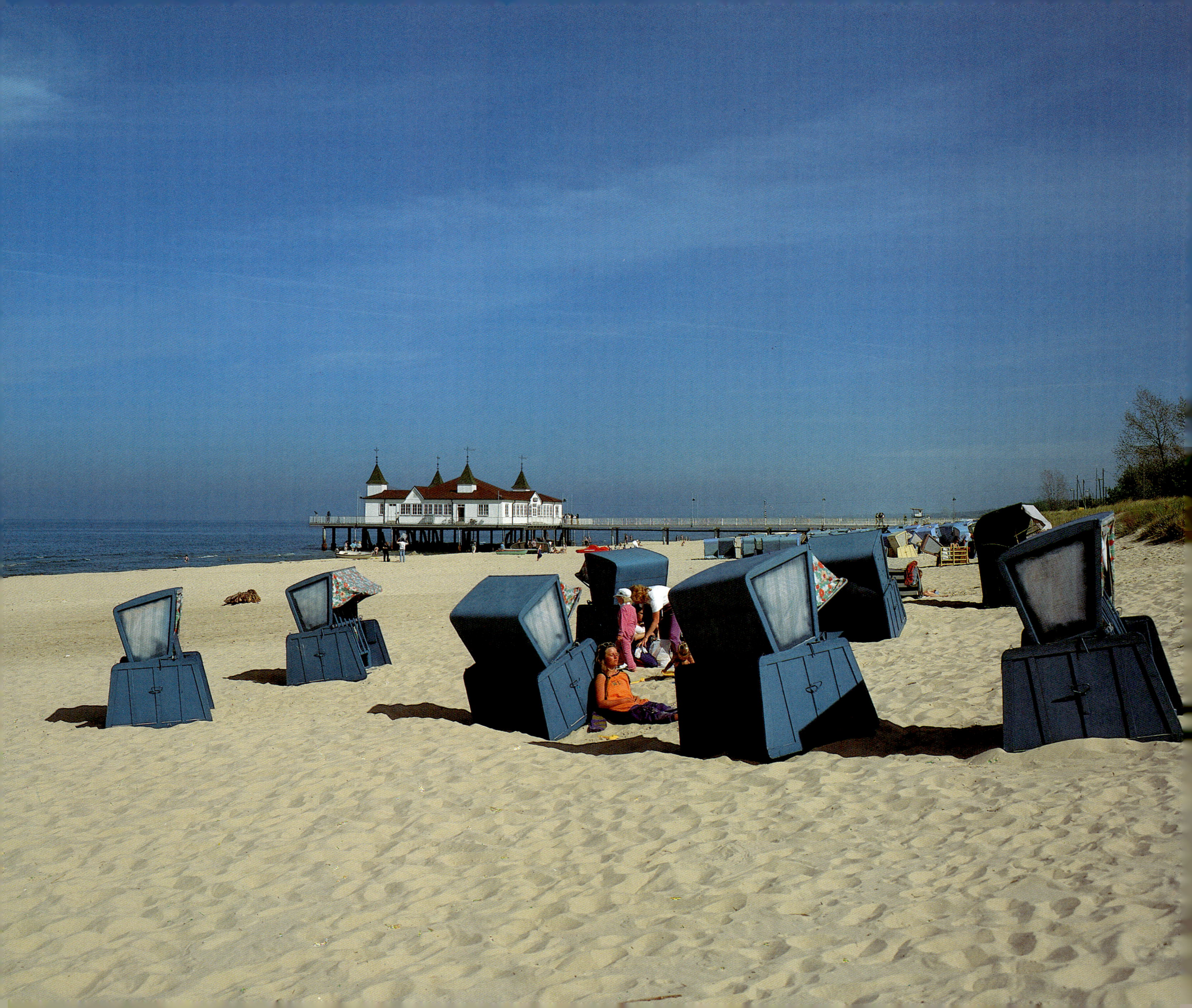

Mecklenburg-Vorpommern

In der Nacht sollte ein Sturm kommen, und die Fischer von Heringsdorf brachten ihre Boote an Land, zogen sie ein Stück hinauf in die Dünen – da waren sie sicher. Die Fischer von Heringsdorf steckten ihre Pfeifen an und schauten hinaus auf die See, die immer ungemütlicher wurde.

Die Seebäder Heringsdorf und Ahlbeck sind die östlichsten deutschen Stationen an der Ostsee. Sie liegen auf der Insel Usedom inmitten von Kiefernwäldern und Dünen und an einem 38 Kilometer langen feinkörnigen Sandstrand. Der Strand, der sich von Karlshagen bis Ahlbeck erstreckt, wird nur einmal von der Steilküste am Streckelsberg bei Koserow für wenige hundert Meter unterbrochen.

An der Ostseeküste liegen die alten Städte wie Perlen: Wismar mit seinem inzwischen restaurierten Marktplatz, auf dem die alte Wasserkunst steht und an dem hinter gotischen und jugendstilgeschmückten Mauern Gastlichkeit gepflegt wird.

Nicht weit von Wismar liegt Rostock, von deutschen Kaufleuten und Handwerkern im 12. Jahrhundert gegründet, eine Stadt, die mehrere Male in wirtschaftlicher Blüte stand, bis der Dreißigjährige Krieg (1618–1648) einen weiteren Aufschwung stoppte. Erst um 1800 begann ein neuer Auf-

Mecklenburg-West-Pomerania

A storm was expected that night, and the fishermen of Heringsdorf hauled their boats up into the dunes for safety. The fishermen lit their pipes, and stared out to sea, which steadily got rougher and more inhospitable.

The resorts Heringsdorf and Ahlbeck are the most easterly German places on the Baltic coast. They are on the island of Usedom, surrounded by pine forests and dunes, and are blessed with a 24-mile-long beach of fine sand. The beach, which extends from Karlshagen to Ahlbeck, is only once interrupted for a few hundred yards by the Streckelsberg Cliffs near Koserow.

The old towns are scattered along the Baltic coast like a loosely-strung string of pearls: Wismar with its great Market Place, now restored, one of whose principal buildings is the 17th century "Wasserkunst" which once supplied the town with fresh water.

Not far from Wismar is Rostock, founded by German merchants and craftsmen in the 12th century, a town which enjoyed several periods of prosperity until further development was stopped by the Thirty Years' War (1618–1648). Real recovery only began in about 1800, but by the second half of the century Rostock had Europe's third largest fleet of

Mecklembourg-Poméranie antérieure

Une tempête était annoncée pour la nuit et les pêcheurs de Heringsdorf avaient amené leurs bateaux à terre et les avaient tirés dans les dunes – là, ils étaient en sécurité. Les pêcheurs de Heringsdorf avaient allumé leurs pipes et regardaient la mer qui était de plus en plus agitée.

Les stations balnéaires de Heringsdorf et Ahlbeck sont les stations allemandes les plus orientales de la mer Baltique. Elles sont situées sur l'île d'Usedom au milieu de forêts de conifères et de dunes et au bord d'une plage de sable fin de 38 kilomètres de long. Cette plage, qui s'étend de Karlshagen à Ahlbeck, n'est interrompue qu'une seule fois sur quelques centaines de mètres par une falaise au Streckelsberg près de Koserow.

Sur la côte de la mer Baltique, les vieilles villes sont disposées comme des perles: Wismar avec sa place du Marché entre-temps restaurée où se trouve la *Wasserkunst* (la maisonnette de source) et derrière les murs gothiques et de style 1900 de laquelle on pratique l'hospitalité.

Non loin de Wismar se trouve Rostock, fondée au XIIe siècle par des marchands et des artisans allemands. La ville connut à plusieurs reprises une prospérité économique jusqu'à la guerre de Trente Ans (1618–1648) qui mit un frein à un nouvel essor. Et

◁ **Usedom/Ahlbeck, Strand**
In Ahlbeck wurden schon 1852 die ersten Sommerurlauber begrüßt. Im Laufe der Jahre kamen immer mehr Gäste, wobei die Berliner stets in der Überzahl waren. Ahlbeck hat seinen Besuchern auch einiges zu bieten: einen breiten, steinfreien Strand und eine Promenade, die bis nach Bansin führt – nicht zuletzt die Seebrücke mit ihrem hölzernen Schloß auf Pfählen.

◁ **Usedom/Ahlbeck beach**
The first few summer visitors came to Ahlbeck in 1852. Since then they have come in increasing numbers every year, with Berliners always in the majority. Ahlbeck has plenty to offer its guests: a broad sandy beach, a promenade that extends all the way to Bansin, and the pier with its pavilion, like a wooden castle above the sea.

◁ **Usedom/Ahlbeck, la plage**
Dès l'été 1852, Ahlbeck a accueilli les premiers vacanciers. Au fil des années, il y en a eu toujours plus, mais les Berlinois ont toujours fourni le plus gros contingent. Il est vrai qu'Ahlbeck a de quoi offrir à ses visiteurs: une large plage sans cailloux, une promenade, qui mène jusqu'à Bansin, et le Seebrücke avec son château en bois construit sur pilotis.

stieg. In der zweiten Hälfte des vorigen Jahrhunderts hatte Rostock die drittgrößte Segelflotte Europas. Es gab an der Ostsee keine Stadt, die eine größere Flotte besaß: 378 Segelschiffe fuhren 1870 unter Rostocker Flagge.
Als der Zweite Weltkrieg begann, dominierten im Rostocker Stadtbild die spätgotischen, barocken und klassizistischen Stilelemente. Viel ist davon nicht geblieben. Bomben zerstörten große Teile der Stadt. Aber immer noch ist Rostock reich an architektonischen Schätzen – zum Beispiel in der Kröpeliner Straße, die einst die Straße der Brauer war. Zu den Schmuckstücken von Rostock gehört das Rathaus aus gotischer Zeit, dessen von sieben Türmen bekrönte Fassade Ende des 15. Jahrhunderts fertiggestellt wurde.
Vor Rostock – zur See hin – liegt Warnemünde. Dessen Bewohner legen großen Wert darauf, daß sie sich von Rostock abgrenzen und – Warnemünder sind. Andererseits fühlen sie sich im Schoße Rostocks recht wohl. Warnemünde gilt schon seit 1323 als Vorposten Rostocks an der Ostsee. Damals wurde das bescheidene Fischerdorf an der Mündung der Warnow kurzerhand vereinnahmt, und die mächtigen Rostocker verboten den Warnemündern, eine eigene Schiffahrt, ein eigenes Hand-

sailing vessels, which no other Baltic port could match: in 1870 there were 378 sailing ships flying the Rostock flag.
When the Second World War began, the Rostock townscape was dominated by late-Gothic, Baroque, and Classicist elements, but much of the substance was destroyed in the air raids. Even so, Rostock still has a rich architectural heritage, including Kröpeliner Strasse, which was once the street of the brewers, and the Gothic Town Hall, whose façade with its seven towers was completed at the end of the 15th century.
Further downriver, directly on the coast, lies Warnemünde, whose inhabitants like to feel that they are independent of Rostock, although the symbiosis is to the benefit of both places.
Warnemünde has been regarded as Rostock's bastion on the Baltic since 1323, when the modest fishing village at the mouth of the Warnow was annexed by Rostock and subsequently forbidden to register its own ships, or to set up its own crafts or trading connections.
That was long ago; in the meantime the one-time fishing village has prospered: it is now a ferry port for the Baltic, has its own fishing port, and, since the beginning of the 19th century, has become a flourishing resort.

ce n'est que vers 1800 qu'une nouvelle expansion s'amorça. Dans la deuxième moitié du siècle dernier, Rostock avait la troisième flotte de voiliers d'Europe. Il n'y avait aucune ville sur la mer Baltique pour posséder une plus grande flotte: en 1870, 378 voiliers naviguaient sous le pavillon de Rostock.
Lorsque débuta la Deuxième Guerre mondiale, la physionomie de la ville était dominée par des éléments de style gothique tardif, baroque et néoclassique. Il n'en est pas resté grand-chose. Les bombes ont détruit la plus grande partie de la ville. Rostock reste cependant riche en trésors d'architecture – par exemple dans la Kröpeliner Strasse, qui fut autrefois la rue des brasseurs. Parmi les ornements de Rostock figure l'hôtel de ville de l'époque gothique et dont la façade surmontée de sept tours fut terminée à la fin du xvᵉ siècle.
Devant Rostock – en direction de la mer – se trouve Warnemünde dont les habitants tiennent beaucoup à ce qu'on ne les confonde pas avec ceux de Rostock. D'un autre côté, ils se sentent plutôt bien dans le giron de Rostock. Dès 1323, Warnemünde a été considérée comme l'avant-poste de Rostock sur la mer Baltique. A l'époque, le modeste village de pêcheurs fut annexé sans autre forme de procès et la puissante Rostock lui

▷ **Wismar/Bürgerhäuser**
Wismar zählte im 14. und 15. Jahrhundert neben Lübeck, Rostock und Stralsund zu den führenden Mitgliedern der Hanse. Vom damaligen Wohlstand seiner Bewohner zeugen noch heute stolze Bürgerhäuser, obwohl die Stadt im Zweiten Weltkrieg schwer beschädigt wurde.

▷ **Wismar/Burghers' houses**
Together with Lübeck, Rostock, and Stralsund, Wismar was a leading member of the Hanseatic League in the 14th and 15th centuries. The prosperity it enjoyed in those days is illustrated by the proud burghers' houses, although a great deal of substance was destroyed in the last world war.

▷ **Wismar/Maisons bourgeoises**
Aux XIVᵉ et XVᵉ siècles, Wismar était avec Lübeck, Rostock et Stralsund un des membres importants de la Hanse. D'altières maisons bourgeoises attestent aujourd'hui encore de la prospérité d'autrefois de ses habitants bien que la ville ait été gravement endommagée pendant la Deuxième Guerre mondiale.

271

werk und einen eigenen Handel zu betreiben.
Inzwischen hat sich das einstige Fischerdorf ganz schön gemausert. Von dort aus gehen die Fähren über die Ostsee. Es gibt einen Fischereihafen. Und seit Beginn des 19. Jahrhunderts entwickelte sich Warnemünde auch zu einem stark frequentierten Ostseebad.
Wir sollten Stralsund besuchen, die alte Hansestadt, Greifswald und das landeinwärts gelegene Schwerin am Schweriner See mit seinem sehenswerten Schloß.
Zu den außergewöhnlichen Schönheiten des Landes Mecklenburg-Vorpommern aber gehört die Insel Rügen. Das Kap Arkona ist der nördlichste Punkt der Insel, und man sollte ihn zunächst aus der Ferne betrachten, vom idyllischen Fischerdorf Vitt aus, das zwei Kilometer südlich von Kap Arkona liegt. Die 47 Meter hoch aus dem Meer ragenden weißen Klippen waren schon vor tausend Jahren ein Anziehungspunkt. Die slawischen Rannen bauten dort die Jaromarsburg. Sie verehrten den vierköpfigen Gott Swantewit, dem sie auf der Burg ein Standbild setzten. Im Jahre 1169 zerstörten jedoch Dänen die slawische Tempelburg. Was sie nicht schafften, vollendet das Meer, das immer neue Stücke von dem Kreidefelsen abbricht.

We should not miss visiting Stralsund, the old Hanseatic town, or Greifswald, or Schwerin, further inland, with its castle on the lake.
The island of Rügen is one of the most outstanding natural features of the State of Mecklenburg-West-Pomerania. The island's most northerly point, Cape Arkona, with its lighthouse and cliffs, is best viewed at first from the idyllic fishing village of Vitt, which is about one mile to the south of the Cape. The white cliffs of Arkona, rising 155 feet above the sea, were evidently already a point of attraction a thousand years ago, for it was there that the Ranns, a Slav tribe, built Jaromar's Fort. They worshipped the four-headed god Svantevit, erecting a statue in the fort in his honour, but the Slav temple-fort was destroyed by the Danes in 1169. What they left of the fort has in the meantime been steadily eroded by the sea, which constantly undermines and breaks pieces away from the chalk cliffs.
Another famous cliff on Rügen is at Stubbenkammer, in the Jasmund National Park. The *Königsstuhl* (Royal Throne), a 400-feet-high platform at the top of the cliff, provides a magnificent panorama. The Romantic painter Caspar David Friedrich depicted this view in 1818 in his painting *Chalk Cliffs on Rügen*.

interdit d'avoir sa propre flotte, son artisanat et son commerce.
Entre-temps, l'ancien village de pêcheurs a bien changé. C'est de là que partent les bateaux d'excursion en mer Baltique. Il y a un port de pêche. Et à partir du début du xixe siècle, Warnemünde s'est transformé en une station balnéaire très fréquentée de la mer Baltique.
Nous devrions visiter Stralsund, l'ancienne ville hanséatique, Greifswald et vers l'intérieur Schwerin au bord du lac du même nom avec son remarquable château.
Mais parmi les plus beaux endroits du Land de Mecklembourg-Poméranie antérieure se trouve l'île de Rügen. Le Cap Arkona est le point le plus septentrional de l'île et l'on devrait le contempler tout d'abord de loin, de l'idyllique village de pêcheurs de Witt, situé à deux kilomètres au sud du Cap Arkona. Les falaises blanches qui se dressent à 47 mètres au-dessus de la mer ont déjà exercé leur attrait il y a mille ans. Les Slaves occidentaux y édifièrent le Jaromarsburg. Ils adoraient le dieu à quatre têtes Swantevite auquel ils élevèrent une statue dans le temple. En 1169 toutefois, des Danois détruisirent la forteresse slave et la mer qui ronge en permanence la falaise de craie fit le reste.
Une autre falaise de craie célèbre

▷ **Rostock/Marienkirche**
Der Seehandel hat Rostock einst Wohlstand gebracht. Die schönen Giebelhäuser und mächtigen Backsteinkirchen überdauerten auch spätere, weniger glanzvolle Zeiten.
▷▷ **Schwerin/Blick auf Schloß, Stadt, Dom und Theater**
Vom höchsten Turm des Schlosses schweift der Blick über das Weichbild der ältesten Stadt Mecklenburgs.

▷ **Rostock/St. Mary's Church**
Rostock was once a wealthy commercial port. The fine gabled houses and great red-brick churches survived later, less prosperous, times.
▷▷ **Schwerin/View of the palace, town, cathedral, and theatre**
The highest tower of the palace provides an impressive view across Mecklenburg's oldest city.

▷ **Rostock/L'église Notre-Dame**
Le commerce maritime a autrefois fait la prospérité de Rostock. Les belles maisons à pignon et les imposantes églises en brique ont survécu à des époques ultérieures, moins glorieuses.
▷▷ **Schwerin/Vue sur le château, la ville, la cathédrale et le théâtre**
De la tour la plus élevée du château, la vue s'étend sur la plus vieille ville du Mecklembourg.

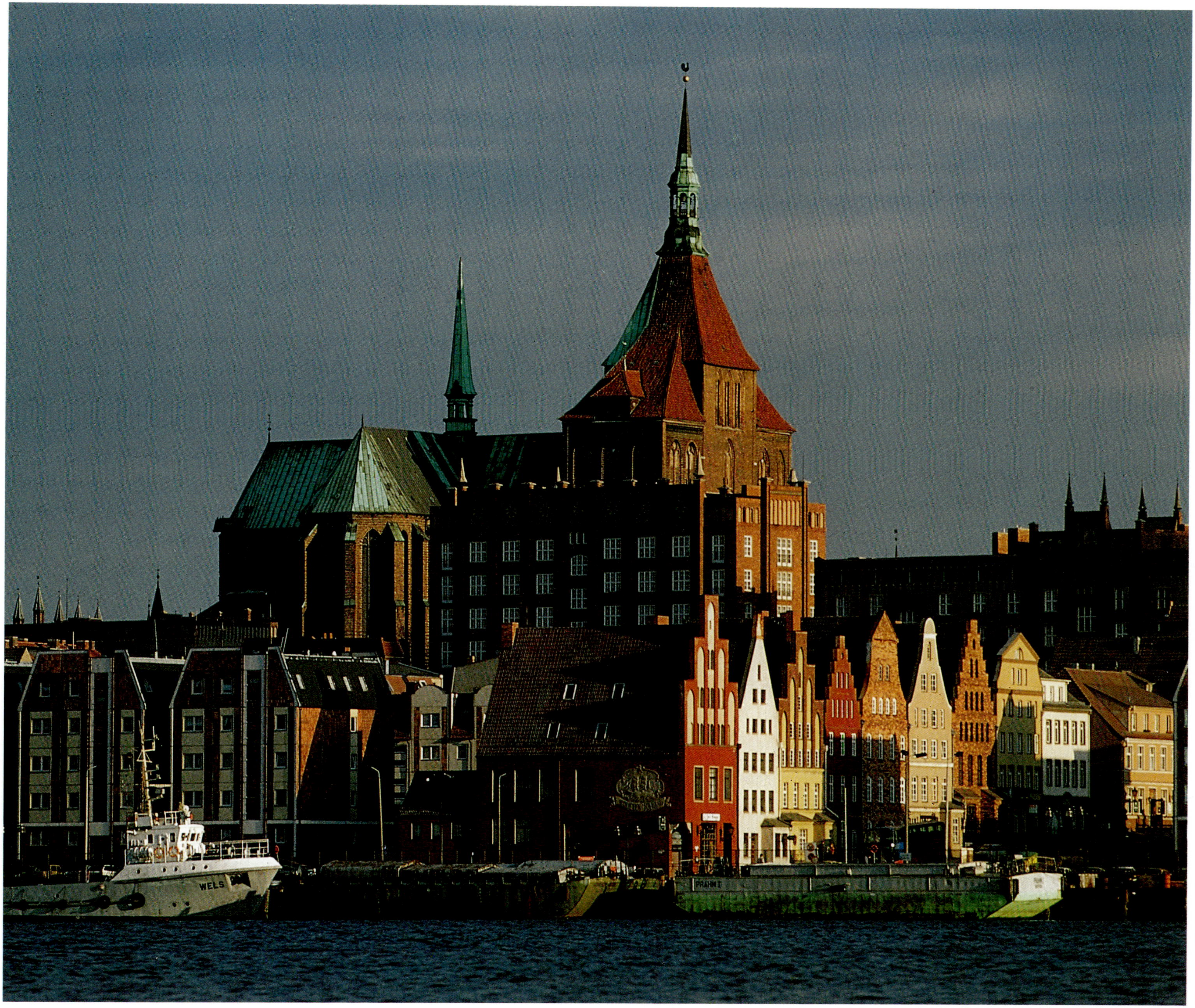
WELS

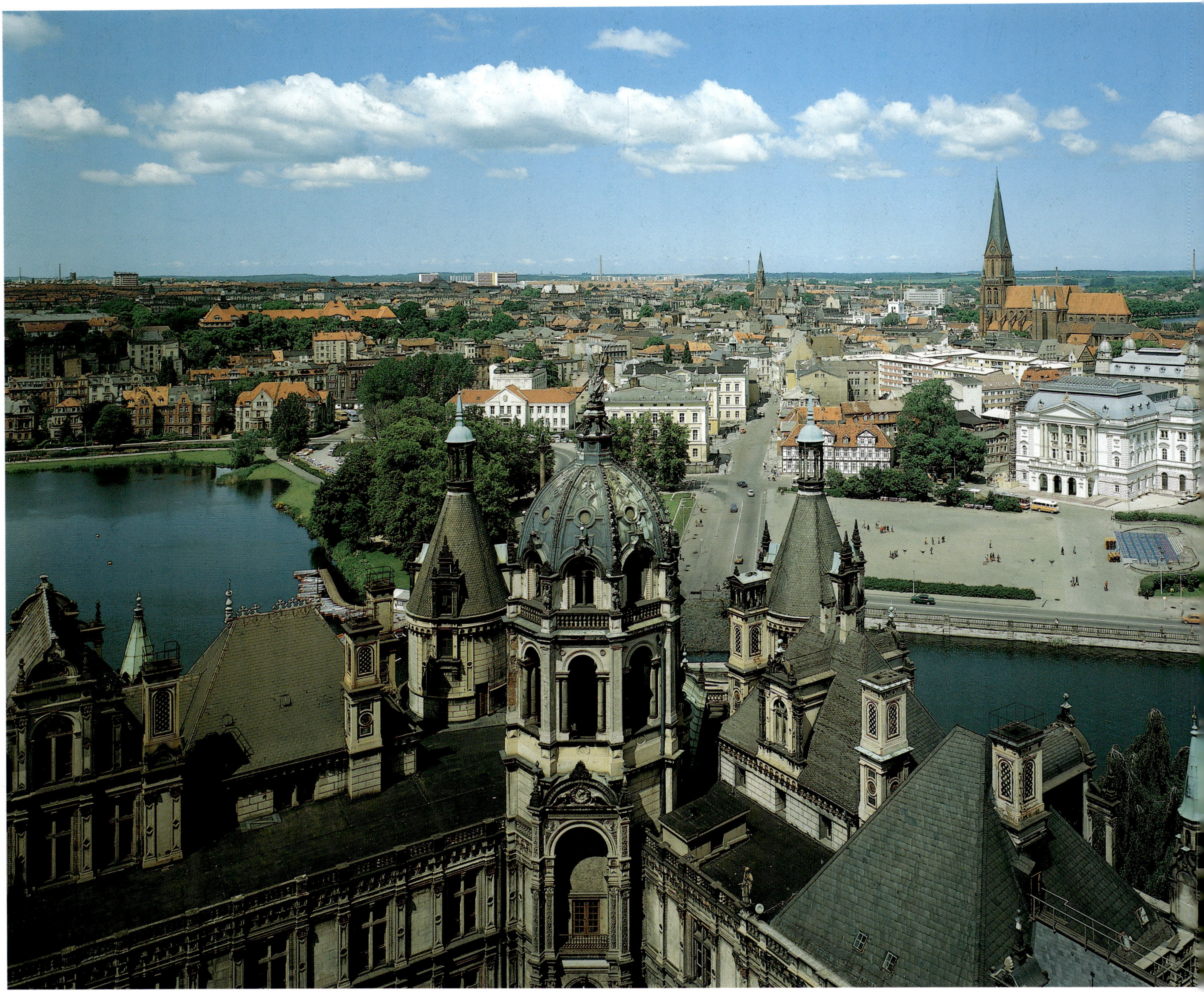

Ein anderer berühmter Kreidefelsen auf Rügen befindet sich bei Stubbenkammer im Nationalpark Jasmund. Es ist der Königsstuhl, dessen fast 120 Meter hohe Plattform einen wunderschönen Rundblick bietet. Der Romantiker Caspar David Friedrich hat diese Aussicht 1818 in seinem Bild *Kreidefelsen auf Rügen* festgehalten.

Südlich von Stubbenkammer liegt Saßnitz, das einst ein kleines Fischerdorf war und sich im 19. Jahrhundert mehr und mehr zu einem vornehmen Seebad entwickelte.

Ein Stück Romantik aber findet man auch auf Hiddensee, einem schmalen Eiland an der Westküste von Rügen. Autos sind dort nicht erlaubt. Diese Insel war einmal der Wohnsitz des Dichters Gerhart Hauptmann, der dort auch begraben ist. Hauptmann hatte auf Hiddensee unter anderem seinen Schriftstellerkollegen Thomas Mann zu Gast, der sich über die Gewohnheit Hauptmanns wunderte, morgens um sieben, vor dem Frühstück, in der Ostsee zu baden.

To the south of Stubbenkammer lies Sassnitz, which was still a small fishing village in the 19th century, but which has in the meantime developed into an elegant seaside resort.

Just off the west coast of Rügen is another romantic spot: the small island of Hiddensee, where cars are not allowed. This island was the home of the German writer Gerhart Hauptmann, who is also buried there. Hauptmann was once visited there by that other famous German writer, Thomas Mann, who was amazed at Hauptmann's habit of bathing in the Baltic at seven o'clock in the morning before breakfast.

dans l'île de Rügen est située près de la Stubbenkammer dans le parc national de Jasmund. C'est le Siège du Roi, dont la plate-forme de près de 120 mètres de hauteur offre un merveilleux panorama circulaire. Le peintre romantique, Caspar David Friedrich, a immortalisé cette vue en 1818 dans son tableau *Falaises de craie à Rügen*.

Au sud de la Stubbenkammer se trouve Sassnitz, qui fut jadis un petit village de pêcheurs et qui, au XIXᵉ siècle, s'est transformé de plus en plus en une élégante station balnéaire.

L'étroite île de Hiddensee, devant la côte occidentale de Rügen, offre également une portion de romantisme. Les voitures n'y sont pas autorisées. L'auteur dramatique Gerhart Hauptmann vécut dans l'île où il est également enterré. Il y recevait Thomas Mann qui s'étonnait de l'habitude qu'avait prise Hauptmann de se baigner dans la Baltique, à sept heures du matin, avant le petit-déjeuner.

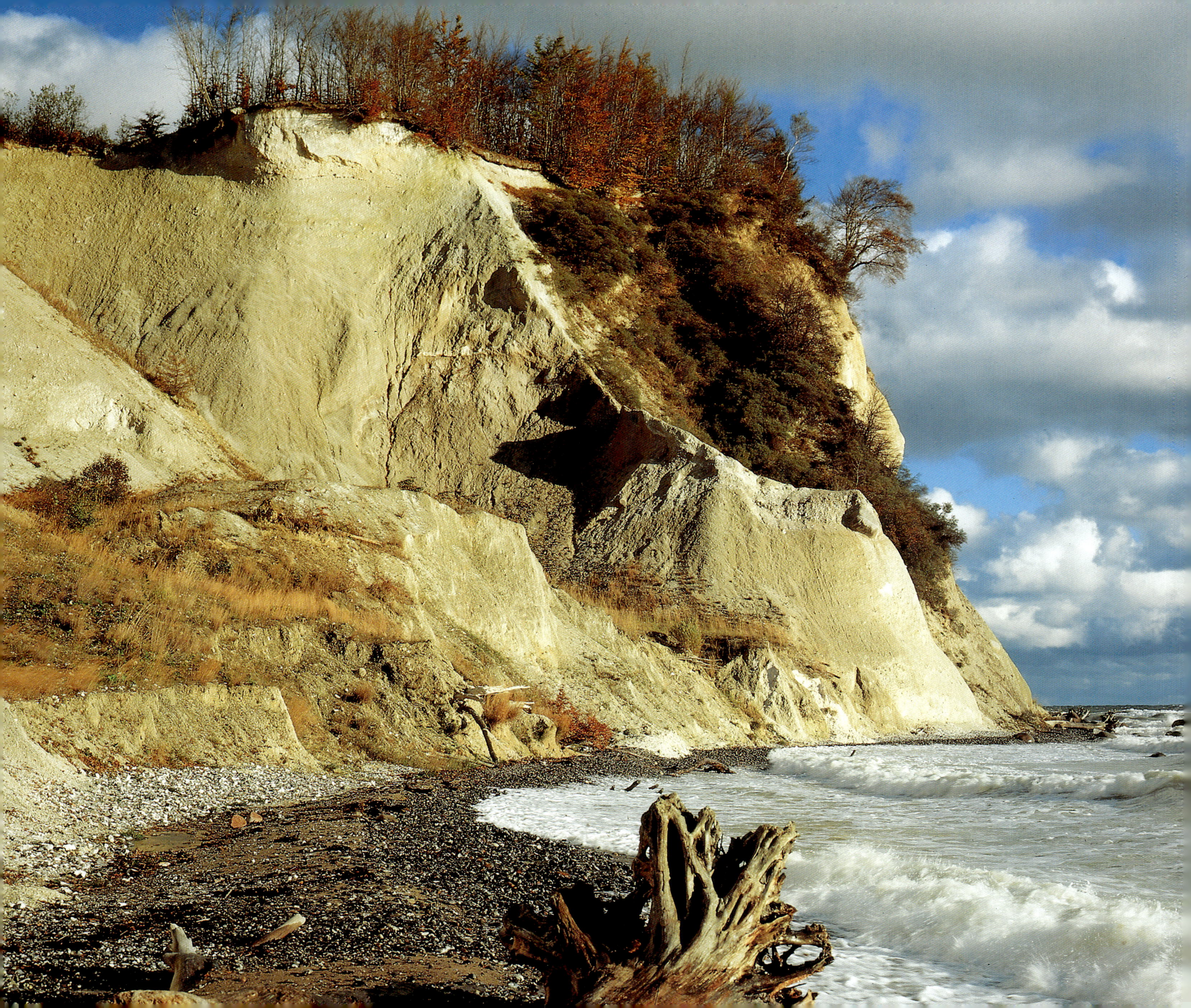

◁ **Rügen/Kreidefelsen**
▽ **Usedom/Boot bei Koserow**
Die Kreidefelsen auf Rügen sind dank Caspar David Friedrichs Gemälde weltberühmt. Für den Maler versinnbildlichte der Felsenabgrund die Grenze zwischen zwei Existenzweisen: Die beschränkte körperliche Welt trifft auf die dem Blick und den Gedanken zugängliche Unendlichkeit der See. Friedrich hatte auch zwei Boote dargestellt, die eine weitere Möglichkeit symbolisieren, der Begrenztheit des irdischen Daseins zu entkommen. – In Koserow sieht man das offensichtlich nüchterner, das Boot ist jedenfalls so gut vertäut, daß es hübsch an Land bleibt und nicht im Reich der Unendlichkeit verschwindet.

◁ **Rügen/Chalk cliffs**
▽ **Usedom/Boat near Koserow**
Thanks to the painting by Caspar David Friedrich, the chalk cliffs on the island of Rügen are world-famous. For the painter the cliffs symbolized the borderline between two kinds of existence: the corporeal world with all its limitations is confronted with the infinite, represented by the sight and concept of the limitless sea. In his painting Friedrich showed two boats, which represent a further possibility of escape from the confines of earthly life. – In Koserow a different view is evidently taken – the boat is so well moored that it will remain firmly on land without a chance of disappearing into the realm of infinity.

◁ **Rügen/Falaises de craie**
▽ **Usedom/Bateau près de Koserow**
Les falaises de craie de Rügen ont été rendues célèbres par une peinture de Caspar David Friedrich. Pour le peintre, l'à-pic de la falaise symbolisait la frontière entre deux modes d'existence: le monde matériel restreint qui rencontre l'immensité de la mer accessible aux idées. Sur son tableau, Friedrich avait également représenté deux bateaux qui symbolisaient une autre possibilité d'échapper aux limites de l'existence terrestre. – A Koserow, on voit apparemment les choses d'une façon plus prosaïque; le bateau est en tout cas si bien amarré qu'il ne risque pas de disparaître dans le royaume de l'infini.

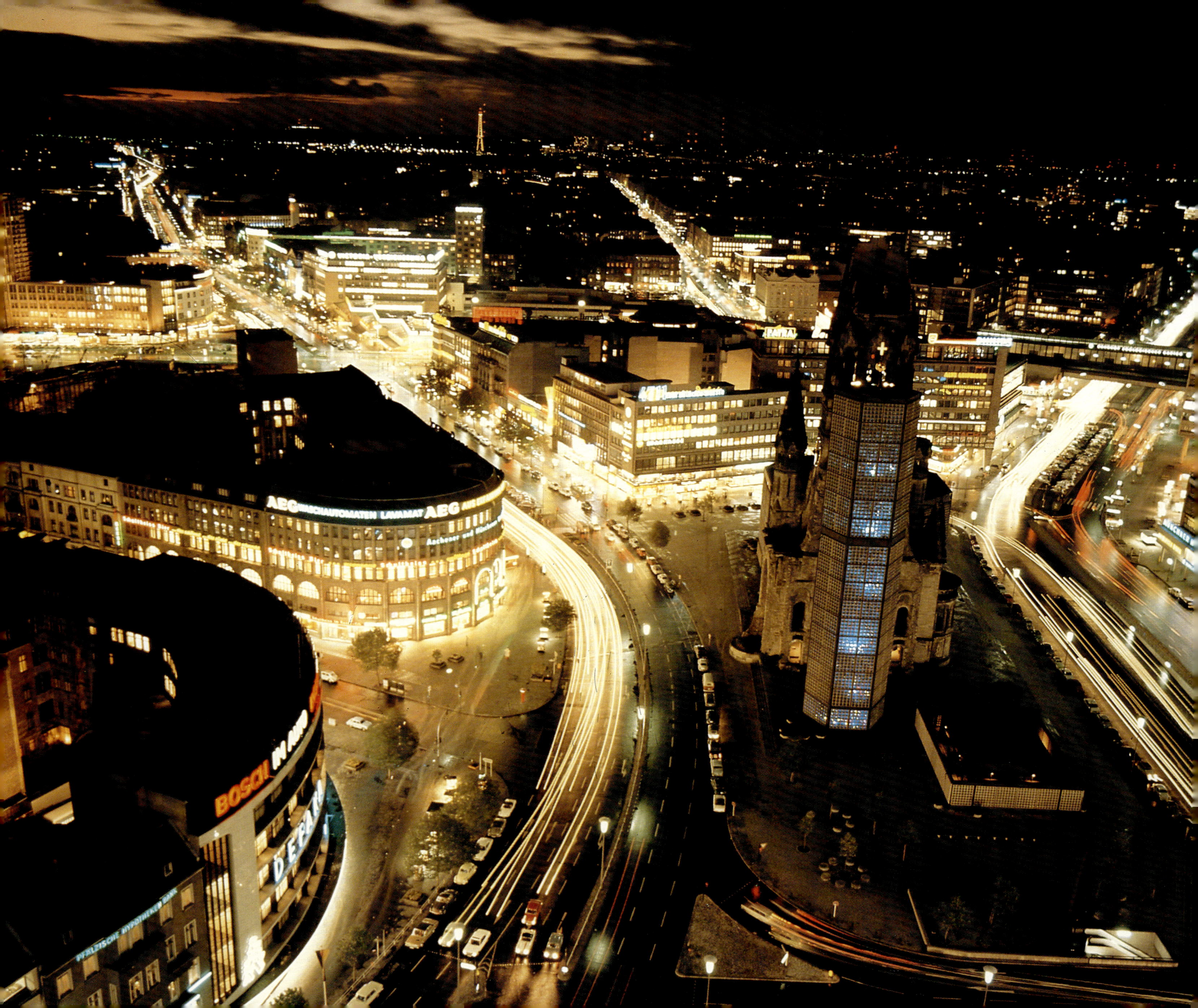
AEG WASCHAUTOMATEN LAVAMAT AEG
BOSCH

Berlin

Berlin, die einstige Hauptstadt der preußischen Könige und für 74 Jahre pulsierende Metropole des Deutschen Reiches, ist auf dem Wege, die Hauptstadt der Bundesrepublik Deutschland zu werden. Die wiedervereinigte Stadt präsentiert sich heute mit ihrem bunten Westteil und mit ihrem historischen Herz in Berlin-Mitte. Mit noch größerer Berechtigung als früher kann man heute sagen: »Berlin ist eine Reise wert.«
Das historische Berlin, das so lange hinter der Mauer ein Aschenputteldasein führte, lädt zum Bummel ein – zur Allee Unter den Linden, vorüber an den seit preußischen Tagen bekannten Plätzen und Bauten: Da steht der vor einigen Jahren restaurierte Berliner Dom, da ist die Neue Wache, das Rote Rathaus, von dem aus heute wieder ganz Berlin regiert wird, da sind der Gendarmenmarkt und der Alexanderplatz, der sich so stark verändert hat und nur noch sehr entfernt an den »Alex« von einst erinnert. Die Jungfernbrücke ist noch da, die um 1800 erbaute letzte hölzerne Zugbrücke Berlins – nur wenige Schritte von der legendären Sperlingsgasse entfernt, wo Wilhelm Raabe seine *Chronik der Sperlingsgasse* schrieb. Die Gasse gibt es nicht mehr.
Auch die Museumsinsel ist wie eh und je ein besonderer Anziehungs-

Berlin

Berlin, once capital of the Prussian kings, and for 74 years the pulsating metropolis of the German Empire, is now on its way to becoming the capital of the Federal Republic of Germany. The re-united city, with its colourful western part and its historical centre, is now more worth a visit than ever before.
With its Unter den Linden Avenue, and all the famous squares and buildings of the Prussian period, the historical centre of Berlin, which led a Cinderella existence for so long behind the Wall, is ideal sightseeing terrain: there is Berlin Cathedral, for example, restored a few years ago, the Neue Wache, a temple-like memorial, designed by Schinkel, the *Rote Rathaus* (Red Town Hall), which now once again governs the whole of the city, the *Gendarmenmarkt* (Gendarmes' Market), and Alexanderplatz, which has changed almost beyond recognition in recent decades.
The Jungfern Bridge is still there – Berlin's last wooden drawbridge, built in about 1800 – only a few steps away from the legendary Sperlingsgasse (Sparrow Lane), no longer in existence, where Wilhelm Raabe wrote his *Chronik der Sperlingsgasse* (Chronicle of Sparrow Lane).
The Museum Island continues to be one of the city's prime attractions. Most of the museums were built

Berlin

Berlin, qui fut la capitale des rois de Prusse et, pendant 74 ans, la métropole animée de l'Empire allemand, est en voie de devenir la capitale de la République fédérale d'Allemagne. La ville réunifiée se présente aujourd'hui avec sa partie occidentale colorée et son cœur historique au centre. Plus encore qu'autrefois, l'on peut dire: «Berlin vaut un voyage».
Le Berlin historique, qui pendant si longtemps a mené derrière le Mur une existence de cendrillon, invite à la flânerie – dans le boulevard Unter den Linden, sur les places et devant les immeubles célèbres depuis l'époque prussienne: il y a là la cathédrale protestante, restaurée il y a quelques années, la Nouvelle Garde, l'hôtel de ville rouge d'où tout Berlin est à nouveau gouverné aujourd'hui, le marché des Gendarmes, l'Alexanderplatz dont la physionomie a complètement changé et qui ne rappelle plus que vaguement l'«Alex» d'autrefois. Le pont aux Vierges est encore là; construit vers 1800, c'est le dernier pont-levis en bois de Berlin – à quelques pas seulement de la légendaire Sperlingsgasse où Wilhelm Raabe écrivit sa *Chronique de la rue aux moineaux*. La ruelle n'existe plus.
L'île des Musées est comme toujours un endroit très populaire. Les musées ont été construits pour la plupart au tournant du siècle. Ils se trouvent sur

◁ **Berlin bei Nacht**
Berlin ist nach den schlimmen Bombennächten des Zweiten Weltkriegs wieder zu einer glitzernden Weltstadt geworden. Die Ruine der Kaiser-Wilhelm-Gedächtniskirche, in den sechziger Jahren ergänzt durch einen zweiteiligen Neubau, wurde ein Mittelpunkt der neuen City. Tag und Nacht brodelt hier der Verkehr, herangeführt von drei großen Boulevards, darunter der Kurfürstendamm (links).

◁ **Berlin at night**
Berlin – a glittering metropolis risen again from the dust and ashes of the bombing raids of the last world war. The ruins of Emperor William's Memorial Church, complemented by two new structures added in the 60's, became a focal point of the new city. Here, traffic along the three great boulevards (left: Kurfürstendamm) never ceases.

◁ **Berlin la nuit**
Après les terribles bombardements de la Deuxième Guerre mondiale, Berlin est redevenu une métropole étincelante. Les ruines de l'église du Souvenir sont devenues un centre de la nouvelle ville. Jour et nuit, trois grands boulevards dont le Kurfürstendamm (à gauche) y déversent leur flot de voitures.

punkt. Die Museen wurden meist um die Jahrhundertwende erbaut. Sie liegen auf einer Insel in der Spree: das Pergamon-Museum mit dem Pergamon-Altar, die Nationalgalerie mit Malerei und Plastik vom Klassizismus bis zur Gegenwart, das Bode-Museum, das unter anderem das Ägyptische Museum und die Gemäldegalerie beherbergt, und das Alte Museum mit dem Kupferstichkabinett.

Zu den Herzstücken der Stadt – und jahrzehntelang ein Symbol der deutschen Teilung – gehört das Brandenburger Tor, das in den Jahren 1788 bis 1791 von Carl Gotthard Langhans nach dem Vorbild der Propyläen, der Eingangssäulenhalle der Athener Akropolis, erbaut wurde. Die Quadriga mit der bekrönenden Siegesgöttin, die zeitweise – ein Raubstück Napoleons I. – in Paris war, schuf Gottfried Schadow, von dem unter anderem auch das Luther-Denkmal in Wittenberg ist.

Die Kulturszene in Berlin gehört zu den lebendigsten im deutschsprachigen Raum, und ebenso ist die Stadt eines der großen Schaufenster Europas. Die Allee Unter den Linden schickt sich an, wieder zu der Prachtstraße zu werden, die sie früher einmal war. Der Kurfürstendamm ist es unverändert. Er wurde im 16. Jahrhundert als Dammweg zum kurfürstlichen Jagdschloß im Grunewald

around the turn of the century. They are on an island in the River Spree: the Pergamon Museum with the Pergamon Altar, the National Gallery with paintings and sculptures from the Classicist period to the present day, the Bode Museum, whose collections include Egyptian antiques, and the Old Museum, with copperplate engravings.

One of the city's focal points – which for decades was also a symbol of the division of Germany – is the Brandenburg Gate, based on the Propylaeum, the entrance to the Acropolis at Athens, and built between 1788 and 1791 by Carl Gotthard Langhans. The Quadriga, with the goddess of victory, which at one stage was removed to Paris by Napoleon, was created by Gottfried Schadow, who also sculpted the Luther Monument in Wittenberg.

The cultural scene in Berlin is one of the liveliest in the German-speaking regions, and the city itself is one of Europe's greatest showcases. The Unter den Linden Avenue is once again on the way to becoming the elegant boulevard that it used to be. Kurfürstendamm has retained its elegance; it was constructed in the 16th century to give access to the electors' hunting lodge in Grunewald, and only developed into a luxury boulevard a hundred years

une île dans la Spree: le musée de Pergame avec l'autel de Pergame, la Galerie Nationale avec des peintures et des sculptures de l'époque classique à l'époque contemporaine, le musée Bode qui abrite entre autres le musée égyptien et la galerie des peintures et l'Ancien Musée avec le cabinet de gravures sur cuivre.

Au cœur de la ville – et pendant des décennies un symbole de la division allemande – se trouve la porte de Brandebourg qui fut construite de 1788 à 1791 par Carl Gotthard Langhans d'après le modèle des Propylées, l'entrée monumentale de l'Acropole d'Athènes. Le quadrige avec la déesse de la victoire qui fut un moment à Paris – Napoléon l'avait pris comme butin – est l'œuvre de Gottfried Schadow auquel on doit entre autres également le monument de Luther à Wittenberg.

Berlin a une vie culturelle très animée, la plus animée de l'espace germanophone, et la ville est également une des plus grandes vitrines d'Europe. Le boulevard Unter den Linden s'apprête à redevenir la splendide artère qu'il était autrefois. Le Kurfürstendamm n'a pas changé. Aménagé au XVIe siècle comme chaussée menant au pavillon de chasse de Grunewald, ce n'est qu'il y a cent ans environ qu'il s'est transformé en élégante artère. Aujourd'hui, avec près de

▷ **Berlin/Der Dom spiegelt sich im Palast der Republik**
So verschieden die beiden Gebäude auch sind, eines haben sie gemeinsam: die gewaltigen Ausmaße. Der Palast der Republik ist ein Mammutbau, dessen größter Versammlungsraum 5 000 Personen faßt. Und der Dom, 1894–1905 im Stil der italienischen Hochrenaissance von Wilhelm II. errichtet, hat Beeindruckendes aufzuweisen: Seine Kuppel ist immerhin 31 Meter breit.

▷ **Berlin/The Cathedral, mirrored in the windows of the Palace of the Republic**
Although they are so different from one another, the two buildings have one thing in common: their vast dimensions. The Palace of the Republic is a mammoth building whose largest assembly hall seats 5,000 people. And the Cathedral also impresses with its dome, which spans a hundred feet.

▷ **Berlin/La cathédrale se reflète dans le Palais de la République**
Aussi différents que les deux immeubles soient, ils ont en commun une chose: leurs imposantes proportions. Le Palais de la République est un édifice gigantesque dont la plus grande salle de réunion peut accueillir 5 000 personnes. Et la cathédrale, érigée de 1894 à 1905 par Guillaume II, s'enorgueillit d'une coupole de 31 mètres de large.

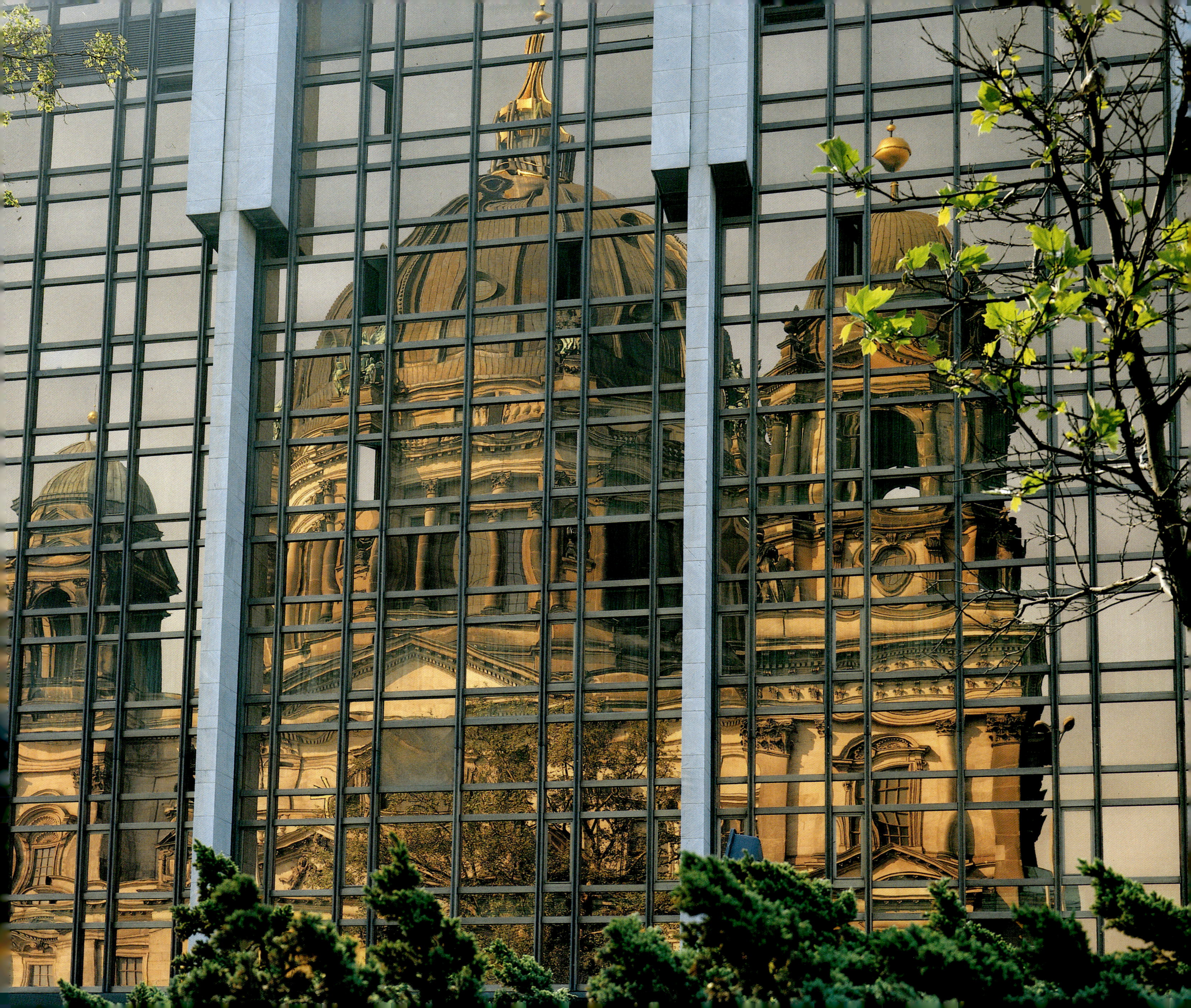

angelegt, entwickelte sich erst vor rund hundert Jahren zu einer Prachtstraße und ist heute – fast vier Kilometer lang und 53 Meter breit – eine der berühmtesten Großstadtstraßen der Welt.

Zu den schönsten Plätzen in Berlin gehören die in den Kaffeehäusern am Kurfürstendamm, wo man sieht und gesehen wird. Zu jedem Berlin-Besuch gehört ein Bummel über den Ku'damm. Wer dabei ein Stück über die Gedächtniskirche hinausgeht in Richtung Wittenbergplatz, der erreicht eines der großen Kaufhäuser der Welt, das Kaufhaus des Westens (KaDeWe), dessen Lebensmittelabteilung besondere Aufmerksamkeit verdient.

Die Geschichte der königlichen Residenz Berlin lebt fort in einigen Schlössern, von denen vor allem das Schloß Charlottenburg zu nennen ist. Es gilt als das schönste Beispiel des Barock in Berlin. Erbaut wurde es im Jahre 1695 für die Kurfürstin Sophie Charlotte. In dem Schloß werden eine Bildersammlung aus den Schlössern Friedrichs des Großen gezeigt sowie eine Sammlung Berliner Porzellans aus dem 18. und 19. Jahrhundert.

Sehr romantisch ist das im Jahre 1795 nach dem Vorbild einer Kastellruine erbaute Schloß auf der Pfaueninsel. Die später so unglückliche

ago; today it is almost 2.5 miles long and 60 yards wide, and is one of the world's most famous city thoroughfares.

The cafés along Ku-Damm, where guests can see and be seen, are one of the city's most charming features. A stroll down Ku-Damm is clearly a must during any visit to Berlin. By extending the walk a little past the Memorial Church in the direction of Wittenbergplatz, one comes to one of the world's great department stores: the Kaufhaus des Westens (KaDeWe), whose food department is particularly mouth-watering.

The history of the royal house in Berlin lives on in the western part of the city in a few palaces, of which Charlottenburg Palace is the most important. It is regarded as the finest example of baroque architecture in Berlin, and was built in 1695 for the Electress Sophie Charlotte. The palace now houses a collection of paintings from Frederick the Great's palaces and a collection of Berlin porcelain of the 18th and 19th centuries.

The castle on Peacock Island, built in 1795 to resemble a ruin, makes a very romantic impression. The unhappy Prussian Queen, Luise, used to spend the summer months there. Today it is a museum. Peacock Island, with its fine trees – which

quatre kilomètres de long et 53 mètres de large, c'est une des rues de grande ville les plus célèbres du monde.

Les cafés du Kurfürstendamm où l'on va pour voir et être vu font partie des plus beaux endroits de Berlin. Une visite de Berlin passe obligatoirement par une promenade sur le Ku-Damm. En prolongeant un peu celle-ci au-delà de l'église du Souvenir en direction de la Wittenbergplatz, on arrive à un des grands magasins du monde, le Kaufhaus des Westens (KaDeWe) dont le rayon alimentation est particulièrement intéressant.

L'histoire de Berlin résidence royale se perpétue dans certains châteaux parmi lesquels il faut surtout citer le château de Charlottenburg, le plus bel édifice baroque à Berlin. Il fut construit en 1695 pour la princesse électrice Sophie Charlotte. Il renferme aujourd'hui une collection de peintures de Frédéric le Grand ainsi qu'une collection de porcelaines de Berlin des XVIIIe et XIXe siècles.

Le château de la *Pfaueninsel* (île aux Paons), édifié en 1795 d'après le goût de l'époque (ruines d'un castel) est très romantique. La reine Louise de Prusse, qui devait être si malheureuse par la suite, y résidait pendant l'été. L'île aux Paons avec ses beaux arbres, dont des chênes séculaires, et ses

▷ **Berlin/Schloß Charlottenburg**
Auf dem weiten Ehrenhof hat das Reiterstandbild des Großen Kurfürsten eine standesgemäße Bleibe gefunden – nachdem es schon einmal ziemlich tief gesunken war. Von der Langen Brücke im Ostteil Berlins, wo es ursprünglich aufgestellt war, sollte das Standbild in den Westen transportiert werden. Man verfrachtete es auf einen Kahn, unterschätzte jedoch sein Gewicht, so daß Boot und Großer Kurfürst in die Tiefen des Tegeler Sees sanken und dort ein Jahr verharrten, bis die Bergung gelang.

▷ **Berlin/Charlottenburg Palace**
The equestrian statue of the Great Elector Frederick William in the main courtyard of Charlottenburg Palace.

▷ **Berlin/Château de Charlottenburg**
Dans la vaste cour d'honneur, la statue équestre du Grand Electeur a maintenant trouvé une place digne de son rang.

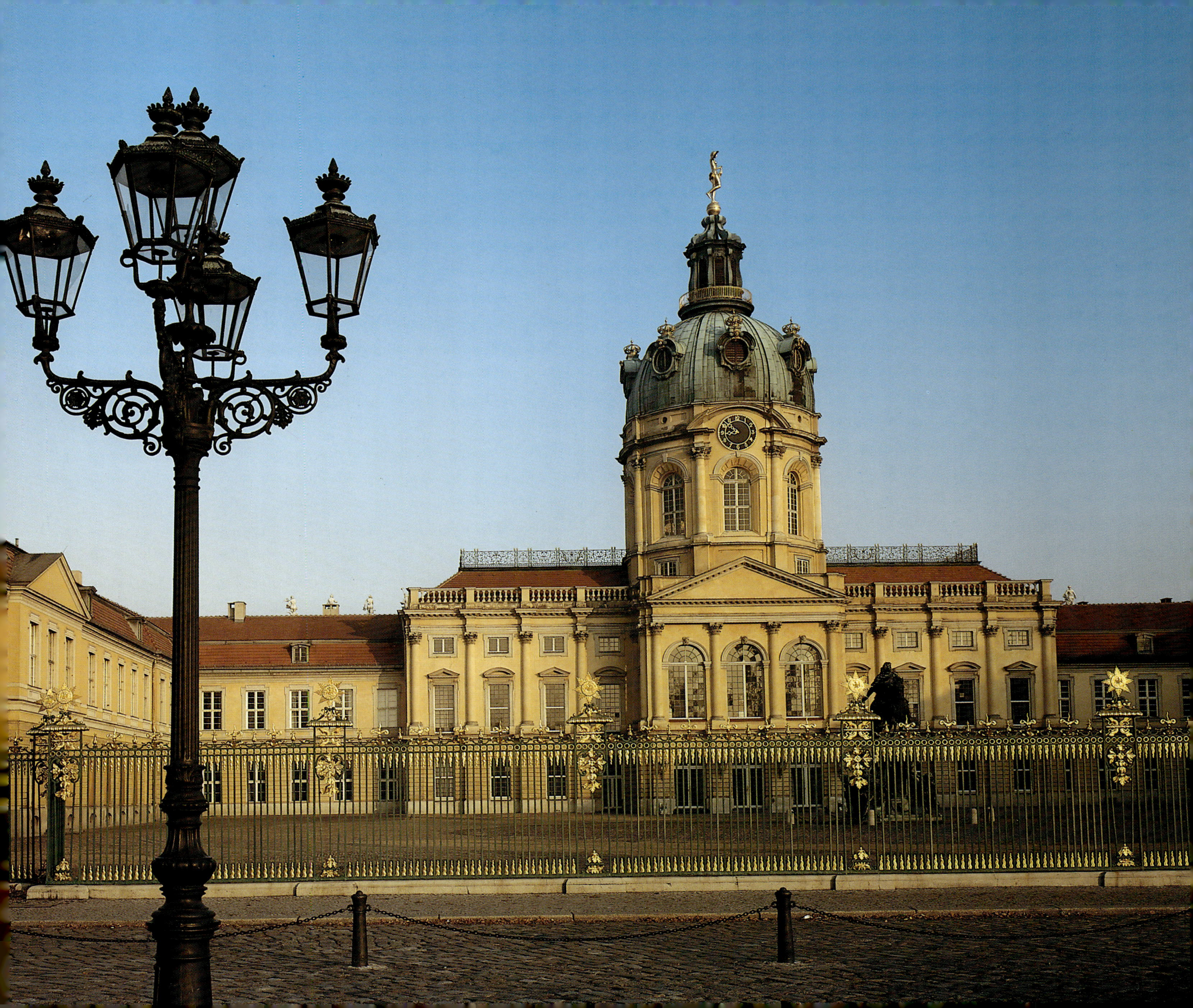

Preußenkönigin Luise residierte dort während der Sommermonate. Heute dient das Schloß als Museum. Die Pfaueninsel mit ihrem reichen Baumbestand, darunter jahrhundertealte Eichen, und mit ihrer ungewöhnlichen Vogelwelt steht unter Naturschutz.

include centuries-old oaks – and unusual birdlife, is a nature conservation area.
The history of the city, from its modest beginnings in the 13th century when it still consisted of two separate villages – Kölln and Berlin – to modern times, is graphically displayed in the Berlin Museum.

merveilleux oiseaux est une zone de protection naturelle.
L'histoire de la ville, de ses modestes origines au XIIIe siècle où elle était constituée de deux bourgades distinctes – Berlin et Cölln – jusqu'à son statut de grande capitale, est très bien représentée au Berlin-Museum.

▷ **Berlin/Charlottenburger Schloßgarten**
Der Schloßpark war zunächst nach französischem Vorbild angelegt worden, doch schon bald macht der preußische Gartenbaukünstler Lenné daraus einen englischen Landschaftspark. Zahlreiche kleinere Bauten bereichern den Schloßgarten, unter anderem das phantasievolle Teehäuschen.

▷ **Berlin/Charlottenburg Palace Gardens**
The park was originally laid out in French style, but soon afterwards the Prussian landscape gardener Lenné converted it to the English style. The park is enlivened by numerous small buildings, including this imaginative tea pavilion.

▷ **Berlin/Le jardin du château de Charlottenburg**
Le parc du château avait été tout d'abord aménagé à la française, mais l'architecte paysagiste prussien Lenné en fit bientôt un jardin à l'anglaise. D'innombrables petits édifices embellissent le jardin du château et notamment le petit pavillon de thé plein de fantaisie.

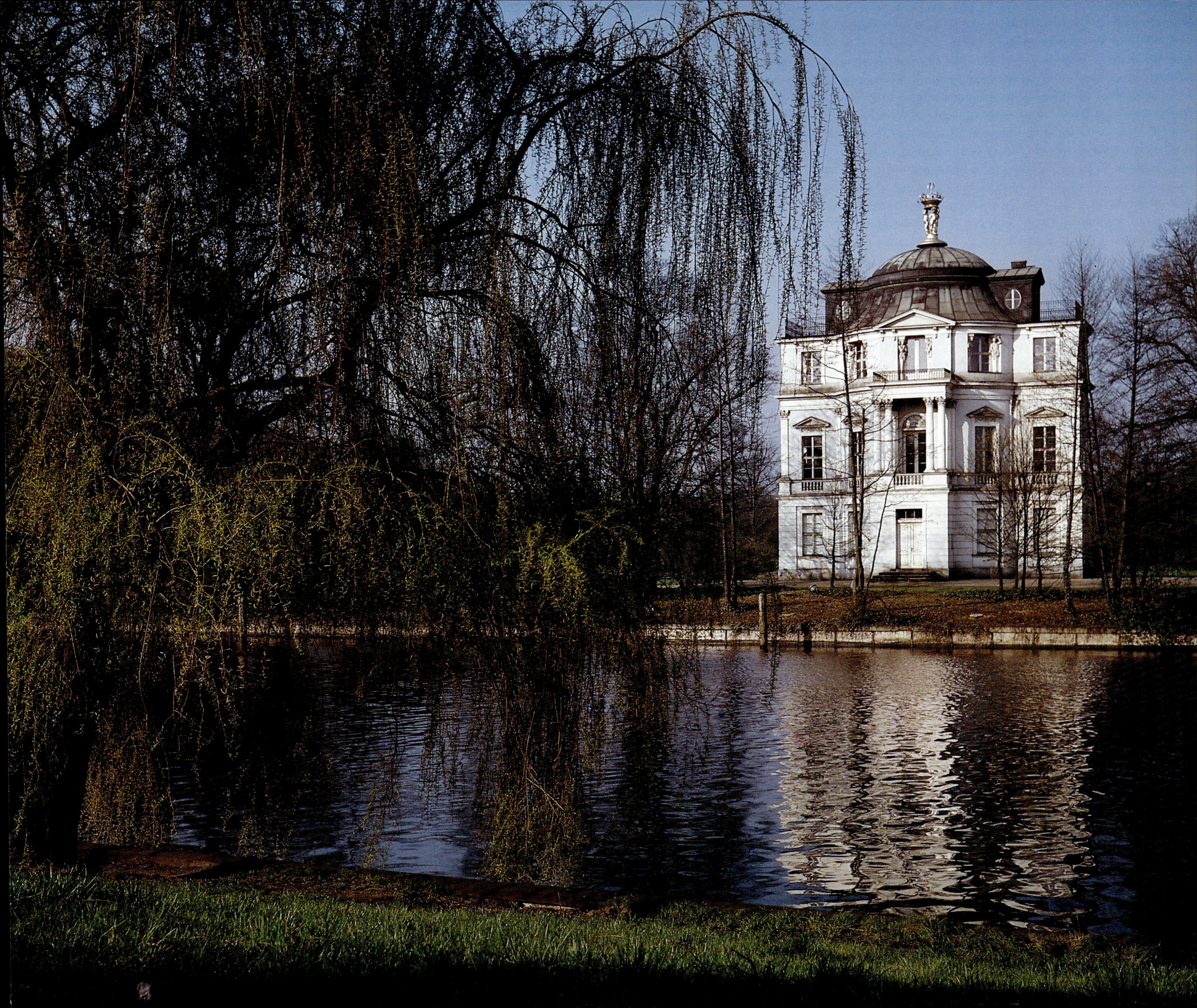

Berliner Bilderbogen
Boulevard Unter den Linden und die in Straße des 9. November umbenannte Straße des 17. Juni, das Brandenburger Tor sowie das Kaufhaus am »Alex« mit dem Fernsehturm, Gaststätte im Nikolaiviertel und das Rote Rathaus mit dem Neptunbrunnen.

Berlin medley
The Unter den Linden Boulevard, the former Street of the 17th June – now renamed Street of the 9th November –, the Brandenburg Gate, a department store with the TV Tower, a restaurant in the Nikolai Quarter, and the Red Town Hall with Neptune's Fountain.

Images berlinoises
Le Boulevard Unter den Linden et la rue du 17 juin rebaptisée rue du 9 novembre, la porte de Brandebourg ainsi que le grand magasin sur l'«Alex» avec la tour de télévision, un café dans le quartier Nicolai et l'hôtel de ville rouge avec la fontaine de Neptune.

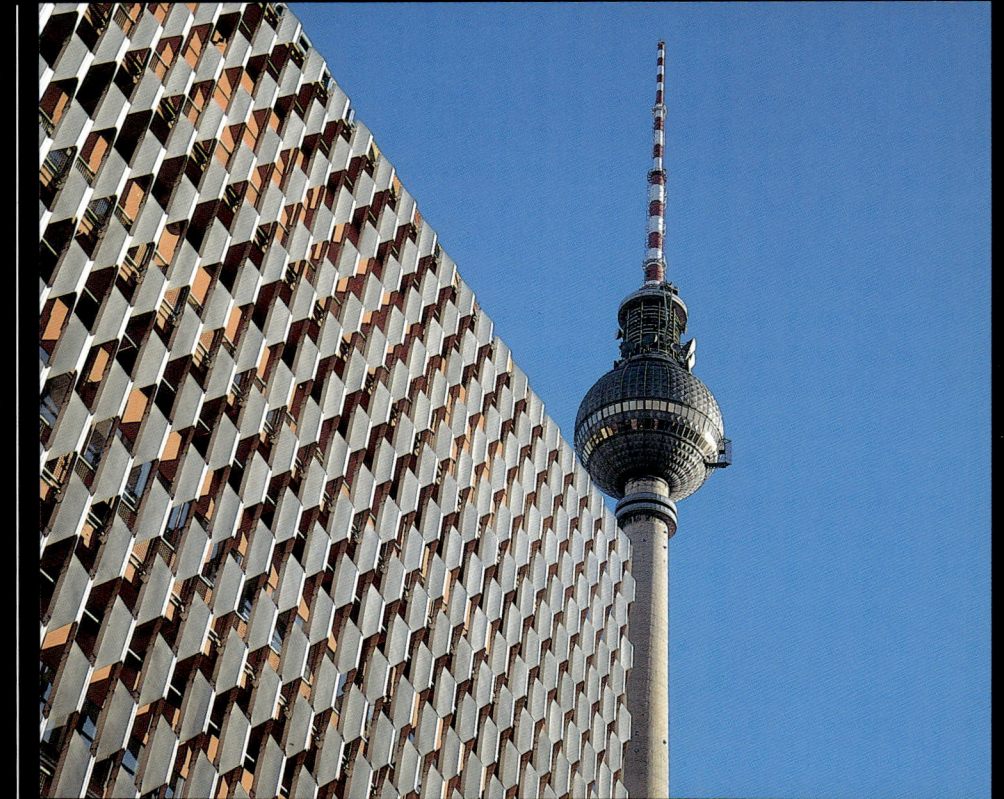

ZU DEN ARKADEN

Bildnachweis

Bavaria 6/7, 23, 170
Deutsche Luftbild 244
Focus/A. Gelpke 193
D. Geißler 16, 124
G. Hettler 69, 70
P. Honeck 11
Huber 17, 46, 47, 48, 49, 61, 78, 97 l.o., 107, 109 l., 110, 161, 200, 205, 207 l., 268, 271, 281, 286 l.u., 287
Internationales Bildarchiv 278
G. Jung 54
Jürgens 92, 100, 226, 233, 274/275
Jürgens/E. Van Hoorick 91, 138
R. Kiedrowski 18, 131, 177
G. Klammet 24, 34/35, 43, 67, 74/75, 79, 80, 115, 123, 135, 141, 175, 239, 254, 283
W. Klammet 2, 53, 55, 72, 84/85, 89, 95, 99, 119, 121, 163, 216, 220 l., 241, 261, 267
Klammet und Aberl 29, 32, 44/45, 56, 148 (Freigabe d. d. Reg. v. Obb., Nr. G42/1280), 180 (Freigabe d. d. Reg. v. Obb., Nr. G43/613), 182/183, 215 (Freigabe d. d. Reg. v. Obb., Nr. G43/642), 236
laenderpress Titelbild, 17, 37, 97 l.u., 103, 149, 168, 176, 179, 213, 229, 235 r.o., 251, 286 l.o., 286 r.u.
F. Lazi 112/113
Lehnartz 97 r., 231
Löbl-Schreyer 22, 58/59, 65, 71, 90, 128/129, 166, 167, 169, 172/173, 197, 211, 214, 243
G. Müller-Brunke 235 l.o.
H. Müller-Brunke 26/27, 41, 83, 88, 136/137, 150, 157, 195, 263, 276
E. Nägele/W. Klammet 145
K. Ott 39
PEM-Design 18, 49, 146
roebild 147, 285
C. L. Schmitt 9, 13, 15, 19, 20, 21, 30, 46, 47, 49, 50, 63, 77, 87, 125, 143, 153, 191, 202/203, 209, 217, 218, 219, 249, 255, 256
Silvestris 31, 98, 104/105, 207 r., 225
Sirius/E. Van Hoorick 133, 178
Transglobe 109 r., 220 r., 222, 235 u., 273
E. Van Hoorick 117, 126, 155, 159, 164/165, 185, 186, 188/189, 199, 246/247, 253, 258/259, 264/265
C. Wurm 277, 286 r.o.
ZEFA 179

Impressum

© MIRA Verlag GmbH
74653 Künzelsau

Projektleitung:
Rudolf Werk

Text:
Hermann Gutmann

Bildlegenden:
Jürgen Freudl

Englische Fassung:
Desmond Clayton

Französische Fassung:
Marlène Kehayoff-Michel

Alle Rechte vorbehalten
Printed in Germany

ISBN: 3-89222-200-2